多式联运组织与管理

主　编　孙庆峰　涂在友　张停停
副主编　高　慧　李巧桃　韩　鑫

南京大学出版社

图书在版编目(CIP)数据

多式联运组织与管理 / 孙庆峰，涂在友，张停停主编. -- 南京 ：南京大学出版社，2025. 8. -- ISBN 978 - 7 - 305 - 29316 - 0

Ⅰ. F511.41

中国国家版本馆 CIP 数据核字第 2025VT6183 号

出版发行　南京大学出版社
社　　址　南京市汉口路 22 号　　　　邮　　编　210093
书　　名　**多式联运组织与管理**
　　　　　DUOSHI LIANYUN ZUZHI YU GUANLI
主　　编　孙庆峰　涂在友　张停停
责任编辑　武　坦　　　　　　编辑热线　025 - 83592315
照　　排　南京开卷文化传媒有限公司
印　　刷　南京新世纪联盟印务有限公司
开　　本　787 mm×1092 mm　1/16 开　印张 17.75　字数 432 千
版　　次　2025 年 8 月第 1 版
印　　次　2025 年 8 月第 1 次印刷
ISBN　978 - 7 - 305 - 29316 - 0
定　　价　49.80 元

网　　址：http://www.njupco.com
官方微博：http://weibo.com/njupco
官方微信号：njupress
销售咨询热线：(025)83594756

前　言

在全球经济一体化与数字技术深度融合的背景下,现代物流体系正面临前所未有的机遇与挑战。党的二十大报告明确提出"建设高效顺畅的流通体系,降低物流成本"的战略要求,将多式联运这一集约化、智能化、可持续的运输模式推向发展前沿。作为现代物流体系的中枢神经,多式联运通过系统集成各类运输资源,在提升供应链韧性、优化区域经济布局、推进低碳发展等方面发挥着关键作用。

本教材旨在结合京东物流等优秀企业的实际案例,为物流管理、物流工程、交通运输等专业的学生及相关从业人员提供一套全面、系统、实用的多式联运知识体系。通过本教材的学习,读者能够深入了解多式联运的基本原理、操作流程、管理策略及发展趋势。在编写本教材的过程中,笔者特别注重将理论与实践相结合。一方面,笔者系统梳理了多式联运的基本理论、发展沿革、系统架构、方案设计等核心内容,为读者构建起坚实的知识基础体系;另一方面,笔者紧密结合国内外典型的多式联运企业的实际案例,深入剖析了多式联运在仓储管理、运输组织、信息追踪、客户服务等方面的具体应用,使读者能够直观感受到多式联运在现代物流体系中的重要作用。

本教材共分为十章,各章节内容既相互独立,又相互联系,形成了一个有机的整体。第一章至第三章为基础篇,主要介绍了多式联运的基本概念、发展沿革和系统架构,为读者奠定坚实的理论基础;第四章至第八章为运行篇,详细讲解了多式联运的方案设计、业务组织、箱务管理、单证操作以及通关与计费,帮助读者掌握实操技能;第九章至第十章为保障篇,重点阐述了保险与理赔,以及涉及的法律与惯例,提升读者的管理水平和法律素养。此外,本教材还特别设置了案例分析内容,通过京东物流等企业的实际案例,读者能更加直观地了解多式联运在实际操作中的应用和效果;设置的课程思政引导案例,有助于从思政视角培养学生的爱国情怀、民族自豪感,树立正确的世界观、人生观和价值观。

本教材的编写团队历时两年开展了行业调研,走访了全国 8 个物流枢纽城市,访谈了 62 位行业专家,为适应新文科建设的需求,建立了动态更新的教学资源库。书中既融入了《国际货物多式联运公约》等国际规则要义,也涵盖了我国"十四五"现代综合交通体系发展规划等最新政策解读。

在编写本教材的过程中,笔者参考了大量的文献资料,并得到了众多专家学者的指导和帮助,在此,笔者对所有提供支持和帮助的人士表示衷心的感谢。

限于编者水平,书中难免存在疏漏之处,诚盼学界同仁与行业专家不吝指正。期待本教材能为培养新时代物流人才,助推交通强国战略实施贡献绵薄之力,与业界共同书写中国多式联运发展的新篇章。

编 者

2025 年 2 月

目　录

基础篇

运行篇

保障篇

基础篇

第1章　多式联运导论

课程思政引导案例

中国在全球多式联运中的地位和作用

在经济全球化背景下，国际贸易频繁，货物跨国、跨区域运输需求激增。多式联运作为高效整合多种运输方式的物流模式，能发挥各运输方式优势，实现货物无缝衔接运输，提升物流效率，降低成本，是全球贸易发展的重要支撑。中国凭借自身优势，深度融入全球多式联运体系，已成为体系中的关键力量，在枢纽建设、通道构建、标准制定、需求拉动和技术创新等方面，均展现出重要地位与作用。

（1）关键枢纽地位。中国拥有众多世界级的港口和机场，如上海港连续多年位居世界集装箱吞吐量首位，广州白云机场等货运量也名列前茅。这些交通枢纽不仅是国内货物运输的关键节点，也是连接全球的重要门户，在全球多式联运网络中成为不可或缺的核心枢纽。

（2）通道建设主导。中国积极推动国际运输通道建设，中欧班列便是典型代表。截至目前，中欧班列已铺画了超过80条运行线路，通达欧洲25个国家超过220座城市，成为欧亚大陆间以铁路为骨干的重要国际物流大通道。同时，中国还在加强与周边国家的公路、水路通道建设，构建全方位、多层次的国际运输通道网络。

（3）标准制定参与。随着中国在多式联运领域的实践经验不断丰富，积极参与并推动国际多式联运标准的制定与完善。在集装箱规格、信息交换、安全监管等方面提出中国方案，为提升全球多式联运的效率和规范化水平贡献力量。

（4）需求拉动引擎。中国庞大的经济规模和活跃的贸易活动，为全球多式联运创造了巨大的市场需求。作为全球最大的货物贸易国，中国每年进出口大量的商品，涵盖了原材料、工业制成品、消费品等各个领域，有力地拉动了全球多式联运业务的增长。

（5）技术创新推动。中国在多式联运相关技术领域不断创新突破。物联网、大数据、人工智能等技术广泛应用于运输管理、货物追踪、智能仓储等环节，提高了多式联运的智能化水平和运营效率。电子运单、区块链技术的应用也在推动多式联运单证的电子化和数字化，促进贸易便利化。

（参考信息来源：中国日报网，https://cn.chinadaily.com.cn/）

【思政视角】 中国在全球多式联运中的表现彰显了大国担当与智慧。在设施建设上,世界级港口、机场及中欧班列等通道的构建,体现了中国共产党人的奋斗精神和以人民为中心的发展思想。通过完善基础设施,不仅满足了国内发展的需求,更以开放姿态连接世界,践行人类命运共同体理念。参与标准制定,展现了中国积极参与全球治理的责任意识。凭借丰富的实践经验提出中国方案,推动多式联运规范化,是中国对国际规则完善的主动作为,彰显了中国引领全球发展的信心与能力。庞大的经济与贸易需求,拉动了全球多式联运,反映了中国发展的外溢效应,体现了合作共赢的价值观。技术创新应用则凸显了中国对创新驱动发展战略的贯彻,以科技赋能物流,提升效率,促进贸易便利化,推动全球物流行业转型升级,引领全球多式联运迈向智能化、数字化新征程。

1.1 多式联运基本内涵

1.1.1 多式联运相关术语

多式联运(Multimodal Transport)是一种综合运输方式,将不同的运输模式有机地结合在一起,以满足货物运输的需求。在多式联运中,货物可以在其运输过程中经历多种运输模式的转换,从而实现高效、安全、可靠的运输,降低成本,并提供更好的服务。

为了更好地理解多式联运,先来了解一些相关的术语。

(1) 运输模式(Transport Mode),指货物不同的运输方式,包括公路运输、铁路运输、航空运输、水路运输、管道运输等。

(2) 转运中心(Transshipment Center),也称为转运站或货运中心,是货物在多式联运中进行模式转换的地点。货物在此处从一种运输模式转移到另一种运输模式,以继续其运输。

(3) 集装箱(Container),指用于货物装载和运输的标准化货物容器。在多式联运中,集装箱通常用于跨越不同的运输模式,如从水路运输转移到铁路运输。

(4) 标准集装箱单位(Twenty-foot Equivalent Unit,TEU),是指 20 ft(英尺)标准集装箱单位,也是国际标准集装箱单位。同理,FEU 是 Forty-foot Equivalent Unit 的缩写,代表 40 ft 标准集装箱单位。

(5) 拼装/拆装(Stuffing/Stripping),指将货物装入集装箱(拼装)或从集装箱中取出货物(拆装)的过程。这是多式联运中常见的操作。

(6) 干线运输(Trunk Transport),指主要的货物运输路线,通常是跨越长距离的运输段,如跨国铁路、跨洲航线等。

(7) 最后一英里(Last Mile),指货物从转运中心或干线运输的末端到达最终目的地的最后一段运输,这通常是运输过程中最昂贵、最复杂的部分。

(8) 货运代理(Freight Forwarder),指提供货物运输服务的公司或个人,负责协调不同运输模式之间的转运,以及处理与货物运输相关的文件和手续。

（9）跨境运输（Cross-border Transport），指货物从一个国家运输到另一个国家的过程。在多式联运中，跨境运输涉及处理不同国家之间的法律、关税和其他限制。

（10）货运保险（Cargo Insurance），是一种保险形式，用于保护货物免受运输过程中可能遭受的损失或损害。

（11）物流信息系统（Logistics Information System），指用于跟踪、监控和管理货物运输过程的信息技术系统，包括货物位置、运输状态、交付时间等信息。

（12）综合物流服务提供商（Integrated Logistics Service Provider），指提供一站式物流解决方案的公司，包括货物运输、仓储、配送、供应链管理等服务。

（13）智能运输系统（Intelligent Transport Systems），利用先进的信息和通信技术来提高运输系统的效率、安全性和可持续性。ITS 在多式联运中扮演着重要角色，具有实时监控、智能调度和路线优化等功能。

（14）可持续发展（Sustainable Development），多式联运的实施应当符合可持续发展的原则，包括降低碳排放、节约能源、减少环境影响等方面。这需要通过技术创新、政策支持和合作努力来实现。

（15）货物跟踪与追踪（Tracking and Tracing），利用物流信息系统和物联网技术，实时监控货物在运输过程中的位置和状态。这可以提高货物运输的可见性和透明度，减少货物丢失或损坏的风险。

（16）关务手续（Customs Procedures），指涉及货物跨越国界时需要遵守的法律和规定。在多式联运中，处理关务手续是至关重要的，需要确保货物能够顺利通过海关，并遵守各种进出口规定。

（17）供应链管理（Supply Chain Management），涉及从原材料采购到最终产品交付的整个流程，包括物流、生产、库存管理等方面。多式联运可以优化供应链，提高其效率和灵活性。

（18）危险品运输（Hazardous Goods Transport），指对危险品（如化学品、易燃物品等）进行安全运输的过程。在多式联运中，对危险品的运输需要严格遵守相关法规和标准，以确保运输安全。

（19）国际贸易（International Trade），涉及不同国家之间货物和服务的交换。多式联运为国际贸易提供了重要的支持，通过连接不同国家的运输网络，促进了全球贸易的发展。

（20）政策和法规（Policies and Regulations），涉及不同国家和地区的运输许可、安全标准、关税和关务手续等方面，对多式联运的实施产生重要影响。

（21）物联网（Internet of Things），通过连接物理设备和传感器，实现设备之间的数据交换和互联网连接。在多式联运中，物联网技术可以用于监控货物的运输条件，如温度、湿度等，从而确保货物的安全和质量等。

（22）数据分析与预测（Data Analytics and Predictive Analytics），利用大数据和机器学习技术分析运输数据，预测货物需求和运输趋势。可以优化运输计划，提前处理潜在问题，并提高运输效率。

（23）货运市场（Freight Market），指买方和卖方之间进行货物运输买卖的地点或机制。在多式联运中,货运市场是各种运输服务供应商和需求方进行交易的场所。

(24) 货运成本(Freight Costs),涉及货物运输所需的各种费用,包括运输费用、保险费用、关税、税费等。多式联运可以优化货运成本,通过选择更经济的运输模式和路线来降低成本。

(25) 供需平衡(Supply-Demand Balance),指货物运输市场上供给和需求之间的平衡状态。在多式联运中,供需平衡对于确定货物运输价格和服务水平至关重要,影响着市场的稳定性和可持续性。

(26) 风险管理(Risk Management),涉及识别、评估和应对与货物运输相关的各种风险。在多式联运中,风险管理包括货物丢失、损坏、延迟交付等方面的风险,需要采取适当的措施来降低这些风险的发生概率和影响程度。

(27) 供应链融资(Supply Chain Finance),是一种利用供应链中的资金流动进行融资的方式。在多式联运中,供应链融资可以优化资金运作,提高资金利用效率,减少资金成本。

(28) 数字化货运平台(Digital Freight Platforms),利用数字技术和互联网平台来连接货主和运输服务提供商,实现货物运输的在线预订、实时跟踪和支付等功能。这些平台(如网络货运平台)为多式联运提供了便利和效率,促进了货物运输市场的发展。

(29) 供应链可见性(Supply Chain Visibility),指在整个供应链中实时监控和追踪货物流动的能力。多式联运可以通过提高供应链可见性来降低不确定性,加强对货物运输过程的控制和管理。

(30) 舱位共享(Space Sharing),指运输服务提供商之间共享运输资源(如货舱、集装箱等)。在多式联运中,舱位共享可以提高资源利用率,降低运输成本,并减少对环境的影响,推动绿色物流。

(31) 货物识别技术(Cargo Identification Technologies),利用技术手段对货物进行唯一标识和追踪,如条形码、RFID(射频识别)等。这些技术可以提高货物跟踪和安全管理的效率,减少货物丢失和盗窃的风险。

(32) 跨界合作(Cross-border Collaboration),指不同国家、地区或组织之间合作开展货物运输和物流活动。在多式联运中,跨界合作可以促进运输网络的互联互通,提高运输效率和服务水平。

1.1.2 多式联运基本特征

多式联运具有许多独有的特征,这些特征使其成为现代货物运输的重要模式。以下是多式联运的一些主要特征。

1.1.2.1 多模式性

多模式性(Multimodality),是多式联运最显著的特征之一,指的是在货物运输过程中可以结合多种不同的运输模式,如公路运输、铁路运输、航空运输、水路运输等。这种灵活性使得货物可以根据具体情况和要求选择最适合的运输方式和路线,从而实现运输的高效性和灵活性。

首先,多模式性为货物运输提供了更多的选择机会。不同类型货物具有不同的特性和运输要求,有些货物可能更适合公路运输,有些货物则更适合铁路运输或航空运输。多式联运可以根据货物的特性和要求,选择最合适的运输方式和路线,从而最大限度地满足货主的需求。

其次,多模式性为货物运输提供了更大的灵活性和可靠性。通过结合多种不同的运输模式,可以弥补各种运输方式的不足,如公路运输更灵活快捷但成本较高,而铁路运输则更稳定但速度较慢。多式联运可以根据货物的紧急程度、运输距离、成本考量等因素,选择合适的运输方式,从而保证货物能够按时、安全地到达目的地。

此外,多模式性还提高了货物运输的整体效率和成本效益。通过优化运输方式和路线,可以降低货物运输的总体成本,提高运输的效率。例如,可以将货物从远程地区的生产基地提前运输到转运中心备货,然后再通过其他运输模式将货物运输到最终目的地,从而提高运输时效性,降低运输成本。

1.1.2.2　互联互通

互联互通(Interconnectivity),指不同运输模式之间的无缝衔接和良好协调,使货物在运输过程中能够顺利转换和连接各种运输模式,以实现高效、安全、可靠的运输。这种互联互通性体现在以下几个方面:

首先,转运中心和集装箱设施的建设和运营是多式联运互联互通的基础。转运中心作为货物转换的关键节点,提供了货物装卸、转运、中转等服务,为不同运输模式之间的衔接提供了便利条件。而集装箱作为标准化的货物容器,使得货物可以在不同的运输模式之间方便地转换和运输,促进了货物运输的顺畅进行。

其次,信息技术的应用也是多式联运实现互联互通性的重要手段。通过物流信息系统、智能运输系统等技术工具,可以实现货物在运输过程中的实时跟踪和监控,提高货物运输的可见性和透明度。这种信息化的运作方式,有助于各种运输模式之间的协调和配合,减少信息传递和沟通的障碍,提高运输的效率和可靠性。

另外,政策和法规的统一和协调也是多式联运实现互联互通的关键因素。各国和地区的政府和相关机构需要加强合作,制定统一的运输标准和规范,简化边境手续和审批程序,为多式联运提供良好的政策环境和法律保障。这有助于降低货物跨境运输的壁垒和成本,促进运输网络的互联互通。

1.1.2.3　集约化

集约化(Integration),指的是通过整合各种运输模式和服务,为货物运输提供一站式的解决方案,实现货物运输的集中管理和优化。这种集约化体现在以下几个方面:

首先,多式联运通过整合各种运输模式和服务,实现了运输资源的共享和利用。通过将公路、铁路、航空、水路等运输模式有机结合在一起,可以更好地利用各种运输设施和设备,提高运输资源的利用率和效率。这种资源共享的模式,有助于降低货物运输的成本,提高运输的经济效益。

其次,多式联运通过整合各个环节的运输服务,为货物运输提供全方位的解决方案。从货物的装卸、中转、运输到跟踪和监控,多式联运为客户提供了一站式的货物运输服务,不仅简化了货主和运输服务提供商之间的交互流程,也提高了货物运输的效率和可靠性。

另外,多式联运通过整合各种信息和数据,实现了运输过程的智能化管理。

1.1.2.4　综合性

综合性(Comprehensive),指的是多式联运涵盖了货物运输的各个环节,包括货物装卸、运输、跟踪、保险等方面。它提供了全方位的货物运输服务,满足了客户对于货物运输的各种需求。这种综合性体现在以下几个方面:

首先,多式联运覆盖了多种不同的运输模式,包括公路、铁路、航空、水路等,为客户提供多种选择的机会,从而满足其不同的需求和要求。

其次,多式联运涵盖了货物运输的各个环节,包括货物的装卸、中转、运输、跟踪和监控等方面。客户可以通过一家公司完成货物的整个运输过程,无须与多家公司进行独立协商和安排,从而简化了货物运输的流程和手续。

另外,多式联运还涉及与货物运输相关的各种服务和支持,包括货物保险、海关手续、文件管理等方面。客户可以通过多式联运提供的服务,解决货物运输过程中的各种问题和挑战,保证货物能够安全、及时地到达目的地。

1.1.2.5　高效性

高效性(Efficiency),体现在其能够利用多种不同的运输模式和优势,实现货物运输过程的高效、快速、可靠。这种高效性体现在以下几个方面:

首先,多式联运通过整合多种运输模式,充分发挥各种运输模式的优势,从而实现运输过程的最优化。例如,长距离的货物运输可以选择铁路运输或水路运输,以降低运输的成本和节省时间;而短距离的货物运输则可以选择公路运输或航空运输,以提高运输的灵活性和快速性。

其次,多式联运通过优化运输方式和路线,实现了货物运输过程的高效化。通过合理规划和安排转运中心和集装箱设施,实现货物在不同运输模式之间的无缝衔接和转换,减少货物运输的中间环节和损耗,提高运输的效率和成本效益。

最后,多式联运通过提供综合的货物运输解决方案,满足了客户对于货物运输的多样化需求。客户可以根据货物的特性、运输距离和时限等因素,选择最适合的运输方式和路线,从而实现货物运输的个性化和定制化,提高客户的满意度和忠诚度。

1.1.2.6　灵活性

灵活性(Flexibility),体现在其能够根据货物的特性、运输需求和市场变化,灵活选择最适合的运输方式和路线,实现货物运输的高效、安全和可靠。这种灵活性体现在以下几个方面:

首先,多式联运通过整合多种运输模式,为货物运输提供更多的选择机会。

其次,多式联运通过优化运输路线和组合,实现了货物运输过程的灵活化。这种灵活性使得货物可以以最快的速度、最低的成本到达目的地,提高了运输的效率和经济效益。

另外,多式联运通过提供多样化的服务和支持,实现了货物运输过程的灵活化。客户可以根据自身的需求,选择不同的服务和支持,如货物保险、海关手续、文件管理等方面的服务,以满足其特定的需求和要求。这种个性化的服务模式,为客户提供了更大的灵活性和选择空间。

最后,多式联运通过整合各种信息和数据,实现了运输过程的智能化管理,为客户提供了更加灵活的运输解决方案。

1.1.2.7 可持续性

可持续性(Sustainability),体现在其努力实现经济、社会和环境的协调发展,促进了货物运输的可持续发展。这种可持续性体现在以下几个方面:

首先,多式联运通过优化运输方式和路线,降低了运输过程中的能源消耗和排放,减少了对环境的不良影响。例如,通过选择最合适的运输模式和路线,可以减少货物的运输距离和时间,降低燃料消耗和排放量,从而减少对大气和水资源的污染。

其次,多式联运通过提高运输的效率和利用率,降低了货物运输的总体成本,促进了经济的可持续发展。通过优化运输方式和路线,减少了货物运输的中间环节和损耗,降低了运输成本,提高了运输的经济效益,为企业和社会创造了更多的价值。

另外,多式联运通过提供多样化的服务和支持,满足了客户对于货物运输的多样化需求,促进了社会的可持续发展。例如,通过提供货物保险、海关手续、文件管理等方面的服务,保障了货物运输的安全和顺利进行,增强了客户的信任和满意度,促进了社会的和谐稳定。

最后,多式联运通过加强信息化和智能化管理,提高了货物运输的可见性和透明度,增强了对运输过程的监督和管理,促进了环境、社会和经济的协调发展。

1.1.2.8 信息化

信息化(Informatization),是指利用信息技术和智能系统来实现货物运输过程的智能化管理和优化。这种信息化体现在以下几个方面:

首先,多式联运通过电子数据交换(EDI)、云计算、物联网等技术手段,实现了货物运输过程的信息共享和数据交流。各个环节的运输信息和数据可以实现无缝对接和共享,提高了运输过程的协同效率和一致性,减少了信息传递和沟通的障碍。

其次,多式联运通过智能化的运输管理系统和预测分析工具,实现了对货物运输需求和市场趋势的分析和预测。这些系统可以根据历史数据和实时信息,进行智能分析和预测,为客户提供最合适的运输方案和建议,提高了货物运输的灵活性和适应性。

最后,多式联运通过电子支付、在线预订、电子运单等功能,实现了货物运输过程的数字化管理和自动化操作。客户可以通过在线平台实现货物的预订、跟踪和支付,减少了人力成本和时间成本,提高了运输过程的效率和便捷性。

1.1.3 多式联运经营目标

由于研究视角和应用领域不同,对于多式联运的定义在内涵和外延上都有较大的差异。不过,现有的各种多式联运定义的共同主题是运,即以两种或多种运输方式实现货物运输。

各类定义的差别在于,欧美国家多从技术视角,将其载体限定为集装箱、可拆卸箱体、半挂车等标准化运载单元,以便更好地实现多式联运的联;包括中国在内的发展中国家,则从法律视角,重视人——多式联运经营人的作用,强调其全程运输责任。由此可见,多式联运的基础在运,核心在联,关键在责。反映在目标上则体现在经济、效率、责任三个方面。

1.1.3.1 经济——要求合理选择运输方式

此处的经济是指多式联运全程最经济。多式联运运价并非各区段运输方式运价(含换装费用)的简单叠加,而应该是低于所包括的各单一运输方式的运价直接加总,如采用公铁联运,则客户支付的总费用应该低于分段运输下所支付的铁路费用、公路费用及换装费用之和,否则多式联运经营人的报价就没有竞争优势,也不太可能促使客户放弃分段运输而选择多式联运。换言之,为了使多式联运更经济,从宏观层面,国家应制定促进多式联运发展的优惠政策,如降低多式联运换装费用等,干线运输选择水路运输、铁路运输,支线选择公路运输等;从微观层面,多式联运经营人应充当舱位批发商的角色,既要合理选择运输方式与路线,又要与各区段承运人、场站经营人进行战略合作,取得运价折扣(批发价),同时进一步提高货源的集聚与分拨能力、中转速度,以降低相关费用。

1.1.3.2 效率——要求尽可能使用标准化运载单元

尽管多式联运至少利用两种运输方式,但利用两种及以上运输方式所进行的运输并不都是多式联运。这是因为,多式联运并不是不同运输方式的简单叠加,其核心是联,它要从过去的分方式、分环节、分区域的运输组织拓展为全程无缝的运输链条,即以统一标准、专业规范构建连续的、综合性的一体化货物运输,从而使多式联运更加方便、简捷、安全、高效。由于全程运输一体化程度可以反映出多式联运系统的效率水平,因此,一体化运输也可以作为多式联运的核心内涵,用以评价多式联运系统的运作效率。在我国的实践中,为了提高多式联运系统的效率或实现全程运输一体化,通常需要从四个协同和五化建设两大方面采取措施。

1. 尽快实现四个协同

(1)跨方式的协同。即打破各种运输方式之间的技术壁垒和制度壁垒,着力解决不同运输方式之间法规政策不协调、标准规范不统一的问题。

(2)跨部门的协同。破解多式联运发展瓶颈,仅仅靠交通运输主管部门一家是不够的,需要与国家发展和改革委员会、公安部、工信部等相关部门在装备技术标准等方面通力合作,涉及国际多式联运的,还要与海关、检验检疫等部门密切协同。

(3)跨区域的协同。多式联运首先依托跨区域物流大通道而发展,需要在空间上统筹布局,否则资源难以真正做到优化配置。应杜绝各地一窝蜂上项目,致使多式联运的集约效应无从发挥的情况发生。

(4)政府与企业间的协同。从国际经验看,多式联运是政府和企业合作空间大的领域,政府着力解决法规、政策、标准等市场环境问题,企业着力创新多式联运的组织模式。只有形成政企间相向而动的格局,我国的多式联运才有望实现跨越式发展。

2. 加强五化建设

（1）设施衔接的无缝化。重点解决铁路进港最后一公里、高等级公路连通枢纽站最后 100 米等瓶颈问题。

（2）运输装备的标准化。包括运载单元、载运机具、快速转运设备等的标准化，只有运输装备标准化了才能提高运输装备的通用性和专业化水平，这是多式联运效率的技术保障。在这方面，我国与世界先进水平的差距还很大，驮背运输、滚装运输的装备标准很多还处于缺失状态。

（3）联运组织的一体化。真正意义上的一体化运营组织，体现的是快速高效的转运。

（4）经营行为的规范化。全程运输无缝衔接，涉及不同运输方式转运中各个环节经营行为的接口规范问题，如多式联运经营人的法律规范、多式联运服务规则等。

（5）信息交互的平台化。应搭建起不同运输方式间信息系统对接和资源共享的平台，特别是要抓紧建设集各种运输方式、各类多式联运枢纽节点以及海关、检验检疫等方面的基础公共数据于一体的多式联运公共信息平台。

1.1.3.3　责任——要求责、权、利相一致

此处的责任是指承担多式联运全程责任，即多式联运必须以多式联运合同为根据，而且合同中必须明确规定由多式联运经营人承担全程运输责任。

建立全程责任制，最终体现为更多的企业采用多式联运提单，形成一票到底的结算模式。实现一票到底的全程责任，需要各种运输方式在运力交易节点做到无缝衔接，以保证转运效率的可靠性；需要统一各种运输方式遵守的规则；需要形成覆盖主要业务区域的联运网络，以解决空箱和重箱调配问题；需要一站式运输服务产品和可以承担全程责任的多式联运经营主体。

综上所述，从运的方面，应尽可能以铁路运输或水路运输承担干线运输，并由公路运输承担两端的支线运输，以充分发挥各种运输方式的优势，降低运输成本；从联的方面，既要在硬件上下功夫，如采用集装箱、可拆卸箱体、厢式半挂车等标准化运载单元，也应通过一流的组织与管理，从软件上实现多式联运的联，以提高运输效率；从责的方面，则强调多式联运经营人应履行全程运输组织与管理责任，只有这样，才能确保多式联运的运与联的实现，真正实现多式联运的目标。显然，经济、效率与责任作为多式联运的核心内涵，缺一不可。一方面，应进一步强化多式联运经营人的全程责任意识，以确保经济与效率目标得以实现；另一方面，考虑到效率与经济之间存在背反现象，多式联运经营人还需要根据客户的需要，统筹效率与经济之间的平衡，以便高效、经济地组织多式联运。通过多式联运经营人的高效组织与管理，在运输组织环节，多式联运下的货物可以在不同运输方式间实现快速、无缝式换装；在货运业务环节，虽然涉及不同的运输方式，但对于发货人而言，在多式联运合同下，无须再同各区段的实际承运人打交道，只需面对一个多式联运经营人，这个多式联运经营人必须对全程运输负责，而不管实际承运人到底是谁，到底有几个。这也意味着对于发货人、收货人而言，不但可以享受一次托运、一次付费、一票到底、统一理赔的服务，而且因多式联运经营人承担全程运输的货损货差责任，可以有效地保护自身的合法权益。

1.2　多式联运发展沿革

1.2.1　国际多式联运的发展

20世纪60年代末,美国首先试办多式联运业务,受到货主的欢迎。随后,北美、欧洲和远东地区也开始采用多式联运。进入80年代,国际多式联运逐步拓展到发展中国家。

1.2.1.1　国际多式联运呈现的态势

1. 多式联运运输量快速增长

以美国为例,其1997—2011年的多式联运货运量由2.17亿吨增加到16.2亿吨(增加了6.5倍),占货运总量的9.2%。据美国铁路协会(AAR)2024年12月发布的报告显示,11月份,多式联运集装箱和拖车的周平均吞吐量为28.2万TEU,同比增长10.7%,创下美国铁路协会自1989年有记录以来的11月份周平均最高值。截至11月底,美国当年的多式联运的货运总量为1 275万TEU,同比增长9.1%。预计到2040年,美国多式联运的货运量将达到35.75亿吨,占货运总量的12.5%。此外,多式联运在长距离、高附加值的货运领域具有明显的优势。美国500英里以下的货物运输中多式联运占比仅为1%,而2 000英里以上的占比则达到18%,其货运价值占比达到了34%。随着中欧班列等铁路运输的发展,欧洲的多式联运量也呈增长趋势。据中国国家铁路集团有限公司的数据显示,2024年中欧班列开行超过1.9万列,发送207万TEU,同比分别增长10%、9%。据国际物流巨头DHL的报告显示,由于需求旺盛,从中国通往欧洲的铁路运输费用不断上涨,也从侧面反映了欧洲对多式联运需求很大。

2. 公铁联运成为主流方式

美国公铁、公水、铁水联运运量占全部多式联运运量比例分别为53%、34%、13%,相应周转量占比分别为57%、29%、14%。欧洲以可拆卸箱体和集装箱为运载单元的联运市场份额为78%,公铁整车滚装运输的联运市场份额为14%,而以半挂车为运载单元的联运市场份额仅为8%。

3. 水陆滚装运输受到高度重视

美国开展的依托内河促进滚装运输发展的公水快速通道研究(如M-55 Marine Highway Corridor),旨在创新密西西比河和伊利诺伊河的滚装联运模式。滚装运输运量占水运运量的比例不断提升。我国安吉物流投资建设的滚装船投入欧洲航线运营,助力欧洲滚装运输发展。自2024年7月起,安吉物流的欧洲航线基本上实现每月一班。

4. 甩挂(甩箱)运输成为联运基础环节

欧美大型物流企业超过70%的货运量通过甩挂运输完成。在欧洲,德国的德铁信可

(DB Schenker)、德国铁路股份公司(DB)旗下的联运代理公司 Kombiverkehr 等大型物流企业广泛采用甩挂运输。其中,Kombiverkehr 与德国铁路股份公司紧密合作,通过高效的多式联运服务,在其业务中广泛运用甩挂模式,推动了欧洲多式联运的发展。此外,德国邮政 DHL 集团作为知名物流企业,在其物流运输网络中也高度依赖甩挂运输来提高运输效率和服务质量,每晚在莱比锡/哈雷机场航空运输中心有大量货物通过其运输网络流转。在美国,Uber Freight 凭借其 Powerloop 数字货运匹配服务,在甩挂运输领域发展迅速。世能达也是典型代表,70% 的业务采用甩挂模式。Uber Freight 的 Powerloop 拥有 1 000 辆租赁挂车,超过 1 万个承运商,为超过 22 万次载货提供服务,通过智能挂车等技术创新,满足了托运人对灵活运输解决方案的需求。

5. 多式联运站场及集疏运体系十分健全

以美国为例,美国运输部规划了全国 517 个多式联运物流节点,并建设相应的集疏运线路,同时确保这些节点与国家公路网无缝衔接。欧洲港口的多式联运发达,鹿特丹港、汉堡港等配备先进设施。铁路枢纽城市的场站衔接良好,如杜伊斯堡港能衔接铁路与公路运输。城市物流枢纽不断完善,巴黎等城市围绕铁路节点和河流沿线打造物流酒店。欧洲内河航道网络完善,莱茵河、多瑙河等构成密集水运网,便于与铁路、公路运输无缝衔接。铁路网络覆盖广且连接紧密,如阿尔卑斯山穿越项目提升了欧洲铁路的运输能力。公路集疏运高效,可快速将货物从站场运输到目的地或从发货地运至站场。同时,德国等国家还通过政府补贴、智能管理等方式不断优化多式联运站场及集疏运体系,推动多式联运的发展。

6. 多式联运市场主体体系完善

美国全国约有 4.5 万家多式联运企业,均可签发联运提单,提供全程联运服务,为客户选择优质的运输服务和最经济的运输方式。

1.2.1.2　国际多式联运发展存在的问题

1. 地区发展不平衡

在有些发展中国家,还存在换装地设施不配套、运输环境较差、货主拥有大量自有车辆、缺乏一流的多式联运经营人等问题,这些已成为多式联运路线的薄弱环节。它们却处于多式联运路线的途经地点,这便成了多式联运发展的一大障碍。

2. 集装箱标准化尚未取得一致

例如,在美国的国内运输中,通常使用 45 ft 或 48 ft 集装箱,同时采用加长、加高的集装箱,而其他以采用 20 ft 和 40 ft 国际标准集装箱为主,由此产生了不同规格的集装箱需要在换装地进行拆装箱作业等诸多问题。

3. 多式联运经营人责任未统一

《联合国国际货物多式联运公约》尚未生效,目前尚无各国通用、统一规范的国际多式联运单证,国际多式联运单证处于纷繁杂乱的状态,有关国际多式联运经营人责任的法律问题尚未取得一致意见。

4. 综合优势未得到充分发挥

由于各国体制、观念、管理、技术等诸多方面存在差异,集装箱多式联运所具有的综合优势未能充分发挥出来,这在一定程度上导致货主选择单一的运输方式,从而影响了多式联运的发展。

1.2.2 中国多式联运的发展

1.2.2.1 发展过程

中国集装箱运输始于 20 世纪 50 年代中期的铁路集装箱运输。70 年代,中国海上集装箱运输正式启动,80 年代夯实基础,90 年代进入全面发展时期。中国多式联运发展大体分为四个阶段。

(1)起步阶段(20 世纪 80—90 年代):国家重视交通运输业的改革。1988 年,交通部发布了《关于加快集装箱运输发展的若干意见》。1990 年,多部门联合发布了《关于加快我国多式联运发展的若干意见》。这一时期,多式联运集中在大宗物资运输,开始探索运营模式和建设基础设施。

(2)快速发展阶段(21 世纪初—2010 年):2000—2010 年,全国货物运输总量从 17.5 亿吨增长至 34.4 亿吨,年均增长率为 11.5%。2010 年,长三角多式联运货运量达 1.2 亿吨,同比增长 20%。国家加大基础设施投入,政策支持力度也不断加大,企业创新驱动作用明显,甩挂运输、公铁联运等新模式出现。

(3)转型升级阶段(2010 年后期—2020 年):多式联运向高端化、智能化、绿色化发展,物联网等新技术被广泛应用。

(4)高质量发展阶段(2020 年至今):2020 年以来,我国与有关国家共同推动"一带一路"建设,并取得了新成效。2020 年,我国与"一带一路"沿线国家的贸易总额达 11.6 万亿元,中欧班列开行 10 000 列,同比增长 50%。各种新技术应用,提升了物流效率,绿色物流成为关键词。

中国多式联运的快速发展,除了得益于经济发展的拉动作用,还得益于各级政府的政策推动。

1997 年颁布的《国际集装箱多式联运管理规则》就是为加强国际集装箱多式联运的管理,促进通畅、经济、高效的国际集装箱多式联运的发展,满足对外贸易发展的需要而制定的。

2002 年 4 月,国家经济贸易委员会、铁道部、交通部、对外贸易经济合作部、海关总署、国家质量监督检验检疫总局联合颁布了《关于加快发展我国集装箱运输的若干意见》,重点强调了要建立高效、统一的管理和协调工作机制,进一步规范集装箱运输市场秩序,提高口岸查验效率,改善口岸服务环境,大力推动集装箱多式联运发展,合理规划建设集装箱运输基础设施,加强集装箱运输支持保障系统建设。

2011 年 5 月 10 日,交通运输部、铁道部签署了《关于共同推进铁水联运发展合作协议》。该合作协议明确,两部门将在完善铁水联运发展规划、加快基础设施建设、完善配套政策和标准、加强运输组织管理、推进信息共享、培育龙头企业等六个方面深化合作与交流。

2014 年,国务院印发的《物流业发展中长期规划(2014—2020 年)》将着力降低物流成本列在发展重点第一位,将多式联运工程列为重点工程第一位。

2015 年 7 月 21 日,交通运输部、国家发展改革委联合印发了《关于开展多式联运示范工程的通知》(交运发〔2015〕107 号),目的是形成一批示范成果和典型模式,总结推广先进经验,引领多式联运全面加快发展。第一、二、三批多式联运示范工程分别于 2016 年 6 月、2017 年 11 月和 2018 年 11 月启动实施,先后有 16 个、30 个、24 个项目入选。

2016 年以来,国家发展改革委、交通运输部、中国铁路总公司等部门从政策方面推动了多式联运发展,先后印发了《中欧班列建设发展规划(2016—2020 年)》《"十三五"长江经济带港口多式联运建设实施方案》《推进物流大通道建设行动计划(2016—2020 年)》《"十三五"港口集疏运系统建设方案》《"十三五"铁路集装箱多式联运发展规划》等文件。

2017 年 1 月,交通运输部等 18 部门联合发布的《关于进一步鼓励开展多式联运工作的通知》是对发展多式联运的顶层设计,标志着我国已将多式联运发展上升为国家战略,政府将持续加大对多式联运的支持力度。此外,《货物多式联运术语》(JT/T 1092—2016)和《多式联运运载单元标识》(JT/T 1093—2016)两项标准从 2017 年 4 月起正式实施,为多式联运后续标准的制定奠定了基础。

2018 年 9 月 17 日,国务院办公厅《关于印发推进运输结构调整三年行动计划(2018—2020 年)的通知》(国办发〔2018〕91 号),提出全国多式联运货运量年均增长 20%,重点港口集装箱铁水联运量年均增长 10% 以上。交通运输部下发了《交通运输部办公厅关于印发深入推进长江经济带多式联运发展三年行动计划的通知》(交办水〔2018〕104 号),以江海直达、江海联运、铁水联运等为重点,加快推进长江经济带多式联运发展,构建高质量综合立体交通走廊。

2021 年 2 月,国家发展改革委下发了《国家物流枢纽网络建设实施方案(2021—2025 年)》,明确提出加强铁路专用线、联运转运等设施建设,有效衔接整合公、铁、水、空多种运输方式,强化多式联运组织能力。

2023 年 8 月,交通运输部等多部门联合下发了《关于加快推进多式联运"一单制""一箱制"发展的意见》(交运发〔2023〕116 号),提出力争通过 3～5 年的努力,完善多式联运"一单制""一箱制"法规制度体系等目标与任务。

2024 年 11 月,交通运输部和国家发展改革委联合下发了《交通物流降本提质增效行动计划》,提出到 2027 年,港口集装箱铁水联运量年均增长 15% 左右,多式联运"一单制""一箱制"加快推广等目标及六方面 18 项主要任务。

1.2.2.2　存在的问题

1. 缺乏多式联运体系的战略谋划与顶层设计

在推进交通强国、综合运输体系建设的进程中,虽然对综合运输行政管理体制改革、交通基础设施网络完善、运输通道资源优化配置、综合客运枢纽和物流园区建设等方面给予了较多关注,但对于多式联运这一关键领域,缺乏从战略高度的系统认知、清晰且具有前瞻性的发展思路以及深入细致的全面谋划。未能充分将多式联运发展融入到综合运输体系的整体战略布局中,导致多式联运在发展定位、目标设定、路径规划等方面存在一定的模糊性和不明确性。例如,一些城市在规划物流枢纽时,未充分考虑多式联运需求,导致像新建的物流园区与铁路站点距离过远,衔接通道规划不合理,货物转运成本高、效率低,难以实现多式联运的高效运作。

2. 缺乏高效的国家层面综合协调机制

目前,多式联运涉及交通、铁路、港口、海关、商务等多个部门,各部门之间在管理职能、政策法规、工作标准等方面存在差异,缺乏一个由相关部门共同参与、职责明确、运行高效的协调机构或机制。这使得在统筹协调宏观层面的多式联运发展战略以及具体的多式联运交叉业务问题时,难以形成合力,容易出现政策冲突、管理脱节、信息不畅等问题,制约了多式联运的协同发展。如在推进多式联运"一单制"过程中,交通、铁路、海关等部门之间协调困难,不同部门对单证的要求和管理标准不同,使得多式联运单证在不同环节难以顺利流转。

3. 内陆地区集装箱运输基础设施仍存在短板,最后一公里瓶颈亟待突破

沿海支线运输系统在航线布局、运力配置、港口设施配套等方面不够完善,难以满足内陆地区与沿海港口之间日益增长的集装箱运输需求。铁路部分区段存在运力紧张的状况,特别是在一些经济活跃地区和重要物流节点,铁路运输能力不足,无法充分满足集装箱运输的快速增长。此外,内陆地区的现代化货场建设相对滞后,存在设施老化、功能单一、信息化水平低等问题,缺乏完善的装卸、存储、分拣、配送等配套设施,影响了集装箱运输的效率和服务质量。如广西钦州部分内陆地区到港口的支线运输航线少、频次低,货物集疏运不便;而陕西一些煤炭产区的铁路运力不足,无法满足煤炭集装箱运输需求,且当地货场设施陈旧,缺乏自动化装卸设备,影响货物周转。

4. 尚未建立统一完善的多式联运装备标准体系

我国目前还没有形成一套以内陆集装箱、厢式半挂车等为主体的基础载荷单元的标准体系,不同类型的集装箱、半挂车在尺寸、规格、技术参数等方面存在差异,导致在多式联运过程中难以实现无缝衔接和高效转运。同时,卡车的车型繁杂多样,牵引车和挂车的匹配标准缺失,使得运输装备的通用性和兼容性较差。此外,在货物装卸、运输、仓储等环节的操作规范和技术标准不一致,增加了多式联运的运营成本和管理难度。如不同企业生产的集装箱在尺寸公差、门锁结构等方面存在差异,在海铁联运中可能出现装卸困难;牵引车和挂车的电气接口标准不同,导致二者匹配存在问题,影响运输的连贯性。

5. 多式联运发展的政策支持体系有待健全

国家层面虽然出台了一些促进多式联运发展的政策,但在系统性、覆盖面和作用力等方面仍存在较大局限。政策缺乏对多式联运全产业链的统筹考虑,在基础设施建设、运输组织创新、技术装备升级、市场主体培育等方面的支持力度不够均衡。部分政策在实施过程中存在落地难、执行不到位的问题,缺乏有效的政策评估和调整机制,难以适应多式联

运快速发展的实际需求。同时,政策之间的协同性不足,不同部门、不同地区之间的政策存在差异甚至冲突,影响了政策的整体效果。如一些地方对多式联运企业的税收优惠、财政补贴政策在执行中程序烦琐,企业难以真正受益,对企业发展多式联运的激励作用有限。

6. 高科技、信息化应用水平有待提升

在多式联运领域,货物全程在线跟踪技术的应用率较低,许多港口、船公司、铁路公司等相关主体之间尚未实现数据信息的互联互通和共享共用。这导致在多式联运的各个环节,信息传递滞后、不及时、不准确,无法实现对货物运输状态的实时监控和精准管理。同时,缺乏统一的多式联运信息平台,各运输方式之间的信息系统相互独立,难以实现信息的高效整合和协同运作,制约了多式联运的智能化和信息化发展水平。如很多中小货运代理公司采用公路和铁路联运时,无法为客户提供货物在途的实时位置和状态信息,客户只能通过不同渠道分别向铁路和公路运输企业询问,信息获取不及时、不准确。

7. 专业人才短缺制约多式联运发展

多式联运是一种综合性的运输组织方式,涉及多种运输方式的协同运作和管理,需要既懂运输业务又熟悉信息技术、具备跨行业知识和综合管理能力的专业人才。然而,目前我国在多式联运专业人才培养方面相对滞后,高校相关专业设置较少,职业培训体系不完善,导致专业人才数量不足,素质不高。同时,企业对人才的吸引力不足,人才流失现象较为严重,进一步加剧了专业人才短缺的问题,影响了多式联运的创新发展和服务质量的提升。如一些高校物流专业的学生,在校期间缺乏多式联运实操课程和案例学习,毕业后进入企业,难以快速适应多式联运业务的组织和管理工作,人才流失也导致企业多式联运业务发展不稳定。

8. 市场主体竞争力不强,缺乏龙头企业引领

我国多式联运市场主体数量众多,但规模普遍较小,组织化程度低,缺乏具有较强综合实力和国际竞争力的龙头企业。大多数企业的业务范围单一,主要集中在某一种运输方式或运输环节,难以提供全程一体化的多式联运服务。企业之间的合作不够紧密,缺乏有效的协同机制和利益共享机制,难以形成规模效应和协同效应。此外,市场竞争秩序不够规范,存在恶性竞争、低价竞争等问题,影响了多式联运市场的健康发展。如大量小型货代公司只能提供简单的公路—铁路转运服务,缺乏仓储、配送等增值服务能力,在面对国际大型物流企业竞争时,市场份额不断被挤压,且部分企业为争抢货源,存在低价恶性竞争的现象,扰乱了市场秩序。

1.2.3　多式联运的发展趋势

1.2.3.1　多式联运的发展背景

多式联运是全球货物运输领域的重要发展方向,其发展现状受到多种因素的影响,包括经济全球化、贸易自由化、技术进步等。以下将从不同角度分析国际多式联运的发展背景。

1. 全球贸易增长推动多式联运需求上升

随着全球经济一体化的深入,国际贸易量持续攀升。自 20 世纪 90 年代以来,全球贸易量年均增长率约为 3.1%。近年来,新兴经济体的崛起进一步推动了贸易增长,如中国、印度等国家在全球贸易中的份额不断增加。据世界贸易组织(WTO)统计,2023 年,全球货物贸易额达到了 25 万亿美元左右,服务贸易额也超过了 6 万亿美元。以亚洲为例,2023 年,亚洲内部贸易额占其贸易总额的比重超过 50%,区域内贸易往来频繁,对多式联运的需求也日益旺盛。

2. 区域一体化促进多式联运合作

各地区通过建立共同的运输网络和标准,加强运输基础设施的互联互通,促进了不同国家和地区之间的货物运输合作。如欧盟建立了统一的泛欧交通网络,旨在实现成员国之间运输的无缝衔接。截至 2023 年,欧盟内部已经有超过 80% 的货物运输实现了多式联运的部分衔接或全程联运。海关总署数据显示,2024 年,中国对共建"一带一路"国家的进出口增长 6.4%,占中国进出口总值的比重首次超过 50%,达 50.3%。其中,出口增长 9.6%,进口增长 2.7%。中欧班列作为"一带一路"倡议的重要成果,截至 2024 年,累计开行 9.3 万列,运输近 907 万 TEU,货物品类达 5 万多种,涉及汽车整车、机械设备、电子产品等 53 大门类,合计货值超 4 200 亿美元。

3. 技术创新推动多式联运智能化发展

随着信息技术和物联网技术的不断发展和应用,国际多式联运正逐步向智能化方向发展。据统计,全球物流信息系统的市场规模在 2024 年超过了 500 亿美元,并且以每年 10% 左右的速度增长。智能运输系统在多式联运中的应用也越来越广泛,如利用大数据分析技术,可以优化运输路线和组合,提高运输效率和成本效益。中远海运通过构建多式联运信息平台,实现了运输数据的实时共享与智能分析。该平台整合了公路、铁路、水路等多种运输方式的信息资源,通过算法优化运输路径和配载方案,降低了运输工具的空驶率和等待时间。

4. 政策支持促进多式联运发展

各国政府和国际组织纷纷制定政策和措施,促进国际多式联运的发展。欧盟在 2023 年出台了一系列政策,加大对多式联运基础设施建设的投入,计划在未来 5 年内投资 1 000 亿欧元用于铁路、港口等基础设施的升级改造。中国政府也出台了诸多支持政策,如《推进多式联运发展 优化调整运输结构工作方案(2021—2025 年)》等,推动了多式联运的发展。在政策支持下,2022 年,中国多式联运示范工程共完成集装箱多式联运量约 720 万 TEU,与公路运输相比,降低物流成本超 100 亿元。

5. 环境可持续性成为多式联运发展的关注焦点

随着全球环境问题的日益严重,各国和国际组织开始重视减少碳排放和环境保护,推动多式联运向低碳、绿色方向发展。与传统的单一运输方式相比,多式联运可减少 20% 左右的碳排放,降低 10% 左右的能源消耗。例如,欧盟提出的绿色新交通政策,计划到 2030 年将多式联运的碳排放再降低 30%。中国提出的碳中和目标,也促使国内多式联运企业加大对新能源运输工具的投入和应用,如电动卡车、电动集装箱船等在多式联运中的应用逐渐增多。

6. 数字化转型加速多式联运发展

数字化转型已成为国际多式联运发展的新趋势。据统计,2023 年,全球电子货运单的使用率已经超过了 50%,在线预订平台的市场规模达到了 300 亿美元左右。智能化仓储也得到了广泛应用,通过物联网技术和智能设备,实现了货物的自动化存储和管理,提高了仓储的效率和准确性。如京东物流通过大数据分析预测商品流向和流量,合理规划公铁联运的运输路线和班次,同时引入智能调度系统,实现运输车辆的精准调度和高效利用。

1.2.3.2　多式联运的发展趋势

1. 多式联运政策的发展趋势

(1)促进物流通道建设,提高货物运输的效率和降低成本。政府和国际组织通常会投资于跨境运输基础设施,如铁路、公路、港口和航空港等,以加强各种运输模式之间的连接和协调。

(2)推动跨境合作,促进不同国家之间的物流合作与协调。这种合作包括制定统一的运输标准和规范、简化通关手续、加强信息共享等,以实现货物跨境运输的无缝衔接。

(3)推进先进技术的应用,提升物流效率和安全性。这包括物联网、大数据分析、人工智能等技术的应用,以实现对货物运输过程的实时监控和管理。

(4)推动绿色运输,减少运输对环境的影响。政府和国际组织通常会鼓励采用环保型交通工具和清洁能源,制定相应的政策和标准,以促进低碳、高效的物流运输。

(5)加强安全保障,防范运输过程中可能出现的安全风险和威胁。这包括加强边境和海关监管、提高货物追踪和溯源能力、加强信息安全等方面的举措。

2. 国际多式联运技术的发展趋势

(1)物联网技术应用。物联网技术的应用将推动国际多式联运的发展。通过在货物、运输工具和设备上部署传感器,可以实现对物流运输过程的实时监测和数据采集,提高运输的可视化和透明度。这有助于优化货物流动,提升运输效率,以及降低成本。

(2)大数据和人工智能应用。大数据和人工智能技术的应用可以帮助分析和处理海量的物流数据,从而优化运输路线,预测货物需求,提高运输计划的精准度。通过机器学习和智能算法,可以实现对物流网络的优化和动态调整,提升运输的灵活性和适应性。

(3)区块链技术应用。区块链技术的应用有助于增强国际多式联运的安全性和可信度。通过区块链技术,可以建立货物运输的可追溯性和不可篡改性,确保货物的真实性和完整性,减少信息不对称和欺诈风险,提高运输的安全性和可靠性。

(4)智能物流平台建设与应用。智能物流平台的建设是国际多式联运技术发展的重要方向之一。这些平台集成了各种物流资源和服务,包括运输工具、仓储设施、货物信息、支付系统等,实现了物流供应链的全面管理和协调。通过智能物流平台,可以实现货物运输的一体化管理和优化,提高整个物流系统的效率和可控性。

（5）智能交通基础设施建设与应用。智能交通基础设施的建设也是国际多式联运技术发展的重要方向之一。这包括智能交通信号系统、智能车辆识别技术、智能交通管理平台等，可以实现对交通流量的实时监测和调控，提高交通运输的安全性和流畅性。

3. 国际多式联运装备的发展趋势

（1）智能化和自动化装备应用。国际多式联运装备正朝着智能化和自动化方向发展。例如，智能化的集装箱、集装箱码头设备和货物跟踪系统可以实现对货物的实时监控和管理，提高装卸效率和货物安全性。

（2）节能环保装备应用。随着环保意识的增强，国际多式联运装备趋向于采用节能环保的技术和材料。例如，采用清洁能源的交通工具、环保型包装材料和节能型设备等，以降低运输过程对环境的影响。

（3）多功能一体化装备应用。国际多式联运装备趋向于多功能一体化发展。例如，多功能集装箱和多用途运输工具可以适应不同的运输需求和环境，提高装备的灵活性和适应性。

（4）数字化和互联网装备应用。国际多式联运装备趋向于数字化和互联网化发展。例如，装备中集成了物联网技术和云计算平台，可以实现装备之间的信息交换和协同作业，提高装备的智能化水平和管理效率。

（5）安全保障装备应用。国际多式联运装备趋向于加强安全保障功能。例如，装备中集成了安全监测和报警系统，可以实时监测运输过程中的安全风险和隐患，及时采取应对措施，保障货物和人员的安全。

（6）可持续发展装备应用。国际多式联运装备趋向于可持续发展方向。例如，装备中采用了可再生能源和可循环利用材料，以降低对资源的消耗和环境的污染，促进装备的可持续发展。

4. 国际多式联运管理的发展趋势

（1）数字化和智能化管理。国际多式联运管理正朝着数字化和智能化方向发展。通过采用先进的信息技术和管理工具，如物联网、大数据分析、人工智能等，可以实现对运输过程的实时监控、数据分析和预测，从而优化运输计划、提高运输效率和降低成本。

（2）供应链可视化和协同化。国际多式联运管理趋向于实现供应链的可视化和协同化。通过建立智能物流平台和供应链管理系统，可以实现对整个供应链的全面管理和协调，包括订单管理、库存管理、运输计划、货物跟踪等，从而提高供应链的透明度和灵活性。

（3）风险管理和安全保障。国际多式联运管理趋向于加强风险管理和安全保障措施。随着全球物流网络的不断扩展和复杂化，面临的安全风险和威胁也日益增加。因此，管理者需要加强对运输过程中可能出现的各种风险的识别、评估和应对，采取相应的安全保障措施，确保货物运输的安全性和可靠性。

（4）可持续发展和环境保护。国际多式联运管理趋向于注重可持续发展和环境保护。随着全球对环境问题的关注不断增强，管理者需要考虑如何减少运输对环境的影响，采取节能减排、低碳运输等措施，促进绿色物流的发展。

（5）政府和行业合作。国际多式联运管理趋向于加强政府和行业之间的合作。政府在政策制定、法规执行、基础设施建设等方面起着重要作用,而行业组织和企业则在技术创新、服务提供、市场竞争等方面发挥着重要作用。因此,政府和行业需要加强合作,共同推动国际多式联运的发展和规范化。

5. 国际多式联运服务的发展趋势

(1)综合性服务平台应用。国际多式联运服务趋向于提供综合性的服务平台,集成各种运输方式和服务资源,为客户提供一站式的物流解决方案。这些服务平台包括物流信息平台、供应链管理平台、智能物流平台等,通过互联网和物联网技术实现对物流过程的全程监控和管理。

(2)智能化和个性化服务。国际多式联运服务趋向于智能化和个性化发展,通过大数据分析、人工智能和机器学习等技术,为客户提供定制化的物流服务。这些服务包括货物跟踪、运输规划、库存管理、订单处理等,能够满足客户不同的需求和要求。

(3)绿色物流服务。国际多式联运服务趋向于提供绿色物流服务,采用环保型交通工具和清洁能源,减少运输对环境的影响。这些服务包括绿色包装、节能运输、碳排放抵消等,促进可持续发展和环境保护。

(4)全球化服务网络。国际多式联运服务趋向于建立全球化的服务网络,覆盖全球主要贸易枢纽和物流中心。这些服务网络包括陆路、海运、航空和铁路等多种运输方式,能够满足不同地区和不同客户的物流需求。

(5)安全保障和风险管理。国际多式联运服务趋向于加强安全保障和风险管理,确保货物运输的安全性和可靠性。这些服务包括货物保险、安全监控、风险评估等,减少运输过程中可能出现的安全风险和意外事件。

(6)跨界合作和资源整合。国际多式联运服务趋向于加强跨界合作和资源整合,促进各种运输方式和服务提供商之间的合作与协调。这种合作包括政府、企业、物流服务商等多方参与,共同推动国际多式联运服务的发展和提升。

本章小结

本章详细阐述了多式联运的基本概念、相关术语、基本特征、经营目标及其发展沿革与趋势。多式联运通过将公路、铁路、航空、水路等多种运输方式有机结合,提高了运输效率,降低了成本,并增强了运输的灵活性和可持续性。多式联运的发展面临诸多挑战与机遇。未来,多式联运将更加注重技术创新、政策支持、环境可持续性以及数字化管理,以推动全球物流运输的高效、绿色发展。

思考题

1. 什么是多式联运?其核心特征是什么?
2. 多式联运中转运中心的作用是什么?简述多式联运经营人的全程运输责任。
3. 为什么说多式联运有助于降低运输成本?
4. 举例说明多式联运在不同运输方式间的转换过程。
5. 多式联运在国际贸易中的作用是什么?

6. 如何通过技术创新提升多式联运的效率？

7. 多式联运在可持续发展方面有哪些贡献？

8. 政府在推动多式联运发展中扮演什么角色？

9. 未来多式联运的主要发展趋势有哪些？

拓展案例

京东物流多式联运现状及发展趋势

京东集团作为中国电子商务和物流行业的领军企业，近年来在多式联运领域展现出了强劲的发展势头和前瞻性的战略布局。以下是对京东集团多式联运发展趋势的详细分析。

一、高效协同，打造一体化供应链

1. 运输网络覆盖广泛。京东物流已拥有超 1 300 个仓库、43 座亚洲一号大型智能物流园区，运营网络覆盖广泛，为多式联运提供了坚实的基础。

2. 多式联运规模扩大。京东物流通过不断优化运输网络，扩大多式联运规模，实现了货物在不同运输方式之间的无缝衔接。例如，通过推广公转铁集装箱多联快车班列等方式，有效降低了运输成本，提高了物流效率。

3. 数据支撑。京东物流在 2022 年的营业收入达到 1 374 亿元，同比增长 31.2%。其中，外部客户收入达 891 亿元，同比增长 50.8%，占比近七成。这显示出京东物流在一体化供应链服务方面的强大实力和市场认可度。

二、技术创新，驱动多式联运智能化

1. 引入先进技术。京东物流通过引入大数据、人工智能、物联网等先进技术，不断提升多式联运的智能化水平。例如，利用智能调度系统优化运输路径和方案，利用物联网技术实时监控货物状态和位置信息。

2. 智能物流园区。京东物流的亚洲一号智能物流园区采用了先进的自动化设备和智能管理系统，实现了仓储、分拣、配送等环节的智能化作业。

3. 数据支撑。京东物流在仓储配送领域的技术绝大多数都是自己研发的。例如，上海亚洲一号(一期)在 2014 年双十一期间，仓库员工仅 500 人，在双十一当天发货 100 000 件；而同样体量的分拣和出库，某服装物流公司则雇用了 3 000 多人，花了 7 天时间才完成。

三、绿色物流，推动多式联运可持续发展

1. 绿色运输。京东物流积极响应国家绿色发展的号召，通过优化运输方式、推广绿色包装、实施节能减排等措施，推动多式联运的可持续发展。

2. 数据支撑。京东物流在多式联运领域实现了绿色物流的目标。例如，通过推广公转铁集装箱多联快车班列，减少了公路运输的碳排放；通过优化运输路径和方案，降低了运输过程中的能源消耗。此外，京东物流的绿色包装累计使用超 2.2 亿次，有效减少了环境污染。

四、全球布局,拓展多式联运国际市场

1. 国际合作。京东物流通过与国际运输方式运营商的合作,将多式联运的服务范围拓展到全球范围内。例如,与中远海运签署战略合作协议,共同探索大数据、云计算、人工智能等先进技术在供应链中的应用。

2. 数据支撑。京东物流的仓储网络已几乎覆盖全国所有的县区,包括由京东物流运营的约1 200个仓库及由云仓生态平台上业主及经营者运营的1 600多个云仓。这为京东物流拓展国际市场提供了有力的支持。

五、客户导向,提升多式联运服务体验

1. 优化服务流程。京东物流始终坚持以客户为中心的服务理念,不断优化运输流程、提高服务质量、加强客户服务等措施,以提升多式联运的服务体验。

2. 数据支撑。京东物流在2022年的一线员工薪酬福利支出达446亿元,占总收入的32.5%。这显示出京东物流在提升员工服务质量和客户满意度方面的投入和决心。同时,京东物流通过提供分钟达、当日达和次日达等快速配送服务,进一步提升了客户的服务体验。

(参考信息来源:羊城晚报)

【案例思考题】

1. 在构建一体化供应链的过程中,京东物流面临了哪些主要挑战,又是如何克服这些挑战的?

2. 亚洲一号智能物流园区在仓储、分拣、配送等环节的智能化作业中,有哪些创新的技术应用和实践案例?

3. 京东物流的绿色包装使用情况如何?这些绿色包装在减少环境污染方面起到了哪些作用?

4. 京东物流的仓储网络覆盖全球哪些地区?这些仓储网络如何支持京东物流拓展多式联运的国际市场?

5. 京东物流的一线员工薪酬福利支出占比较高,如何体现京东物流在提升员工服务质量和客户满意度方面的投入的?

第 2 章　多式联运工具与设备

广州南沙：全球首个江海铁多式联运全自动化码头

珠江畔，岸桥高耸。一辆辆北斗导航无人驾驶智能导引车井然有序地返回堆场。2022 年 7 月 28 日，随着华达 609 等三艘大船陆续靠泊广州港南沙四期码头，来自北京、唐山、连云港的大宗原材料在这里开始装卸作业，标志着全球首个江海铁多式联运全自动化码头正式投入运行。

设计年通过能力 490 万标箱的南沙四期全自动化码头，具备 4 艘大船和 16 艘驳船同时作业的能力，届时南沙港区集装箱年通过能力可超过 2 400 万标准箱，位居全球单一港区前列。

当天，华达 609、众兴 22、毅成 58 三艘大船陆续靠泊，现场 10 台岸桥、20 台轨道吊、50 辆无人驾驶智能导引车按照信息系统发布的指令，通过智能算法，自动完成装卸生产作业，整个过程行云流水，作业区内却空无一人。

该码头是粤港澳大湾区首个全新建造的自动化码头，也是我国首例由国内科技力量联手打造的全自动化集装箱码头，建有 4 个 10 万吨级海轮泊位及配套集装箱驳船泊位，创造了 60 多项专利，其中发明专利 31 项。

在设计全自动化码头方案的时候，广州港就考虑到了大湾区港口水转水（海运转驳船水运）比例高的集疏运特性，采用单小车自动化岸桥、北斗导航无人驾驶智能导引车、堆场水平布置侧面装卸、全国产信息系统、港区全自动化的技术路线，主要工艺流向平行于码头前沿，堆场水平布局打破了全自动化码头传统布局，高效完成集装箱的交接工作。

南沙四期工程总经理何业科介绍，采用相关方案，同等规模下，智能化改造后的码头，节省人力约七成。随着南沙四期全自动化码头投入运行，将推动大湾区港口集群进一步形成区域港口竞争新优势，推动港口群、产业群、城市群、都市圈协同联动发展，携手港澳共建世界级港口群。

（参考信息来源：南方日报，http://epaper.southcn.com/）

【思政视角】　广州南沙全球首个江海铁多式联运全自动化码头意义重大。其一，展现了强大的自主创新精神。由国内科技力量联手打造，创造 60 多项专利，发明专利达 31 项，凸显了我国科研人员攻坚克难、勇攀科技高峰的决心与能力，激励着我们在各领域积极探索创新。其二，体现了立足国情的科学谋划。考虑大湾区集疏运特性来设计方案，打破了传统布局，彰显了从实际出发、因地制宜的科学态度，教导我们做事要贴合实际需求。其三，彰显了协同发展的大局观。全自动化码头的投入运行推动了大湾区港口集群形成新优势,促进了多群体协同联动、携手港澳共建世界级港口群,让我们明白了合作共赢、顾全大局对区域乃至国家发展的重要性,增强了家国情怀与使命感。

2.1 海上运输工具与设备

2.1.1 海运船舶

在多式联运中,海运船舶常见的有件杂货船、滚装船、冷藏船、多用途船和干散货船、集装箱船等许多不同类型。当今的国际班轮运输大多采用的是集装箱船。

2.1.1.1 件杂货船

件杂货船(General Cargo Vessel),也称普通杂货船、杂货船,主要用于运输各种包装和裸装的普通货物,如图 2-1 所示。杂货船通常设有双层底,并采用多层甲板以防止货物因堆装过高而被压损。一般设置 4～6 个货舱,每个货舱设有货舱口,货舱口的两端备有吊杆或起重机,吊杆起重量相对较小(通常为 5～20 t),若配置重吊,则可起吊重件。国际海上货运中,杂货船的吨位一般为 5 000～20 000 t。

图 2-1 件杂货船

2.1.1.2 滚装船

滚装船(Roll on/Roll off Ship,Ro/Ro ship)是采用将装有集装箱或其他件杂货的半挂车或装有货物的带轮的托盘作为货运单元,由牵引车或叉车直接在船岸之间进行装卸作业形式的船舶,如图 2-2 所示。其主要特点是将船舶装卸作业由垂直方向改为水平方向。滚装船上的甲板平整全通,下面的多层甲板之间用斜坡道或升降平台连通,以便车辆通行。有的滚装船甲板可以移动,便于装运大件货物。滚装船的开口一般设在船尾,有较大的铰接式跳板,跳板可以 35°～40°角斜搭到岸上,船舶航行时跳板可折起矗立。滚装船的吨位大多为 3 000～26 000 t。

图 2-2 滚装船

2.1.1.3 冷藏船

冷藏船(Refrigerated Ship)是将货物处于冻结状态或某种低温条件下进行载运的专用船舶,如图 2-3 所示。其货舱为冷藏舱,并有若干个舱室。每个舱室都是一个独立、封闭的装货空间,舱门、舱壁均为气密,并用隔热材料使相邻舱室可以装运不同温度的货物。冷藏船上有制冷装置,制冷温度一般在 -25 ℃~15 ℃之间。

图 2-3 冷藏船

2.1.1.4 多用途船

多用途船(Multi-purpose Ship)是具有多种装运功能的船舶,如图 2-4 所示。多用途船按货物对船舶性能和设备等的不同要求可分为四种,即以载运集装箱为主的多用途船,以载运重大件为主的多用途船,兼运集装箱和重大件的多用途船,以及兼运集装箱、重大件和滚装货的泛多用途船。

图 2-4 多用途船

2.1.1.5 干散货船

干散货船(Dry Bulk Carrier)是运输粉末状、颗粒状、块状等无包装大宗货物的船舶,如图 2-5 所示。由于其所运输货物的种类较少,对隔舱的要求不高,所以仅设单层甲板,但船体结构较强。为提高装卸效率,货舱口开得很大。按所载运的货物种类不同,可分为运煤船(coal carrier)、散粮船(bulk grain carrier)、矿石船(ore carrier),和其他专用散装船。

图 2-5 干散货船

2.1.1.6 集装箱船

集装箱船(Container Ship),从装卸方式来分类,主要有吊装式和滚装式两种。吊装式集装箱船如图 2-6 所示。此外,有人把载驳货船作为浮装式集装箱船,也归入集装箱船中。滚装船和载驳货船都是在集装箱化以后产生的货船,它们本身都可以装载大量的集装箱。

图 2-6 吊装式集装箱船

2.1.2 集装箱

2.1.2.1 集装箱类型

集装箱的种类很多,分类方法多种多样,如以制造材料不同或以尺寸不同等进行分类。这里以集装箱的用途不同进行分类,以便大家在工作中可以根据所运输的货物的不同来选择不同类型的集装箱。

1. 干货集装箱

除冷冻货、活的动物、植物外,不需要调节温度,且在尺寸、重量等方面均适合集装箱运输的货物,均可使用干货集装箱(Dry Cargo Container,DC),如图 2-7 所示。我们一般所称的通用集装箱(General Purpose Container,GP)就是这种干货集装箱。这种集装箱适用于各种干杂货,包括日用百货、食品、机械、仪器、家电用品、医药及各种贵重物品。在集装箱运输中,干货集装箱所占的比重最大,国际标准化组织建议的标准集装箱的系列指的都是干货集装箱。由于干货集装箱的样式较多,使用时应注意箱子内部容积和最大负荷,特别是在使用 20 ft、40 ft 集装箱时更应注意这一点。

图 2-7 干货集装箱

2. 保温集装箱

保温集装箱(Insulated Container)是一种所有箱壁都使用热导率低的材料隔热,用以运输需要冷藏或保温货物的集装箱,一般包括冷藏集装箱、隔热集装箱和通风集装箱三种类型。

(1)冷藏集装箱(Reefer Container,RF)是指装载冷藏货物并附设有冷冻机的集装箱,如图 2-8 所示。在运输过程中,启动冷冻机使货物保持在所要求的指定温度。箱内的顶部装有挂肉类、水果的钩子和轨道,适用于装载冷藏食品、新鲜水果,或特种化工产品等。冷藏集装箱投资大,制造费用几倍于普通箱;在来回程冷藏货源不平衡的航线上,常常需要回运空箱;船上用于装载冷藏集装箱的箱位有限;同普通箱相比,该种集装箱的营运费用较高,除因支付修理、洗涤费用外,每次装箱前应检验冷冻装置,并定期为这些装置大修而支付不少费用。

(2)隔热集装箱(Insulated Produce Container),如图 2-9 所示,可以防止箱内温度上升,使货物保持鲜度,主要用于载运水果、蔬菜等类货物。这种集装箱通常用干冰制冷,保温时间约 72 h。

(3)通风集装箱(Ventilated Container)是一种为装运不需要冷冻,且具有呼吸作用的水果蔬菜类货物,而在端壁上

图 2-8 冷藏集装箱

开有通风口的集装箱,如图 2 - 10 所示。这种集装箱通常以设有通风孔的冷藏集装箱代用。

图 2 - 9　隔热集装箱

图 2 - 10　通风集装箱

3. 特种集装箱

特种集装箱(Special Container)是一种为适应特种货物运输的需要,而在集装箱的结构和设备方面进行了特殊设计和装备的集装箱。这种集装箱因所适用的货物种类不同而有许多种类,其中主要有如下几类。

(1) 散货集装箱(Solid Bulk Container)。如图 2 - 11 所示,散装集装箱主要用于运输啤酒、豆类、谷物、硼砂、树脂等货物。散装集装箱的使用有严格要求,如每次掏箱后,要进行清扫,使箱底、两侧保持光洁;为防止潮湿腐蚀,箱内金属部分应尽可能减少外露;有时需要熏蒸,箱子应具有气密性;在积载时,除了由箱底主要负重外,还应考虑到将货物重量向两侧分散;箱子的结构易于洗涤;主要适用装运重量较大的货物,因此,要求箱子自重应比较轻。

图 2 - 11　散货集装箱

(2) 罐式集装箱(Tank Container,TK)。如图 2 - 12 所示,罐式集装箱专门装运各种液体货物,如食品、酒品、药品、化工品等。货物由液罐顶部的装货孔进入,卸货时,货物由排出孔靠重力作用自行流出,或者由顶部装货孔吸出。

（3）敞顶集装箱(Open-top Container,OT)。如图 2 - 13 所示,敞顶集装箱又称为开顶集装箱,是集装箱种类中需求较少的一种,主要是因为货物装载量较少,在没有月台、叉车等设备的仓库无法进行装箱,在装载较重的货物时还需使用起重机。这种箱子的特点是吊机可从箱子上面进行货物装卸,然后用防水布覆盖。目前敞顶集装箱主要用于装运较高货物或用于代替尚未得到有关公约批准的集装箱种类。

图 2 - 12　罐式集装箱

图 2 - 13　敞顶集装箱

（4）框架集装箱(Flat Rack Container,FR)。如图 2 - 14 所示,框架集装箱是以装载超重货物为主的集装箱,省去箱顶和两侧,其特点是可从箱子侧面进行装卸。框架集装箱适用于那些形状不一的货物,如废钢铁、卡车、叉车等。框架集装箱具有以下几个主要特点:自身较重;普通集装箱是采用整体结构的,箱子所受应力可通过箱板扩散,而框架集装箱仅以箱底承受货物的重量,其强度很大;出于同样的特点,这种集装箱的底部较厚,所以相对来说,可供使用的高度较小。因此,该种集装箱通过海上运输时,必须装在舱内运输,在堆场存放时也要用毡布覆盖。同时,货物本身的包装也应适应这种集装箱。

（5）牲畜集装箱(Livestock Container)。如图 2 - 15 所示,牲畜集装箱是一种专门为装运动物而制造的特殊集装箱,箱子的材料选用金属网,使其通风良好,而且便于喂食。

图 2 - 14　框架集装箱

图 2 - 15　牲畜集装箱

（6）汽车集装箱（Car Container）。如图 2-16 所示，汽车集装箱是专门供运输汽车而制造的集装箱，其结构简单，通常只设有框架与箱底，根据汽车的高度，可装载一层或两层。

图 2-16　汽车集装箱

2.1.2.2　集装箱的代码、识别和标记

国家标准《集装箱代码、识别和标记》（GB/T 1836—2017/ISO 6346：1995）规定了集装箱识别系统和识别标记、尺寸和箱型代码及其相关标记、作业标记以及标记的标打方法。

1. 识别系统

识别系统由以下几个部分组成，它们应同时使用。

箱主代码：3 个拉丁字母；

设备识别码：1 个拉丁字母；

箱号：6 位数字；

校验码：1 位数字。

（1）箱主代码。箱主代码应由三个大写的拉丁字母组成，具备唯一性，且应在国际集装箱局（Bureau International des Containers，BIC）注册。例如，中国远洋海运集团有限公司的箱主代码为 COS。

（2）设备识别码。设备识别码由 1 个大写的拉丁字母表示。

U 表示所有集装箱；

J 表示集装箱所配置的挂装设备；

Z 表示集装箱拖挂车和底盘挂车。

（3）箱号。箱号由 6 位阿拉伯数字组成。不足 6 位时，应在前面置 0 以补足 6 位。

（4）校验码（核对数字）。校验码用于检验箱主代码和箱号传递的准确性，按该国家标准附录 A 所列的方法，通过箱主代码、设备识别码和箱号求得，标打时应设在方框之内。

2. 识别标记

上述箱主代码、设备识别码和校验码为集装箱必备的识别标记,它们应按照规定的字体大小、字型和布局要求,以及便于作业人员视读的位置紧凑排列。

3. 尺寸和箱型代码

集装箱的外部尺寸和类型均应在箱体上标出,以便识别。对于相关标准规定的,具备从箱顶起吊、搬运和堆码作业等条件的集装箱,均应按要求标出尺寸和箱型代码。

(1) 尺寸代码。集装箱的尺寸(指外部尺寸)代码应用两位字符表示。

第 1 位:用数字或拉丁字母表示箱长,如 2 表示箱长为 20 ft,4 表示箱长为 40 ft。

第 2 位:用数字或拉丁字母表示箱宽和箱高,如 2 表示箱宽为 8 ft、箱高为 8 ft 6 in,5 表示箱宽为 8 ft、箱高为 9 ft 6 in。

(2) 箱型代码。集装箱的箱型代码包括箱型及其特征信息,并用两位字符表示。

第 1 位:由 1 个拉丁字母表示箱型;

第 2 位:由 1 个数字表示该箱型的特征。

例如,G0 表示一端或两端开门的通用集装箱。

作为交换数据,如果不需要标示具体特征,可用组代码表示。例如,GP 为通用集装箱的组代码。

4. 作业标记

作业标记不同于上述用于数据传递或其他用途的代码。它标打在箱体上,仅是为提供某些信息或视觉警示。

必备的作业标记主要包括最大总重量(MAX GROSS)和空箱重量(TARE)、空/陆/水联运集装箱标记、箱顶防电击警示标记、箱高超过 2.6 m(8 ft 6 in)的集装箱高度标记。标打在集装箱上的最大总重量应与《国际集装箱安全公约》(CSC)所列标牌完全一致。除了必备的作业标记,还可标打最大净货载(NET)的数据,此为可择性作业标记。上述重量的单位均用 kg(千克)和 1b(磅)同时标出。

2.2 航空运输工具与设备

2.2.1 民用航空运输飞机

2.2.1.1 民用航空运输飞机的分类

1. 按机身宽窄,分为窄体飞机和宽体飞机

窄体飞机(narrow-body aircraft)的机身宽约 3 m,旅客座位之间有一个走廊,这类飞机往往只在其下货舱装运散货,如图 2-17 所示。

宽体飞机(wide-body aircraft)的机身较宽,客舱内有两条走廊、三排座椅,机身宽一般在 4.72 m 以上,这类飞机可以装运集装货物和散货,如图 2-18 所示。

图 2-17 ARJ21 和 C919

图 2-18 C929

2. 按使用用途,分为全货机、全客机和客货混用机

全货机(all-cargo aircraft)的主舱及下舱全部载货。

全客机(passenger aircraft)只在下舱载货。

客货混用机(combination aircraft)在主舱前部设有旅客座椅,后部可装载货物,下舱内也可装载货物。

2.2.1.2 民用航空运输飞机的舱位结构

民用航空运输飞机一般主要分为两种舱位:主舱、下舱。但波音 747 分为三种舱位:上舱、主舱、下舱。

2.2.1.3 民用航空运输飞机的装载限制

1. 重量限制

由于飞机结构的限制,飞机制造商规定了每一货舱可装载货物的最大重量限额,在任何情况下,所装载的货物重量都不可以超过此限额。否则,飞机的结构很有可能遭到破坏,飞行安全可能会受到威胁。

2. 容积限制

由于货舱内可利用的空间有限,因此,这也成为运输货物的限定条件之一。轻泡货物已占满了货舱内的所有空间,而未达到重量限额。相反,高密度货物的重量已达到限额,而货舱内仍会有很多的剩余空间无法利用。将轻泡货物和高密度货物混运装载,是比较经济的解决方法。承运人有时会提供一些货物的密度参数作为混运装载的依据,如服装类货物约为 120.0 kg/m^2。

3. 舱门限制

由于货物只能通过舱门装入货舱内,所以货物的尺寸必然会受到舱门的限制。为了便于确定一件货物是否可以装入散舱内,飞机制造商提供了散舱的舱门尺寸表,表内数据以厘米和英寸为计量单位。例如,一件货物的尺寸为 240 cm×70 cm×60 cm,装载在波音 737 散舱内,则货物的长度限制为 241 cm。

4. 地板承受力限制

飞机货舱内每一平方米的地板可承受一定的重量,如果超过它的承受能力,地板和飞机结构很有可能遭到破坏。因此,装载货物时应注意不能超过地板承受力的限额。在实际操作中,可以按照下列公式计算出地板承受货物实际的压强。

$$地板承受力＝货物的重量÷底面接触面积$$

如果超过限额,应使用 2～5 cm 厚的垫板,加大底面面积,可以按照下列公式计算得出。

$$垫板面积＝货物的重量÷地板承受力限额$$

2.2.2　航空集装器

2.2.2.1　集装运输的概念和特点

集装运输是将一定数量的单位货物装入集装货物的箱内或装在带有网套的板上作为运输单位进行运输。

集装运输具有如下特点:
(1) 减少货物装运的时间,提高工作效率。
(2) 以集装运输替代散件装机,可以减少地面等待时间。
(3) 减少货物周转次数,提高完好率。
(4) 减少差错事故,提高运输质量。

采用集装设备,工作人员有充裕的时间做地面运输组织工作,可以提前按货物的到达站和种类进行集装,成组上机或下机,减少差错事故的可能性。

(5) 节省货物的包装材料和费用。采用集装器进行运输,集装器要坚固,对货物有保护作用。所以对采用集装器进行运输的货物,在包装上要求较低,这样就可以节约用于包装货物的材料和费用。

(6) 有利于组织联合运输和门到门服务。货物运输的集装箱化,进行海空、陆空联合运输,是货运发展的大趋势。集装器可以直接租给用户,送到企业,实现门到门服务。

2.2.2.2　集装设备的种类

集装器的产生是在宽体飞机出现以后。为了提高大批量货物的处理能力,人们认识到把小件货物集装成大件货物(如集装板、集装箱等)是非常必要的。这些集装器可看作飞机结构中可移动的部件,使装卸更加简便。

装运集装器的飞机,其舱内应有固定集装器的设备,用于把集装器固定于飞机上。这时,集装器就成为飞机的一部分。因此,对飞机集装器的大小有严格规定。根据不同的分类标准,可以将集装器的种类划分为以下几种:

1. 按注册情况分为注册的飞机集装器和非注册的飞机集装器

注册(certified)的飞机集装器是指国家政府有关部门授权集装器生产厂家生产的,适宜于飞机安全载运的,在其使用过程中不会对飞机的内部结构造成损害的集装器。

非注册(non-certified)的飞机集装器是指未经有关部门授权生产的,未取得适航证书的集装器。非注册的集装器不能被视为飞机的一部分,因为它与飞机不匹配,一般不允许装入飞机的主货舱。但这种集装器的确适于地面的操作环境,它仅适合于某些特定机型的特定货舱,如 DPE 类的集装器仅适宜于波音 767 机型。

2. 按种类分为集装板、集装棚和集装箱

(1) 集装板(pallet)和网套(net)。集装板是具有标准尺寸的,四边带有卡锁轨或网带卡锁眼,带有中间夹层的硬铝合金制成的平板,以便货物在其上码放;网套是用来把货物固定在集装板上,网套的固定是靠专门的卡锁装置来限定的。

以 P1 集装板为例,如图 2 - 19 所示,外形尺寸为 318 cm×224 cm,重量为 6 804 kg(含板重和套网重量),适载机型为所有宽体飞机。

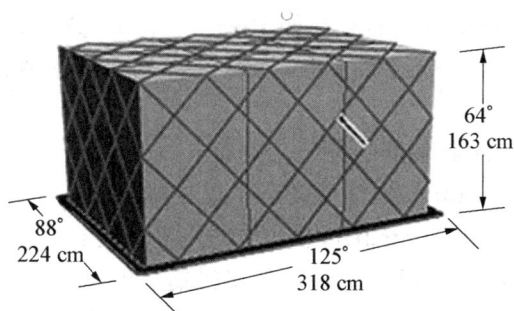

图 2 - 19　P1 集装板

(2) 结构与非结构集装棚(igloo)。集装棚分结构式和非结构式两种。非结构式集装棚的前面敞开,无底,由玻璃纤维、金属及其他适合的材料制成坚硬的外壳,这个外壳与飞机的集装板和网套一起使用。

结构式集装棚的外壳与集装板固定成一体,不需要网套固定货物。

(3) 集装箱(container)。集装箱类似于结构集装棚,它又可分为以下 3 种:

① 空陆联运集装箱。空陆联运集装箱分为 20 ft 或 40 ft,高和宽为 8 ft。这种集装箱只能装于全货机或客机的主货舱,主要用于陆空、海空联运。

② 主货舱集装箱。主货舱集装箱只能装于全货机或客机的主货舱,这种集装箱的高度在 163 cm 以上。

③ 下货舱集装箱。下货舱集装箱只能装于宽体飞机的下货舱。以 AKE 集装箱为例,如图 2 - 20 所示,相应参数:集装箱容量为 152 cu.ft(立方英尺,cubic feet);集装箱重量为 100 kg;集装板最高可容重量(包括集装板重量)为 1 588 kg;适载机型为波音 747、747F、777 和空客飞机。

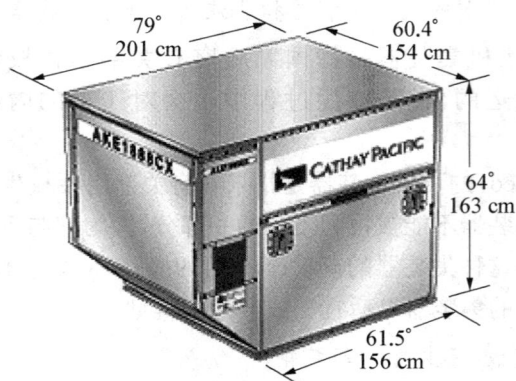

图 2 - 20 AKE 集装箱

底板尺寸为 53 in×88 in;高度为 84 in;集装板重量为 55 kg,集装板最高可容重量(包括集装板重量)为 1 800 kg。

2.2.2.3 集装器代号的组成

在集装器的面板和四周,常会看到诸如 PAP5001FM、PAP2233CA 等代号,这些代号是基于集装器的类型、尺寸、外形、与飞机的匹配、是否注册等因素形成的。它由以下几部分组成。

(1) 第 1 位:字母,表示集装器的类型。

A:certified aircraft container,注册的飞机集装器。

B:non-certified aircraft container,非注册的飞机集装器。

F:non-certified aircraft pallet,非注册的飞机集装板。

G:non-certified aircraft pallet net,非注册集装板网套。

J:thermal non-structured igloo,保温的非结构集装棚。

M:thermal non-certified aircraft container,保温的非注册飞机集装箱。

N:certified aircraft pallet net,注册的飞机集装板网套。

P:certified aircraft pallet,注册的飞机集装板。

R:thermal certified aircraft container,注册的飞机保温箱。

U:non-structural igloo,非结构集装棚。

H:horse stall,马厩。

V:automobile transport equipment,汽车运输设备。

X、Y、Z:reserved for airline use only,供航空公司内部使用。

(2) 第 2 位:字母,表示集装器的底板尺寸。

A:(224×318) cm,(88×125) in,P1 板。

B:(224×274) cm,(88×108) in,P2 板。

G:(244×606) cm,(96×238.5) in,P7 板。

M:(244×318) cm,(96×125) in,P6 板。

E:(224×135) cm,(88×53) in。

K:(153×156) cm,(60.4×61.5) in。

L:(153×318) cm,(60.4×125) in。

(3) 第 3 位:字母,表示集装器的外形或适配性,可查手册 IATA ULD TECHNICAL MANUAL,以获取相关信息。

E:适用于波音 747、TC310、DC10、L1011 下货舱无叉眼装置的半型集装箱。

N:适用于波音 747、TC310、DC10、L1011 下货舱有叉眼装置的半型集装箱。

P:适用于波音 747COMB 上舱及波音 747、DC10、L1011、TC310 下舱的集装板。

A:适用于波音 747F 上舱集装箱。

(4) 第 4~7 位:数字,表示集装器的序号。

(5) 第 8~9 位:字母,表示集装器的所有人或注册人,通常是航空公司的二字代码。

2.2.2.4 集装器的限制

1. 最大承重限制

集装器允许装载的货物重量受到集装器最大承重的限制。超过这一限制的货物不但会损坏集装器的结构,还有可能会对机身造成损坏。

P1 板(224×318) cm;(88×125) in;6 804 kg。

P2 板(224×274) cm;(88×108) in;4 536 kg。

P6 板(244×318) cm;(96×125) in;6 804 kg。

P7 板(244×606) cm;(96×238.5) in;11 340 kg。

2. 体积/尺寸限制

集装箱内部所装货物受到体积限制是不言而喻的。重点考虑集装板体积限制。集装板上所装货物的形状要与飞机的货舱内部形状相适应,且应能从货舱门装入。集装板可装货物的高度,随飞机机型的主货舱或下货舱的位置布局而定。如 P1 板可装高度为 164 cm、244 cm、299 cm,P6 板可装高度为 164 cm、244 cm、299 cm,P7 板可装高度为 244 cm。

3. 货物品名的限制

某些特殊货物装载集装器是受到限制的,如危险品、活动物、贵重货物、尸体等。

此外,还有集装器底板承重等限制。

2.2.2.5 集装货物的基本原则

(1) 检查所有待装货物,如重量、体积、包装材料等,了解和掌握货物运输装载要求。

(2) 一般情况下,大货、重货装在集装板上;体积较小、重量较轻的货物装在集装箱内。组装时,体积或重量较大的货物放在下面,并尽量向集装器中央集中码放;小件和轻货放在中间;危险物品或形状特异可能危害飞机安全的货物,应将其固定,可用填充物将集装器塞满或使用绳、带捆绑,以防损坏设备。合理码放货物,做到大不压小、重不压轻、木箱或铁箱不压纸箱。同一卸机站的货物应装在同一集装器上。一票货物应尽可能集中装在一个集装器上,避免分散装在多个集装器上。

（3）在集装箱内的货物应码放紧凑，间隙越小越好。

（4）如果集装箱内没有装满货物，即所装货物的体积不超过集装箱容积的三分之二，或单件货物重量超过 150 kg 时，就要对货物进行捆绑固定。最好用标准的绳具将货物固定在集装箱的卡锁轨里。

（5）特别重的货物放在下层，底部为金属的货物和底部面积较小且重量较大的货物必须使用垫板，以防金属货物损坏集装板，同时可以分散货物对集装器底板的压力，保证集装器能够平稳顺利地装入飞机。

（6）装在集装板上的货物要码放整齐，上下层货物之间要相互交错，骑缝码放，避免货物与货物坍塌、滑落。

（7）装在集装板上的小件货物，要装在其他货物的中间或适当地予以固定，防止其从网套及网眼中滑落。一块集装板上装载两件或两件以上的大货时，货物之间应尽量紧邻码放，尽量减少货物之间的空隙。

（8）一般情况下不组装低探板货物。确因货物多，需充分利用舱位，且货物包装适合装低探板时，允许装低探板。但是，装低探板货物时要按照标准码放，码放货物要合理牢固，网套要挂紧，必要时要用尼龙带捆绑，保证集装货物在运输过程中不发生散落或倾斜。

2.3 铁路运输工具与设备

2.3.1 铁路机车和车辆

2.3.1.1 铁路机车

铁路车辆本身没有动力装置，无论是客车还是货车，都必须把许多车辆连接在一起编成一列，由机车牵引才能运行。所以，机车是铁路运输的基本动力。目前我国铁路使用的机车种类很多，按照机车原动力可分为蒸汽机车、内燃机车和电力机车。

1. 蒸汽机车

蒸汽机车是以蒸汽机为原动力的机车，如图 2-21 所示。其优点是结构比较简单，制造成本低，使用年限长，驾驶和维修技术较易掌握，对燃料要求也不高。但其缺点是热效率太低，总效率一般只有 5%～9%，使机车的功率和速度进一步提高受到限制。因此，在现代铁路运输中，随着铁路运输量的增长和行车速度的提高，蒸汽机车势必被新型机车所代替。我国已于 1989 年停止生产蒸汽机车，并采取自然过渡的办法，在牵引动力改革中将其逐步予以淘汰。

2. 内燃机车

内燃机车是以内燃机为原动力的机车，如图 2-22 所示。它的热效率比蒸汽机车高、准备时间短，一次加足燃料后，持续工作时间长，机车利用率高，特别适合在缺水或水质不良地区运行。但其缺点是构造复杂，制造、维修和运营费用较高，对环境有较大的污染。

| 图 2-21 蒸汽机车 | 图 2-22 内燃机车 |

3. 电力机车

电力机车是非自带能源的一种机车,它是从铁路沿线的接触网获取电能产生牵引动力的机车,如图 2-23 所示。它的热效率比蒸汽机车高出 1 倍以上,且启动快,速度高,善于爬坡;可以制成大功率机车,运输能力大,运营费用低。电力机车不用水,不污染空气,噪声小,劳动条件好,便于多机牵引。但电气化铁路需要建立一套完整的供电系统,在基建投资上要比采用蒸汽机车或内燃机车大得多。从世界各国铁路牵引动力的发展来看,电力机车被公认为是最有发展前景的一种机车,它在运营上有良好的经济效果。

图 2-23 电力机车

2.3.1.2 车辆

铁路车辆是运送旅客和货物的工具,它本身没有动力装置,需要把车辆连挂在一起由机车牵引,才能在线路上运行。

铁路车辆可以分为客车和货车两大类。铁路货车的种类很多,为便于在铁路货物运输中使用,下面把我国铁路货车的种类、标记分别做介绍。

1. 货车的种类

我国铁路货车的种类,按其用途可分为通用货车和专用货车两大类。

(1) 通用货车。通用货车分为棚车、敞车和平车。

棚车(boxcar)的车体由端墙、侧墙、棚顶、地板、门窗等部分组成。装运货物时可以关闭门窗,防止风吹日晒和雨雪侵入,便于运送比较贵重和怕潮湿的货物。车内一般还设有床托、拦马杆座等装置,必要时可用来运送人员或牲畜。

敞车(open wagon)的车体仅有端墙、侧墙和地板,端墙、侧墙的高度一般在 0.8 m 以上,两侧有门。敞车主要用以装运不怕湿损的散装、裸装或包装货物,如煤炭、矿石、钢材、木材、机械设备和集装箱等,必要时还可以加盖篷布装运怕潮湿的货物,因而敞车是一种通用性较大的货车。

平车(flatcar)的车体一般只有一个平底板,部分平车装有很低的侧墙和端墙,并且能够翻倒。它适合于装载重量、体积或长度较大的货物,如汽车、钢材、木材、集装箱等。有侧墙和端墙的平车,将侧墙、端墙翻起后可用以装运矿石类货物。也有的将车体做成下弯的凹底平车或一部分不装地板的落下孔车,供装运特殊长大重型货物。

(2)专用货车。专用货车可分为保温车、罐车和家畜车等,是专供装运某些指定种类货物的车辆。

保温车(reefer car)的车体与棚车相似,但其墙板由两层壁板构成,壁板间用隔热材料填充,以减少外界气温的影响。车内设有制冷或冰箱等设备。目前,我国以成列或成组使用机械保温车为多,车内有制冷设备,可自动控制车内温度。保温车主要用于运送需要保鲜的蔬菜、鱼类、肉类等易腐货物。

罐车(tanker car)的车体为圆桶形,罐体上设有装卸口,为保证流体货物运送安全,还设有空气包和安全阀等设备。罐车主要用来运送液化石油气、汽油、盐酸、酒精等液体货物,也有少数罐车是用来装运像散装水泥类的粉状货物的。

家畜车(livestock car)的车体内有通风设备,有给水、饲料的储存设施,还有押运人员的乘坐设施,主要供运送家畜、家禽等。

此外,专用车还有煤车、矿石车、矿砂车、长大货车等。其中,长大货车是专供运送长大货物及笨重货物之用的,其载重量一般为 90 t 以上,长度在 19 m 以上,专用于装运大型汽车、机械设备、桥梁、建筑材料和长大原木等特大超长货物。

货车车辆还可从载重量进行分类,我国的货车车辆可分为 20 t 以下,30 t、40 t、50 t、60 t、65 t、75 t 和 90 t 等各种不同的车辆。为适应我国大宗货物运输的客观需要,有利于多装快运和降低货运成本,现以 50 t 车为主。

2. 车辆标记(vehicle marking)

为了表示车辆的类型及其特征,便于使用和运行管理,在每一铁路车辆的车体外侧都应具有规定的标记。一般常见的标记主要有以下几种。

(1)路徽(road badge)。凡中国铁道部所属车辆均涂有人民铁道路徽,以区别企业自备车和外国车辆。

(2)车号(car number)。车号是识别车辆的最基本标记,包括型号和号码。型号又有基本型号和辅助型号两种。

基本型号代表车辆种类,用汉语拼音字母表示。

辅助型号代表车辆构造形式,用阿拉伯数字和汉语拼音组合表示,如 P64A,表示该棚车是 64A 型的结构。号码编在车辆的基本型号和辅助型号之后。车辆号码是按车种和载重分别按顺序编号的,如 P623319324。

(3)配属标记。对固定配属的车辆,应标上所属铁路局和车辆段的简称,如京局京段是表示北京铁路局车辆段的配属车。

(4)自重。表示车辆本身的重量,以吨(t)为单位。

(5)载重。即车辆允许的最大装载重量,以吨(t)为单位。

(6)容积。即货车(平车除外)可供装载货物的容量,以立方米(m³)为单位。

(7)车辆全长及换长。车辆全长指车辆两段钩舌内侧的距离,以米(m)为单位。在实际业务中,习惯上将车辆的长度换算成车辆的辆数,即全长除以 11 m 所得的商表示车辆的换算长度(换长),即换长=车辆全长/11。

(8)特殊标记。根据车辆的构造及设备特征而涂刷的各种特殊标记,如:

MC——表示可以用于国际联运;

人——表示具有床托的棚车,可以运送人员;

古——表示车内设有拴马环或其他拴马装置的货车;

Ω——表示车辆禁止通过机械化驼峰。

另外,有的车辆在车体四周涂刷一条色带:红色表示装运爆炸品;黄色表示装运剧毒品;白色表示救援列车。

2.3.2　铁路轨距及限界

火车行驶的线路称为铁路线路。它是机车车辆和列车运行的基础,是由路基、轨道和桥隧建筑物组成的整体工程结构。铁路线路涉及的工程技术问题比较复杂,这里仅就与运输业务直接相关的铁路轨距和铁路限界做简要说明。

2.3.2.1　铁路轨距

铁路轨距就是铁路线路上两股钢轨头部的内侧距离。按其大小不同,可分为宽轨、标准轨和窄轨:标准轨的轨距为 1 435 mm;大于标准轨的为宽轨,其轨距大多为 1 524 mm 和 1 520 mm;小于标准轨的为窄轨,其轨距多为 1 067 mm 和 1 000 mm。我国铁路基本上采用标准轨距,只有台湾和海南两省的部分铁路轨距为 1 067 mm。欧洲铁路轨距主要有以下几种:标准轨距广泛用于西欧、中欧和北欧,如德国、法国、意大利、西班牙、英国等。宽轨主要用于东欧和北欧部分国家,如俄罗斯、芬兰、乌克兰等。窄轨多用于山区或地方铁路,如瑞士、奥地利的部分线路。此外,爱尔兰铁路轨距为 1 600 mm。由于轨距不同,列车在不同轨距交接的地方必须进行换装或更换轮对。欧亚大陆铁路轨距同样可分为宽轨、标准轨和窄轨。所以,国际铁路货物联运的组织必须重视边境口岸两国铁路的轨距。

2.3.2.2　铁路限界

为了确保机车车辆在铁路线路上安全运行,防止机车车辆撞击邻近铁路的建筑和设备,而对机车车辆和接近线路的建筑物、设备所规定的不允许超越的轮廓尺寸线称为限界。

铁路的基本限界有机车车辆限界和建筑接近限界两种。

机车车辆限界是机车车辆横断面的最大极限,它规定了机车车辆不同部位的宽度、高度的最大尺寸和底部零部件至轨面的最小距离。机车车辆限界是在桥梁、隧道等限界起相互制约作用的,当机车车辆在满载状态下运行时,也不会因摇晃、偏移而与桥梁、隧道及线路上其他设备相接触,以保证行车安全。

建筑接近限界是一个和线路中心线垂直的横断面,它规定了保证机车车辆安全通行所必需的横断面的最小尺寸。凡靠近铁路线路的建筑及设备,除与机车车辆有相互作用的设备外,其他任何部分都不得侵入限界之内。

当货物装车后,货物任何部分的高度和宽度超过车辆限界时,该货物被称为超限货物。对于超限货物,按货物超限的程度分为一级超限、二级超限和超级超限 3 个级别。对于超限货物的运输,则要采取特殊的组织方法来进行。

2.3.3　铁路集装箱

2.3.3.1　中小吨位集装箱

容积 1.0～3.0 m^3(含 3.0 m^3),最大容许总重小于 2.5 t 的集装箱为小吨位集装箱;容积在 3.0 m^3 以上至 15.0 m^3,最大容许总重为 2.5～5.0 t(含 5.0 t)的集装箱为中吨位集装箱。小吨位集装箱和中吨位集装箱货物可办理零担或整车货物运送;不属于铁路的小吨位和中吨位空集装箱不适用集装箱运送的规定。

对于小吨位和中吨位集装箱,我国铁路目前只办理整车运送的 5 t 箱和零担运送的 1 t 箱装运进口货物。出口货物可利用返还的集装箱装运到集装箱所属铁路。我国铁路集装箱暂不出口。

2.3.3.2　大吨位集装箱

长 20 ft、30 ft 或 40 ft(相应为 6 058 mm、9 125 mm 或 12 192 mm),宽 8 ft(2 438 mm)和高 8 ft 6 in(即 2 591 mm),符合 ISO(国际标准化组织)系列 1 的集装箱为大吨位集装箱。大吨位集装箱货物和大吨位空集装箱仅可办理大吨位集装箱货物运送。我国和蒙古铁路间可办理使用中铁 10 t 集装箱货物的运送。

不符合上述条件的集装箱以及《国际货协》附件 2 危险货物运送规则未做规定的危险货物专用集装箱,需经参加运送的各铁路商定后,才准许运送。

2.4　公路运输工具与设备

2.4.1　公路运输工具

现代所用公路运输工具主要是车辆,而公路集装箱车辆是公路运输车辆的重要组成部分。公路集装箱车辆主要包括集装箱牵引车和挂车。

2.4.1.1　集装箱牵引车

集装箱牵引车俗称拖车拖头,是指具有驱动能力,且装备特殊装置用于牵引挂车的商用车辆,如图 2-24 所示。按驾驶室长短划分,可分为平头式牵引车和长头式牵引车。中国与欧洲主要采用平头式牵引车,美国则采用长头式牵引车,其主要原因在于法律约束下的市场选择,中国和欧洲限制整车的长度,采用平头牵引车可以拉更多的货,而美国只限制半挂车长度,对车头不做限制,从安全考虑,车主更愿意选择长头式牵引车。

图 2-24　集装箱牵引车

2.4.1.2　挂车

挂车是指并无自带的动力装置,需要与牵引车组成汽车列车的车辆,如图 2-25 所示。

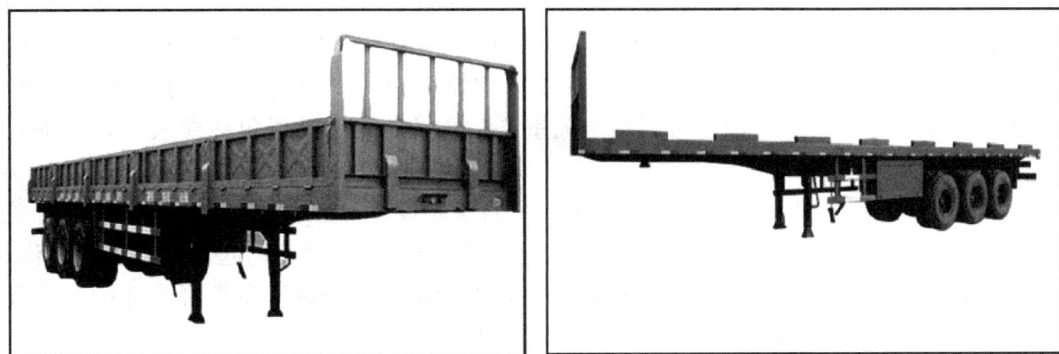

图 2-25　挂车

牵引车和挂车的连接方式有两种:第一种是挂车的前面一半搭在牵引车后段上面的牵引鞍座上,牵引车后面的桥承受挂车的一部分重量,这就是半挂车;第二种是挂车的前端连接在牵引车的后端上,牵引车只提供向前的拉力,拖着挂车走,不承受挂车向下的重量,这就是全挂车。

集装箱半挂车分为平板式、骨架式、鹅颈式、可伸缩式等。

（1）平板式集装箱半挂车。平板式集装箱半挂车由于自身质量较大，承载面较大，适用于需要兼顾装运集装箱和一般长大件货物的场合，故也称两用车。

（2）骨架式集装箱半挂车。与平板式集装箱相比，骨架式半挂车自身质量较轻，结构简单，维修方便，专门用于运载 20 ft 集装箱。

（3）鹅颈式集装箱半挂车。在骨架式半挂车上增设了鹅颈装置，专门运载 40 ft 集装箱。

（4）可伸缩式集装箱半挂车。可适应装运各种规格的集装箱。

根据国家标准《汽车、挂车及汽车列车外廓尺寸，轴荷及质量限值》（GB 1589—2016）的规定，一轴、二轴和三轴半挂车的最大允许总质量限值分别为 18 t、35 t 和 40 t；二轴和三轴半挂牵引车的最大允许总质量限值分别为 18 t 和 25 t；三轴、四轴、五轴、六轴汽车列车的最大允许总质量限值分别为 27 t、36 t、43 t 和 49 t。半挂牵引车长度最大限值为 12 米；集装箱半挂车长度限值均为 13.75 米，但运输 45 ft 集装箱的半挂车长度最大限值为 13.95 米。实践中，公路集装箱运输车辆通常采用二轴半挂牵引车与二轴半挂车或三轴半挂车组成四轴或五轴汽车列车。这两类列车均可一次装载两个 20 ft 集装箱或一个 40 ft 集装箱。不过，四轴汽车列车车货总重不应超过 36 t，因此，只能装载轻货。如果装载重货，则只能载运一个 20 ft 集装箱，即一拖一；五轴集装箱汽车列车一般可载重货，旧车货总重不可超过 43 t。

2.4.2　公路运输设备

在公路运输领域，除了车辆之外，还有许多其他设备和工具对于运输的顺利进行起着关键作用。这些设备涵盖了从货物的装载到运输过程中的安全保障和紧急情况的处理，以及运输过程中所需的通信和记录设备。

（1）货物固定装置。货物固定装置是用于确保货物在运输过程中不会移动或倾倒的重要设备。在公路运输中，路况可能会不稳定，车辆可能会遇到颠簸和转弯等情况，如果货物没有得到良好的固定，可能会造成货物损坏、车辆失控甚至交通事故。因此，使用适当的固定装置对货物进行固定至关重要。常见的固定装置包括绳索、绑带、绑扎带、绳索等。

（2）起重设备。起重设备是用于装卸货物的重要设备，在货物装卸过程中发挥着关键作用。有些货物由于尺寸或重量的限制，无法手工装卸，需要借助起重设备进行操作。常见的起重设备包括起重机、叉车、吊车等，应根据货物的性质和重量选择合适的起重设备进行操作，以确保货物的安全和高效装卸。

（3）安全警示标志。在公路运输中，安全警示标志是维护运输安全的重要手段之一。在发生交通事故或紧急情况时，安全警示标志可以提醒其他车辆和行人注意，减少次生事故的发生。常见的安全警示标志包括反光三角、警示灯、标志牌等，在车辆停靠时，应及时地在来车方向适当距离处设置安全警示标志。

（4）导航和通信设备。导航和通信设备对于公路运输来说至关重要。导航设备可以帮助司机准确地找到目的地，避免迷路和浪费时间；通信设备如手机、对讲机等可以在紧急情况下与其他人员进行沟通,协调救援措施。特别是在偏远地区或复杂的路况下,导航和通信设备更是不可或缺的。

（5）应急工具和备件。应急工具和备件在处理运输过程中的紧急情况和临时修理方面发挥着关键作用。例如,备用轮胎、工具箱、备用灯泡、机油等,可以帮助司机在发生意外或故障时及时处理,尽快恢复运输。

（6）温度控制设备。对于需要保持特定温度的货物,温度控制设备是非常重要的。例如,冷藏货物需要在运输过程中保持一定的低温,热敏感货物则需要保持适当的温度,因此冷藏机组或加热设备等温度控制设备在公路运输中具有重要作用。

（7）货物包装材料。货物包装材料在运输过程中起着保护货物的作用,尤其是对于易碎或易损的货物来说更为重要。例如,木箱、纸箱、泡沫包装、塑料膜等可以有效地包装货物,保护货物免受损坏和污染。

（8）交通管理设备。交通管理设备如路障、交通锥、警示标志等,用于在运输过程中进行交通管理和维护安全。例如,在道路施工、交通事故等情况下,交通管理设备可以帮助维持交通秩序,保障运输安全。

（9）文档和记录设备。在公路运输中,文档和记录设备用于记录货物的运输情况和监控整个运输过程。这些文件包括运输合同、货物清单、运输记录表等,用于跟踪货物的来源、目的地、数量等信息,以便及时进行监管和管理。

本章小结

本章详细介绍了海上、航空、铁路和公路四种主要运输方式中涉及的运输工具与设备。从海运船舶到航空集装器,从铁路机车车辆到公路集装箱车辆,每种运输方式都有其特定的设备和要求。通过了解这些工具与设备的特点、限制和使用原则,我们能够更好地理解并掌握不同运输方式在实际操作中的应用,从而优化运输流程,提高运输效率。

思考题

1. 在海上运输中,不同类型的船舶（如杂货船、滚装船、冷藏船等）各适用于哪些类型的货物?

2. 集装箱有哪些主要类型? 它们各自的特点和用途是什么?

3. 航空运输中,集装器的使用有哪些优势?

4. 铁路机车主要分为哪几种类型? 它们各有什么特点?

5. 铁路货车有哪些主要类型? 如何识别不同类型的货车?

6. 在公路运输中,集装箱牵引车和挂车有哪些主要类型? 它们各有什么特点?

7. 在公路运输中,为什么货物固定装置非常重要?

8. 不同运输方式中,对货物的重量和尺寸有哪些限制?

9. 如何根据不同的货物特性选择合适的运输方式和运输工具?

10. 如何利用先进的物流技术提高各种运输工具的效率和安全性?

拓展案例

青岛港全自动化集装箱码头

青岛港全自动化集装箱码头是全球领先、亚洲首个真正意义上的全自动化集装箱码头，也是全国首个全国产全自主自动化码头。以下是对该码头的详细介绍。

一、码头概况

1. 位置与规模。青岛港全自动化集装箱码头位于青岛前湾港区南岸，岸线长 2 088 米，码头前沿水深−20 米，可停靠 24 000 TEU 集装箱船，设计年吞吐能力 520 万 TEU。

2. 建设历程。码头项目于 2013 年 10 月立项，总投资 132 亿元。码头分三期建设，一期工程于 2017 年 5 月 11 日投产运营，二期工程于 2019 年 11 月 28 日投产运营，三期工程于 2023 年 12 月 27 日投产运营。

二、自动化与智能化

1. 智能管控系统。青岛港全自动化集装箱码头配备了智能管控系统（A-TOS），该系统具备智能船舶装卸、智能堆场、智能调度等十大模块，能够自动生成作业计划，指挥百余台大型装卸设备自动化作业，支持千万级吞吐量集装箱码头智能管控。

2. 自动化设备。码头配备了自动化桥吊、自动化轨道吊和自动导引车等先进设备。这些设备通过智能管控系统的指挥，实现了集装箱作业的自动化和智能化。

3. 作业效率。码头的作业效率较传统码头提升 30%，节省人力 80%。最高作业效率达到 60.2 自然箱/小时，十次打破自动化码头装卸效率的世界纪录。

三、绿色与可持续发展

1. 绿色能源应用。青岛港全自动化集装箱码头积极采用新能源满足港口生产运行，如氢能源和光伏发电。码头在大型机械上首次引入氢能源，部署了光伏屋顶、光伏车棚、光伏岸桥等，通过光伏发电满足港口生产需求。

2. 绿色认证。青岛港全自动化集装箱码头荣获五星级智慧港口和五星级绿色港口称号，成为全国首个智慧、绿色双五星港口企业。

四、创新与突破

1. 自主研发。青岛港全自动化集装箱码头从规划设计到建成运营，全部由连钢创新团队通过自主研发完成。码头取得了自动化码头总平面布局及详细设计、自动化码头业务流程体系等五项突破和自动导引车循环充电技术、大型机械一键锚定等十大创新。

2. 专利与荣誉。截至目前，码头已获受理、授权国家专利 170 项，发表科技论文 100 余篇，取得软件著作权 38 项。码头还获得了山东省科技进步一等奖、中国航海学会科学技术一等奖、中国港口协会科技进步特等奖和一等奖等科技奖励 30 余项。

五、运营成果

1. 吞吐量增长。青岛港全自动化集装箱码头运营以来，吞吐量持续增长。2024 年 11 月 19 日，码头集装箱吞吐量提前 43 天超越去年全年总量，创开港以来吞吐量最高纪录。

2. 市场认可度。码头通过优化运输网络、推广公转铁集装箱多联快车班列等方式，有效降低了运输成本,提高了物流效率,赢得了市场的广泛认可。

(参考信息来源:央视网 https://www.cctv.com/)

【案例思考题】

1. 青岛港自动化码头作业效率提升的主要技术因素是什么? 请详细分析这些技术和设备在提升效率方面的具体作用,并探讨其可能存在的进一步优化空间。

2. 青岛港在推进绿色港口建设过程中,采取了哪些具体措施来利用新能源? 这些措施对减少碳排放和提高能源利用效率有何具体影响? 未来,港口还可以探索哪些新的绿色能源应用方式?

3. 连钢创新团队在青岛港全自动化集装箱码头的研发和建设过程中发挥了哪些关键作用? 请结合具体的技术突破和创新成果,分析自主研发对于提升我国港口行业竞争力的重要性。

4. 青岛港全自动化集装箱码头如何通过优化运输网络和推广公转铁集装箱多联快车班列等方式提高物流效率并赢得市场认可? 这些措施对降低运输成本和提升客户满意度有何具体效果?

5. 结合青岛港全自动化集装箱码头的成功案例,你认为智慧港口应该具备哪些关键特征? 未来,随着物联网、大数据、人工智能等技术的不断发展,智慧港口将如何进一步演化和升级? 青岛港在这方面有哪些前瞻性的布局和规划?

第3章 多式联运系统

课程思政引导案例

中国国家电网：电力物流的领航者

中国国家电网，作为全球五百强企业中的能源巨头，不仅在电力的传输与分配领域占据主导地位，同时在电力设备物流方面也展现出卓越实力，成为该领域的领航者。国家电网作为中央直接管理的国有独资公司，是党和国家信赖依靠的大国重器和顶梁柱。其业务范畴广泛，涵盖了电力的发、输、配、售全过程，以及相关的电力设备物流。

国家电网凭借其庞大的运输网络，巧妙融合了公路、铁路、水路等多种运输方式，构建了灵活高效的多式联运体系。例如，在兰州新区多式联运示范项目中，国家电网成功完成了新区多式联运示范项目经七路北延段工程的电力迁改施工任务，展现了其在复杂运输环境下的高效协调能力。这种多式联运实践不仅提升了运输效率，还通过路径优化显著降低了成本，确保了电力设备的及时、安全送达。据公开信息，国家电网与多家物流公司建立了长期合作关系，这进一步稳固了其多式联运服务网络的可靠性和应急响应能力。国家电网引入了特种运输车辆、吊装设备等专业工具，为电力设备的运输安全提供了坚实保障。同时，国家电网紧跟科技潮流，积极采用物联网与大数据技术来提升物流效率。物联网技术的运用使得电力设备运输过程实现全程可视化，监控无死角；而大数据分析则助力物流流程的持续优化。例如，国家电网通过应用自动化、无人化、智慧化技术装备，自主研发了多款机器人，实现了作业机械代人、过程数字可视、管理规范精益、运转智能绿色。

2023年，中国电力物流行业市场规模同比增长了17.1%，这在一定程度上反映了国家电网等电力物流企业在推动行业增长方面的积极作用。国家电网在物流领域取得了显著的技术创新成果。例如，其自主研发的三型数智仓库建设标准、电力物流服务平台（ELP）等，都极大提升了物流效率。通过多式联运和智能化管理，国家电网显著提升了运输效率。例如，其物流平台的搭建实现了基于数据共享、资源统筹的智慧物流新型基础设施的构建，有效提升了物流效率并降低了物流成本。

国家电网凭借其庞大的运输网络、先进的多式联运体系、创新的工具与设备应用以及紧跟科技潮流的发展战略，在电力物流领域树立了行业标杆。未来，随着技术的不断进步和市场的不断发展，国家电网有望在电力物流领域继续引领创新潮流，推动行业向更高水平迈进。

（参考信息来源：中国仓储与配送协会，http://www.cawd.org.cn/）

【思政视角】

其一,彰显了大国重器的责任担当。作为国有独资公司,国家电网肩负党和国家的信任,在电力物流方面积极作为,凭借庞大的网络构建多式联运体系,保障电力设备运输,展现出服务国家发展、保障能源供应的使命意识。其二,凸显了创新驱动的进取精神。国家电网积极引入新技术,自主研发众多成果,获大量专利、软件著作权等,用创新提升物流效率,降低成本,为行业发展注入动力,激励我们勇于探索,敢于创新。其三,体现了合作共赢的发展理念。国家电网与多家国内外电力公司合作,稳固服务网络,共同推动行业进步。这启示我们要立足自身,携手共进,为国家建设贡献力量,增强我们的家国情怀与干事创业的信心。

3.1　多式联运系统架构

3.1.1　构成要素

3.1.1.1　必要条件

必要条件是应满足的最低条件。构成国际多式联运的必要条件可概括为两种方式、两个国家、一份单证、一人负责。

1. 两种方式

首先,一方面,多式联运不仅需要通过两种或两种以上的运输方式,而且是这些不同运输方式的有机组合,因而,诸如海海、铁铁或空空等,虽经由两种运输工具,但因为是同一种运输方式,则不属于多式联运范畴;另一方面,即使涉及两种或两种以上的运输方式,但如果各种运输方式之间未能有机组合,仍不能称为多式联运。其次,严格来讲,这里所说的运输方式是指铁路、公路、水路、航空、管道五种运输方式。不过,在实践中,有时会根据需要,对运输方式进行扩大或缩小的解释。如前所述,我国《海商法》仅将包含国际海运方式在内的多式联运纳入管辖范畴,排除了公铁、陆空等其他多式联运形式。1973 年,国际商会《联合运输单证统一规则》将江海联运视为多式联运,纳入其管理范畴。此外,为了履行单一方式运输合同而进行的该合同所规定的货物接送业务,如全程签发航空运输单证下机场两端的汽车接送货物运输业务(俗称卡车航班),从形式上看,已构成陆空组合形态。作为航空运输的延伸,这种汽车接送习惯上视同航空业务的一个组成部分,它虽称为陆空联运,但由于签发了包括全程运输在内的航空运输单据,因而即使货运事故发生在陆运区段,仍会按航空运输方面的国际公约或法规处理。对此,《联合国国际货物多式联运公约》将这种全程适用某一运输方式法规的接送业务排除在多式联运之外,以避免多式联运法规同单一方式法规在这个问题上的矛盾。这再一次说明,基于不同法规适用的特定性,在不同的法规下所界定的多式联运内涵会有所差异。

2. 两个国家

两个国家是指货物的接收地和交付地位于不同的国家,这是区别于国内运输和是否适用国际法规的限制条件。也就是说,在国际多式联运方式下,货物运输必须是跨越国境的一种国家间运输。此外,应注意以下两点:一是因我国香港、澳门地区实行"一国两制",因而,我国内地与港澳之间的多式联运按国际多式联运办理;二是我国东北地区经由俄罗斯水域运抵南方的货物,因运输经停点在俄罗斯,故应把这种特殊的国内多式联运作为一种特殊的国际多式联运,在运输、海关检疫、结算等方面实行特殊的管理。

3. 一份单证

一份单证是指由多式联运经营人签发一份多式联运单证,明确规定多式联运经营人与托运人/收货人之间权利、义务、责任与豁免的合同关系和运输性质。在多式联运模式下,多式联运经营人根据多式联运合同的规定,负责完成或组织完成货物的全程运输并一次收取全程运费。因此,多式联运合同是确定多式联运性质的根本依据,也是区别多式联运和一般传统联运的主要依据。然而,在实践中,作为多式联运合同证明的多式联运单证往往取代多式联运合同,成为多式联运不可缺少的必要条件,其原因在于:首先,就货主而言,买卖双方在贸易合同中大多将多式联运单证作为结汇、提货的必备单证;其次,现阶段,双方大多不再签订多式联运合同,而是签署托运单,由于托运单并未规定承托双方的权利、义务与责任,这就需要签发多式联运单证,以证明多式联运合同的存在,明确合同的条款。

4. 一人负责

一人负责是指由一个多式联运经营人作为当事人,承担全程货物运输责任。这就意味着,多式联运经营人不但应该承担全程运输组织、全程运输服务,如向货主提供一次托运、一次付费、一票到底、统一理赔的一站式服务,更应该实现身份的转变,成为多式联运合同的当事人和多式联运单证的签发人,负有履行多式联运合同的责任。

1980年《联合国国际货物多式联运公约》第1条第2款规定:多式联运经营人是指其本人或通过其代表订立多式联运合同的任何人,他是事主,而不是发货人的代理人或代表,也不是参加多式联运的承运人的代理人或代表,并且负有履行合同的责任。在实践中,多式联运经营人也可以称为多式联运承运人。

上述规定表明,国际多式联运经营人是指本人或者委托他人以本人名义与托运人订立一项多式联运合同,并以承运人身份承担完成此项合同责任的当事人。

根据是否拥有运输工具、场站设施,可将国际多式联运经营人分成以下三类:

(1)承运人型。这类国际多式联运经营人拥有船舶、汽车、火车或飞机等运输工具。他与货主订立国际多式联运合同后,除了利用自己拥有的运输工具完成某些区段的实际运输,对于自己不拥有或经营的运输区段则需要通过与相关的承运人订立分包合同来实现该区段的运输。这类国际多式联运经营人既是契约承运人,又是一个或几个区段的实际承运人。此外,他也可能不拥有场站设施,而是与相关场站经营人订立装卸与仓储合同来安排相关的装卸与仓储服务。

(2)港站经营人型。这类国际多式联运经营人拥有货运站、堆场、仓库等场站设施。

他与货主订立国际多式联运合同后,除了利用自己拥有的场站设施完成装卸、仓储服务,还需要与相关的各种运输方式的承运人订立分合同,由这些承运人来完成货物运输。

（3）代理人型。这类国际多式联运经营人不拥有任何运输工具和场站设施,需要通过与相关的承运人、场站经营人订立分合同来履行他与货主订立的国际多式联运合同。

值得注意的是,包括中国在内的许多国家,通常禁止实际承运人或港站经营人兼营或代理多式联运业务,如欲拓展这些业务,必须注册专门的国际货运代理企业或无船承运企业。此外,即使当地法律法规允许业务兼营,从规避风险的角度,也应该注册相互独立的公司,实行分业经营。从这个意义上讲,多式联运经营人都是代理人型的,其差别在于委托的分包商不同,即有些多式联运经营人可委托自己的关联公司从事实际的运输与场站业务,有些多式联运经营人则需要在市场上寻找从事运输与场站业务的实际承运人或港站经营人。

3.1.1.2　充分条件

以上只是从法律构成要件角度分析了构成国际多式联运的最低条件。不过,从效率与便利等方面考虑,理想的国际多式联运应该具备以下两个二和八个一的特点。

1. 两个二

（1）两种方式。核心在于实现两种或两种以上运输方式的有机组合。

（2）两个国家。实现国内国际一体化运输。

2. 八个一

（1）一次托运。货主直接向多式联运经营人办理托运,签署多式联运合同,无须再与各区段承运人签署各区段运输合同。

（2）一票到底。多式联运经营人签发多式联运单证,既便于结汇,也在缺乏多式联运合同的情况下,作为多式联运合同。

（3）一个多式联运经营人全程负责。由多式联运经营人负责全程运输组织、全程运输服务,并承担全程运输责任。

（4）一个标准化联运载体。全程以集装箱等标准化联运装置为载体,以更加充分地发挥各种运输方式的优势,提高运输效率与安全。

（5）一个费率。全程采用单一费率,有助于简化运费计算,方便货主。但目前还无法实现,只能做到一次计费与收费。

（6）一次保险。改变分段保险模式,实现全程统一保险。

（7）一次通关。在跨关区的情况下,实现一次通关。

（8）一次检验检疫。在跨关区的情况下,实现一次报检。

3.1.2　架构体系

多式联运系统的构成要素包括一般要素、运作要素、支撑要素和功能要素。

（1）一般要素,是指对多式联运系统的运作产生作用和影响的要素,通常包括人、财、物等方面。一般要素构成了多式联运系统的输入。

（2）运作要素，是指系统建立和运行所需要的运输装备、运输设施以及运输组织等，主要包括多式联运工具、装卸搬运设备、多式联运网络（线路与场站）、集装箱及托盘等集装化工具、信息与网络技术，以及组织与管理模式等。

（3）支撑要素，是指建立多式联运系统所需要的各种支撑手段，主要包括与多式联运相关的体制机制、政策法规、标准、信息平台等。

（4）功能要素，是指多式联运系统所具有的基本能力，这些基本能力有效地组合连接在一起，便成了多式联运系统的总功能，便能合理、有效地实现系统的目标。一般认为，多式联运系统的功能要素通常包括干线运输、支线运输、中转换装、装卸搬运、包装及信息服务等。

基于对以上不同要素的分析，可初步构建多式联运系统框架体系。多式联运系统由商务子系统、组织子系统、网络子系统以及管理与支持子系统组成，其高效运转，不仅需要多式联运企业与相关合作企业的协同运作，更需要政府相关部门及监管机构的监督与支持，只有这样，才能充分整合各类运输资源，更好地满足客户的需要。具体而言，多式联运系统框架体系可归结为：以分工协作体系建设为研究对象，以满足客户需要、实现效率与责任的均衡为目标和价值，以网络（设施）、组织（设备）、商务（货物）、保障为框架结构，以整合之道为基本的方法与工具。

3.1.3 系统构建

3.1.3.1 商务系统

多式联运商务系统主要是针对以货为核心的管理工作，即通过市场营销，揽货争取订单。所谓多式联运商务管理，是指对多式联运生产、经营过程中有关运输服务交易及其相关业务所进行的组织与管理。在业务实践中，此方面的管理工作通常称为业务管理或货运管理。

在实践中，无论是多式联运企业还是各类运输企业和场站经营人，往往都需要借助运输中间商来完成其商务管理工作。

运输中间商是指介于运输需求者与运输供给者之间，为它们提供中介服务，促进运输交易行为实现的中介组织。常见的运输中间商主要包括以下四类：

（1）货运代理，通常是指代表货主代办货物运输及其相关业务并收取报酬的企业。

（2）船舶代理，是指代表承运人，为其揽货或为其在港船舶办理各项业务和手续并收取报酬的企业。在其他运输方式中，这类代理通常称为销售代理。

（3）运输经纪人，是指以中间人的身份代办洽谈业务，促使交易成交并收取报酬的企业。

（4）契约承运人，是指以承运人的身份接受托运人的委托，签发自己的运输单证，向托运人收取运费，通过拥有或控制运输工具的实际承运人完成货物运输，承担承运人责任的企业。

此外，从广义上讲，运输中间商还包括专门从事报关、报检、代办保险等业务的各类报关行、报检行和保险经纪人等。值得注意的是，以上货运代理、船舶代理、运输经纪人的定义仍局限于传统的范畴,即仍将其定义为代理人或居间人。实际上,很多货运代理、船舶代理和运输经纪人已突破传统的代理人、居间人的界限,成为契约承运人或多式联运经营人。

3.1.3.2　组织系统

多式联运组织系统主要是针对以设备为核心的管理工作,即根据订单要求及资源情况等进行方案设计,以完成订单规定的任务。所谓多式联运组织管理,通常称为生产管理,是指根据商务环节承揽的订单,制定多式联运方案,并通过调度机构组织多式联运方案的实施。

对于集装箱多式联运经营人而言,要想实现全程的运输组织工作,需要借助于各类合作伙伴,包括各类运输企业、港站企业、其他运输服务企业等。

1. 运输企业

包括利用自身的运输工具开展运输经营的所有人,以及利用长期租赁(即期租和光租)的运输工具开展运输经营的经营人。

2. 港站企业

包括经营与管理各类航空港、海港、内河港、铁路和公路车站以及与货物运输有关业务的仓库、货运站等各类运输港站的经营人。

3. 其他运输服务企业

包括提供理货、运输工具租赁与买卖、运输工具管理、船员劳务、运输工具修理、燃料物料供应等服务的其他运输服务企业。

在我国,铁路运输仍然实行网运合一模式,即运输企业与港站企业混业经营,公路、水路、航空运输则实行站(港)运分离模式,即运输企业与港站企业分业独立经营。

3.1.3.3　网络系统

网络系统是指由运输路线、港站、枢纽等固定设施组成的整体。它是运输工具得以运行、装卸机械能够进行作业的物质基础。从其功能来看,运输路线直接为运输对象提供运送服务,而港站、枢纽则是间接为运输对象提供运送服务。

1. 集装箱码头与场站

(1) 集装箱码头。集装箱码头(container terminal)是专供停靠集装箱船、装卸集装箱用的码头。通常应具备的基本设施有:泊位、码头前沿、集装箱堆场(container yard,CY)、控制室、行政楼、检查口、维修车间、铁路或公路等集疏运设施等。

(2) 集装箱场站。集装箱场站(container depot)主要包括集装箱货运站、内陆集装箱场站、铁路集装箱场站、集装箱内陆港/干港。

集装箱货运站(container freight station,CFS)是指集装箱货物装箱、拆箱,以及集装箱转运堆存、清洗、修理和办理集装箱及货物交接等业务的场所。集装箱货运站通常设在港口附近,但也有少量的货运站设于港内。基于是否为船公司提供箱管服务,集装箱货运站可分为三类:货站式 CFS,不提供箱管服务(约占 30%);专业型 CFS,专为某船公司提供箱管服务(约占 10％)；公共型 CFS,为多家船公司提供箱管服务(60％)。

内陆集装箱场站(inland container depot/terminal，ICD/ICT)也称内陆集装箱中转站,是指设在内陆城市或内河港口,具有集装箱中转运输与门对门运输,以及集装箱货物的拆箱、装箱、仓储和接收、送达、装卸、堆存等功能的场所。内陆集装箱场站与集装箱货运站的区别,除了设置地点不同外,在功能上,集装箱货运站以提供拆装箱服务为主,内陆集装箱场站一般兼具码头集装场堆场功能。

铁路集装箱场站(railway container depot)是指专门为铁路集装箱运输提供服务的场站,其功能与内陆集装箱场站相同。按照其在路网中的地位、作用及规模,可分为集装箱代办站、集装箱专门办理站和集装箱中心站。其中,集装箱代办站是指兼营办理集装箱运输业务的车站;集装箱专门办理站也称为集装箱作业站,是指专门办理集装箱运输业务、运量较少的车站;集装箱中心站(railway container termi-nal)也称基地站,是指有集装箱定期直达列车或集装箱专运列车始发或终到的办理站。

根据相关规划,我国将建设 18 个集装箱中心站,改造 40 个集装箱专门办理站,保留 100 个左右集装箱代办站。值得注意的是,集装箱代办站和集装箱专门办理站应以提供拼箱货、整箱货服务为主,而集装箱中心站作为集装箱铁路集散地和班列到发地,应发挥与集装箱码头堆场相似的作用,主要受理整箱货、整列集装箱货,一般不宜提供拼箱货的拆装箱服务。

(3)集装箱内陆港/干港(container inland/dry port),是指设在内陆城市或内河港口,具有报关、报检、签发提单等港口服务功能的集装箱场站。内陆港/干港既可以是公路场站型,也可以是铁路场站型,它与其他集装箱场站的最大区别是具有报关、报检功能,服务于外贸运输,如兰州陆港、石家庄陆港。

2.集装箱运输路线

(1)水运航线。航线是指船舶在两个或多个港口之间从事海上货物运输的线路。航线由天然航道、人工运河、进出港航道及航标和导航设备等组成。航线通常可分为远洋航线、近洋航线和沿海航线。

(2)铁路。铁路(railway，railroad，rail)是供火车等交通工具行驶的路线。

从管理权限和管理主体来划分,我国铁路可分为国家铁路、地方铁路、合资铁路、专用铁路和铁路专用线。

国家铁路是指由中国国家铁路集团有限公司(以下简称中国国铁集团)管理的铁路,简称国铁。

地方铁路是指由地方人民政府管理的铁路。地方铁路的经营管理方式大体分为三种类型:第一种是自营,如河南省设有地方铁路运输总公司,直接指挥运输生产。第二种是自建联营,即地方铁路和国家铁路联合经营。第三种是委托代管,即地方建路,委托国家铁路邻近的铁路局代管。目前,广东省、广西壮族自治区属于这种类型。

合资铁路是指地方人民政府和中国国铁集团共同投资修建的铁路。目前,国家对合资铁路实行特殊运价,并给予其他必要的优惠政策。

专用铁路是指由企业或者其他单位管理、专为本企业或者本单位内部提供运输服务的铁路。专用铁路一般都自备动力,自备运输工具,在内部形成一套运输生产的系统的运输组织。

铁路专用线是指由企业或者其他单位管理的与国家铁路或者其他铁路线路接轨的岔线。铁路专用线长度一般不超过 30 km,其运输使用与其相接轨的铁路的动力。为提高利用率,目前有的铁路专用线实行共享共用,吸引铁路专用线周围的货源。

(3)公路。公路是一种连接城市的运输线路。根据交通量及其使用任务、性质分为高速公路、一级公路、二级公路、三级公路、四级公路。

(4)空运航线。航线是航空运输的线路,是由空管部门设定飞机从一个机场飞抵另一个机场的通道。航线分航路、固定航线和非固定航线。航路是国家之间、跨省市航空运输的飞行航线,规定其宽度为 20 km。固定航线是用于省市之间和省内定期航班飞行,尚未建立航路的飞行航线。非固定航线是用于临时性的航空运输或通用航空飞行,不属于航路和固定航线的飞行航线。

3.1.3.4 管理与支持系统

管理与支持系统是指对多式联运生产的宏观管理和生产业务的指导或导向以及技术、政策支持。广义上讲,包括宏观管理和微观管理两个方面。宏观管理是指政府的管理部门制定规划、方针和政策,颁行有关法令和规章,管理运输行业,其管理对象是整个运输行业;微观管理是指多式联运企业及与其合作的各类运输企业,建立必需的管理机构和规章制度,利用一定的手段,计划、组织、指挥和监控运输业务的经营,以达到提高效率、降低成本的目的。

1. 行业管理主体

主要指交通运输部及各地区交通运输管理部门,具体实施以下 4 个方面的管理:

(1)运输基础设施规划与建设管理。即对拟建的运输基础设施进行规划、立项、审批、修建等方面的管理。

(2)运输基础设施维护管理。即对已建成投入使用的运输基础设施实施的各项管理,主要包括路政(航政、港政)管理、交通运输基础设施的养护、费用征收等。

(3)运输市场管理。主要包括制定运输市场管理的政策法规、运价,审核参加客货运输及其相关业务的企业或个人的开业或停业条件并核发经营许可证等。

(4)运输安全管理。包括两个部分:一是属于社会治安性质的交通安全管理,包括交通安全教育、交通指挥、维护交通秩序、交通事故的调查处理等;二是交通安全技术管理,包括运输工具检验、驾驶员考核、发牌发证、交通安全设施的设置与维护等。

2. 监管机构

主要包括海关、边检、卫检、动植检、商检等监管机构。

3. 标准化

标准化工作是多式联运建设的重要抓手,是规范和引领多式联运体系建设的重要依据,对构建便捷安全、经济高效的多式联运体系具有重要的意义。

近年来,我国多式联运标准规范取得新进展。交通运输部发布了《系列 2 集装箱分类、尺寸和额定质量》等十余项标准,内陆箱技术标准迈出第一步。江苏省发布了《货物多式联运运量计算方法》团体标准。郑州国际陆港公司制定 4 项企业标准,并成立国际物流数据标准联盟。

标准化是一个系统工程,涉及物流单元、装载单元、运载单元以及转用装备等一系列物流运输工具的标准化制定。这些标准是自己制定还是与国际接轨?与国际接轨是与美国接轨抑或是与欧洲接轨?都是值得我们思考的问题。目前,我国多式联运的标准化制定通常是与欧洲接轨,因为这样一方面可以全方位打通公路、铁路与水路的联运,另一方面更符合"一带一路"建设的要求。

(1)多式联运基础标准。主要包含术语和符号、分类与编码两类标准。如《货物多式联运术语》(JT/T 1092—2016)、《多式联运运载单元标识》(JT/T 1093—2016)、《多式联运货物分类与代码》(JT/T 1110—2017)、《多式联运交换箱标识》(JT/T 1195—2018)。

(2)多式联运设施设备标准。与多式联运运载单元、综合货运枢纽场站建设相关的技术标准。有关运输单元标准化,交通运输部会同相关部门采取了多项措施,引导和鼓励标准化、集装化、厢式化运输装备的换代升级。除了适用于国际集装箱的《系列 1 集装箱分类、尺寸和额定质量》(GB/T 1413—2008)标准之外,交通运输部已经组织制定了以 45 ft 为主体的内陆箱基础技术标准《系列 2 集装箱分类、尺寸和额定质量》(GB/T 35201—2017),同时中国铁路总公司也研发了 45 ft 宽体箱,将依托主要物流大通道,鼓励企业试用并推广。

(3)多式联运作业标准。主要是与多式联运货物运输、装卸等作业相关的标准,按照货物类型分为普通货物运输标准和冷链货物运输标准。如《商品车多式联运滚装操作规程》(JT/T 1194—2018)、《冷藏集装箱多式联运技术要求》(JT/T 1288—2020)、《空陆联运集装货物转运操作规范》(JT/T 1286—2020)、《国内集装箱多式联运运单》(JT/T 1244—2019)、《多式联运经营人服务规范》(T/SSL 007—2024)、《多式联运服务质量及测评》(征求意见稿)等。

(4)多式联运信息化标准。如《集装箱多式联运电子数据交换基于 XML 的舱单报文》(JT/T 726—2022)、《多式联运信息数据格式》(拟制定)、《多式联运信息数据交换规范》(拟制定)等。

4.信息化

我国多式联运信息化建设在过去几年取得了一定的进展,但仍然面临一些挑战和问题。

(1)现状。

① 基础设施建设。我国在交通基础设施建设方面取得了长足的进步,铁路、公路、水运等多种运输方式得到了不断完善和发展。

② 信息化技术应用。信息化技术在多式联运领域的应用逐渐普及,物流企业普遍采用物流信息系统、车辆追踪系统等,提高了物流运输的效率和可视化管理水平。

③ 政策支持。政府出台了一系列鼓励多式联运发展的政策和措施,如加大对物流信息化建设的资金支持,推动物流企业信息化转型升级等。

(2)存在的问题。

① 信息孤岛。不同运输方式和不同物流企业之间存在信息孤岛现象,信息系统之间

缺乏有效的对接和数据共享机制,导致信息流动受阻。

② 标准不统一。多式联运信息化标准尚未统一,不同地区、不同企业采用的信息化标准不一致,影响了信息系统的互通互联和数据交换。

③ 安全风险。多式联运信息化系统面临网络安全和数据安全的威胁,一旦系统遭到黑客攻击或数据泄露,将会对物流运输造成严重影响。

④ 信息不对称。信息不对称现象普遍存在于多式联运领域,信息的获取和传递不及时、不准确,导致物流运输中出现误解和偏差。

⑤ 配套设施不足。多式联运信息化建设需要配套的硬件设施和软件系统支持,但目前我国部分地区的物流基础设施和信息化设备还不够完善,制约了信息化建设的进展。

3.2　多式联运节点

多式联运节点的形式主要有集装箱码头、航空港、铁路集装箱办理站和公路集装箱中转站等。

3.2.1　集装箱码头

集装箱码头是集装箱运输的枢纽,它向外延伸国际的海运航线,向内连接国内的铁路、公路、水路等运输线路。因此,集装箱码头是各种运输方式衔接的换装点和集散地,在整个集装箱运输过程中具有重要的地位。做好集装箱码头的建设和管理工作,对于加速集装箱及其运载工具的周转,降低运输成本,提高经济效益和社会效益具有极其重要的意义。

3.2.1.1　集装箱码头的布局

集装箱码头的整个装卸作业是采用机械化、大规模生产方式进行的,要求各项作业密切配合,实现装卸工艺系统的高效化。这就要求集装箱码头布局合理,使码头上各项设施合理布置,并使它们有机地联系起来,构成一个各项作业协调一致、相互配合的有机整体,形成高效、完善的流水作业线,以缩短车、船、箱在港口码头的停泊时间,加速车、船、箱的周转,降低运输成本和装卸成本,实现最佳的经济效益。

对于集装箱专用码头,码头布置主要要求集装箱泊位岸线长为 300 m 以上,集装箱码头的陆域纵深应能满足各种设施对陆域面积的要求。由于集装箱船舶日趋大型化,载箱量越来越多,因此,陆域纵深一般为 350 m 以上,有的集装箱码头已达 500 m。码头前沿宽度一般为 40 m 左右,这取决于集装箱装卸工艺系统及岸边集装箱起重机的参数和水平运输的机械类型。每一集装箱专用泊位,配置 2~3 台岸边集装箱起重机。集装箱堆场是进行集装箱装卸和堆存保管的场所,其大小应根据设计船型的装卸能力及到港的船舶密度决定。有关资料表明,岸线长 300 m 的泊位,堆场面积应达 10 500 m²,甚至更大,这还与采用的装卸工艺系统和集装箱在港停留时间有关。集装箱货运站(拆装箱库)可布置在集装箱码头大门与堆场之间的地方,也可布置在集装箱码头以外的地方。所有通道的布置应根据装卸工艺与机械要求而定。

3.2.1.2　集装箱码头的主要设施

1. 靠泊设施

靠泊设施(wharf)主要由码头岸线和码头岸壁组成。码头岸线是供来港装卸的集装箱船舶停靠使用,其长度应根据其所停靠集装箱船的主要技术参数及有关安全规定而定;码头岸壁一般是指集装箱船停靠时所需要的系船设施。集装箱泊位的长度一般为 300 m,前沿水深应满足设计船型的吃水要求,一般为 12 m 以上。岸壁上设有系船柱,用于船靠码头时,通过缆绳将船拴住。

2. 码头前沿

码头前沿(frontier)是指沿码头岸壁到集装箱编排场(或称编组场)之间的码头面积,设置有岸边集装箱起重机及其运行轨道。码头前沿的宽度可根据岸边集装箱起重机的跨距和使用的其他装卸机械种类而定,一般为 40 m 左右。

集装箱码头前沿一般不设铁路线。因为各种车辆及集装箱的衔接交换都是在前沿进行的,非常繁忙,如果为了部分集装箱的车船直取而铺设铁路线,将会严重影响更多集装箱的装卸作业,结果可能是得不偿失。只有在个别情况下(如直取比例很大的码头),码头前沿才设有铁路线。

3. 集装箱编排场

集装箱编排场(container marshalling yard)又称前方堆场,是指把准备即将装船的集装箱排列待装以及为即将卸船的集装箱准备好场地和堆放的位置。集装箱编排场通常布置在码头前沿与集装箱堆场之间,其主要作用是保证船舶装卸作业快速而不间断地进行。编排场面积的确定主要与集装箱吞吐量、设计船型的载箱量、到港船舶密度及装卸工艺系统有关。将集装箱直接堆放还是放在底盘车上,堆放一层还是数层,这些情况不同,则所需的面积也不同。同时,编排场的配置方法、离码头前沿的距离等直接影响装卸作业,应慎重考虑。通常在集装箱编排场上,按集装箱的尺寸预先在场地上用白线或黄线画好方格即箱位,箱位上编上场箱位号,当集装箱装船时,可按照船舶的配载图找到这些待装箱的箱位号,然后有次序地进行装船。

4. 集装箱堆场

集装箱堆场又称后方堆场,是指进行集装箱交接、保管重箱和安全检查箱的场所,有的还包括存放底盘车的场地。由于进出码头的集装箱大都需要在堆场上存放,因此堆场面积的大小必须适应集装箱吞吐量的要求,应根据设计船型的装载能力及到港的船舶密度、装卸工艺系统、集装箱在堆场上的排列形式等计算、分析确定。集装箱在堆场上的排列形式一般有纵横排列法,即将集装箱按纵向或横向排列,此法应用较多;也有人字形排列法,即集装箱在堆场放成人字形排列,适用于底盘车装卸作业方式。

5. 集装箱货运站

集装箱货运站有的设在码头之内,有的设在码头外面。货运站是拼箱货物进行拆箱和装箱,并对这些货物进行储存、防护和收发交接的作业场所,其主要任务是出口拼箱货的接收、装箱,进口拼箱货的拆箱、交货等。货运站应配备拆装箱及场地堆码的小型装卸机械及有关设备,货运站的规模应根据拆装箱量及不平衡性综合确定。

6. 控制塔

控制塔(control tower)是集装箱码头作业的指挥中心,其主要任务是监视和指挥船舶装卸作业及堆场作业。控制塔应设在码头的最高处,以便能清楚地看到码头所有集装箱的箱位及全部作业情况,有效地进行监视和指挥工作。

7. 大门

大门(gate)是集装箱码头的出入口,也是划分集装箱码头与其他部门责任的地方。集装箱码头的保卫工作十分重要,所有进出集装箱码头的集装箱均在大门处进行检查,办理交接手续并制作有关单据,这些单据不仅作为划分责任的依据,也是实行集装箱码头电子计算机管理的主要数据来源。

8. 维修车间

维修车间(maintenance shop)的主要任务是及时对集装箱及主要机械进行检查、修理和保养,使其经常处于完好的技术状态,提高完好率,以保证集装箱码头生产不间断地正常进行。维修车间的规模应根据集装箱的损坏率、修理的期限、码头内使用的车辆和装卸机械的种类、数量及检修内容等确定。维修车间应配备维修设备。

9. 集装箱清洗场

集装箱清洗场(container washing station)的主要任务是对集装箱的污物进行清扫、冲洗,以保证空箱符合使用要求。清洗场一般设在码头后方并配备多种清洗设施。

10. 码头办公楼

码头办公楼(terminal building)是集装箱码头行政、业务管理的大本营。目前已基本上实现了管理电子计算机化,最终达到管理的自动化。

3.2.1.3 集装箱码头的机械设备

为了有效地提高集装箱码头的装卸效率,加速船、车、箱的周转,缩短其在港停留时间,集装箱码头必须配备高效专用机械设备,以实现装卸作业机械化。整个集装箱码头的机械化系统包括装卸船机械、搬运机械、堆码机械及拆装箱机械等。

1. 岸壁集装箱装卸桥

集装箱装卸桥(quayside container crane)是码头前沿机械,承担集装箱的装卸作业。它是现代化集装箱码头高效专业化装卸机械,其装卸效率一般为 20~35 TEU/h,起重量为 35~45 t,外伸距为 35~45 m,内伸距一般为 8~16 m,轨距一般为 16 m。

2. 跨运车

跨运车(straddle carrier)是一种专用于集装箱码头短途搬运和堆码的机械。跨运车在作业时,以门形车架跨在集装箱上,并由装有集装箱吊具的液压升降系统吊起集装箱进行搬运和堆码,能堆码或跨越 2～3 层集装箱。该机的最大特点是机动性好,可一机多用,既可做码头前沿至堆场的水平运输,又可做堆场的堆码、搬运和装卸车作业,主要缺点是价格昂贵,维修费用较高,驾驶员的视野有待改善。

3. 集装箱叉车

集装箱叉车(container forklift)是集装箱码头常用的专门机械,可用于集装箱码头装卸、搬运及堆码作业,也可用于拆装箱作业。根据货叉设置的位置不同,可分为正面集装箱叉车和侧向集装箱叉车两种。正面集装箱叉车是指货叉设置在车体正前方的叉车,而侧向集装箱叉车是指货叉和门架设置在车体侧面的叉车。为了方便装卸集装箱,集装箱叉车配有标准货叉及顶部起吊和侧面起吊的专用属具。

集装箱叉车主要优点是机动灵活,可一机多用,既可做水平运输,又可做堆场堆码、搬运及装卸底盘车作业;造价较低,使用方便,性能可靠。缺点是轮压较大,要求场地承载能力高,因而场地土建投资较多。该机特别适用于空箱作业,一般在集装箱吞吐量较少的多用途泊位上使用。

4. 集装箱正面吊运机

集装箱正面吊运机(front-handing mobile crane)简称正面吊,是一种目前在集装箱码头堆场上得到越来越频繁使用的专用机械。正面吊运机的结构特点表现在设有可伸缩和左右共 120°旋转的吊具,便于在堆场做吊装和搬运;设置有可带变幅的伸缩式臂架及多种保护装置,能保证安全操作;可加装吊钩,吊装其他重大件货物。

该机的主要优点是:机动性强,可一机多用,既可做吊装作业,又可做短距离搬运;一般可吊装 4 层箱高,并且稳性好,轮压也不高,因此是一种比较理想的堆场装卸搬运机械,适用于集装箱吞吐量不大的集装箱码头,也适用于空箱作业。

5. 龙门起重机

龙门起重机(transtainer)简称龙门吊,是一种在集装箱堆场上进行集装箱堆垛和车辆装卸的机械。龙门起重机有轮胎式和轨道式两种形式。

(1) 轮胎式龙门起重机(rubber-tired transtainer)。轮胎式龙门起重机是最常见的集装箱堆场作业机械,它主要用于集装箱码头堆场的堆码及装卸底盘车作业。它由前后两片门框和底梁组成的门架支撑在充气轮胎上,可在堆场上行走,并通过装有集装箱吊具的行走小车沿着门框横梁上的轨道行走,可从底盘车上装卸集装箱和进行堆码作业。

该机的主要特点是机动灵活,可从一个堆场转移到另一个堆场作业,可堆 3～4 层集装箱,提高了堆场面积利用率,并易于实现自动化作业。其主要缺点是自重大,轮压大,轮胎易磨损,造价也较高。轮胎式龙门起重机适用于吞吐量较大的集装箱码头。

(2) 轨道式龙门起重机(rail mounted transtainer)。该机是集装箱码头堆场进行堆码和装卸集装箱的专用机械。它由两片双悬臂的门架组成,两侧门腿用下横梁连接,支撑在行走轮胎上,可在轨道上行走。该机可堆 4～5 层集装箱,可跨多列集装箱及一个车道,因而堆存能力高,堆场面积利用率高;结构简单,操作容易,便于维修保养,易于实现自动化。其主要缺点是要沿轨道运行,灵活性较差;跨距大,对底层箱提取困难。常用于陆域不足且吞吐量大的集装箱码头。

6. 空箱堆高机

集装箱空箱堆高机是集装箱堆场常用的专门机械,可用于空箱堆场进行空箱堆码及搬运作业。空箱堆高机操作方式类似集装箱叉车,但其起吊集装箱采用抓夹方式,一般可抓取 8 t 重的空箱,可堆高 8 层空箱。空箱堆高机设置宽视野门架,堆高作业具有较高的速度和灵活机动性。

7. 集装箱牵引车—底盘车

集装箱牵引车是专门用于牵引集装箱底盘车的运输车辆。其本身没有装货平台,不能装载集装箱,但它通过连接器与底盘车连接,牵引底盘车运输,从而实现搬运作业的目的。

底盘车是一种骨架式拖车,是装有轮胎的车架,前面有支架,后面有单轴一组轮胎或双轴两组轮胎两种,车上装有扭锁插头,能与集装箱的角件相互锁紧。集装箱牵引车—底盘车(semi-trailer tractor)的主要优点是运行速度快,拖运量大,设备价格较低,营运成本较低,我国多数集装箱码头采用它。

8. 集装箱吊具

集装箱吊具(container spreader)是用于起吊集装箱的属具,主要有 3 种类型:固定式、伸缩式和组合式。

固定式吊具是一种只能起吊一种集装箱的吊具。其特点是结构简单,自重轻,价格便宜,但是对箱体类型的适应性较差,更换吊具往往要占用较多时间。

伸缩式吊具通过伸缩臂,可以改变吊具的臂长,以达到起吊不同尺寸集装箱的要求。其特点是变换起吊不同集装箱所需时间较少,使用灵活性较强,但是自重较大,一般可达 9～10 t。这是目前在集装箱装卸桥上使用最为普遍的一种集装箱专用吊具。

组合式吊具是将起吊不同尺寸的集装箱的吊具组合使用的一种集装箱专用吊具。其特点是结构简单,自重较自动式要小(一般为 4～7 t)。这种吊具多用于跨运车和正面吊上。

9. 拆装箱机械

集装箱码头的拆装箱机械一般采用 1.5～3.0 t 低门架叉车、手推搬运车等。

3.2.1.4　集装箱码头的功能

集装箱码头是在国际海上集装箱运输不断发展的基础上逐步形成和发展起来的。随着集装箱运输的飞速发展,作为集装箱运输的重要组成部分的集装箱码头,必须发挥应有的作用,才能保证集装箱运输的高效率,进而促使集装箱运输更进一步发展。

一般说来,可以把传统的海上货物运输分为两个阶段:动态阶段和静态阶段。动态阶段(movement stage)是指货物在车辆、船舶或飞机等运输工具上,处于受载运输的阶段。静态阶段(process stage)是指货物处在车站、码头、机场或其他地点进行装卸、保管和堆存等相对静止的阶段。

据统计资料显示,上述两个阶段所耗费的时间和劳动量所占比例相差较大。货物海上运输的整个过程中有 35% 的时间处于静态阶段,在这一阶段中,要投入所需全部劳动量的 80%。货物在静态处理中的大部分时间是处在码头的装卸、堆存和保管之中。因此,要提高运输的效率,关键在于提高码头生产力水平,尽量缩短货物在码头处理的时间。所以,集装箱码头的职能应包括如下几方面:

(1) 货物集散功能。集装箱码头应具有拆箱和拼箱的场所,以适应小件货物的运输。

(2) 货物堆存功能。集装箱码头应具有存放集装箱的场所,同时还应有存放小件货物的仓库,以作为转换集装箱运输方式的缓冲地。

(3) 装卸作业功能。包括堆场交收箱的装卸和船舶装卸。

(4) 其他有关服务功能。如船舶靠泊泊位、集装箱通关、集装箱检验、信息接收处理与传递等。

3.2.1.5　集装箱码头的特点和要求

随着集装箱运输的迅速发展,世界运输集装箱化的比例不断提高,集装箱运量不断上升,集装箱船舶日趋大型化和高速化。因而,要求集装箱码头实现装卸作业高效化、自动化,管理工作现代化、标准化和规范化,以加速车、船、箱的周转,降低运输成本,提高整个集装箱运输系统的营运效益和综合社会效益。为满足集装箱运输对集装箱码头的要求,世界各国港口快速发展集装箱专用码头,设置了现代化的硬件及软件系统。集装箱码头应满足以下要求:

(1) 具备设计船型所需的泊位、岸线及前沿水深和足够的水域,保证船舶安全。

(2) 具备码头前沿所必需的宽度、码头纵深及堆场所必需的面积,具有可供目前及发展所需的广阔陆域,保证集装箱堆存、堆场作业及车辆通道的需要。

(3) 具备适应集装箱装卸船作业、水平运输作业及堆场作业所必需的各种装卸机械及设施,以实现各项作业的高效化。

(4) 具有足够的集疏运能力及多渠道的集疏运系统,以保证集装箱及时集中和疏散,防止港口堵塞及快速船舶装卸作业。

(5) 具有维修保养的设施及相应的人员,以保证正常作业的需要。

(6) 由于集装箱码头高科技及现代化的装卸作业和管理工作,要求具有较高素质的管理人员和机械司机。

(7) 为满足作业及管理的需要,应具有现代管理和作业的必需手段,采用电子计算机及数据交换系统。

鉴于集装箱船舶大型化带来的对集装箱码头设施和装卸服务的新要求,集装箱码头的未来发展趋势将是泊位深水化、装卸设备大型化、装卸工艺系统化、集疏运设施现代化、生产信息化、码头泊位高效化、港口生产组织合理化。总而言之,集装箱码头将朝着智能化、绿色化、多功能化等方向发展。

3.2.2　航空港

国际民航组织将机场(航空港)定义为供航空器起飞、降落和地面活动而划定的一块地域或水域,包括域内的各种建筑物和设备装置。航空港与机场几乎是同义词,但从专业角度来看,它们是有区别的。所有可以起降飞机的地方都可以叫机场,航空港则专指那些可以经营客货运输的机场。航空港必须设有候机楼,以及处理旅客行李和货物的场地和设施。由于航空港的规模较大,功能较全,使用较频繁,地面交通便利,所以通常选择其开展航空货物运输服务。

3.2.2.1　航空港的构成

航空港主要包括飞行区、航站区以及进出航空港的地面交通系统。

(1)飞行区是航空港内用于飞机起降的区域,通常还包括用于飞机起降的空域,在航空港内占地面积最大。飞行区由跑道、滑行道和机场净空区组成,其相应的设施有目视助航设施、通信导航设施、空中交通管制设施以及航空气象设施。跑道是机场规模的重要标志,它直接与飞机起降安全有关。滑行道是提供飞机从跑道到航站区的通道,使已着陆飞机迅速离开跑道,避免干扰起飞、降落、滑跑的区域。飞行区上空划有净空区,是规定的障碍物限制面以上的空域,地面物体不得超越限制面伸入。限制面根据机场起降飞机的性能确定。

(2)航站区是飞行区与机场其他部分的结合部,包括旅客航站楼、停机坪、停机场等。航站楼的一侧与停机坪相连,另一侧与地面交通系统相连。航站楼是为旅客、行李和货邮办理各种手续、进行必要的检查、为改变运输方式而提供的建筑设施。航站楼把空港分为空侧和陆侧:空侧包括停机坪、飞行区等受机场当局严格控制的区域;陆侧是公众能够自由出入,为航空运输提供自由服务的场所。

(3)进出机场的地面交通设施是连接到机场的道路、交通轨道或水运码头,它是客货出入机场的地面通道。

航空港的其他设施通常还包括油库、救援设施、动力与电信系统、保安系统、机务维修区、货运区和航空公司运营区。

3.2.2.2　航空货运站

货运量较大的航空港专门设有货运站,它是连接航空货物与承运飞机的唯一通道和方式,其服务对象包括航空公司和发货方(货运代理公司或实际发货人),是连接航空公司和发货人的桥梁。货运站为进出货运站的货物完成安检、计重、装集装器、货物存放、吨控、装卸飞机、分拨等服务。一般来说,货运站的厂区内设有集装箱板/箱坪(存放空集装板/箱的区域)、货坪(对离港待装机及进港待进站的集装货拖车及散斗货车临时停放与保管的区域)、拖车存放场和外场交接货区。外场交接货区设有外场交接货输送机,它与拖车配合完成进出港货物的交接。

航空货运站的运作效率主要依赖于它对货物处理的流程设计和处理方法。根据货物空运流程不同阶段的要求和货物的不同形态,航空货运站的主要货物处理设备包括以下几种存储系统。

1. 航空货运站的存储系统

航空货运站的存储系统按处理对象不同,分为集装箱/板存储系统、散货存储系统和零散货物存储系统。

集装箱/板存储系统包括升降式转运车(ETV)、辊道式货架、存储辊道台和出入库通道输送台。升降式转运车是集装板/箱多层存储系统中关键的集装板/箱处理设备,也是衡量货运站处理能力的标准之一。升降式转运车分为纵向升降式转运车和横向升降式转运车。纵向升降式转运车是指按其载货台上的辊道台的纵向,即标准 10 ft 集装器的 2 440 mm 宽度方向输送的升降式转运车。横向升降式转运车是指按其载货台上的辊道台的横向,即标准 10 ft 集装器的 3 175 mm 宽度方向输送的升降式转运车。升降式转运车的地面轨道有单轨和双轨两种形式。辊道式货架用于存储航空货运专用的集装板/箱。按每一辊道台上存放 10 ft 集装器的数量和辊道台的输送方向分为 10 ft 或 20 ft、纵向或横向辊道式货架。为有效利用存储空间,一般采用 20 ft 辊道式货架。辊道式货架用地脚螺栓紧固于 ETV 地轨中心线两侧的库房地面上。辊道台安装于辊道式货架的货格上,可拆换维修。辊道台分为存放辊道台和出入库通道输送台。存放辊道台自身无动力,由 ETV 摩擦提取器来驱动运行,完成集装板/箱出入库作业;出入库通道输送台自带传动装置,用于首层与外场交接货输送机的集装板/箱出入库作业。

散货存储系统主要是由堆垛机(stacker-crane)、存储货架和出入库输送设备组成的。在航空货运站中使用的零散货物存储系统主要是层格式货架,用于小件和零散货物的存放。

2. 集装器分解/组合系统

集装器分解/组合系统设备主要用于对集装板/箱进行装卸作业。集装器分解/组合系统设备分为升降式和固定式两种,处理集装板/箱的规格为 10 ft 或 20 ft。

固定式辊道台不具备升降功能,分为动力辊道台和无动力辊道台。固定式辊道台有两种高度,但一般在同一个货运站中的固定式辊道台的高度只有一种。辊道台面为 508 mm 高的固定式辊道台,因与拖车辊道台面高度相同,可直接与拖车配合完成集装器的交接作业。轨道台面为 200 mm 高的固定式辊道台,可由升降式转运车或辊道输送机与之配合完成集装器的往返运输。

升降式辊道台是将机构安装在地坑中,由操作者控制台面的升降,工作台上有可调节挡板,防止集装器在装卸过程中四处移动。

3. 集装器传输系统

集装器传输系统包括转运车、直角转向台、旋转直角台和以 10 ft 辊道输送机为单元的输送辊道带,多用于分解/组合系统与存储系统之间传送集装器。

转运车是用来搬运集装器的设备,适于单层储运系统对集装器的存储作业。按能搬运集装器的尺寸,转运车分为 10 ft、16 ft 和 20 ft 三种规格;按传输集装器的方向,转运车分为纵向和横向两种。有的转运车上的辊筒台是旋转直角台,是集合搬运、转向、调转箱门等主要功能于一身的转运车。

当需要将集装器传输至与原有前进方向成 90°角的位置时,在无须搬动集装器的情况下,由辊道输送机、滚轮输送机、微升降机构等设备组成的直角转向台即可完成这一项工作。它是通过滚轮输送机和辊道输送机的工作台相互交换位置而实现的,转换前辊道输送机与转换后辊轮输送机的输送面高度不变。

直角转向台由辊道输送台、滚轮输送台、升降机构及回转机构等设备组成,其主要用于集装箱在存储前或分解/组合前调整箱门开口方向,以便存取和作业。它可以根据要求实现 90°、180°、270°、360°的旋转。

辊道输送机由机架、钢辊、法兰轴承、链轮、链条、驱动机构及附件等组成。它是构成航空货运站货物处理系统最主要和最基本传输集装器的设备单元。辊道输送机也分为纵向和横向两种,具体选用哪种要根据工艺流程的需要。

3.2.2.3 货物装卸设备

1. 集装箱/集装板升降平台车

集装箱/集装板升降平台车专门负责飞机装卸集装箱和集装板,是航空货物运输业不可缺少的大型专用机械设备。根据提升装置的不同,在机场上常见的集装箱/集装板升降平台车是单级剪式升降平台车和四柱式升降平台车。这两种平台车都有很强的装载能力,可以轻松地应付 10 ft 和 20 ft 的集装箱或货板。在装卸过程中,升降平台车的工作台面必须和飞机货舱地板等高,否则集装箱在搬运舱门时会被擦伤,造成损失。升降平台设有导向板,便于和不同宽度的飞机舱门对接;桥平台前端设置缓冲橡胶筒,桥平台后端有一对挡板,防止货物掉下。

2. 行李传送车

行李传送车是用于飞机装卸行李或货物的专用设备,由汽车底盘、传送架、前后升降系统、支撑脚、液压和电气系统等组成。

3. 汽车调平台

按动力来源不同,汽车调平台分为机械液压式、电动液压式和电动气囊式三种形式。根据不同汽车车厢的高度,工作台面可起升或下降,并将其前端的活动板搭接到车厢底板,便于装卸人员和叉车进出车厢,并具有自动止落装置、防撞装置、脚趾防护装置等安全保护措施。

4. 滚筒系统

滚筒系统从仓库开始,直接升到飞机机头,然后把货物运到飞机主舱。

5. 叉车

叉车具有一副水平伸出的叉臂,叉臂可做上下移动,因此叉车具有装载货物的功能,并能携带货物做水平和垂直方向的移动。

3.2.3 铁路集装箱办理站

铁路集装箱办理站是指具备处理铁路集装箱运输业务能力的铁路站点,根据其业务性质和范围的不同可分两种,即铁路集装箱中转站和一般的集装箱办理站。铁路集装箱办理站的基本功能是组织铁路集装箱运输,办理集装箱货物的装、卸、到、发、集拼与存储等业务。其具体职能、组成结构、平面布局、机械设备,除面向铁路车辆运输、装卸而具有的特殊要求外,其余与集装箱码头的职能、组成结构、平面布局相类似。但由于其在集疏运系统中所处的层次地位和运量限制,在规模上与集装箱港口码头相比一般要小一些。由于铁路运输的特点及其在远程运输中的优势,在集装箱货物内陆运输(特别是远程集疏运)中,铁路运输线路和办理站发挥着十分重要的作用。

3.2.3.1 铁路集装箱办理站的设置

铁路集装箱运输是通过集装箱办理站来实现的。因此,铁路集装箱办理站的设备现代化和作业合理化是提高集装箱运输效率的关键。集装箱办理站的设置应具备以下条件:

(1)有一定数量且稳定的集装箱货源。

(2)有装卸、搬运集装箱的机械配备。

(3)有一定面积的硬化面堆场。

(4)有办理业务的专职人员。

(5)具有与其他运输方式相衔接的条件。

上述条件中,集装箱货源是基础,也是开展集装箱运输的先决条件。因此,铁路方面要认真调查和掌握货源,货物来源不清、数量不准,即使开办了集装箱业务,也会因运量少或运量不均衡而给企业带来亏损。装卸、搬运机械以及硬化场地是开办集装箱办理站的物质条件,没有硬化面的场地,集装箱不能直接放在地面上,装卸机械也不能很好地作业,而专职人员又是提高工作效率和保证质量的根本。

在决定集装箱中转站的位置时,则要考虑以下几个原则:

(1)集装箱中转站通常设置在大城市附近或经济发达地区,这些地区是箱源、箱流的产生地和吸引地,集装箱到发量大而稳定。

(2)集装箱中转站一般应设在铁路网的交汇点上,使其具有足够的中转范围,有一定数量的前方与后方集装箱办理站,才能有足够的箱流。

(3)集装箱中转站的数量不宜过多,也不宜过少。

(4)集装箱中转站相互间的距离不能太近,也不能太远。

办理站内的集装箱场是完成集装箱运输的基层生产单位,负责办理集装箱装卸车,掏箱和装箱,组织集装箱门到门运输,编组成组列车,在有条件的集装箱场内,还可编开集装箱直达列车等。所以,它的设置与布局是否合理,能否符合运营要求,对集装箱运输任务的完成起着重要作用。集装箱场须按下列原则来设置:

(1)集装箱场一般宜设在铁路枢纽内进出站方便的车站,以便汽车拖车将集装箱(或货物)运进和运出车站。

(2)集装箱场在站内的设置地点应便于车辆取送和交接作业,并应有足够的场地供集装箱办理装卸和中转作业,同时还需有足够的存放空重集装箱的场地。

(3)应具备迅速进行集装箱装卸和中转换装作业的条件。

(4)集装箱场内应铺设畅通的汽车拖车通路,一般采用环状双行通路。

(5)为加速集装箱输送,汽车通路与铁路线应互不干扰,要尽量避免环状汽车拖车通路跨越铁路线。

(6)集装箱场地应平坦,硬面化程度高,能够承受汽车拖车、搬运机以及集装箱的重量,并有良好的排水系统。

3.2.3.2　铁路集装箱办理站的设备与设施

铁路集装箱办理站的设施,通常包括装卸线及轨道式龙门吊、堆箱场地、辅助生产与管理区设施等。

1. 装卸线及轨道式龙门吊

集装箱铁路办理站必须拥有一股或数股集装箱装卸线,用于集装箱列车出发前的装车,到达后的卸车,中途的换装。装卸线的股数和长度与办理站的地位(是基地站,还是一般办理站)和集装箱通过量及办理站的业务特点有关。

集装箱通过量小的办理站必须有一股装卸线,装卸线应不短于相当于 10 节列车的长度,以一节集装箱专用车长 14 m 来计算,装卸线长度应不短于 140 m。装卸量比较大的办理站,装卸线长度应相应延长到相当于 20 节列车的长度,即 280 m。

如果是中转量较大(指从一列火车转到另一列火车)的办理站,装卸线就并列放置两股,便于从一列火车上将集装箱直接换装到另一列火车上。

集装箱铁路基地站通常指集装箱定期直达列车或集装箱专运列车始发端或终点端的办理站。这类办理站的装卸线一般应有两股到三股,长度通常应为一列 50 节专用车长度的一半,即 350 m 以上。

轨道式龙门吊铁路集装箱办理站通常以轨道式龙门吊作为装卸线上的基本装卸机械,以集装箱正面吊和集装箱叉车为辅助机型。轨道式龙门吊在装卸线上的布置方式通常有三种。

(1)装卸线在轨道式龙门吊跨度内行走轨道旁(简称跨内一侧)。这样的布置方式,可将集装箱堆场放在另一侧,这样堆场的面积可以比较集中,利用率较高。而且龙门吊在装卸集装箱时,装卸小车单向从箱区向列车方向移动,不跨越列车,安全性较高。卡车通道可以放在任意一端悬臂下,另一端悬臂下还可设堆场。选择跨内一侧布置方式,各种操作协调,平面使用也比较经济,只要办理站的地形条件允许,大多数办理站均采用跨内一侧的布置方式。

(2)装卸线在轨道式龙门吊跨度中间(简称跨中)。这样的布置方式,只能将集装箱堆场放在装卸线的两侧,面积被分割,对于场地利用与管理均不利。龙门吊的装卸小车在装卸集装箱时,不断地在集装箱列车上方跨越,容易发生事故。相对跨内一侧布置,跨中布置的缺点较多,除非办理站的地形条件等受到很大限制,一般很少采用这种布置方法。

(3)装卸线在轨道式龙门吊跨度外两端悬臂下(简称悬臂下)。这种布置大多是利用原铁路线做办理站的装卸线,在铁路线一侧建堆场箱地与龙门吊行走轨道,将装卸线置于龙门吊一侧的悬臂下。这种布置方式对于在原有基础上改、扩建集装箱办理站的情况较适宜,可以有效减少投资,同时堆箱场地可以利用全部龙门吊跨度位置,堆箱量更大。这种方法的缺点是龙门吊装卸小车在装卸集装箱时,移动的距离较长,降低了作业效率;而且卡车道只能置于龙门吊的另一端悬臂下,当集装箱在火车与卡车之间换装时,龙门吊的装卸小车所走路线更长。

2. 作业区堆箱场

根据铁路集装箱办理站的集装箱运量,场内存放的空箱、重箱数量,以及办理站每日作业量、作业方式、保管期限、集装箱堆放层数等因素的不同,每个铁路集装箱办理站应有几个大小不等的堆箱场,并将堆箱场划分为若干作业箱区。

(1) 到达箱区和发送箱区。这里的到达箱是指用火车运输到达,等待由集装箱拖挂车、半挂车送往货主处的集装箱;发送箱是指货主托运的集装箱,已由拖挂车等送到集装箱办理站,等待装车发送的集装箱。这类箱区的安排应贯彻既有利于铁路车辆,又有利于公路车辆的原则。通常到达箱区应设在靠近集装箱拖挂车场地的位置,发送箱区应设在靠近铁路装卸线的位置。

(2) 堆放箱区。一般国际标准集装箱与国内标准铁路箱应设不同的堆放箱区。如果办理站受场地面积限制,两类箱子可以在同一箱区堆放。一般大型国际标准集装箱应设在堆场的尽头处,这样可使箱区划分清晰,便于管理。大小箱区的地面强度也可按不同要求铺设,能够有效减少投资。

(3) 中转箱区。中转量小的办理站不一定单独设中转箱区,中转箱可堆放在发送箱区,中转量大的办理站应专设中转箱区。如有两条装卸线的办理站,中转箱区可设在两条装卸线之间,这样便于在两列集装箱列车之间换装。中转时间长的集装箱,则应移到较远的箱区堆放。

(4) 拆装箱区。需在办理站内拆箱与拼箱的集装箱,应设专区堆放。这一箱区应选择在离轨道式龙门吊较远的地方,场地应较为开阔;也可设置在装卸场地之外。铁路集装箱办理站应尽可能少承担拆、装箱业务。

(5) 备用箱区。一般设置在装卸机卸作业范围之外,主要用于堆存到达后未能及时提取的集装箱。设置备用箱区可提高到达和发送箱区箱位的利用率。备用箱区一般设置在轨道式龙门吊的悬臂范围之外。

(6) 维修箱区。有维修集装箱能力的铁路集装箱办理站,应单独设置维修箱区。

3. 辅助设施

停车场集装箱送达办理站时,从办理站提货,一般都采用集装箱拖挂车或半挂车,因此集装箱办理站会有许多集装箱拖挂车与半挂车进出。由于等待等因素,有些车可能需要在办理站停留一定的时间,所以根据业务量的大小、疏运能力的优劣,铁路集装箱办理站均应设置大小不等的停车场。

维修部门既需要维修、保养办理站的各种集装箱装卸设备和设施,也需要维修损坏的整装箱。一般国内标准的小型铁路集装箱的修理要求较低,可由办理站的维修部门修理。大型国际标准集装箱办理站通常不具备维修的条件。

营业与办公部门集装箱办理站的办公房屋,一般放置在大门入口处,便于对进出的集装箱卡车进行登记、检查,办理各类承运交付业务手续。

有些集装箱码头,铁路线一直铺设到码头前沿,这时铁路集装箱办理站与集装箱港口实际已融为一体。铁路集装箱办理站的装卸线甚至会直接延伸到码头集装箱装卸桥的下面,集装箱办理站的概念已完全发生变化。这样的集装箱水铁联运,效率是最高的。

3.2.3.3 铁路集装箱办理站的功能

集装箱办理站是组织与办理集装箱运输的基层生产单位,它主要负责办理集装箱的出发、到达和中转作业,组织实现集装箱门到门运输。从目前集装箱办理站的业务来看,其一般都具有两种职能,即商务功能和技术功能。

1. 商务功能

(1) 受理集装箱货物的托运申请。

(2) 装箱、拆箱以及加封。

(3) 编制有关运输单证。

(4) 核收有关费用。

(5) 联系其他运输方式以及联系铁路之间的联运等。

2. 技术功能

(1) 提供适合装货、运输的集装箱。

(2) 安排集装箱装卸、搬运等机械。

(3) 办理装卸箱业务。

(4) 编制用车计划。

(5) 向到站发出到达预报通知等。

3.2.3.4 铁路集装箱的中转

铁路集装箱中转站的主要任务是把来自不同车站的集装箱货物,通过有计划地组织重新按到站装车,将集装箱货物以最快速度运至到站。目前,在进行集装箱中转时,一旦发现集装箱箱体损坏或封印丢失、失效等情况,中转站要立即会同有关部门清点货物,编制详细记录说明情况,补封后继续运送。当箱体损坏危及货物运输质量时,应对箱内货物进行换箱。

中转站的中转作业分以下过程完成。

1. 编制中转配装计划

(1) 详细核对中转计划表。详细核对中转计划表的主要内容,包括方向、主要到站和存箱数、已开始作业和待运的站存箱数。特别值得一提的是,站存箱数必须以货票与集装箱逐批、逐箱进行复查,然后再与中转计划表的数字进行核实。

(2) 确定中转车的去向,审核到达货票,并根据到达待送车的货票,统计中转集装箱去向,确定重车卸后的新去向。

(3) 制定集配计划。集配计划是按去向、主要到站站别统计得出的,内容包括停留在堆场的集装箱、各到达车装载的集装箱,以及各货车之间相互过车的箱数(卸下的箱要确定堆存箱位)。

(4) 根据集配计划,结合送车顺序,确定货车送入后的中转车作业顺序。

(5) 传达中转作业计划。货运员和装卸工组对计划进行复查核对,做好作业前的准备。在复查中,不但要对数字进行复查,还要检查箱体、铅封状态、标签、箱号是否与箱票记载一致。

2.中转作业

（1）集装箱中转作业顺序一般是在货车送达后，根据中转作业计划，首先卸下落地箱，再将过车箱装载应过的车上，最后整理仍在车上的其他货箱。在进行车内整理作业时，要检查留于车内的集装箱的可见箱体和铅封的状态，以便划分责任。

（2）进行装载。

（3）中转作业完毕后对货车进行加封。

3.中转作业后的整理工作

中转的整理工作既是中转作业结束后对中转工作质量的检查，也是下一次作业的开始，主要包括货运票据整理，报表填记，复查中转作业完成的质量，其作业程序如下：

（1）整理复查货位。

（2）整理复查货运票据。

（3）填写集装箱中转登记簿和有关报表。

（4）移交货运票记、报表。

（5）整理集装箱中转计划表。

（6）准备下一次中转计划。

3.2.4 公路集装箱中转站

集装箱中转站是公路集装箱运输中的重要集散点和作业点，是港口码头、铁路车站和集装箱内陆货站通过公路运输线向腹地延伸的运输枢纽，是集装箱货物实现门到门运输的重要环节，在集装箱货物运输中发挥了重要作用。

3.2.4.1 公路集装箱中转站的组成

根据公路中转站的作业功能和业务经营范围，中转站一般包括运输车辆、集装箱装卸堆场、拆装箱作业场、货物仓库、车辆和集装箱的检测维修车间、管理信息系统、检验检疫机构、生产调度和企业管理部门、动力供给、生产辅助设施以及生活保障设施等。各单项工程的建筑物、构筑物需用面积和车辆设备的品种及配备数量要根据企业的生产规划和中转站的规模而定。站内一般划分为以下5个区域。

（1）集装箱堆存、拆装、仓储作业区，包括空箱和重箱堆场、拆装箱作业场、拆装箱仓库、海关监管仓库等。

集装箱堆场这一区域用于完成集装箱卡车进场卸箱作业与出场装箱作业的全过程，同时在这一区域进行集装箱的日常堆存。集装箱堆场可按空箱、重箱分别划分区域；如代理船公司、租箱公司作为内陆收箱点的，还可按箱主分别划分堆箱区域。在堆箱区域中，国内箱(小型箱)与国际标准箱要分开。通常，国内箱区应放在较靠外的位置，国际标准箱放在较靠里的位置。集装箱堆场的地面必须做特殊负重处理，以满足相关的负荷要求。堆场地面必须符合规格，避免场地被损坏。

拆装箱作业区域主要用来完成集装箱拆箱、装箱作业和集装箱拼箱货集货、集装箱拆箱货分拣、暂时储存，以及某些中转货物的中转储存等工作。仓库的规模应能满足拼、拆箱量的需求，在仓库一侧一般设置月台，以备集装箱卡车进行不卸车的拼、拆箱。应有适当开阔面积的拼、拆箱作业区，便于货物集中、分拣与叉车作业。按需要，可设置进行货物分拣的皮带输送机系统。同时，应有适当规模的货物储存区域。

从现代物流各种运输与物流环节整合的角度考虑，集装箱公路运输中转站在其集装箱拆、装箱作业仓库，还可以根据需要与可能，发展一些流通加工业务与配送业务，在某种程度上，行使第三方物流的职能，使自身的业务面进一步拓展。

（2）车辆和箱体的检测、维修、清洁作业区，包括车辆机械检测维修车间、集装箱修理和清洁间、材料配件库、工具库等。

（3）辅助生产作业区，包括加油站、洗车检车台、变电室、水泵房、锅炉房、污水处理、消防设施、停车场等。

（4）生产业务管理区，包括由检验检疫、货运代理、生产调度、管理信息系统、企业管理、银行保险等部门组成的综合业务楼、中转站大门、验箱桥、地秤房等。

（5）生活供应区，包括食堂、浴室、候工室、职工宿舍，以及对社会服务的生活福利设施等。根据中转站所承担的生产业务范围，各作业区域可分别组成若干个基层单位，如运输车队、装卸车间、拆装箱作业间、集装箱修理间、车辆机械检测维修中心、生产调度室、信息中心等。

根据中转站所承担的生产业务范围，各作业区域可分别组成若干个基层单位，如运输车队、装卸车间、拆装箱车间、集装箱修理间、车辆机械检测维修中心、生产调度室、信息中心等。

3.2.4.2 公路集装箱中转站的主要作业功能

在国际集装箱运输由海上向内陆延伸的运输系统中，公路中转站的作业是一个重要环节。公路中转站既是内陆地区的一个口岸，又是国际集装箱承托运等各方进行交易和提供服务的中介场所，为海上国际集装箱向内陆地区延伸的运输系统提供后勤保障作业。同时，公路中转站的设立可在一定程度上改善内陆地区的投资环境，从而促进内陆地区经济的发展，随之又可带动国际集装箱运输在内陆的推广和应用。作为一个具有一定规模、配套设施齐全的公路国际集装箱中转站，它应该具有以下主要作业功能。

1. 内陆集装箱堆场和集装箱货运站业务功能

这是公路国际集装箱中转站最基本的作业功能。根据货主在国际贸易中所签订的运输条款和箱货交接方式，在多式联运过程中需要停留、中转和交付的进出口国际集装箱重箱、空箱或拼箱货物，都可在中转站进行整箱或拼箱货物的交接，并划分其风险责任。中转站根据集装箱到发的不同目的地，可按船、按票集中在堆场堆存，或在仓库存贮，也可按照货主的要求，直接进行门到门运输服务。

2. 集装箱货物的集散、仓储、换装和拆装箱作业功能

对出口的货物，可提供集货、理货、装箱、拼箱，并向港区码头转运装船等服务；对进口的国际集装箱，可提供拆箱、卸货、理货、分发及上门送货等服务。对拆箱后、装箱前以及需要换装的各种进出口货物，包括需要长期保存周转的免税或保税商品、海关暂扣物资、

进出口国际集装箱等,都可进入中转站的专门仓库进行储存和保管。

3. 内陆口岸功能

根据区域经济和对外贸易发展的需要,在内地建立的某些中转站,经政府主管部门批准,可设置海关、检验检疫等口岸监管服务机构及其专业设施,以供各类集装箱货物及其他交通工具办理出入境手续,使出入境口岸业务由沿海港口延伸到内陆中转站,为内陆客户就地办理进出口业务手续提供方便快捷和经济的服务条件。

4. 集装箱箱管站功能

集装箱作为货物运输的一种标准化容器,要在一些跨国航线乃至全世界范围内周转使用。集装箱通常属船公司所有,或由船公司向专门的集装箱公司租用。当重箱运抵目的地后,货主收完货,为减少空箱的远距离调用,会将空箱在船公司指定的某些地点汇集存放,以供其他相关流向的货物运输时调用。公路国际集装箱中转站经船公司集装箱管理中心认可并签订协议后,即可作为船公司及其代理人调度、交接、集中、保管和堆存空集装箱的场所,并且由电子数据交换(EDI)系统负责集装箱的动态跟踪,还可按规定的标准、工艺对集装箱进行定期检验、修理或整新,以及清洁、维护等作业。

5. 信息处理、传输功能

作为先进的货物运输形式,国际集装箱运输的实物流动是与相关的信息流伴随而行的。按照船方、货方、港口、中转站以及检验检疫等协作单位对集装箱和集装箱运输进行管理的需要,中转站应建立起管理信息系统。它主要包括以下几个方面:对集装箱进行动态跟踪和管理,实时反映集装箱所在的地理位置和所处的状况;对集装箱货的承揽、仓储、运输、堆存、装载和车辆的运输作业、调度计划,以及单证的流转、票务结算等进行统计制表,以供分析和决策;处理集装箱运输中涉及的单证信息;在本中转站与其他相关单位链接的管理信息系统网络上,传递交流各类信息。

6. 配套服务功能

为国际集装箱运输生产业务配套的服务,包括对车辆机械的技术检测与维修,车辆的清洗、加油和停放,对各类货物进行装卸、包装、分拣以及物流增值服务等,引入与检验检疫监管机构相互协作的银行、保险、公安、税务等单位,以便为客户提供一条龙服务。

3.3　多式联运线路

3.3.1　水路运输线路

水路运输线路包括内河运输航线和海运航线。

3.3.1.1　内河运输航线

全球内河运输航线是连接内陆地区与海洋或不同内陆区域之间的重要通道,对国际贸易和区域经济发展具有重大的意义。

在欧洲,莱茵河、多瑙河等是关键内河运输航线。莱茵河的航道条件优良,流经多国,连通北海,沿线分布着众多重要港口与工业城市,是欧洲内陆与沿海贸易的动脉。多瑙河则是欧洲流经国家最多的河流,加强了中欧与东欧的经贸联系。

北美洲的密西西比河及其支流构成了庞大的内河运输网络,深入美国的内陆腹地,将中西部农业产区和南部工业地区相连,并通过墨西哥湾与全球贸易衔接。

亚洲的长江是中国内河运输的黄金水道,横贯东西,沟通了中国内陆与沿海地区,对沿线经济发展起着支撑作用。俄罗斯的伏尔加河也通过运河与其他水系相连,形成运输网络,促进了国内物资交流。

在南美洲,亚马孙河虽因流域人口相对稀疏开发程度受限,但在区域运输中仍有重要价值。非洲的尼罗河在埃及等国家的内河运输中发挥着一定作用。

全球内河运输航线构建起了丰富的内河运输体系,推动着经济的互联互通。

3.3.1.2 海运航线

海运航线是指船舶在港口间海上航行的路线。海运航线依托相互连通的大洋及其附属海域,将海岸沿线不同海域位置的港口彼此联系在一起。海上运输的路线相对于其他各种运输路线,具有投资少、自然形成的特点,进而也更多地受自然条件的影响和制约。依据不同的标准,可以将海运航线分为不同的类型。

1. 根据行经水域范围的不同分类

(1)远洋航线(ocean-going route),又称跨洋航线,指航程距离较远,船舶航行跨越大洋的运输航线。

(2)近洋航线(near-sea route),指本国各港口至邻近国家港口间的海上运输航线的统称。我国习惯上把航线在亚丁港以东地区的亚洲和大洋洲的航线称为近洋航线。

(3)沿海航线(coastal route),又称国内航线,指本国沿海各港之间的海上运输航线,如上海—天津、青岛—广州等。

2. 根据运力、运程和运量特点分类

(1)主干线,连接全球主要港口,通常由大型集装箱船运营,运力强,运程长,运量大。这些航线覆盖国际贸易的核心区域,如亚洲、欧洲和北美,具有高频次、高稳定性的特点,是国际海运网络的骨干。

(2)分支航线,连接主干线与次要港口,或服务于特定区域,通常由中小型船舶运营,运力较弱,运程较短,运量较小。这些航线灵活性强,能够深入内陆或偏远地区,为主干线提供集散服务,确保货物从主要港口转运至目的地。

主干线和分支航线相辅相成,前者负责大规模、长距离运输,后者则提供区域覆盖和末端配送,共同构成高效的海运网络,满足全球贸易需求。

3. 根据船舶运营方式分类

(1)定期航线。由班轮公司运营,具有固定船期、固定港口、固定航线的特点,类似海上公交。这类航线通常服务于标准化货物(如集装箱),承运人按公开运价表收费,运输过程高度组织化,船舶现代化程度高,运力稳定。如亚欧航线、跨太平洋航线等主干航线多为定期航线,承运电子产品、日用品等高附加值货物。其优势在于准时性、高频率和覆盖广泛,适合中小货主分散货物的运输需求。

(2)非定期航线。以租船模式为主,根据货物需求临时确定航线、船期和停靠港口,灵活性极强。主要承运大宗散货(如铁矿石、煤炭、石油)或项目货物(如风电设备),采用航次租船或期租合同,运价通过市场协商确定。如澳大利亚至中国的铁矿石运输航线、中东至东亚的原油运输航线多属此类。其特点是单次运量大,成本可控,但船期不稳定,依赖货主与船东的直接协议。

定期航线保障全球供应链的稳定性,支撑日常贸易;非定期航线则满足资源型商品和特殊货物的灵活运输需求。两者共同构成海运体系的核心框架,适应不同货物流通场景。

3.3.2 铁路运输线路

从洲际范围来看,亚洲的铁路运输线路丰富多样且意义重大。其中,西伯利亚大铁路是重要的交通动脉,东起俄罗斯符拉迪沃斯托克(原海参崴),途经伯力、赤塔、伊尔库茨克等城市,止于莫斯科,全长9 300多公里,还延伸至纳霍德卡—东方港,是连接亚欧大陆的重要通道,对俄罗斯的资源运输和国际贸易至关重要。中国则拥有庞大且先进的铁路网络,不仅有京广线、京沪线等传统干线承担大量的客货运输,高铁网络八纵八横也不断完善,如京沪高铁、京广高铁等,大大提升了运输效率和旅客的出行体验。此外,新亚欧大陆桥从江苏连云港经新疆与哈萨克斯坦铁路连接,贯通俄罗斯、波兰、德国至荷兰鹿特丹,缩短了欧亚之间的运输距离。

欧洲的铁路网络发达且密集。西部的法国、德国、意大利等国,铁路不仅承担着繁忙的国内运输任务,跨国运输也极为便捷,像欧洲之星连接了英国、法国、比利时等国主要城市。欧洲还有多条重要干线,如伦敦—巴黎—慕尼黑—维也纳—布达佩斯—贝尔格莱德—索非亚—伊斯坦布尔线,以及伦敦—巴黎—科隆—柏林—华沙—莫斯科线,后者还能连接俄罗斯西伯利亚铁路通往远东。此外,冰河快车连接着瑞士的圣莫里兹与策马特两大滑雪胜地,是欣赏阿尔卑斯山脉美景的绝佳线路。

在北美洲,美国和加拿大的铁路网络规模庞大。美国的铁路营业里程居世界首位,有多条连接东西海岸的铁路,如北太平洋铁路的西雅图—斯波坎—俾斯麦—圣保罗—芝加哥—底特律线,圣菲铁路的洛杉矶—阿尔布开克—堪萨斯城—圣路易斯—辛辛那提—华盛顿—巴尔的摩线等。加拿大也有鲁珀特港—埃德蒙顿—温尼伯—魁北克以及温哥华—卡尔加里—温尼伯—桑德贝—蒙特利尔—圣约翰—哈利法克斯等连接东西两大洋的铁路。

南美洲的铁路网络虽相对薄弱,但巴西、阿根廷等国也有重要线路促进着当地资源运输和区域经济交流。非洲的南非铁路网络较为突出,蓝色列车往返于开普敦和比勒陀利亚,而非洲之傲列车从南非开普敦开往坦桑尼亚首都达累斯萨拉姆,是极具特色的豪华线路。在大洋洲,澳大利亚的大汗号列车往返于达尔文和阿德莱德,贯通了澳大利亚的南北方。

3.3.3　公路运输线路

全球公路运输作为现代经济体系的动脉网络,承载着约 70% 的陆地货物运输量,在区域经济整合与国际贸易中发挥着不可替代的作用。这一庞大的运输网络以洲际走廊为骨架,通过密集的支线延伸至城市与乡村,构成了支撑全球化生产的物流基础。从东南亚热带雨林中的 AH1 高速公路到横贯欧亚大陆的 E80 公路,超过 500 万公里的硬化路面编织成覆盖各大洲的运输网格,在数字时代继续巩固其作为最灵活运输方式的地位。

在区域布局层面,亚洲近年来形成了最具活力的公路运输体系。全长 2.8 万公里的泛亚公路网(Asian Highway)以曼谷、上海、德里三大枢纽为支点,串联起 32 个国家的工业集群,其 AH1 线路从东京经首尔、北京延伸至伊斯坦布尔,成为连接东亚与中东的陆路大通道。欧洲则依托跨欧洲交通网络(TEN-T)持续推进标准化改造,德国高速公路(Autobahn)与法国高速公路(Autoroute)构成的黄金十字架每日通行 25 万辆货车,配合数字化边境管理系统,将跨境运输时间缩短 40%。美洲大陆的泛美公路系统虽在达连地峡存在断点,但其北美段 I-35 高速公路仍是全球最繁忙的货运走廊之一,年运输货值超过 2 万亿美元。

经济全球化重塑了公路运输的价值链。新兴的陆港经济模式在中国郑州、美国堪萨斯城等内陆枢纽蓬勃发展,通过"公路—铁路"多式联运将制造基地与深水港衔接。跨境公路运输量年均增长 5.8%,中欧班列辅助公路运输形成的钢铁驼队,使中国重庆制造的电子产品 12 天即可抵达德国杜伊斯堡。但区域发展失衡问题依然突出,非洲横贯公路网(Trans-African Highway)仍有 40% 路段未硬化,刚果河流域的运输成本是欧盟境内的 7 倍,这种基础设施落差导致全球南方国家承担着额外的物流成本。

气候变化与技术创新正在重构行业生态。欧盟强制推行欧(Euro VI)排放标准,促使车队更新,电动重卡在挪威已占据 15% 市场份额。中国在雄安新区测试的自动驾驶货运编队,将油耗降低 22%。智能物流平台通过实时路况分析,使东南亚跨境运输准点率提升至 78%。但全球仍有 130 万公里的道路缺乏基本维护,每年因路面损毁造成的货物损失高达 470 亿美元,这凸显出基础设施升级的迫切性。未来十年,公路运输将呈现智能化、绿色化、网络化发展趋势。数字孪生技术可实现路网状态实时监控,生物柴油与氢能动力将逐步替代传统燃料,区域全面经济伙伴关系协定(RCEP)等贸易协议正在推动通关便利化改革。当非洲大陆自贸区完成公路网联通,当亚马逊雨林可持续运输走廊建成,全球公路运输体系将真正成为支撑人类命运共同体的地面纽带。这个演进过程既需要技术创新突破,更依赖国际社会在标准统一、投资协调方面的深度合作。

3.3.4　航空运输线路

全球航空运输线路如同一张庞大而复杂的网络,将世界各个角落紧密相连,在当今全球化的时代,扮演着不可或缺的角色。

在跨洋航线上,北大西洋航线无疑是最为重要且繁忙的一条。它连接着北美与西欧这两个经济高度发达、文化交流频繁的地区。例如,纽约肯尼迪国际机场到伦敦希思罗机场的航线,一直以来都是全球最繁忙的航线之一。这条航线不仅承载着大量往返于美欧之间的商务旅客,众多跨国企业的商务人士频繁穿梭于此,进行商务洽谈、合作交流等活动,同时也吸引着大量的旅游客流,欧美两地丰富的历史文化遗产和旅游资源相互吸引着对方的游客。伦敦希思罗机场也凭借着这条重要航线,巩固了其作为欧洲主要航空枢纽的地位。

北太平洋航线同样至关重要,它连接着美加西岸与远东地区。以中国南方航空的"广州—洛杉矶"航线为例,这条航线为中美之间的经贸往来、文化交流、教育合作等提供了极大的便利。许多中国企业拓展北美市场,中美两国在科技、文化等领域的互动,都离不开这条航线的支持。同时,这条航线也方便了大量留学生、旅游者的出行。

在东半球,欧亚航线是连接欧洲和亚洲的重要空中通道。从伦敦、巴黎等欧洲主要城市出发,经中东的迪拜、多哈等枢纽城市,再到东亚的北京、上海、东京等城市的航线,构成了欧亚之间的空中桥梁。迪拜和多哈作为中东地区的航空枢纽,凭借其优越的地理位置和完善的机场设施,吸引了大量的中转客流。许多从欧洲前往亚洲东部的旅客,以及从亚洲东部前往欧洲的旅客,都会选择在迪拜或多哈转机。此外,欧洲内部航线网络也极为密集,像法国巴黎、德国法兰克福等城市之间的航线,每天都有大量的航班往返,满足了欧洲各国之间在商务、旅游、文化等多方面的出行需求。欧洲到非洲的航线,如从欧洲到埃及开罗等城市的航线,也十分繁忙,促进了欧非之间的经济合作、文化交流以及人员往来。

亚洲地区的航空运输线路发展迅速且呈现出繁忙的景象。东亚的中、日、韩之间的航线密集,形成了一个紧密的空中交通圈。例如,首尔仁川到东京成田、首尔仁川到大阪关西等航线,由于三国之间密切的经贸和文化交流,客流量一直居高不下。在经贸方面,三国之间的贸易往来频繁,众多企业的商务人员频繁出行;在文化方面,三国的流行文化相互影响,吸引了大量的粉丝前往对方国家旅游、学习。东南亚的新加坡、吉隆坡、曼谷等城市之间的航线也是如此,像吉隆坡—新加坡樟宜、曼谷—新加坡等航线,是东盟地区重要的空中通道,促进了东南亚各国之间的区域合作、旅游发展以及文化融合。而中东地区的迪拜、利雅得、开罗、吉达等城市之间的航线,因当地的金融、贸易等发展,以及宗教朝圣等需求,也十分活跃。例如,每年都有大量的穆斯林前往麦加朝圣,迪拜—利雅得、开罗—吉达等航线在朝圣季节更是繁忙。

在西半球,北美地区的内部航空运输高度发达。美国国内的东西海岸之间以及各大城市之间都有密集的航线网络,方便了国内人员的出行和物资的运输。同时,美国与南美洲之间也有众多航线,连接着迈阿密等美国城市与巴西里约热内卢、阿根廷布宜诺斯艾利斯等南美城市。这些航线促进了美洲大陆南北之间的经济联系、文化交流以及旅游发展。南美地区内部的航线也在不断发展和完善,加强了区域内各国之间的联系,为南美洲的经济一体化和文化交流提供了有力支持。

此外,大洋洲与其他大洲之间也有重要的航空线路。像从澳大利亚、新西兰到亚洲、北美等地的航线,满足了大洋洲与世界其他地区的人员往来和贸易需求。澳大利亚的悉尼、墨尔本等城市与亚洲的主要城市之间的航线,促进了澳大利亚与亚洲在经贸、旅游、教育等领域的合作;而新西兰与其他大洲之间的航线,也让这个美丽的岛国与世界紧密相连。全球航空运输线路构成了一个庞大而高效的空中交通网络,推动着世界的交流与发展。

本章小结

本章详细探讨了多式联运系统的构成、架构、节点和线路。首先,明确了多式联运的必要条件和充分条件,包括两种或两种以上的运输方式、跨越国境、一份单证以及一个经营人负责全程运输。其次,介绍了多式联运系统的架构体系,包括一般要素、运作要素、支撑要素和功能要素,并构建了由商务子系统、组织子系统、网络子系统以及管理与支持子系统组成的多式联运系统框架。在节点部分,详细分析了集装箱码头、航空港、铁路集装箱办理站和公路集装箱中转站的结构、功能、设备和作业流程。最后,讨论了多式联运线路,特别是海运航线的分类和特点。本章通过理论结合实际案例,展示了多式联运在现代物流体系中的重要作用和广泛应用。多式联运不仅能够提高运输效率,降低成本,还能增强物流系统的灵活性和可靠性。通过本章的学习,读者可以深入了解多式联运系统的各个组成部分及其相互关系,为进一步研究和应用多式联运提供坚实的基础。

思考题

1. 多式联运系统构成中的两种方式、两个国家、一份单证、一人负责分别指什么?这些条件如何确保多式联运的高效性和安全性?

2. 在多式联运系统架构中,商务子系统、组织子系统、网络子系统以及管理与支持子系统各承担哪些职能?它们之间是如何相互协作的?

3. 集装箱码头在多式联运中扮演什么角色?其布局和主要设施如何支持高效的集装箱装卸和堆存作业?

4. 航空港作为多式联运节点之一,其主要构成部分有哪些?这些部分如何协同工作以确保航空货运的高效运转?

5. 铁路集装箱办理站与公路集装箱中转站在功能和设备上有哪些异同?它们各自在多式联运中的作用是什么?

6. 海运航线根据行经水域范围的不同可以分为哪几类?每类航线的特点和适用场景是什么?

7. 多式联运系统如何通过信息化手段实现运输过程的可视化和数据的实时共享?

8. 在多式联运过程中,如何确保不同运输方式之间的无缝衔接,以减少货物中转时间和成本?

9. 多式联运经营人在整个运输过程中承担哪些责任?如何保障货主的权益?

10. 未来多式联运系统的发展趋势可能包括哪些方面?这些趋势将如何影响物流行业的格局和发展?

拓展案例

京东物流多式联运系统架构

京东物流作为中国领先的电子商务和物流服务提供商,其多式联运系统架构的设计与实现展现了高度的创新性和前瞻性。该系统架构不仅整合了公路、铁路、水路和航空等多种运输方式,还通过先进的技术手段实现了货物在不同运输方式之间的无缝衔接,为全球范围内的客户提供了高效、便捷、可靠的物流服务。

一、系统架构概述

京东物流的多式联运系统架构主要由三个核心部分组成:运输方式整合平台、智能调度与优化平台、客户服务与信息平台。这三个部分相互协同,共同构成了京东物流多式联运系统的高效运作机制。

二、运输方式整合平台

运输方式整合平台是京东物流多式联运系统架构的基础。该平台通过整合公路、铁路、水路和航空等多种运输方式,实现了货物在不同运输方式之间的无缝衔接。平台内嵌有多种运输方式的数据接口和协议,能够实时获取各种运输方式的状态信息,包括车辆位置、航班时刻、船舶航次等。同时,平台还提供了统一的货物追踪和查询功能,方便客户随时了解货物的运输状态和预计到达时间。

三、智能调度与优化平台

智能调度与优化平台是京东物流多式联运系统架构的核心。该平台利用大数据、人工智能、物联网等先进技术,对货物的运输路径和方案进行优化调度。平台通过分析货物的目的地、类型、数量等信息,结合各种运输方式的特点和优势,智能推荐最优的运输路径和方案。同时,平台还能实时监控货物的运输状态和位置信息,对运输过程中出现的异常情况进行及时处理和调整,确保货物的安全、准时到达。

四、客户服务与信息平台

客户服务与信息平台是京东物流多式联运系统架构的重要组成部分。该平台通过提供丰富的客户服务功能和信息展示功能,增强了客户对京东物流多式联运服务的满意度和信任度。平台内嵌有多种客户服务渠道,包括在线客服、电话客服、邮件客服等,方便客户随时咨询和反馈问题。同时,平台还提供了货物追踪和查询功能,方便客户随时了解货物的运输状态和预计到达时间。此外,平台还提供了丰富的物流信息和行业资讯,帮助客户更好地了解市场动态和行业趋势。

五、系统架构特点

京东物流的多式联运系统架构具有以下特点:

1. 高度整合性。通过整合多种运输方式,实现了货物在不同运输方式之间的无缝衔接。

2. 高度智能化。利用大数据、人工智能、物联网等先进技术,对货物的运输路径和方案进行优化调度。

3. 高度客户导向。通过提供丰富的客户服务功能和信息展示功能,增强了客户对京东物流多式联运服务的满意度和信任度。

4. 高度可扩展性。系统架构具有良好的可扩展性,能够随着业务的发展不断升级和扩展。

京东物流的多式联运系统架构展现出了高度的创新性和前瞻性。该系统架构不仅实现了货物在不同运输方式之间的无缝衔接,还通过先进的技术手段实现了运输路径和方案的优化调度,为全球范围内的客户提供了高效、便捷、可靠的物流服务。未来,随着技术的不断进步和业务的不断拓展,京东物流的多式联运系统架构将不断完善和优化,为客户提供更加优质的物流服务体验。

(参考信息来源:京东物流,http://sv.www.jdwl.com/)

【案例思考题】

1. 京东物流多式联运系统架构中,如何确保不同运输方式之间的数据同步与实时更新?

2. 智能调度与优化平台如何利用大数据和 AI 算法来预测运输需求,优化路径规划,并减少运输时间和成本?

3. 京东物流如何通过客户服务与信息平台提供个性化的物流解决方案,以满足不同客户的多样化需求?

4. 在应对突发事件或运输异常情况时,京东物流的多式联运系统有哪些应急响应机制和备份方案?

5. 京东物流多式联运系统的可扩展性是如何设计的,以支持未来业务的增长和新技术的应用?

运行篇

第4章　多式联运方案设计

课程思政引导案例

澜沧江—湄公河跨境水公铁"一单制"多式联运成功落地

2024年11月2日17时，由云南交投集团自主建造并投运的第一艘500吨级散货船云南交投号，满载老挝铁矿石在响亮的汽笛声中缓缓驶入关累港口，翻开了以澜沧江—湄公河跨境水公铁多式联运为载体的全供应链体系建设新篇章。

本次铁矿石运输从老挝布洛码头出发，历经210 km、19小时航行，安全抵达关累港口岸。在抵港清关后，这批铁矿石将由云南交投集团物流公司组织公路运输至勐养火车站转运至安宁桃花村，运输过程采用多式联运一单制模式进行项目组织，成功实现一次委托、一单到底、一次结算，大大提高了物流运输时效，节省了物流运输成本。

近年来，云南交投集团积极联动西双版纳傣族自治州，推进以关累港口岸及澜沧江—湄公河水运通道为基础的物流通道建设，通过水公铁联运的运输方式，以铁矿石等大宗商品为基础货源，钢铁产业及其他进出口物资为上下游延伸，培育并畅通澜沧江—湄公河多式联运跨境运输新通道，融入"一带一路"南向国际陆海大通道建设和环印度洋陆海新通道建设。下一步，云南交投集团将进一步推动澜沧江—湄公河跨境物流通道大宗商品、冷链商品跨境多式联运及国际供应链常态化运营，助力大湄公河次区域经济合作，提升区域人民群众生活水平，增强跨国跨区域间互联互通。

（参考信息来源：云南日报）

【思政视角】　澜沧江—湄公河跨境水公铁"一单制"多式联运案例展现出中国的国际示范作用。中国云南交投集团打造的这一模式，以"一单制"实现一次委托、一单到底、一次结算，高效又降低成本，为跨境物流提供样板。积极打通跨境运输新通道，融入国际陆海大通道建设，体现携手共进、合作共赢理念，促进跨国跨区域协同发展。

4.1　多式联运客户分析

4.1.1　客户需求特征要素

4.1.1.1　客户需求的特点与影响因素

1. 客户需求的特点

（1）无限扩展性。在多式联运业务蓬勃发展的当下，随着技术设备的持续升级以及通信水平的显著提高，加之市场环境的动态变化，客户的需求呈现出无限扩展的态势。多式联运整合了公路、铁路、航空、水路等多种运输方式，为客户提供了更为丰富的选择空间，这促使客户不断衍生出新的需求，如对全程运输可视化、定制化联运方案等方面的需求日益增长。

（2）理性需求。在多式联运业务场景中，客户的需求并非随意、基于情感冲动而产生的，而是经过理性权衡的结果。客户会综合考量多式联运各环节的成本、运输效率、货物安全性以及服务质量等多方面因素，结合自身的业务需求和实际情况，做出审慎的决策。

（3）可诱导性。多式联运业务具有较强的灵活性和创新性，这使得客户需求具备较大的弹性，部分需求是可以被诱导和调节的。多式联运企业可以通过宣传推广多式联运的优势，如减少运输时间、降低综合物流成本、提高运输可靠性等，引导客户调整原有的运输观念和需求，进而选择更适合其业务的多式联运解决方案。

（4）派生性。客户在多式联运方面的需求，往往是由其复杂多样的业务需求所派生出来的。例如，企业为了拓展市场份额、优化供应链管理，会对货物的运输时效性、准确性以及运输过程中的货物保护等方面产生新的需求，这些需求促使他们寻求更高效、可靠的多式联运服务。

（5）多层次性。尽管客户在多式联运业务中会有各种各样的需求，但由于受到经济实力、支付能力以及客观运输条件等因素的制约，这些需求无法同时得到满足。客户会依据多式联运的特点，如不同运输方式组合的成本、运输时间的长短、运输服务的质量等，按照需求的轻重缓急进行排序，有计划、分阶段地实现这些需求，从而使客户需求呈现出明显的多层次性。

（6）客户的分散性。在多式联运市场中，中小客户的数量呈现出快速增长的趋势，且分布范围广泛，而大客户的占比相对减少。并且，大多数客户每次的托运量较小，但使用多式联运服务的频率较高。这就要求多式联运企业具备灵活应对不同客户需求的能力，提供多样化、个性化的服务产品，以满足市场的需求。

客户需求产生的根本原因是客户存在希望解决的问题，这些问题可能通过口头表述、标书中的投标说明等方式呈现出来，但深层次的问题往往被客户隐藏，甚至连客户自己也难以清晰地察觉到。因此,在多式联运业务中,企业必须深入分析客户需求的特点,运用专业的方法和工具,挖掘出客户的真实需求,以提供精准的服务。

2. 影响客户需求的基本因素

影响客户需求的因素纷繁复杂,相互交织,形成了一个庞大的网络体系。既包含宏观层面的广泛影响,也涉及微观层面的具体作用;既有来自客户自身的内在驱动因素,也有外部环境所施加的各种影响。在多式联运业务的背景下,客户需求正是在这些众多因素的共同作用下不断演变和发展。

(1)宏观经济政策和管理体制。宏观经济政策和管理体制对多式联运业务中的客户需求有着深远的影响。政府的财政政策、货币政策以及产业政策等,会直接或间接地影响多式联运市场的供求关系和价格水平,进而左右客户的消费决策。例如,政府对多式联运产业的扶持政策,如税收优惠、财政补贴等,能够降低企业的运营成本,促使客户更倾向于选择多式联运服务;而严格的行业监管政策,如对运输安全、环保标准的严格要求,可能会增加企业的运营成本,影响客户对多式联运服务的选择。

(2)市场环境。市场环境的变化是影响多式联运客户需求的关键因素之一。多式联运市场的竞争激烈程度、市场的饱和度以及市场的发展趋势等,都会对客户的需求产生显著影响。在竞争激烈的市场环境中,客户会更加关注多式联运服务的质量、价格和服务的个性化程度,对多式联运企业的服务水平提出更高的要求。同时,市场的发展趋势,如电商物流的迅猛发展,对多式联运的时效性、准确性和服务的覆盖范围等方面提出了新的挑战和需求。

(3)消费水平和消费理念的变化。随着经济的持续发展和人们生活水平的不断提高,消费者的消费观念也在发生深刻的变化,这对多式联运业务中的客户需求产生了重要影响。消费者更加注重产品和服务的品质、个性化以及健康环保等方面的需求,这促使企业对其供应链进行优化,从而对多式联运服务提出了更高的要求,如更精准的运输时间控制、更环保的运输方式选择等。

(4)技术进步。技术进步为多式联运业务的发展和客户需求的满足提供了更多的可能性。新技术的不断涌现,不仅催生了新的多式联运服务产品和模式,如智能多式联运、绿色多式联运等,还改变了客户的消费方式和习惯。例如,物联网技术的应用使得客户能够实时跟踪货物的运输状态,提高了客户对运输过程的透明度和可控性的要求;大数据和人工智能技术的应用,能够帮助多式联运企业更好地分析客户需求,提供更精准的服务。

(5)经济发展水平。经济发展水平直接决定了客户在多式联运业务中的购买力和消费能力。在经济发达地区,客户对高端、高效、个性化的多式联运服务需求相对较高,如对冷链多式联运、快速直达多式联运等服务的需求较为旺盛;而在经济欠发达地区,客户则更注重多式联运服务的性价比,对运输成本的敏感度较高。

(6)企业服务水平和服务质量。多式联运企业的服务水平和服务质量直接影响客户的满意度和忠诚度。优质的服务能够提升客户的体验,增强客户对企业的信任和依赖,从而促进客户的重复购买和口碑传播。例如,多式联运企业提供的一站式服务、个性化的运输方案设计、及时的客户沟通和问题解决机制等,都能够有效地满足客户的多样化需求,提高客户的满意度。

4.1.1.2 客户需求的特征要素

1. 货物特征要素

在多式联运业务中,货物特征要素对于合理规划运输方案,确保货物安全运输至关重要,主要包括货物种类,单件体积与毛重,外包装规格与性能,可堆码高度,货物价值,是否为贵重、冷藏、危险品等特种商品。

(1)货物种类。明确货物的种类数和每种货物的出厂日期,有助于在多式联运过程中对不同种类的货物进行分类管理和运输,确保货物的质量和安全。

(2)与配载要求有关的特征。单件体积与毛重、外包装规格与性能、可堆码高度等信息,是确定多式联运各环节装卸方式、选择合适运输条件以及合理配载的重要依据。例如,对于体积较大、重量较轻的货物,在选择运输方式时可能更倾向于水路或铁路运输,以充分利用其大运量的优势;而对于易碎品或对包装有特殊要求的货物,则需要根据其外包装规格与性能,采取相应的保护措施和装卸方式。

(3)与保险、保价有关的特征。通过了解货物的单价和价值密度,能够合理确定多式联运业务中的保费率和保价金额,为客户提供有效的货物损失保障,降低客户的风险。

2. 运输与装卸搬运特征要素

多式联运涉及多种运输方式的衔接和转换,运输与装卸搬运特征要素对于确保运输过程的顺畅和高效至关重要。主要包括每次发运货物数量(数量有无增减)、装运时间、发运频率、到达时间、可否拼装及分批装运与转运、装货与卸货地点是否拥挤或罢工、运输距离的长短等。

(1)运输总量。依据生产量和客户订单量,确定客户的运输总量,这是多式联运企业合理安排运输资源,确定主导作业类型的重要依据。例如,对于运输总量较大的客户,可能需要采用规模化的运输方式和组织形式,以降低运输成本。

(2)发运地、到达地。明确发运地的位置和个数以及到达地的位置和个数,有助于多式联运企业规划最优的运输路线,选择合适的运输方式组合。例如,对于长途运输且发运地和到达地之间有铁路干线的情况,可能会优先选择铁路运输与公路运输相结合的方式,以提高运输效率和降低成本。

(3)各点运输分量。了解各点客户的订单量、订单个数以及订单的平均规模,能够确定该点的主导作业类型、合理安排配送量和配送频次,并选择合适的运输方式。在多式联运业务中,合理分配各点的运输分量,能够优化运输资源配置,提高运输效率。

3. 仓储保管特征要素

在多式联运的货物存储与运输过程中,仓储保管特征要素起着关键作用。其主要聚焦于货物自身的物理与化学性质,这些性质直接决定了对储运与保管的具体要求。例如,对于液体类货物,由于其流动性的特点,在多式联运的仓储和运输环节中,需要使用特殊的密封容器和存储设施,以防止泄漏造成损失和危害;对于容易挥发的液体货物,还需要在仓储和运输过程中严格控制环境的温度和湿度,避免挥发导致货物数量减少和质量下降。又如,对于易燃易爆的化学品等具有特殊化学性质的货物,在多式联运的储运过程中,不仅需要采取严格的隔离措施,确保其远离火源和热源,还需要配备专业的运输工具和人员,按照特定的操作规范进行操作,以确保运输过程的安全。对于易氧化、易腐蚀的货物,需要采用特殊的包装材料和存储环境,以保护其品质不受影响。

4. 其他特征要素

在多式联运业务中,其他特征要素主要涵盖了客户在运输过程中的多样化需求。客户对运输价格通常有着明确的期望和预算限制,这会直接影响多式联运企业对运输方案的选择和优化。运输方式的选择在多式联运中至关重要,不同的运输方式如公路、铁路、航空、水路等各有优劣,客户会根据货物的特点、运输时效要求以及运输成本等因素综合考虑,选择最适合的运输方式组合。运输工具的选择也与货物的性质和运输要求密切相关,如大型货物可能需要特殊的运输车辆或船舶来确保运输的安全和顺利。运输线路的规划不仅关系到运输成本,还会影响运输时效,客户可能会根据自身的业务需求和实际情况,对运输线路有特定的偏好。装卸搬运设备的选择直接影响货物在多式联运各环节的装卸效率和安全性,合适的装卸搬运设备能够提高作业效率,减少货物损坏的风险。运输时间是客户关注的重点之一,尤其是对于一些时效性要求高的货物,多式联运企业需要严格控制运输时间,确保按时送达。此外,运输单证的要求也不容忽视,客户可能对单证的格式、内容和传递方式有具体的规定,多式联运企业需要严格按照客户的要求处理运输单证,以保证运输过程的合规性和可追溯性。

4.1.2 客户需求识别

在实践中,通常采用三步法对客户需求的目标、方式、手段、种类、层次、行为等方面的变化进行分析,以便快速准确地识别出客户需求。

4.1.2.1 访谈式

这一阶段是指多式联运企业同客户方的领导层、业务层人员所进行的访谈式沟通,其主要目的是从宏观上把握客户的具体需求方向和趋势,了解现有的组织结构、业务流程、硬件环境、软件环境、业务方案等具体情况和客观信息。其实现手段以访谈、调查表格为主,最终形成调查报告等。

4.1.2.2 诱导式

这一阶段是指多式联运企业在第一阶段的基础上,针对客户的实际情况及多式联运企业以往的工作经验对客户采用诱导式、启发式的调研方法和手段。多式联运企业销售人员可以向客户展示业务方案,让客户感受一下整个业务方案设计的合理性、准确性等问题,以便其及时提出改进意见和方法。其实现手段以拜访(诱导)、方案演示为主,最终形成调研分析报告、方案反馈报告等内容。

4.1.2.3 确认式

这一阶段是在上述两个阶段成果的基础上,进行具体的方案细化、操作项等内容的确认。在这个阶段,多式联运企业必须提供明确的业务操作方案报告,并能清晰地向客户描述该业务操作方案的设计目标。客户可以通过审查业务操作方案报告提出反馈意见,并对可以接受的报告、文档签字确认。其实现手段以拜访(回顾、确认)、提交业务操作方案报告为主,最终形成需求分析报告(该报告的核心是业务操作方案),并提交客户方进行确认和存档。

4.1.3　客户需求挖掘

多式联运企业销售人员可依据以下步骤开发和确认客户的需求。

4.1.3.1　探察聆听,以探测客户的需求

在多式联运业务中,此步骤的目的就是引发并探测客户在物流运输及相关服务方面的需求(问题)。销售人员与客户进行深入交谈,其主要目的是收集与客户多式联运需求相关的信息,以探明客户是否有对多式联运服务需求。同时,应关注客户现有运输方式中可能存在的痛点,如不同运输方式衔接不畅、成本较高、时效性不足等,通过询问引导客户意识到这些问题,进而发掘其在多式联运方面的潜在需求。

4.1.3.2　试探冲击,了解客户的购买欲望

在多式联运业务中,此步骤的关键任务是要把客户在多式联运方面的问题(需求)聚焦,并增加客户寻求多式联运解决方案的理由。在实践中,要广泛采用 SPIN 客户需求开发技术。SPIN 客户需求开发技术的含义和步骤如下:

(1) 状况性询问(Situational questions)。它是指找出客户在多式联运业务中现在的状况和事实的询问,如现有的运输路线、运输方式组合、货物运输频率等情况。它是 SPIN 提问方法中效力最小的一个,存在的主要问题是绝大多数销售人员对此类问题问得太多。

(2) 问题性询问(Problematic questions)。它是询问客户在多式联运业务中现在面临的问题、困难和不满,如不同运输方式转换时的装卸难题、运输单证处理的烦琐等。它比状况性询问更加有效,有经验的销售代表会询问更多的问题。

(3) 暗示性询问(Implied questions)。它是询问客户在多式联运业务中的难点、不选择更优的多式联运方案的结果和影响,其目的是找出客户现在面临的困难及其所带来的影响,如因运输效率低下导致的市场份额流失等。它是 SPIN 提问方法中最有效的一种,出色的销售人员会提出很多暗示性询问。

(4) 需求确认性询问(Need-confirming questions)。它是询问提供的多式联运产品或者服务对客户的直接价值或者意义,其目的是让客户深刻地认识到并说出所提供的多式联运产品/服务能帮他做什么,如提高运输时效性、降低物流成本等。这种多功能的提问方法被出色的销售人员广泛使用,对客户有积极的影响。

4.1.3.3　确认需求

在多式联运业务中,此步骤主要是确定影响客户购买多式联运服务决策的关键因素,实际上就是了解客户在多式联运方面的每一项真实需求的细节,包括货物的特殊运输要

求、运输时间节点、预算限制等，以便精确地制定出满足客户多式联运需求的个性化解决方案。

4.1.3.4 展示说服，迎合需求

在多式联运业务中，此步骤的目的在于针对客户在多式联运方面的核心需求进行多式联运服务的差异化、个性化的设计，并展示给客户。该解决方案应突出展示本公司多式联运产品或服务的性能及由此可为客户带来的利益。FABE法就是一种常见的介绍多式联运产品的演示技术。其中，F(Feature)代表特征，是指公司多式联运产品或服务的特性，如多种运输方式灵活组合、全程可视化监控等；A(Advantage)代表由这一特征产生的优点，是指对该特性的说明及其在市场上的独特性，与同类多式联运服务相比的差异性往往可作为满足特定客户需求的产品优势；B(Benefit)代表这一优点能带给顾客的利益，是指该特征对客户在多式联运业务中的意义及可为客户带来的好处，如减少货物损坏率、提升供应链效率等；E(Evidence)代表证据（多式联运成功案例报告、客户感谢信、行业权威数据、实时运输监控画面示范等）。

4.2 多式联运线路分析

4.2.1 多式联运基本类型分析

4.2.1.1 按组织体制分类

基于不同的分类标准，多式联运可分为不同的形式。就其组织方式和体制来说，可分为协作式多式联运和衔接式多式联运两大类。

1. 协作式多式联运

协作式多式联运是指两种或两种以上运输方式的运输企业，按照统一的规章或商定的协议，共同将货物从接管货物的地点运到指定交付货物的地点的运输。在协作式多式联运下，参与联运的承运人均可受理托运人的托运申请，接收货物，签署全程运输单据，并负责自己区段的运输生产；后续承运人除负责自己区段的运输生产外，还需要承担运输衔接工作；而最后承运人需要承担货物交付以及受理收货人的货损货差的索赔。在这种体制下，参与联运的每个承运人均具有双重身份。对外而言，他们是共同承运人，其中一个承运人（或代表所有承运人的联运机构）与发货人订立的运输合同对其他承运人均有约束力，即视为每个承运人均与货方存在运输合同关系；对内而言，每个承运人不但有义务完成自己区段的实际运输和有关的货运组织工作，还应根据规章或约定协议，承担风险，分配利益。

根据开展联运依据的不同，协作式多式联运可进一步细分为法定（多式）联运和协议

(多式)联运两种。

法定(多式)联运是指不同运输方式的运输企业之间根据国家运输主管部门颁布的规章开展的多式联运。比如,铁路、水路运输企业之间根据《铁路和水路货物联运规则》开展的水陆联运即属此种联运。在这种联运形式下,有关运输票据、联运范围、联运受理的条件与程序、运输衔接、货物交付、货物索赔程序,以及承运人之间的费用清算等,均应符合国家颁布的有关规章的规定,并实行计划运输。这种联运形式无疑有利于保护货方的权利,保证联运生产的顺利进行,但缺点是灵活性较差,适用范围较窄,它不仅在联运方式上仅适用铁路与水路两种运输方式之间的联运,而且对联运路线、货物种类和数量,以及受理地、换装地也做出了限制。此外,由于货方托运前需要报批运输计划,这给货方带来了一定的不便。法定(多式)联运通常适用于保证指令性计划物资、重点物资和国防、抢险、救灾等急需物资的调拨。

协议(多式)联运是指运输企业之间根据商定的协议开展的多式联运。比如,不同运输方式的干线运输企业与支线运输或短途运输企业,根据所签署的联运协议开展的多式联运,即属此种联运。与法定(多式)联运不同,在这种联运形式下,联运采用的运输方式、运输票据、联运范围、联运受理的条件与程序、运输衔接、货物交付、货物索赔程序,以及承运人之间的利益分配与风险承担等,均按联运协议的规定办理。与法定(多式)联运相比,该联运形式的最大缺点是联运执行缺乏权威性,而且联运协议的条款也可能会损害货方或降低承运人的利益。

协作式多式联运通常适用于国内多式联运,而且最早出现在计划经济时期。随着政府"放管服"改革的深入推进以及专业化分工日趋成为主流,已很少采用协作式多式联运。

2. 衔接式多式联运

衔接式多式联运是指由一个多式联运企业(以下称多式联运经营人)综合组织两种或两种以上运输方式的运输企业,将货物从接管货物的地点运到指定交付货物的地点的运输。在实践中,多式联运经营人既可能由不拥有任何运输工具的国际货运代理、场站经营人、仓储经营人担任,也可能由从事某一区段运输的实际承运人担任。但无论如何,他都必须持有国家有关主管部门核准的许可证书,能独立承担责任。

在衔接式多式联运下,运输组织工作与实际运输生产实现了分离,多式联运经营人负责全程运输组织工作,各区段的实际承运人负责实际运输生产。在这种体制下,多式联运经营人也具有双重身份。对于货方而言,他是全程承运人,与货方订立全程运输合同,向货方收取全程运费及其他费用,并承担承运人的义务;对于各区段实际承运人而言,他是托运人,他与各区段实际承运人订立分运合同,向实际承运人支付运费及其他必要的费用。很明显,这种运输组织与运输生产相互分离的形式,符合分工专业化的原则,由多式联运经营人一手托两家,不但方便了货主和实际承运人,也有利于运输的衔接工作,因此是多式联运的主要形式。

4.2.1.2 按运输方式的组成分类

从运输方式的组成看,多式联运必须是两种或两种以上不同运输方式组成的连贯运输。按这种方法分类,理论上,多式联运可有公海、海铁、江海、海空、陆空、公铁、铁空、公空、海铁海、公海空等多种类型。

1. 公海联运

公海联运是进出口货物由公路运输运到沿海海港之后直接由船舶运出,或是货物由船舶运输到达沿海海港之后由公路运输运出的只需一次申报、一次查验、一次放行就可完成整个运输过程的一种运输方式。

2. 海铁联运

海铁联运是进出口货物由铁路运输运到沿海海港之后直接由船舶运出,或是货物由船舶运输到达沿海海港之后由铁路运输运出的只需一次申报、一次查验、一次放行就可完成整个运输过程的一种运输方式。

3. 江海联运

江海联运不仅可以减少费用,降低损耗,而且可以扩张港口腹地,吸引众多货源;在操作中也可以减少运输环节和驳船次数,节省重复且无意义的卸货、载货人力和物力。典型的江海联运包括黑龙江内贸跨境运输、长江江海联运等。

4. 公铁联运

有效的公铁联运集公路、铁路为一体,不仅可以最大限度地满足现代物流发展的需要,还可以有效地结合公路、铁路各自的优势,发挥铁路运输准时、安全、费用低以及公路运输快速、灵活、服务到门的优势;同时,摒弃了铁路运输速度慢、网点少、服务差以及公路运输安全系数低、费用高和交通拥挤等缺点。

5. 海空联运

海空联运方式始于 20 世纪 60 年代,但到 80 年代才得到较大的发展。海空联运结合了海运运量大、成本低和空运速度快、时间要求紧的特点,能对不同运量和不同运输时间要求的货物进行有机结合,主要用于解决旺季直飞空运舱位不足的问题,一般适用于海运距离较短的场合。比如,大连货物经由海运至仁川港,然后由拖车运至仁川机场,再空运直飞至北美。

6. 陆空联运

陆空联运主要有空陆空联运、陆空陆联运和陆空联运等形式。陆空联运广泛采用卡车航班运输形式。所谓卡车航班,是指具有全程航空运单,以卡车作为飞机的延伸工具,用陆运方式接驳未建机场的地区,实现没有建设机场的地区可以直接收发航空进出口货物。海关实行一次报关、一次查验、一次放行的直通式通关服务,以提高航空辐射区域。

4.2.1.3 按干线区段所采用的运输方式分类

按干线区段所采用的运输方式的不同,可分为基于海运的多式联运、基于陆运的多式联运和基于空运的多式联运三大类型。

1. 基于海运的集装箱多式联运

所谓基于海运的集装箱多式联运,是指以国际海上运输作为主要干线运输的国际集装箱多式联运。

2. 基于陆运的集装箱多式联运

所谓基于陆运的集装箱多式联运,是指整个国际物流过程是以铁路运输或公路运输作为干线运输的多式联运。

3. 基于空运的集装箱多式联运

所谓基于空运的集装箱多式联运,是指以航空运输为主要运输方式的多式联运。

4.2.2 典型的多式联运路线分析

4.2.2.1 以海运为核心的国际多式联运路线

1. 中国已开办的以海运为核心的国际多式联运路线

(1) 中国内地—中国港口—日本港口—日本内地(或反向运输)。

(2) 中国内地—中国港口(包括香港)—美国港口—美国内地(或反向运输)。

(3) 中国港口—肯尼亚蒙巴萨港—乌干达内地(或反向运输)。

(4) 中国内地—中国港口(包括香港)—德国汉堡港或比利时安特卫普港—北欧、西欧内地(或反向运输)。

(5) 中国内地—中国港口—伊朗—中亚地区。比如,深圳大洋物流集团开辟的阿巴斯快线,就是经伊朗阿巴斯港中转,经公路或者铁路运输到达中亚地区内陆点。

(6) 中国东北地区—中国图们—朝鲜清津港—日本港口(或反向运输)。

(7) 中国港口—日本港口—澳大利亚港口—澳大利亚内地。

2. 除中国以外的全球以海运为核心的国际多式联运路线

(1) 远东—北美相关航线。

① 远东—北美西海岸航线:包括从中国、朝鲜、日本及俄罗斯远东海港到加拿大、美国等北美西海岸各港的贸易运输线,是重要的跨太平洋运输通道。

② 远东—加勒比、北美东海岸航线:经夏威夷群岛南北至巴拿马运河后到达,连接了东北亚与北美东海岸及加勒比地区。

③ 澳、新—北美东西海岸航线:由澳大利亚、新西兰至北美海岸多,途经苏瓦、火奴鲁鲁等太平洋上重要航站到达,至北美东海岸则取道社会群岛中的帕皮提,过巴拿马运河而至。

(2) 大西洋航线。

① 西北欧—北美东海岸航线:是西欧、北美两个世界工业最发达地区之间原燃料和产品交换的运输线,运输极为繁忙,船舶大多走偏北大圆航线。

② 西北欧、北美东海岸—地中海、苏伊士运河—亚太航线:属世界最繁忙的航段,是北美、西北欧与亚太海湾地区间贸易往来的捷径。

③ 南美东海—好望角—远东航线:这是一条以石油、矿石为主的运输线,该航线处在西风漂流海域,风浪较大,一般西航偏北行,东航偏南行。

（3）其他重要联运路线。

① 西伯利亚大陆桥：是日本—欧洲、中近东之间典型的多式联运链，可实现集装箱的门到门运输，联运链主要有海路—铁路、海路—铁路—公路、海路—铁路—海路三种形式。

② 北美大陆桥：包括美国大陆桥和加拿大大陆桥。美国大陆桥有连接太平洋与大西洋、连接太平洋与墨西哥湾的两条路线。加拿大大陆桥是连接太平洋与大西洋的大陆通道。

4.2.2.2　以空运为核心的国际多式联运路线

以空运为核心的多式联运路线主要有三种。

1. 远东—欧洲路线

远东与欧洲间的航线有以温哥华、西雅图、洛杉矶为中转地的，也有以中国香港、仁川、曼谷、符拉迪沃斯托克为中转地的，还有以旧金山、新加坡为中转地的。

2. 远东—中南美路线

近年来，远东至中南美的海空联运发展较快，因为中南美地区的港口和内陆运输不稳定，所以对海空运输的需求很大。该联运路线以迈阿密、洛杉矶、温哥华为中转地。

3. 远东—中近东、非洲、澳大利亚路线

这是以中国香港、曼谷、仁川为中转地至中近东、非洲的运输服务。在特殊情况下，还有经马赛至非洲、经曼谷至印度、经中国香港至澳大利亚等联运路线，但这些路线的货运量较小。

4.2.2.3　以内河为核心的国际多式联运路线

以内河为核心的多式联运路线主要有以下三种。

1. 欧洲路线

莱茵河—多瑙河路线是重要的联运路线，从荷兰鹿特丹经莱茵河可深入德国、瑞士等国，通过美因—多瑙运河路线，延伸至匈牙利、塞尔维亚等国，可衔接铁路、公路运输至欧洲各地。还有易北河等内河，与铁路、海运在汉堡等港口衔接，将东欧、北欧货物运往世界各地。

2. 亚洲路线

长江航线是中国重要的内河运输通道，可从上海深入中国内陆地区，通过铁路、公路等衔接，形成水铁联运、水公联运等多式联运模式，将货物运往中国中西部及周边国家。湄公河—澜沧江航线连接中国与东南亚多国，可通过公路等与泰国、老挝、柬埔寨等国的内陆地区相连，促进区域贸易。

3. 美洲路线

密西西比河航线在美国国内运输中占据重要地位，以新奥尔良为重要枢纽，通过铁路、公路将货物从美国中部运往沿海及内陆各地。此外，亚马孙河航线可深入南美洲内陆，通过与公路等联运，将巴西等国的内陆货物运往沿海港口。

4.3　多式联运方案选择

4.3.1　方案设计类型与换装港站

4.3.1.1　明确集装箱多式联运路线设计的类型

根据承托双方约定的货物交付方式等信息,可获知货物的起讫点位置与数量。根据起讫点数量不同,集装箱多式联运路线设计的复杂程度随起终点数量的增加呈指数级上升。以下针对四类典型场景展开分析。

1. 单一起点至单一终点

此类场景常见于跨国贸易的定制化运输需求,如德国汽车零部件厂商向中国整车厂供应生产线设备。路线设计需综合评估运输方式组合、换装节点布局与成本时效平衡。以中德航线为例,货物可能选择汉堡港海运—上海港铁路转运—重庆工厂的路径,其中换装港的选择直接影响全程成本:如果选择鹿特丹港中转,虽然海运成本降低了 8%,但是铁路段距离增加了 300 km,导致总成本反而上升了 5%。数字化工具在此类决策中发挥关键作用,如马士基的 Twill 平台通过区块链技术整合全球 300 个港口实时数据,可模拟 12 种联运方案的成本时效曲线。设计要点在于平衡固定成本(如海运基本费率)与可变成本(如内陆运输燃油附加费),同时规避高风险节点——2022 年洛杉矶港拥堵期间,部分货主改选加拿大鲁珀特王子港,虽增加 500 km 陆运距离,但节省了 21 天的滞港时间。

2. 单一起点至多终点

此类场景的典型应用如中国义乌小商品出口至欧洲多个分销中心。路线设计需构建干线集中和支线分拨的轴辐式网络,核心在于确定最优分拨枢纽。例如,中欧班列选择波兰的马拉舍维奇作为欧洲的分拨中心,通过成本模型计算发现:从该枢纽分拨至柏林、巴黎、米兰的支线运输成本总和,较单独开行直达班列降低 34%。智能算法可辅助决策分拨层级,亚马逊物流网络运用机器学习预测区域需求,动态调整汉堡、鹿特丹、里昂三个二级枢纽的库存分配,使平均运输距离缩短 18%。但在实际操作中,需警惕虚假优化陷阱——过度增加分拨节点,可能导致货损率上升。研究显示,每增加一个分拨环节,货损概率提高 2.7%。

3. 多起点至单一终点

类此场景常见于跨国企业的区域采购集运,如东南亚电子元件经多国港口汇集至深圳组装。设计关键在于建立区域性集货网络,通过运输资源整合降低成本。以苹果公司越南供应链为例,其在海防、岘港、胡志明三地设集货中心,通过支线船舶和干线班轮模式,将原本分散的 12 条航线整合为 4 条主干线,使单位集装箱运输成本下降 22%。地理信息系统(GIS)在此类规划中不可或缺,德国的物流企业 DHL 开发的 Pathfinder 系统可分析 50 km 半径内的货源密度,自动生成最优集货路线。需特别注意运输时序协调,如某汽车厂商曾因泰国与马来西亚部件到达上海港时间差超过 72 小时,导致生产线停工损失 300 万美元。

4. 多起点至多终点

这是全球供应链的终极形态,如全球 50 个原料产地向 200 个制造基地供货。此类网络需构建动态弹性路径,依托数字孪生技术实现实时优化。如达飞轮船的 Neonav 系统接驳全球 8 000 个物联网设备,每 15 分钟更新一次航线方案:当台风导致高雄港关闭时,系统在 17 秒内重新规划路径,将货物分流至厦门与釜山港,并自动协调卡车与铁路资源,填补"最后一公里"缺口。博弈论模型在此类复杂决策中凸显价值,如联合利华运用厦普利(Shapley)值算法分配多港口转运成本,使供应链总成本降低 9%。但需防范系统脆弱性,如 2021 年苏伊士运河堵塞事件,暴露了过度依赖单一通道的风险,领先企业开始构建 3+2 冗余网络(3 条主通道+2 条备用通道),运输成本虽增加 5%,但中断风险降低 76%。

在上述四类场景中,路线设计的演进趋势呈现三大特征:一是从静态规划转向实时动态优化,数字孪生与边缘计算使调整频率从天级提升至分钟级;二是从成本单目标优化转向成本—碳排—韧性多目标平衡,在欧盟碳边境税机制下,选择鹿特丹港(岸电覆盖率 85%)比汉堡港(岸电覆盖率 45%)每标箱可减少碳关税支出 23 欧元;三是从人工经验驱动转向算法模型驱动,如德迅集团的 AI 路径规划系统已能自主处理 98% 的常规决策,仅在 0.2% 的极端场景需要人工干预。未来随着量子计算的应用,传统的需要 48 小时运算的千万级变量路径优化问题,有望在 3 分钟内求解完成,这将彻底重塑多式联运的决策逻辑。

4.3.1.2　选择合适的换装港站

在多式联运实践中,换装港站的选择直接影响着运输链的整体效能与经济效益。作为不同运输方式的衔接枢纽,换装港站需在效率、成本、风险三者间寻找动态平衡点。从基础原则出发,优先采用干线直达和支线集疏模式成为行业共识,每增加一个转运节点,可能导致运输时效延长 24% 以上,同时货损概率呈几何级数增长。以中欧班列为例,通过波兰的马拉舍维奇单一枢纽实现欧亚铁路网与欧洲公路网的衔接,较传统多节点分拨模式可节省 3 天运输时间。但在面对地理屏障或贸易政策限制时,必要的转运点设置需确保一单到底的多式联运单证覆盖,如经巴拿马运河的跨洋航线往往需要在巴尔博亚港进行水水中转。运输方式的匹配度同样关键,鹿特丹港 24 米深水泊位可停靠 2.4 万 TEU 级集装箱船,阿拉山口口岸的双轨距换装平台则实现中哈铁路的无缝对接,这些基础设施的适配性直接决定转运效率。

具体到港站选择的决策要素,基础设施能力始终占据首要地位。全球领先港口如上海洋山四期自动化码头,通过 90% 的自动化率实现每小时 60 TEU 的转运效率,安特卫普港的欧盟 TIR 认证危险品专区则为特殊货物提供合规通道。运营效率维度则需综合考量班轮密度、通关速度与作业衔接能力,如深圳盐田港推行的船边直提模式将通关时间压缩至 2 小时,重庆果园港铁水联运系统确保集装箱落地 30 分钟内完成转运。成本控制方面,显性成本可通过选择费率透明的非垄断性港口优化,隐性成本则需借助整箱直转模式降低货损风险,而海南洋浦港等自贸港政策更可减少关税保证金等政策成本。网络协同效应体现在港口与腹地经济的深度联动,如宁波舟山港辐射长三角 6 万亿 GDP 区域,青岛港通过 12 个内陆陆港构建起覆盖华北的集疏网络,这种空间布局显著提升了多式联运的经济性。

风险防控能力在近年来愈发受到重视。2022 年,英国费利克斯托港罢工导致 10 万 TEU 货物积压的教训,促使企业将港站运营稳定性纳入评估体系。东京湾港口 8 级抗震标准、纽约新泽西港 10% 的应急吞吐能力预留,以及鹿特丹港的全链条货物险服务,共同构建起风险缓冲机制。动态决策模型的应用使选择过程更趋科学化,地理维度需计算 500 km 半径内的货源覆盖率,时效维度关注船舶准班率与通关效率差异,经济维度则要统筹单位 TEU 综合成本与政策补贴。马士基航运亚欧线 82% 的准班率与新加坡港 2 小时通关时效,相较印度蒙德拉港 48 小时的通关延迟,直观体现不同港站的运营差距。

技术革新正深刻改变换装港站的选择逻辑。比如,区块链电子提单通过马士基 TradeLens 平台将单证处理时间缩短 70%,数字孪生技术在洛杉矶港的应用可提前 72 小时预测拥堵节点。绿色转型压力推动港口选择标准升级,洛杉矶港 70% 的岸电覆盖率使其在欧盟碳边境调节机制下更具竞争力,而高碳排放港口可能面临额外税费。未来,随着北斗导航增强系统与智能合约技术的普及,实时航道监控与自动结算功能将进一步提升决策时效性。但核心仍在于对基础设施能力、网络协同效应与供应链弹性的精准把握。多式联运经营人需建立包含 50 项关键参数的评估数据库,持续跟踪各港站的装卸机械更新、堆场扩容、多式联运占比等动态指标,方能在全球物流网络演变中保持竞争优势。

4.3.2 列出集装箱多式联运备选方案

4.3.2.1 列出所有运输方式

首先,在未得到货主明确采用多式联运模式的指示时,我们必须具备全局视角。不仅要考虑多种运输方式组合的多式联运模式,如海陆联运、海空联运等,还要兼顾单一运输方式的可能性。海运在长途、大批量货物运输中具有成本优势;陆运中,公路运输的灵活性高,能实现门到门服务,铁路运输则在中长距离且运量较大时表现出色;航空运输速度快,适合高价值、时效性强的货物。

同一种运输方式之间的联运同样不可忽视,如国际铁路联运,它能在不同国家的铁路网络间高效衔接,实现货物的跨国运输。通过全面列出这些运输方式,无论是多式联运、单一运输方式还是同类型运输方式的联运,我们能够对各种方案的成本、运输时间、运输能力、货物安全性等关键因素进行综合评估,从而在众多选择中筛选出最优的运输模式,满足货主对于货物运输的多样化需求,提升物流运输的整体效益。

4.3.2.2　以公布的定期航线为基础

以相关承运人公布的定期航线(具体参阅班轮公司船期表、铁路"五定"班列时刻表、航空航班表)为基础,下面以海运航线为例,说明如何查询船公司船期和确定优势航线。

1. 船公司的船期查询

有关船公司船期的查询有多个渠道。

(1)通过传统媒介进行查询。如口岸船期表、《中国航务周刊》等,此类纸媒直观易查,很多情况下可以免费获得,但报刊大多存在更新不及时、信息不全面等弊端。

(2)通过货运代理公司进行查询。随着电子商务的普及,很多货运代理公司通过网站发布自己的船期,但大多数货运代理公司只发布自己所代理的船公司船期,因此,此类方式主要的弊端是信息不全面。

(3)通过船公司网站查询。有一些船公司网站上有非常详细的船期信息,且大多船公司会及时更新信息。此类方式存在的弊端是查询的单一性导致无法直接进行不同船公司的航线对比和排序检索。

(4)借助于专业网站。有些专业网站提供了全面、准确、方便的船期查询系统,如中国航贸网、锦程物流网等,只要确定港口(包括起始港、目的港),即可搜索出两港之间的船期信息,包括承运人、转运属性、转运港口、驳船班期、海运起始港、海运目的港、海运班期、总航程、海运港序、航线名称等信息。

2. 船公司的优势航线查询

各船公司均有自己的优势航线,这里的优势包括很多因素,如运价低、速度快、航班密度大、船期准、航线直挂其他船公司较少挂靠的港口、舱位充裕、目的港服务好、调度能力强等,一些货主还关心是否可以接特种箱(开顶箱、框架箱等)、甩货频率高低、能否倒签提单、可否申请目的港免滞箱费等。另外,船公司所属国家与港口所属国家的关系等政治因素也有一定影响,如美伊关系紧张时,美国船可能不乐意接伊朗的货,伊朗的船可能不太喜欢美国的货等。

值得一提的是,尽管船公司的航线优势是其常年经营积累的结果,但随着环境的变化,在不同时期,船公司也会进行战略调整,如买下某个目的港码头或码头优先服务权,将以前的中转港转移,调整航线的挂港及挂港顺序,增加或缩减舱位等。所以,船公司的航线优势并非一成不变,也会随着其战略的调整而发生改变。货主、货运代理公司应及时跟踪这些变化,以进行航线选择。

此外,如无定期航线,可自行设计运输路线。在缺少既定航线的情况下,如公路运输区段,多式联运经营人可自行设计运输路线。

4.3.3　方案选择的影响因素与约束条件

4.3.3.1　集装箱多式联运方案选择的影响因素

一般情况下,影响多式联运模式与路线设计的因素主要包括运输成本、运输时间、运输可靠性、运输能力、运输方便性和运输安全性。

（1）运输成本是指因提供运输服务所支出的各类费用，包括承运人、场站经营人等所收取的运杂费。如前所述，其成本分担取决于双方约定的集装箱交付条款。

（2）运输时间是指从货物接收直至交付为止所消耗的全部时间，包括始发与终到作业时间、运输时间、中转时间等。

（3）运输可靠性是指运输时间的稳定性、一贯性。

（4）运输能力是指运输设备与设施载运或装卸能力的大小，以及在载运特定商品时提供所需设备和设施的能力。

（5）运输方便性是指在时间、空间等方面提供运输服务的便捷程度，以及利用运输设备和集装箱的便利程度。

（6）运输安全性是指在运输途中是否出现破损和污染等情况。

4.3.3.2　集装箱多式联运方案选择的约束条件

目标的实现过程受很多条件的限制，即约束条件，因而必须在满足约束条件下达到成本最低或路线最短等目标。在一般的运送方式下，常见的约束条件有以下几项：

（1）满足所有收货人对货物品种、规格、数量的要求。

（2）满足收货人对货物发到时间范围的要求。

（3）在允许通行的时间内进行运送。

（4）各运送路线的货物量不得超过运输工具容积和载重量的限制。

（5）在现有运力允许的范围内。

此外，运输路线的选择还要考虑其他约束因素，如服务时间的限制、是否禁止分批装运、约定的集装箱交付方式、某类运输工具可行的运输路线、途经城市应装载或交付的货运量、基于安全考虑的驾乘人员的工作与休息时间、有无空箱等。

4.3.4　方案的评价与选择

对于拟定的集装箱多式联运候选方案，可根据前面介绍过的各种运输方式、组织方式及路线结构等进行感性的、经验性的评价，但要进行理性的、科学的选择还需要在定性分析的基础上采用数量化方法。限于篇幅，以下介绍几种简单的方法，以供参考。

4.3.4.1　因素分析法

运输系统的目标是实现物品迅速安全和低成本的运输。然而，运输的速度、准确性、安全性和经济性之间是相互制约的。因素分析法就是将这些影响运输方式选择的因素罗列出来，进行全面分析。例如，在速度方面，空运明显快于海运和陆运，但成本也更高；在安全性上，海运在海上运输过程中可能面临天气恶劣等风险，而铁路运输相对较为稳定。通过对每个因素的详细分析，综合比较各个候选方案在不同因素上的表现，从而对方案进行初步筛选和评价。

4.3.4.2　权重因素分析法

由于不同的货主对运输目标的侧重点不同，因此可以为各个因素赋予不同的权重。

比如,对于高价值且时效性强的电子产品,速度的权重可以设定得较高,而对于一些大宗的建筑材料,成本的权重可能更大。先确定每个因素的权重,然后对每个候选方案在各个因素上进行打分,最后将分数与权重相乘并求和,得到每个方案的综合得分,根据得分高低来选择最优方案。例如,速度权重为 0.4,成本权重为 0.3,安全性权重为 0.2,准确性权重为 0.1,某方案在速度上得分为 8 分,成本上得分为 6 分,安全性上得分为 7 分,准确性上得分为 7 分,则该方案的综合得分为:$0.4\times8+0.3\times6+0.2\times7+0.1\times7=3.2+1.8+1.4+0.7=7.1$ 分。

4.3.4.3 层次分析法

层次分析法是将与决策有关的元素分解成目标、准则、方案等层次,在此基础上进行定性和定量分析的决策方法。首先确定目标层(如选择最优的集装箱多式联运方案),然后确定准则层(如运输速度、成本、安全性等因素),最后确定方案层(各个候选的多式联运方案)。通过对各层次元素之间的相对重要性进行两两比较,构造判断矩阵,计算判断矩阵的特征向量和最大特征值,得出各因素的权重,进而对各方案进行综合评价和排序。

运输系统的目标是实现物品迅速安全和低成本的运输。然而,运输的速度、准确性、安全性和经济性之间是相互制约的。若重视运输速度、准确性、安全性,运输成本就会增大;反之,若运输成本降低,则运输的其他目标就可能难以全面实现。因此,在选择运输方式时,应综合考虑运输的各种目标要求,采取诸如因素分析法、权重因素分析法以及层次分析法等进行综合评价选择。

4.4 多式联运对接方式

4.4.1 集装箱货物的流转形态

集装箱运输是将散件货物(break bulk cargo)汇成一个运输单元(集装箱),使用船舶等运输工具进行运输的方式。集装箱运输的货物流通途径与传统的杂货运输有所不同,集装箱运输不仅与传统杂货运输一样以港口作为货物交接、换装的地点,还可以在港口以外的地点设立货物交接、换装的站点(inland depot)。

集装箱运输改变了传统的货物流通途径,在集装箱货物的流转过程中,其基本流转形态有整箱货和拼箱货两种,特殊情况下也有合并运输和分立运输的做法。

整箱货(Full Container Load)是指由货方负责装箱和计数,填写装箱单,并加封志的集装箱货物,通常只有一个发货人和一个收货人。

拼箱货(Less than Container Load)是指由承运人的集装箱货运站负责装箱和计数,填写装箱单,并加封志的集装箱货物,通常每一票货物的数量较少,因此装载拼箱货的集装箱内的货物会涉及多个发货人和多个收货人。

4.4.2 集装箱货物的交接地点

货物运输中的交接地点是指根据运输合同,承运人与货方交接货物、划分责任风险和费用的地点。由于国际公约或各国法律通常制定了强制性的法律规范,因此承运人不能通过合同的方式减轻自己的责任;而有关费用问题,则可以由双方当事人另行约定。在集装箱运输中,根据实际需要,货物的交接地点并不固定。

无论是出口国的接货,还是进口国的交货,目前集装箱运输中货物的交接地点除了以前的船边外,常用的主要有集装箱堆场、集装箱货运站和其他双方约定的地点。

4.4.3 集装箱货物的交接方式

根据集装箱货物的交接地点不同,理论上可以通过排列组合的方法得到集装箱货物的交接方式为以下 9 种。在不同的交接方式中,集装箱运输经营人与货方承担的责任、义务不同,集装箱运输经营人的运输组织的内容、范围也不同。特殊情况下也有舱内吊钩下等做法。

4.3.3.1 门到门(Door to Boor)交接方式

门到门交接方式是指运输经营人在发货人的工厂或仓库接收货物,负责将货物运至收货人的工厂或仓库交付。在这种交付方式下,货物的交接形态都是整箱交接。

4.3.3.2 门到场(Door to CY)交接方式

门到场交接方式是指运输经营人在发货人的工厂或仓库接收货物,并负责将货物运至卸货港码头堆场或其内陆堆场,在堆场处向收货人交付。在这种交接方式下,货物也都是整箱交接。

4.3.3.3 门到站(Door to CFS)交接方式

门到站交接方式是指运输经营人在发货人的工厂或仓库接收货物,并负责将货物运至卸货港码头的集装箱货运站或其在内陆地区的货运站,经拆箱后向各收货人交付。在这种交接方式下,运输经营人一般是以整箱形态接收货物,以拼箱形态交付货物。

4.3.3.4 场到门(CY to Door)交接方式

场到门交接方式是指运输经营人在装货港的码头堆场或其内陆堆场接收发货人的货物(整箱货),并负责把货物运至收货人的工厂或仓库向收货人交付(整箱货)。

4.3.3.5 场到场(CY to CY)交接方式

场到场交接方式是指运输经营人在装货港的码头堆场或其内陆堆场接收货物(整箱),并运至卸货港的码头堆场或其内陆堆场,在堆场向收货人交付(整箱货)。

4.3.3.6 场到站(CY to CFS)交接方式

场到站交接方式是指运输经营人在装货港的码头堆场或其内陆堆场接收货物(整

箱),负责将货物运至卸货港码头的集装箱货运站或其在内陆地区的集装箱货运站,一般经拆箱后向收货人交付。

4.3.3.7 站到门(CFS to Door)交接方式

站到门交接方式是指运输经营人在装货港码头的集装箱货运站及其内陆地区的集装箱货运站接收货物(经拼箱后),负责将货物运至收货人的工厂或仓库交付。在这种交接方式下,运输经营人一般是以拼箱形态接收货物,以整箱形态交付货物。

4.3.3.8 站到场(CFS to CY)交接方式

站到场交接方式是指运输经营人在装货港码头的集装箱货运站或其内陆地区的集装箱货运站接收货物(经拼箱后),负责将货物运至卸货港码头或内陆地区的堆场交付。在这种方式下,货物的交接形态一般也是以拼箱形态接收货物,以整箱形态交付货物。

4.3.3.9 站到站(CFS to CFS)交接方式

站到站交接方式是指运输经营人在装货港码头的集装箱货运站或内陆地区的集装箱货运站接收货物(经拼箱后),负责将货物运至卸货港码头的集装箱货运站或其内陆地区的集装箱货运站,(经拆箱后)向收货人交付。在这种方式下,货物的交接形态一般都是拼箱交接。

以上9种交接方式是集装箱运输中集装箱货物理论上所存在的交接方式。在实践中,海运集装箱货物交接的主要方式为两种:场到场是班轮公司通常采用的交接方式,站到站是集拼经营人通常采用的交接方式。

本章小结

本章详细探讨了多式联运方案设计的各个方面,包括客户需求分析、多式联运线路分析、方案选择以及对接方式。首先,通过客户需求特征要素的分析,明确了客户需求的多样性和复杂性,并提出了通过访谈式、诱导式和确认式三步法来识别和挖掘客户需求。其次,在多式联运线路分析中,从组织体制、运输方式组成和干线区段运输方式等角度对多式联运进行了分类,并介绍了以海运和空运为核心的国际多式联运路线。接着,在方案选择部分,详细阐述了方案设计类型、备选方案的列出、方案选择的目标与约束条件,以及方案的评价与选择方法。最后,在多式联运对接方式中,讨论了集装箱货物的流转形态、交接地点和交接方式,为实际操作提供了指导。本章通过理论结合实际案例,系统地介绍了多式联运方案设计的全过程,旨在帮助读者理解多式联运的核心要素和关键环节,提升多式联运方案设计的能力。

思考题

1. 多式联运客户需求分析中的三步法具体包括哪些步骤?它们在实际操作中有何应用?

2. 如何根据货物特征要素来确定多式联运方案中的运输条件和装卸方式?

3. 协作式多式联运和衔接式多式联运的主要区别是什么？它们各自适用于哪些场景？

4. 在选择多式联运路线时,应考虑哪些因素？这些因素如何影响最终路线的选择？

5. 基于海运、陆运和空运的集装箱多式联运各有何特点？它们在不同场景下的应用有何差异？

6. 如何通过评价和选择方法来确定最优的多式联运方案？有哪些常用的评价方法？

7. 集装箱货物的流转形态主要包括哪两种？它们在实际运输中如何应用？

8. 在多式联运中,集装箱货物的交接方式有哪些？它们各自的特点是什么？

9. 在设计多式联运方案时,如何平衡运输成本、时间和可靠性之间的关系？

10. 未来多式联运方案设计可能面临哪些挑战和机遇？如何应对这些挑战并抓住机遇？

拓展案例

连云港(连云港区)——中亚(塔什干)新亚欧集装箱铁水联运线路

近日,交通运输部、国家铁路局、中国国家铁路集团有限公司联合发布集装箱铁水联运品牌线路培育典型案例,由港口控股集团申报的"连云港(连云港区)——中亚(塔什干)新亚欧集装箱铁水联运线路",被选为 12 个典型案例之一。

本次典型案例征集工作层次高、任务重、示范意义强,范围面向全国,且省级层面推荐案例不超过 2 个。港口控股集团集装箱事业部联合连云港新丝路国际集装箱发展有限公司、连云港电子口岸信息发展有限公司、江苏连云港港物流控股有限公司开展申报。在省市交通部门的指导下,选定"连云港——塔什干集装箱铁水联运通道"作为申报项目,突出该通道"服务优质、管理规范、竞争力强、示范引领作用明显"品牌效应,彰显出连云港港铁水联运基础设施"一体衔接""一步进港"、联运服务"一单到底"和联运组织"一箱到底"及联运信息"一站共享"等特色优势和近年来的创新工作。

集装箱多式联运一直是连云港港的工作重点之一,也是连云港港的品牌优势所在。港口控股集团集装箱事业部部长何浩介绍,以今年(2024)为例,集装箱多式联运在主要联运通道提质增效方面亮点纷呈。4 月份实现徐连班列入图运行,铁路运输时效由 30 小时压缩为 8 小时,运量同比增长 2 倍;合肥班列实现整列运行,运输时效由 48 小时压缩至 17 小时;稳步推进"一次委托、一口报价、一单通办、一票结算"的多式联运"一单制"交通强国试点工作,9 月份成功入选交通运输部第一批次试点典型案例;积极推动港口功能前置陆港,协调推动大客户海运空箱前置徐州陆港、合肥陆港,完成空箱调运 2 662 标箱,压缩单个空箱调运成本约 15%。

据悉,根据相关文件精神,三单位后续将对纳入本次典型案例的集装箱铁水联运品牌线路培育工作给予高度重视和大力支持,相关项目在班列资源、运价政策、信息对接等方面将获得优先保障。该项目的成功入选,有利于推动精品线路开行提质增效,进一步提升新亚欧陆海联运水平,为区域高水平开放、高质量发展注入更加强劲动力,更好落实习近平总书记关于"打造标杆和示范项目"重要指示精神。

以此为新起点,连云港港将抢抓塔什干品牌线路打造新机遇,对标高水平典型案例培育要求,统筹各责任单位、整合口岸资源,建立健全工作机制,制定工作方案,有力有序推进各项任务,持续构建模式创新、运营高效、服务优质、智慧绿色的港口集装箱铁水联运发展体系。

(信息参考来源:连云港市人民政府网,https://www.lyg.gov.cn/)

【案例思考题】

1. 连云港港在"连云港(连云港区)—中亚(塔什干)新亚欧集装箱铁水联运线路"中彰显出的"一体衔接""一步进港"等特色优势,对提升铁水联运效率起到了哪些关键作用?

2. 从连云港港集装箱多式联运在主要联运通道提质增效的亮点来看,如徐连班列、合肥班列运输时效的压缩,能为其他铁水联运线路的优化提供哪些可借鉴的经验?

3. 在推进多式联运"一单制"交通强国试点工作中,连云港港成功入选典型案例,其成功的因素有哪些? 对推动整个集装箱多式联运行业的发展有何意义?

4. 连云港港积极推动港口功能前置陆港并协调空箱前置,这一举措在降低成本和提升服务水平方面取得了显著成效,在实际操作中可能面临哪些挑战? 又是如何克服的?

5. 连云港港入选此次集装箱铁水联运品牌线路培育典型案例后,在持续构建智慧绿色的港口集装箱铁水联运发展体系方面,可能会面临哪些机遇和挑战? 应采取怎样的应对策略?

第5章 多式联运业务组织

中欧班列(重庆)多式联运业务

一、背景介绍

中欧班列(重庆)是中国西部地区首条中欧班列线路,自 2011 年 3 月 19 日正式开通以来,已成为连接中国西部与欧洲的重要物流通道。该班列以重庆为起点,途经哈萨克斯坦、俄罗斯、白俄罗斯、波兰等国,最终抵达德国的杜伊斯堡,全程运行时间约 15 天,比海运缩短近 30 天。中欧班列(重庆)不仅促进了中国与欧洲之间的贸易往来,还推动了多式联运业务的发展。

二、案例描述

中欧班列(重庆)实现了铁路、公路、水路等多种运输方式的有机结合。货物从重庆出发,通过公路运输至铁路站点进行集结,再通过铁路、水路运输,最终到达目的地。这种多式联运模式大大提高了运输效率,降低了物流成本。

三、成效影响

中欧班列(重庆)的成功运营,不仅体现了中国物流行业的快速发展,还彰显了中国在全球物流网络中的重要地位。同时充分彰显"一带一路"倡议的深远意义,体现了国际合作与共赢的重要性。中欧班列(重庆)在运输过程中的高效、环保特点,也体现了绿色物流的理念。截至 2024 年,中欧班列(重庆)已累计开行超过 10 000 列,运输货物种类涵盖电子产品、机械设备、汽车配件等,货值超过千亿元人民币。

(参考信息来源:重庆市人民政府网,https://www.cq.gov.cn/)

【思政视角】 中欧班列(重庆)多式联运业务有着显著的国际示范作用。其一,将多种运输方式有机结合,打造高效且低成本的物流通道,为全球跨境物流在联运模式上提供了范例,可供他国借鉴优化运输方案。其二,展现强大的运营实力,凸显中国在全球物流网络里的关键地位。其三,践行绿色物流理念,契合国际环保趋势,给其他国家物流发展以启示。同时也彰显"一带一路"倡议下国际合作共赢的良好样板。

5.1　海运段业务组织

集装箱班轮运输是在件杂货班轮运输的基础上发展起来的,其货运业务组织和业务单证与杂货班轮的原理相似,但集装箱运输的特殊性、货运组织方式和港口运作模式的不同,使得集装箱班轮运输又有着自身的特点。

近年来,既有出于跨境贸易便利化、优化口岸营商环境、提升通关物流效率等方面的要求,也有出于企业降本增效的目的,港口和航运企业在线订舱、集装箱货运业务,以及相关单证的使用逐渐趋于电子化。以上海港为例,传统的三大纸质单证,即设备交接单、装箱单和提货单,在 2019 年 11 月全面实现了电子化,上海口岸进入了集装箱进出口全程无纸化的时代。

本书保留了一般的集装箱班轮货运程序与单证流转原理,同时也将向读者呈现更加贴近实务的内容,关于国内外各口岸的操作要求和最新动态,可查阅相关企业官网。

集装箱运输的货物分为整箱货和拼箱货两种,有条件的货运代理人或者多式联运经营人也能承办拼箱业务,即接受客户尺码或重量达不到整箱要求的小批量货物,把不同收货人、同一卸货港的货物集中起来,拼凑成一个 20 ft 或 40 ft 整箱,这种做法称为集拼(consolidation,简称 consol),承办者称为集拼经营人(Consolidator)。从事集拼业务的国际货运代理企业由于签发了自己的提单(House B/L),故通常被货方视为承运人,如果只经营海运区段的拼箱业务,则是无船承运人。

5.1.1　集装箱整箱货业务组织

以到岸价(Cost,Insurance and Freight,CIF)买卖、信用证交易、集装箱整箱货、场到场交接条款为例,阐述集装箱班轮整箱货业务组织与主要业务单证,各步骤说明如下。

5.1.1.1　订舱托运

根据贸易合同和信用证有关条款的规定,作为发货人的出口商(在离岸价格条件下,也可能是作为收货人的进口商)应在正式办理托运手续之前,选定班期适当的船舶,填制订舱单或托运单,委托货运代理人向船公司或其代理人,或其他运输方式经营人申请订舱或托运,以满足按时将集装箱货物运至目的地的要求。

发货人或货运代理人向船公司或其代理人订舱时,通常采用电子邮件的方式,因此纸质的订舱单或托运单基本已被电子单证取代。另外,部分船公司或其代理人的官网上也会提供网上订舱业务。由于手续简便、运价透明,网上订舱业务受到众多中小企业的欢迎,未来势必变得越来越普及。

船公司或其代理人或其他运输方式的经营人,根据货主的订舱申请,考虑航线、船舶、港口条件、运输时间,以及运输条件能否满足货方的要求后,确定是否能接受订舱和托运的要求。

　　若船公司接受托运,即同意承运,应对订舱或托运要求做出书面确认,称为承运。船公司或船公司的代理人审核托运单;对于经过订舱的货物,还应与订舱单核对,确认无误后,就在装货单(Shipping Order)上盖章,以表明承运货物。此外,部分船公司或其代理人确认承运后,会将船名、航次等相关信息整合在订舱确认书(Booking Confirmation)中,发送给货运代理人。船公司或船公司的代理人则在承运货物后,根据订舱单或托运单缮制订舱清单,分送集装箱装卸作业区或集装箱堆场,据以准备空箱的发放,安排重箱的交接、保管以及装船工作。

5.1.1.2　用箱申请

　　在托运人或其货运代理人提出订舱托运的同时,应根据货物的性质、重量、尺码、积载因数等决定所需集装箱的种类、规格和数量,向船公司或其代理人提出空箱使用申请,同时提供用箱人、运箱人、用箱区域和时间等信息。若船公司或其代理人同意,就会签发一份集装箱发放通知单(多数船公司将该单证与集装箱设备交接单合二为一),凭以提取空箱。

5.1.1.3　发放空箱

　　在使用承运人箱(Carrier Owned Container,COC)的情况下,集装箱通常是由船公司在限定期间内无偿借给货主或集装箱货运站使用。

　　在整箱货的情况下,船公司或其代理人在接受订舱、承运货物后,即签发集装箱发放或设备交接单交给托运人或货运代理人,据以到集装箱堆场或内陆站提取空箱。在拼箱货的情况下,则由集装箱货运站提取空箱。

5.1.1.4　出口报关(报检)

　　2018 年 3 月 13 日,经十三届全国人大一次会议审议,国家质量监督检验检疫总局的出入境检验检疫管理职责和队伍并入海关总署,即关检合一开始施行。实务中的电子报检、电子报关与电子通关系统基本情况如下。

　　电子报检是指报检人使用电子报检软件,通过检验检疫业务服务平台,将报检数据以电子报文方式传输给检验检疫机构,经检验检疫机构业务管理系统和检务人员处理后,将受理的报检信息反馈给报检人,实现远程办理出入境检验检疫报检的行为。

　　电子报关是指进出口货物的收发货人或其代理人通过计算机系统,按照《中华人民共和国海关进出口货物报关单填制规范》的有关要求,向海关传送报关单电子数据,并备齐随附单证的申报方式。

　　国家质量监督检验检疫总局和海关总署联合开发了电子通关联网核查系统,并于2003 年 1 月 1 日在全国主要口岸的检验检疫机构和海关推广使用。该系统将检验检疫机构签发的出入境通关单电子数据传输到海关计算机作业系统,海关将报检报关数据比对后确认相符合的,予以放行。

　　目前,检验检疫机构和海关联合采取的通关单联网核查系统还需要同时校验纸质的通关单据,这是将来实现无纸化通关的一个过渡阶段。这种通关方式相比原来传统的通关方式已经有了一个飞跃的发展。它具有数据共享、简化操作程序、降低外贸成本、提高通关速度的功能,还有效控制了报检数据与报关数据不符合的问题和不法分子伪造、变造通关单证的行为。

5.1.1.5 委托空箱拖运

此项工作一般是由买卖合同中负责运输的一方来完成的。货主可以指定某家内陆运输承运人完成空箱拖运事宜,同时还要看货主向船公司托运时与船公司代理人的协议上对内陆拖箱有无指定内陆承运人,如有规定,就必须按协议上的规定,找指定的内陆承运人。

5.1.1.6 空箱出集装箱堆场交接

不论是由货主或是由集装箱货运站提取空箱,都必须事先缮制设备交接单(出场)。提取空箱时,在集装箱装卸作业区的门卫处,由装卸作业区的门卫会同提取空箱的卡车司机代表集装箱堆场及集装箱使用人对集装箱及其附属设备的外表状况进行检查,然后分别在设备交接单上签字,各持一份。

集装箱设备交接单(Equipment Interchange Receipt,EIR),简称设备交接单(Equipment Receipt,E/R),是集装箱所有人(船公司)或集装箱经营人委托集装箱码头、堆场与货方或集装箱货运站(即用箱人)交接集装箱或冷藏集装箱,或特种集装箱及电动机等设备的凭证。

设备交接单分进场设备交接单(IN)和出场设备交接单(OUT),各有三联,分别为箱管单位(或船公司)联、码头、堆场联和用箱人、运箱人联。

设备交接单的各栏分别由作为箱管单位的船公司或其代理人,用箱人、运箱人,以及码头、堆场的经办人员填写。

设备交接单的流转过程如下:

(1)由箱管单位填制设备交接单交用箱人、运箱人。

(2)由用箱人、运箱人到码头、堆场提箱送往收箱地(或到发箱地提箱送往码头、堆场),经经办人员对照设备交接单,检查集装箱的外表状况后,双方签字,码头、堆场留下箱管单位联和码头、堆场联,将用箱人、运箱人联退还给用箱人、运箱人。

(3)码头、堆场将留下的箱管人联退还给箱管单位。

设备交接单既是分清集装箱设备交接责任的单证,也是对集装箱进行追踪管理的必要单证。由于集装箱货物是按箱交接的,在集装箱外表无异状、铅封完好的情况下,它实际上也是一种证明箱内货物交接无误的单证。

5.1.1.7 整箱货装箱

在整箱货的情况下,由货主自行办理货物出口报关手续,在海关派员监装下自行装箱,并缮制装箱单和场站收据。无论是整箱货还是拼箱货,装箱人都要做一份集装箱装箱单,作为商务处理的主要索赔单证。集装箱装箱单(Container Load Plan,CLP)是按装箱顺序(自里至外)记载装箱货物的具体名称、数量、尺码、重量、标志和其他货运资料的单证。对于特种货物还应加注特定要求,如对冷藏货物要注明对箱内温度的要求等。

集装箱装箱单的用途如下:

(1)它是集装箱船舶进出口报关时向海关提交的载货清单的补充资料。

(2)它是向承运人提供箱内所装货物的明细清单。

(3)它是装卸港的集装箱装卸作业区编制装卸船计划的依据。

(4)它是集装箱船舶计算船舶吃水和稳性的数据来源。

(5)当发生货损时,它可以用作处理索赔事故的原始依据之一。

(6)在卸货地,它作为办理集装箱保税运输的单证之一。

整箱货的装箱单由发货人缮制,拼箱货的装箱单则由作为装箱人的集装箱货运站缮制。有的国家,如澳大利亚,对动植物检疫的要求非常严格,因此要在装箱单上附有申请卫生检疫机关检验的申请联。

5.1.1.8　委托重箱拖运

此项工作一般是由买卖合同中负责运输的一方来完成的。货主可指定某家内陆运输承运人完成重箱拖运事宜,同时还要看货主向船公司托运时与船公司代理人的协议上对内陆拖运有无指定内陆承运人,如有规定,就必须按协议上的规定,找指定的内陆承运人。

值得注意的是,如果货物已在内地办理了出口清关手续,属于转关运输的话,应注意海关的相应监管要求。

5.1.1.9　危险货物出口

因危险货物在运输途中具有较大的潜在危害,相关规章制度和货运流程都比普通货物复杂许多。

发货人或其代理人向船公司代理人订舱时,应当提前 10 个工作日向其提交订舱单、出入境危险货物运输包装使用鉴定结果单,以及材料安全数据表(Material Safety Data Sheet,MSDS)。在订舱单上,除了填写所托运货物的中英文名称、船期、货物包装等基本信息外,还应当注明联合国编号(UNNO.)、危险品等级(CLASS NO.),以及其他特殊注意事项。

随后,货运代理人应当提前 4 个工作日向海事局进行危险品货物申报,并提供危险品包装使用鉴定结果单、包装危险货物技术说明书,以及危险货物安全适运申报单。

货运代理人在收到海事局审批回执后,对危险品货物申报信息添加箱号及提单号信息,并发送给船公司代理人。船公司代理人根据货运代理人发送的危险品货物申报信息,将制作船报信息,并向海事局进行危险品船申报,同时接收海事局的受理、审批回执。

需要注意的是,如果货主或其代理人在订舱时以非危险货物进行申报,而离港后发现所运货物实属危险品,轻则产生危险品误申报费以及由于瞒报或漏报而产生的其他罚款或费用,重则当事人可能将担负极大的刑事责任。

5.1.1.10　重箱进集装箱堆场交接

发货人和集装箱货运站将由其或其代理人负责装载的集装箱货物运至码头堆场时,

设在码头堆场大门的门卫对进场的集装箱货物核对订舱单、场站收据、装箱单、出口许可证等单证。同时,还应检查集装箱的数量、号码、铅封号码是否与场站收据记载相一致,箱子的外表状况和铅封有无异常情况,如发现异常情况,门卫应在场站收据栏内注明,如果异常情况严重,将会影响运输的安全,则应与有关方联系后,决定是否接收这部分货物。对进场的集装箱,堆场应向发货人、运箱人出具设备收据。

现代海上班轮运输以集装箱运输为主,为简化手续,可以场站收据作为集装箱货物的托运单。场站收据联单现在通常是由货运代理人缮制,并送交船公司或其代理人订舱,因此托运单也就相当于订舱单。

场站收据(Dock Receipt,D/R)又称港站收据,或称码头收据,是指船公司委托集装箱堆场、集装箱货运站或内陆站在收到整箱货或拼箱货后,签发给托运人,证明已收到货物,托运人可凭此换取提单或其他多式联运单证的收据。

我国在 1990 年开始进行集装箱多式联运工业性试验,该项工业性试验虽已结束,但其中的三大单证的原理一直使用至今。三大单证是出口时使用的场站收据联单、进口时使用的交货记录联单和进出口时都要使用的设备交接单联单。

以在上海口岸进行的集装箱多式联运工业性试验的场站收据联单为例,各联的设计和用途如下:第一联,货主留底;第二联,船代留底;第三联,运费通知;第四联,运费通知;第五联,装货单;第五联(附页),缴纳出口货物港务申请书(由港区核算应收的港务费用);第六联(浅红色),场站收据副本大副联;第七联(黄色),场站收据正本;第八联,货运代理人留底;第九联,配舱回单;第十联,配舱回单;第十一、第十二联,白纸联(后取消)。

场站收据是十联式集装箱货物托运单中的三联,其中正本场站收据一联,场站收据副本——装货单一联,以及场站收据副本——大副收据一联。

场站收据十联单的各联流转如下:

(1)托运人填制集装箱货物托运单一式十联,委托货运代理人代办托运手续。

(2)货运代理人审核托运单接受委托后,将货主留底联退还给托运人备查。

(3)货运代理人持剩余的九联托运单至船公司或其代理人处办理货物托运。

(4)船公司或其代理人审核托运单,对照订舱清单,确认无误后,在场站收据副本——装货单上盖章,确认订舱,承运货物,留下船公司代理人留底、运费通知(一)(二)三联后,将包括经船公司或其代理人签章的装货单在内的其余六联退还给货运代理人。

(5)货运代理人留存货代留底联,据以缮制货物流向单。货运代理人根据船公司或其代理人退回的配舱回单联缮制提单和其他货运单证。货运代理人持经船公司或其代理人签发的装货单和其船公司的代理人退回的正本场站收据及场站收据副本——大副联,随同出口货物报关单和其他有关货物出口的单证一起至海关办理货物出口报关手续。

(6)海关审核有关报关单证,同意出口,在装货单上加盖放行章,然后将经海关加盖放行章的装货单和大副联及正本场站收据退还给货运代理人。

(7)货运代理人将集装箱或货物连同装货单、大副联和正本场站收据及配舱回单等四联送交集装箱堆场或集装箱货运站。

(8)集装箱堆场或集装箱货运站验收集装箱或货物,如无异状,则在正本场站收据及配舱回单上签章后,退还给托运人或货运代理人;如集装箱或货物的实际状况与场站收据或配舱回单的记载不符,则须在正本场站收据和配舱回单上做出批注,退还托运人或货运代理人,托运人或货运代理人则须根据配舱回单的批注,修改已缮制的提单。

(9) 集装箱堆场留下装货单,集装箱装船后将大副联交给船方大副。

此外,托运人或货运代理人持正本场站收据和事先缮制的提单至船公司或其代理人处,办理换取提单手续,船公司或其代理人收回场站收据,签发提单。随着业务流程的简化和单证的电子化,场站收据联单在实际业务中已不使用,取而代之的是电子化的装货单等核心单据,其流转程序及原理与上述联单仍然基本相同。学习场站收据联单,有利于读者了解单证的流转原理以及相关方的工作内容,故本书保留。另外需注意的是,根据港区的不同,实务中出口报关报检与重箱进集装箱堆场交接这两步的顺序也并不相同。以上海港为例,洋山港区施行先报关后进港的顺序,而外高桥港区施行先进港后报关的顺序。无论其顺序如何,重箱在办理完有关的出口通关手续后,方能装船出运。

5.1.1.11　集装箱核实总重量申报

自 2016 年 7 月 1 日起,《海上生命安全公约》(Safety of Life at Sea,SOLAS)修订案规定了关于集装箱称重的要求:托运人必须在装货单截止日期前向承运商、港口码头代表提供集装箱的核实总重量(Verified Gross Mass,VGM),否则装箱完毕的集装箱一律不予装船。核实总重量,即货物的总重量,包括垫板和支撑,以及装载货物的集装箱皮重。《海上生命安全公约》规定,货物装船之前,托运人必须以装船须知或单独沟通的方式,在货运单据中提供集装箱的核实总重量。

5.1.1.12　出口装船

集装箱进入集装箱装卸作业区的集装箱堆场后,装卸作业区根据待装货箱的流向和装船顺序编制集装箱装船计划或积载计划,在船舶到港前将待装船的集装箱移至集装箱前方堆场,按顺序堆码于指定的箱位,船舶到港后,即可顺次装船。

集装箱装船后,船公司在卸货港的代理人应缮制出口载货清单,向海关办理船舶出口报关手续;船舶开航后,缮制载货运费清单,连同其他有关货运单证寄交目的港的船公司代理人,据以事先做好船舶到港后的卸货与交付的准备,以及向目的港的船公司代理人发送货载邮件等程序,此处不再赘述。

5.1.1.13　装船理箱

由外轮理货公司做一张装船理箱单,到国外卸货后还要做一张卸船理箱单,这两张单证是用以确定海上箱子灭失的索赔单证。

装船时,外轮理货公司还要做一张集装箱设备出场交接单(OUT EIR),因为箱子进场时做了一张集装箱设备进场交接单(IN EIR),若这两张单证的内容不符,就说明是集装箱场堆场的责任。这两张单证是堆场对箱体责任划分的重要单证。

5.1.1.14　以场站收据换提单

发货人收到经集装箱堆场或集装箱货运站签署的场站收据后,即可凭场站收据向船公司或其他运输方式的经营人付清运费（预付运费的情况下），换取提单或其他多式联运单证，然后前往银行结汇货款。

值得注意的是，无论是整箱货还是拼箱货，从理论上来说，集装箱承运人都应接收货物，即签署场站收据，此时货物尚未装船，所以换取的提单应为收货待运提单。但在实践中，收货待运提单不足以保障收货人的利益，一般信用证也都要求已装船提单结汇。所以，实际上是等货物装上船后才签发场站收据，那么换取的都是已装船提单。

5.1.1.15　CIF 投保

在常见的 CIF 买卖中，由卖方负责向保险人投保，因为结汇时需一张保单一同去结汇。而在 FOB(Free On Board，又称离岸价、船上交货价)、CFR(Cost and Freight，成本加运费)买卖中，卖方有义务及时向买方发出装船通知，以便买方及时安排货物运输保险事宜。

5.1.1.16　出口结汇

在信用证交易下，卖方备妥信用证要求的相关单证后，即可前往议付行议付货款。主要的结汇单证通常有商业发票、提单、保单、汇票、装箱单、原产地证书、品质鉴定书等。银行按照单证严格相符的原则对各项单证的记载内容进行审核，完全符合后予以结汇。

5.1.1.17　提单流转国外

议付行给予信用证受益人议付货款后，将全套单证连同受益人开具的汇票流转进口国，由开证行偿付货款。

5.1.1.18　付款赎单

接到开证行通知后，信用证开证申请人立即前往银行办理付款赎单手续，取得全套单证。在船舶抵港后，凭提单办理进口提货手续，也可能通过转让提单的方式转卖提单项下的货物。关于提单的转让详见本书第 7 章。

5.1.1.19　进口卸船

在卸货港的船公司代理人接到装货港的船公司或其代理人寄来的有关货运单证后，立即联系集装箱装卸作业区的集装箱堆场或货运站经营人，为船舶到港和卸箱做好准备。船舶到港后，组织卸船和安排集装箱在集装箱堆场的存放或者转运，或者在集装箱货运站进行拆箱等工作。

5.1.1.20　卸船理箱

由外轮理货公司做一张卸船理箱单，与装箱港的装船理箱单一起用以确定海上箱子灭失的责任归属。

卸船时，外轮理货公司还要做一张集装箱设备进场交接单，因为箱子出场时做了一张集装箱设备出场交接单，若这两张单证的内容不符，就说明是集装箱堆场的责任。这两张单证是堆场对箱体责任划分的重要单证。

5.1.1.21　通知提货

到货通知书(Arrival Notice，A/N)是在卸货港的船公司的代理人在集装箱卸入集装箱堆场，或移至集装箱货运站，并办好交接准备后，以书面形式向收货人发出的要求收货人及时提取货物的通知。

到货通知书共有五联：第一联，到货通知书；第二联，提货单；第三联，费用账单；第四联，费用账单；第五联，交货记录。

到货通知书五联单的各联流转如下：

(1)五联到货通知书都由船公司在卸箱港的代理人在船舶到港前填制。

(2)船舶抵港前，船公司在卸货港的代理人根据装箱港的船公司或其代理人寄来的载货运费清单或提单副本的有关货运资料填制到货通知书一式五联后，在集装箱卸船并做好交货准备后，将五联单中的第一联——到货通知书寄交收货人或通知人。

(3)收货人持正本提单和到货通知书到船公司在卸货港的代理人处，换取其余四联，即提货单、费用账单(两联)及交货记录等单证。

(4)船公司在卸箱港的代理人审核提单和是否已付清运费后，收回正本提单和到货通知书，在提货单上加盖专用章，连同五联单中的其他三联，即费用账单(两联)及交货记录换发给收货人。

(5)收货人持费用账单(两联)和交货记录，以及加盖了船公司在卸货港的代理人专用章的提货单共四联，随同进口报关单和其他进口报关所需单证，至海关办理货物进口报关手续，海关核准放行，即在提货单上加盖海关放行章，然后将提货单、费用账单(两联)以及提货单共四联退还给收货人。

办理进口报关时，有时海关要求收货人出具进口许可证，合同，信用证，来料加工、进料加工、补偿贸易登记手册，支票，包装证明，产地证书，内地转关证明，装箱单，提单副本等。

(6)收货人持四联单证(主要是海关放行的提货单)至集装箱堆场或集装箱货运站办理提货手续。

(7)堆场或货运站经营人核单后，留下用作放货依据的提货单联和据以结算费用的两联费用账单，在交货记录联上加盖港站印章，将交货记录退还给收货人。

(8)收货人实际提取集装箱货物时，堆场或货运站的发货人员可凭收货人所持有的交货记录发放集装箱货物。提货完毕后，收货人在交货记录上签收，交货记录由集装箱堆场或货运站留存。

到货通知书联单在实际业务中也已不再使用，取而代之的是其电子化的核心单据，本书保留联单内容，以便读者学习与了解其基本原理。

5.1.1.22　以提单换提货单

作为收货人或其货运代理人，付款赎单取得全套单证后，要查清该进口货物属于哪家船公司承运、哪家作为船舶代理、在哪儿可以换到供通关用的提货单。应提前与船公司或船舶代理部门联系，确定船到港时间、地点，如需转船，应确认二程船名；提前与船公司或船舶代理部门确认换单费、押箱费、换单的时间;提前联系好场站,确认好提箱费、箱费、装车费、回空费等。

在收到船公司在卸货港的代理人发出的到货通知书后,收货人即可凭正本提单和到货通知书办理提货手续,换取提货单(Delivery Order,DO),办理进口清关手续后,凭以提取货物。

提货单的操作是以正本提单相交换的方式进行的,所以,提货单是收货人提取货物的凭证,也是承运人同意交货的证明。

5.1.1.23　进口报关(报检)

对于进口货物,一般情况下,收货人或其代理人先以电子报关单形式向海关申报,后续提交纸质报关单;特殊情况下,经海关同意,收货人或其代理人也可单独以纸质报关单或电子报关单形式向海关申报。

海关在接受申报、审核单证、实施查验、卫生检疫、征收税费等环节完成以后,会对进口货物做出结束海关监管的决定。确认放行后,海关将在提货单上签盖电子放行章,并在进口货物报关单上加盖与海关电子通关系统联网的条形码。收货人或其代理人凭盖有电子放行章的提货单,提取集装箱装载到运输工具上,随后在关区卡口处扫码离境即可。

对于一般进口货物,放行即为结关。对于保税、减免税和暂准进口货物,海关虽予以放行,但并未办结海关手续,也就是放行未结关,仍需接受海关的后续管理。

收货人或其代理人在提取进口货物之后,根据实际情况,如果需要海关签发有关的货物进出口证明联的,均可向海关提出申请。

5.1.1.24　委托重箱拖运

此项工作一般是由买卖合同中负责运输的一方来完成的。货主可指定某家内陆运输承运人完成重箱拖运事宜,同时还要看货主向船公司托运时与船公司代理人的协议上对内陆拖箱有无指定内陆承运人,如有规定,就必须按协议上的规定,找指定的内陆承运人。

值得注意的是,如果货物须在进境地以外的其他地点办理进口清关手续,属转关运输的话,应注意海关的相应监管要求。

5.1.1.25　重箱出集装箱堆场交接

所有提货手续办妥后,可通知事先联系好的堆场提货。应注意的事项如下:

(1)首先应与港地调度室取得联系,安排计划。

(2)根据提箱的多少,与堆场联系足够的车辆,尽可能在港方要求的时间内提清,以免产生转栈堆存费。

(3)提箱过程中应与堆场有关人员共同检查箱体是否有重大残破,如有,要求港方在设备交接单上签残。

交货记录(Delivery Record)是一式五联到货通知书中的一联,它是集装箱堆场货运站在向收货人交付货物时,用以证明双方间已进行货物交接和载明货物交接状态的单证。

该联单在实际业务中已不再使用,取而代之的是其电子化的核心单据,本书保留相关内容,以便读者学习与了解其基本原理。

5.1.1.26　FCL 拆箱

在整箱货运输下,拆箱工作是由收货人或其货运代理人完成的,承运人与收货人的责任划分是以集装箱货物出堆场大门为界,双方在集装箱外表状况良好、铅封完整下交接,作为承运人已经按照提单记载交付货物的表面证据。若收货人拆箱发现货损,应及时会同有关部门做好拆箱记录,以利于保险合同、买卖合同或运输合同下的索赔。而在拼箱货运输下,拆箱工作是由货运站完成的,双方按照货物的实际数量和外表状况进行交接。

5.1.1.27　**委托空箱回运**

收货人或其货运代理人自堆场提取重箱后,应在集装箱免费使用期内及时掏箱,以免产生滞箱费。货物提清后,应从场站取回设备交接单,证明箱体无残损,并到船公司或船舶代理人的空箱回运交接部门取回押箱费。

在集装箱运输中,因为货物是连同集装箱一起办理交接的,所以,集装箱堆场经营人必须事先缮制集装箱设备交接单(出场)。在整箱货的情况下,与收货人办理集装箱出借手续;在拼箱货的情况下,则与集装箱货运站办理集装箱的交接。

由于集装箱的具体交接地点发生变化,用箱人与箱主对集装箱的交接责任并非一定以堆场大门为界,应视情况而定。

5.1.2　集装箱拼箱货业务组织

集装箱拼箱业务(Less than Container Load,LCL)作为国际物流中的重要环节,主要服务于货量不足整箱的中小企业或个人货主,通过资源整合实现降本增效。这一业务模式看似简单,实则涉及复杂的供应链协同、风险管控和技术应用。以下从业务逻辑、操作细节、行业挑战及未来趋势等维度,对其组织实施进行全面阐述。

5.1.2.1　**资质与资源网络**

拼箱业务的起点是合法性与资源能力。集拼经营人需要获得政府批准的资质,如在中国,需要通过海关经认证的经营者(AEO)认证、国际货运代理备案,并具备签发货运代理人提单的权限。这一资质不仅是法律合规的基础,也是客户信任的关键。例如,若企业缺乏资质,其签发的提单可能会被银行拒收,导致国际贸易结算失败。同时,经营人需要与目的港的拆箱代理建立长期合作,这些代理可能是海外子公司、合作货运公司或船公司的分支机构。例如,某中国货运代理人若要将货物拼箱至美国洛杉矶,通常需要与当地拥有集装箱货运站的物流企业签订协议,确保货物到港后能快速拆箱分拨。此外,自营或租赁集装箱货运站设施是核心能力之一,集装箱货运站需要配备叉车、托盘、称重系统、监控设备等,并实施仓储管理系统(WMS)以实现货物追踪和库存管理。部分先进企业还会引入自动化分拣设备或 AI 视觉检测技术,减少人工操作失误。

5.1.2.2　**货物接收与分类**

拼箱业务的核心在于集零为整,而这一过程始于货物的接收与预处理。货主通常通过线上平台或线下渠道提交运输需求,货运代理人需要根据货物属性(如体积、重量、是否为危险品)和目的港制定报价方案。例如,轻泡货(如服装)按体积计费,重货(如机械零件)按重量计费,危险品则需额外收取操作附加费。货物抵达集装箱货运站后,操作人员需进行严格验货:核对货物品名、海关编码(HS编码)是否与申报一致,检查包装是否符合海运标准(如木质包装需有IPPC熏蒸标识),并对易碎品贴标警示。这一环节的疏漏可能会引发后续责任纠纷,如某票货物因瞒报电池导致集装箱起火,货运代理人面临巨额索赔。

在分类管理上,货物需要按特性分区存放。例如,食品类货物需要置于温控区域,高价值电子产品需进入安保库房,普通货物则按目的港堆存。每票货物会生成唯一识别码(如条形码或RFID标签),并与系统内的提单号、箱号绑定,避免混淆。此外,货运代理人需设计灵活的拼箱策略,如针对东南亚航线的小批量电商货物,可采用周班拼箱模式,每周固定时间截单,最大化装载率。

5.1.2.3　装箱空间优化

装箱环节是技术与经验的结合。传统拼箱依赖人工经验,现代企业则普遍使用装箱优化软件(如EasyCargo、Load Planner),通过算法模拟货物堆叠方案,平衡重心稳定性和空间利用率。例如,将重货置于集装箱底部以降低倾覆风险,轻泡货填充上层空隙,异形货物(如管道)则采用支架固定。对于特殊货物,如冷链拼箱,需要预冷集装箱并安装温度记录仪,确保全程符合温控要求。装箱完成后,需要签署集装箱装载计划(CLP),记录货物位置、封条号等信息,并拍摄装箱过程视频,以此作为争议发生时的证据。

此环节的难点在于应对临时变动。例如,某票货物因生产延迟未能按时送达,可能导致已规划的箱型无法满载,此时货运代理人需迅速调整方案:或协调其他客户补货,或改用更小箱型(如20 ft改为10 ft柜),甚至与同行共享舱位。这种动态调整能力直接体现企业的运营韧性。

5.1.2.4　单证流转

拼箱业务的单证复杂性远高于整箱运输。货运代理人需要同时处理两套提单:向货主签发货代提单,作为其结汇和提货的凭证;向船公司申领船东提单(Master B/L),作为整箱货物的物权证明。两套提单需要在目的港、箱号等关键信息上严格一致,但货物描述可适当简化(如船东提单显示10票拼箱货,而货代提单列明每票细节)。此外,报关环节需要整合多票货物的信息,按一箱一报模式向海关申报。例如,一个40 ft柜内装有20票货物,需汇总所有商品的品名、数量、价值,并确保与随附的装箱单、发票一致。任何单票货物的申报错误(如HS编码错误)均可能导致整箱扣留,因此企业需建立多层审核机制,甚至引入AI报关工具自动校验数据。

目的港操作同样依赖单证协同。货运代理人需将Master B/L正本提前寄送目的港代理,代理凭此向船公司换提货单,提取整箱至本地集装箱货运站拆箱。拆箱后,货运代理人需根据货代提单信息分拣货物,并通知收货人持正本提单提货。若收货人选择门到门服务,货运代理人还需要安排末端配送,这一过程可能涉及卡车、铁路或"最后一公里"

快递的多式联运。

随着跨境电商和柔性供应链的兴起,拼箱业务正经历深刻变革。一方面,数字化工具的应用大幅提升效率:区块链技术可实现提单与报关数据的不可篡改流转;AI 算法能根据历史数据预测最优拼箱组合;物联网平台则可整合船期、港口状态和客户需求,实现动态定价。另一方面,环保压力推动行业向绿色物流转型。例如,部分企业推广低碳拼箱,通过优化路径减少碳排放,或使用可循环包装材料替代一次性木箱。此外,区域性拼箱枢纽(如新加坡、迪拜)的崛起,正重塑全球拼箱网络,使中小企业能够以更低成本参与国际贸易。

5.2　空运段业务组织

5.2.1　班机货运出口业务组织

班机货运出口业务组织主要包含以下 20 个环节:市场销售→委托运输→审核单证→预配舱→预订舱→接受单证(接单)→填制航空货运单(制单)→接收货物→标记和标签→配舱→订舱→出口报关→出仓单→提板箱→装板箱→签单→交接发运→航班跟踪→信息服务→费用结算。

5.2.1.1　市场销售

作为货运代理人或经营该业务的多式联运经营人,其销售的产品是航空公司的舱位,只有飞机舱位配载了货物,航空货运才真正具有实质性的内容,因此承揽货物处于整个航空货物出口运输代理业务组织的核心地位,这项工作的成效直接影响代理公司的发展,是航空货运代理的一项至关重要的工作。

在具体操作时,需及时向出口单位介绍本公司的业务范围、服务项目、各项收费标准,特别是向出口单位介绍优惠运价,介绍本公司的服务优势等。

航空货运代理公司与出口单位(发货人)就出口货物运输事宜达成意向后,可以向发货人提供所代理的有关航空公司的国际货物托运书。对于长期出口或出口货量大的单位,航空货运代理公司一般都与之签订长期的代理协议。

5.2.1.2　委托运输

发货人发货时,首先需填写托运书,并加盖公章,作为货主委托代理承办航空货运出口货物的依据。航空货运代理公司根据委托书要求办理出口手续,并据此结算费用。因此,国际货物托运书是份重要的法律文件。

在接受托运人委托后,单证操作前,货运代理公司的指定人员对托运书进行审核,审核的主要内容包括价格、航班日期。目前,各航空公司均采取自由销售方式,每家航空公司、每条航线、每个航班甚至每个目的港均有优惠运价,这种运价会因货源、淡旺季经常调整,而且各航空公司之间的优惠价也不尽相同。所以,有时候更换航班,运价也会随之改变。

需要指出的是,货运单上显示的运价虽然与托运书上的运价有联系,但互相之间有很大区别。货运单上显示的是"空运货物运价表"(The Ail Cargo Tariff,TACT)上公布的适用运价和费率,托运书上显示的是航空公司优惠价加上杂费和服务费或使用协议价格。托运书的价格审核就是判断其价格是否能被接受,预订航班是否可行。审核人员必须在托运书上签名并注明日期以示确认。

5.2.1.3 审核单证

所需要审核的单证根据贸易方式、信用证要求等有所不同,主要包括以下单证:

(1) 发票、装箱单:发票上一定要加盖公司公章(业务科室、部门章无效),标名价格术语和货价(包括无价样品的发票)。

(2) 托运书:注明目的港名称或目的港所在城市名称,明确运费预付或运费到付、货物毛重、收发货人、电话/电传/传真号码。托运人签字处要有托运人签名。

(3) 报关单:注明经营单位注册号、贸易性质、收汇方式,并在申报单位处加盖公章。

(4) 外汇核销单:在出口单位备注栏内加盖公司章。

(5) 许可证:合同号、出口口岸、贸易国别、有效期一定要符合要求,与其他单证相符。

(6) 商检证:商检证、商检放行单、盖有商检放行章的报关单均可。商检证上应有海关放行联字样。

(7) 进料/来料加工核销本:注意本上的合同号是否与发票相符。

(8) 索赔/返修协议:要求提供正本,合同双方均要盖章,外方没章时,可以签字。

(9) 到付保函:凡到付运费的货物,发货人都应提供。

(10) 关封。

5.2.1.4 预配舱

代理人汇总所接受的委托和客户的预报,并输入电脑,计算出各航线的件数、重量、体积,按照客户的要求和货物重、泡情况,根据各航空公司不同机型对不同板箱的重量和高度要求,制定预配舱方案,并对每票货配上运单号。

5.2.1.5 预订舱

代理人根据所制定的预配舱方案,按航班、日期打印出总运单号、件数、重量、体积,向航空公司预订舱。这一环节称为预订舱,是因为此时货物可能还没有入仓库,预报和实际的件数、重量、体积等都会有差别,这些留待配舱时再做调整。

5.2.1.6 接受单证

接受托运人或其代理人送交的已经审核确认的托运书及报关单证和收货凭证,并将电脑中的收货记录与收货凭证核对。制作操作交接单,填上所收到的各种报关单证份数,给每份交接单配一份总运单或分运单。将制作好的交接单、配好的总运单或分运单、报关单证移交制单。如此时货未到或未全到,可以按照托运书上的数据填入交接单并注明,货物到齐后再进行修改。

5.2.1.7　填制航空货运单

填制航空货运单是指依据发货人提供的国际货物托运书,逐项填制航空货运单的相应栏目。填制航空货运单是空运出口业务中最重要的环节,货运单填写的准确与否直接关系到货物能否及时、准确地运达目的地。航空货运单是发货人收结汇的主要有效凭证。因此,运单的填写必须详细、准确,严格符合单货一致、单单一致的要求。

货运单包括主运单和分运单两种。所托运货物如果是直接发给国外收货人的单票托运货物,填开航空公司运单即可。如果货物属于以国外代理人为收货人的集中托运货物,必须先为每票货物填开航空货运代理公司的分运单,然后再填开航空公司的主运单,以便国外代理对总运单下的各票货物进行分拨。最后制作《空运出口业务日报表》,供制作标签用。

5.2.1.8　接收货物

接收货物是指航空货运代理公司把即将发运的货物从发货人手中接过来并运送到自己的仓库。

接收货物一般与接单同时进行。对于通过空运或铁路从内地运往出境地的出口货物,货运代理按照发货人提供的运单号、航班号及接货地点、接货日期,代其提取货物。如货物已在始发地办理了出口海关手续,发货人应同时提供始发地海关的关封。

接货时,应对货物进行过磅和丈量,并根据发票、装箱单或送货单清点货物,核对货物的数量、品名、合同号或唛头等是否与货运单上所列一致。同时,检查货物的外包装是否符合运输的要求。

5.2.1.9　标记和标签

1. 标记

标记是在货物外包装上由托运人书写的有关事项和记号,其内容主要是托运人、收货人的姓名、地址、联系电话、传真,合同号等,操作注意事项(如不要暴晒、防潮、小心轻放等),单件超过 150 kg 的货物。

2. 标签

按照标签的作用,分为识别标签、特种货物标签和操作标签。识别标签是说明货物的货运单号码、件数、重量、始发站、目的站、中转站的一种运输标志,分为挂签和贴签。特种货物标签是说明特种货物性质的各类识别标志,主要有活动物标签、危险品标签和鲜货易腐物品标签。操作标签是说明货物储运注意事项的各类标志,如易碎物品不得倒置等。

按照标签的类别,分为航空公司标签和分标签。航空公司标签是航空公司对其所承运货物的标识,各航空公司的标签虽然在格式、颜色上有所不同,但内容基本相同。标签上的前三位阿拉伯数字代表所承运航空公司的代号,后八位数字是总运单号码。分标签是货运代理公司对出具分标签货物的标识。凡出具分运单的货物都要制作分标签,填制分运单号码和货物到达城市或机场的三字代码。一件货物贴一张航空公司标签,有分运单的货物,每件再贴一张分标签。

5.2.1.10　配舱

配舱时,需运出的货物都已入库,这时需要核对货物的实际件数、重量、体积与托运单上预报数量的差别。对预订舱位、板箱的有效领用、合理搭配,按照各航班机型、板箱型号、高度、数量进行配载。同时,对于货物晚到、未到情况,以及未能顺利通关放行的货物做出调整处理,为制作出仓单做准备。实际上,这一过程一直延续到单、货交接给航空公司后才完毕。

5.2.1.11　订舱

订舱就是将所接收空运货物向航空公司申请并预订舱位。

货物订舱需根据发货人的要求和货物标识的特点而定。一般来说,大宗货物、紧急物资、鲜货易腐物品、危险品、贵重物品等,必须预订舱位。非紧急的零散货物,可以不预订舱位。

订舱的具体做法和基本步骤如下:接到发货人的发货预报后,向航空公司吨控部门领取并填写订舱单,同时提供货物的名称、体积(必要时提供单件尺寸)、重量、件数、目的地、要求出运的时间、其他运输要求(温度、装卸要求、货物到达目的地时限等)等相应的信息。订舱后,航空公司签发舱位确认书,同时给予装货集装器领取凭证,以表示舱位订妥。

航空公司根据实际情况安排航班和舱位。一般来说,航空公司舱位销售的原则是保证有固定舱位配额的货物,保证邮件、快件舱位,优先预订运价较高的货物舱位,保留一定的零散货物舱位,未订的货物按交运时间的先后顺序安排舱位。

预订的舱位有时会由于货物单证不全、海关查验等,最终舱位不够或者空舱。此类情况下,需要综合考虑和有预见性等经验。应尽量减少此类事情发生,并且在事情发生后及时做出必要的调整和补救措施。

5.2.1.12　出口报关

出口报关是指发货人或其代理人在货物发运前,向出境地海关办理货物出口手续的过程。

出口报关的基本流程如下:将发货人提供的出口货物报关单的各项内容输入电脑,即电脑预录入;在通过电脑填制的报关单上加盖报关单位的报关专用章;将报关单与有关的发票、装箱单和货运单综合在一起,并根据需要随附有关的证明文件;以上报关单证齐全后,由持有报关证的报关员正式向海关申报;海关审核无误后,在用于发运的运单正本上加盖放行章,同时在出口收汇核销单和出口报关单上加盖放行章,在发货人用于产品退税的单证上加盖验讫章,粘上防伪标志;完成出口报关手续。

5.2.1.13 出仓单

配舱方案制定后就可着手编制出仓单,主要内容有出仓单的日期、承运航班的日期、装载板箱形式及数量、货物进仓顺序编号、总运单号、件数、重量、体积、目的地三字代码和备注等。

出仓单交给出口仓库,用于出库计划,出库时点数并向装板箱交接。出仓单交给装板箱环节,用于向出口仓库提货的依据。出仓单交给货物的交接环节,用于从装板箱环节收货的凭证和制作"国际货物交接清单"的依据,该清单用于向航空公司交接货物。出仓单还可用于外拼箱。出仓单交给报关环节,当报关有问题时,可有针对性地反馈,以采取相应措施。

5.2.1.14 提板箱

订妥舱位后,航空公司吨控部门将根据货量出具发放航空集装板、集装箱凭证,货运代理公司凭此向航空公司板箱管理部门领取与订舱货量相应的集装板、集装箱,并办理相应的手续。

提板、箱时,应领取相应的塑料薄膜和网。对所使用的板、箱要登记、销号。

5.2.1.15 装板箱

除特殊情况外,航空货运均是以集装箱、集装板形式装运。

通常,航空货运代理公司将体积为 2 m³ 以下货物作为小货交与航空公司拼装,体积大于 2 m³ 的大宗货或集中托运拼装货,一般均由货运代理公司自己装板、装箱。

大宗货物、集中托运货物可以在货运代理公司自己的仓库、场地、货棚装板、装箱,也可在航空公司指定的场地装板、装箱。装板、装箱时要注意以下几点:

(1)不要用错板、箱,不要用错板型、箱型。每个航空公司为了加强本航空公司的板、箱管理,都不许可本公司的板、箱为其他航空公司的航班所用;不同航空公司的板、箱因、尺寸有异,如果用错,会出现装不上飞机的现象。

(2)不要超装板、箱尺寸。一定型号的板、箱用于一定型号的飞机,板、箱外有具体尺寸规定,一旦超装板、箱尺寸,就无法装上飞机。因此,装板、箱时,要注意货物的尺寸,既不超装,又在要规定的范围内用足板、箱的可用体积。

(3)货物要垫衬,封盖好塑料纸,防潮,防雨淋。

(4)集装箱、集装板内货物尽可能配装整齐,结构稳定,并接紧网索,防止运输途中倒塌。

(5)对于大宗货物、集中托运货物,尽可能将整票货物装一个或几个板、箱内运输。已装妥整个板、箱后,剩余的货物尽可能拼装在同一板、箱上,防止散乱、遗失。

5.2.1.16 签单

货运单在盖好海关放行章后,还需到航空公司签单,主要是审核运价使用是否正确,以及货物的性质是否适合空运,如危险品等是否已办了相应的证明和手续。航空公司的地面代理规定,只有签单确认后才允许将单、货交给航空公司。

5.2.1.17 交接发运

交接是向航空公司交单交货,由航空公司安排航空运输。

交单就是将随机单证和应有承运人留存的单证交给航空公司。随机单证包括第二联航空运单正本、发票、装箱单、产地证明、品质鉴定书等。

交货即把与单证相符的货物交给航空公司。交货之前必须粘贴或拴挂货物标签,清点和核对货物,填制货物交接清单。大宗货物、集中托运货物,以整板、整箱称重交接。零散小货按票称重、计件交接。航空公司审单验货后,在交接签单上签字验收,将货物存入出口仓库,单证交吨控部门,以备配舱。

5.2.1.18 航班跟踪

单、货交接给航空公司后,航空公司会因种种情况,如航班取消、延误、溢载、故障、改机型、错运、倒垛或装板不符规定等,使得货物未能按预订时间运出,所以货主或其代理从单、货交给航空公司后就需对航班、货物进行跟踪。对于需要联程中转的货物,在货物出运后,要求航空公司提供二、三程航班中转信息。有些货物事先已预订了二、三程,还需要确认中转情况。有时需要直接通过传真或电话与航空公司的海外办事处联系货物中转情况。

5.2.1.19 信息服务

物流和信息流是密不可分的,两者是同步进行的。在出口货运操作的整个过程中,航空货运代理公司应将订舱信息、审单及报关信息、仓库收货信息、交运称重信息、一程及二程航班信息、集中托运信息,以及单证信息等及时地传递给货主,做好沟通和协调工作。

5.2.1.20 费用结算

在出口货运操作中,货运代理人要同发货人、承运人和国外代理人等三方面进行费用结算。货运代理人与发货人结算费用主要是到付运费、地面运输费和各种服务费、手续费;与承运人结算费用主要是航空运费、代理费及代理佣金;与国外代理人结算主要涉及付运费和利润分成。

到付运费实际上是由发货方的航空货运代理人为收货人垫付的,因此收货方的航空货运代理人在将货物移交收货人时,应收回到付运费并将有关款项退还给发货方的货运代理人。同时,发货方的货运代理人应将代理佣金的一部分分给其收货地的货运代理人。

由于各航空货运代理人之间存在长期的互为代理协议,因此与国外代理的费用结算一般不采取一票一结的办法,而采取应收应付相互抵消,在一定期限内以清单冲账的办法。

5.2.2 班机货运进口业务组织

班机货运进口业务组织是指对于货物从入境到提取或转运整个流程中,各个环节所需办理的手续及相关单证准备的全过程。

5.2.2.1 代理预报

在出口国发货之前,由始发地代理公司将运单、航班、件数、重量、品名、实际收货人及其地址、联系电话等内容通过传真或电子邮件(E-mail)发给目的地代理公司,这一过程称为预报。

进口国代理收到预报后,应及时做好接货前的所有准备工作,同时特别注意:

(1)中转航班。中转点航班的延误会使实际到达时间和预报时间出现差异。

(2)分批货物。从国外一次性运来的货物在国内中转时,由于国内载量的限制,往往采用分批的方式运输。

5.2.2.2 交接单、货

航空货物入境时,与货物相关的单证(运单、发票、装箱单等)也随机到达,运输工具及货物处于海关监管之下。货物卸下后,将货物存入航空公司或机场的监管仓库,进行进口货物舱单录入,将舱单上的总运单号、收货人、始发站、目的站、件数、重量、货物品名、航班号等信息通过电脑传输给海关留存,供报关用。同时,根据运单上的收货人及地址寄发取单、提货通知。若运单上的收货人或通知人为某航空货运代理公司,则把运输单证及与之相关的货物交给该航空货运代理公司。航空公司的地面代理向货运代理公司交接的主要有国际货物交接清单、总运单及随机文件、货物。双方交接时,要做到单单核对,即交接清单与总运单核对;单货核对,即交接清单与货物核对。核对发现问题时,应及时予以处理。另外,需注意分批货物,做好空运进口分批货物登记表。航空货运代理公司在与航空公司办理交接手续时,应根据运单及交接清单核对实际货物,若存在有单无货或有货无单的情况,均应在交接清单上注明,以便航空公司组织查询,并通知入境地海关。发现货物短缺、破损或其他异常情况,应向航空公司索要商务事故记录,作为实际收货人交涉索赔事宜的依据。货运代理公司请航空公司开具商务事故证明的情形通常有以下几个:

(1)包装货物受损。纸箱开裂、破损、内中货物散落(含大包装损坏,散落为小包装,数量不详);木箱开裂、破损,有明显受撞击迹象;纸箱、木箱未见开裂、破损,但其中液体漏出。

(2)裸装货物受损。无包装货物明显受损,如金属管、塑料管等压扁、断裂、折弯;机器部件失落、仪表表面破裂等。

(3)木箱或精密仪器上防震、防倒置标志泛红。对货损责任难以确定的货物,可暂将货物留存机场,商请货主单位一并到场处理。

(4)货物件数短缺。

5.2.2.3 理货与仓储

货运代理公司自航空公司接货后,即可短途驳运进自己的监管仓库,组织理货及仓储。

1.理货的主要内容

逐一核对每票货物的件数,再次检查货物破损情况,遇有异常,确属接货时未发现的问题,可向航空公司提出交涉。

区分大货/小货、重货/轻货、单票货/混载货、危险品/贵重品、冷冻、冷藏品等不同情况,分别进仓、堆存。堆存时,要注意货物箭头朝向,总运单、分运单标志朝向,注意大不压小,重不压轻。登记每票货物的储存区号,并输入计算机系统。

2. 仓储注意事项

鉴于航空进口货物的贵重性、特殊性,其仓储要求较高,须注意以下几点:

(1)防雨淋、防受潮。货物不能置于露天,不能无垫托置于地上。

(2)防重压。纸箱、木箱均有叠高限制;纸箱受压变形,会危及箱中货物安全。

(3)防温升变质。生物制剂、化学试剂、针剂药品等特殊物品有储存温度要求,要防止阳光暴晒。一般情况下,冷冻品置放于−15 ℃以下冷冻库(俗称低温库),冷藏品置放于2 ℃～8 ℃冷藏库。

(4)防危险品危及人员及其他货品安全。空运进口仓库应设独立的危险品库。易燃品、易爆品、毒品、腐蚀品、放射品均应分库安全置放。以上货品一旦出现异常,均须及时通知消防安全部门或卫生检疫部门进行检测和处理,以保证人员及其他物品的安全。

(5)防盗。为防贵重物品被盗,贵重物品应设专库,由双人制约保管,防止发生被盗事故。

5.2.2.4 理单与到货通知

1. 理单

集中托运业务,需办理总运单项下拆单——将集中托运进口的每票货物总运单项下的分运单分理出来,审核与到货情况是否一致,并制成清单输入计算机系统;将集中托运货物总运单项下的发运清单输入海关计算机系统,以供按分运单分别报关、报验、提货使用。

运单分类的方法有多种,各货运代理公司可根据需要结合多种方法使用。

(1)分航班号理单:便于区分进口方向。

(2)分进口代理理单:便于掌握、反馈信息,做好对代理的对口服务。

(3)分货主理单:重要的、经常有大批货物的货主,将其运单分类出来,便于联系客户,制单报关和送货、转运。

(4)分口岸、内地或区域理单:便于联系内地货运代理和集中转运。

(5)分运费到付、预付理单:便于安全收费。

(6)分寄发运单、自取运单客户理单:便于安排邮寄和接待。

分类理单的同时,须将各票总运单、分运单编上各航空货运代理公司自己设定的编号,以便内部操作及客户查询。

理单人员应将总运单、分运单与随机单证、国外代理先期寄达的单证(发票装箱单、合同副本、装卸、运送指示等)、国内货主或经营到货单位预先送达的各类单证进行逐单审核、编配。经审核、编配,凡单证齐全、符合报关条件的,即可转入制单、报关流程。否则,应与货主联系,催齐单证,使之符合报关条件。

2. 到货通知

从航空运输的时效出发,同时也为了减少货主的仓储费,避免海关滞报金,货物到达目的港后,应尽早、尽快、尽妥地通知货主到货情况,提请货主配齐有关单证,尽快报关。

（1）早:到货后,第一个工作日内就要设法通知货主。

（2）快:尽可能用传真、电话预通知客户,单证需要传递的,尽可能使用特快专递,以缩短传递时间。

（3）妥:一个星期内必须保证以电函、信函形式第三次通知货主,并将货主尚未提货情况告知发货人代理。

到货通知应向货主提供到达货物的以下内容:

（1）运单号、分运单号、货运代理公司编号。

（2）件数、重量、体积、品名、发货公司、发货地。

（3）运单、发票上已编注的合同号,随机已有单证数量,以及尚缺的报关单证。

（4）运费到付数额,货运代理公司地面服务收费标准。

（5）货运代理公司及仓库的地址（地理位置图）、电话、传真、联系人。

（6）提示货主海关关于超过 14 天报关收取滞报金及超过 3 个月未报关货物上交海关处理的规定。

5.2.2.5　制单、报关

除部分进口货物存放在航空公司或机场监管仓库外,大部分进口货物存放于各货运代理公司自有的监管仓库。由于货主的需求不一,货物进口后的制单、报关、运输一般有以下几种形式:

（1）货运代理公司代办制单、报关、运输。

（2）货主自行办理制单、报关、运输。

（3）货运代理公司代办制单、报关后,货主自办运输。

（4）货主自行办理制单、报关后,委托货运代理公司运输。

（5）货主自办制单、委托货运代理公司报关和办理运输。

制单是指按海关要求,依据运单、发票、装箱单及证明货物合法进口的有关批准文件,制作进口货物报关单,以向海关办理申报、查验、征税、放行等手续。

按我国海关法的有关规定,进口货物报关期限如下:自运输工具进境之日起的 14 日内,超过这一期限报关的,由海关征收滞报金。

5.2.2.6　收费、发货

货运代理公司仓库在发放货物前,一般先将费用收妥。收费内容有到付运费及垫付佣金,单证、报关费,仓储费（含冷藏、冷冻、危险品、贵重品特殊仓储费）,装卸、铲车费,航空公司到港仓储费,海关预录入、动植检、卫检报验等代收代付费用,关税及垫付佣金。

除了每次结清提货的货主外,经常性发货的货主可与货运代理公司签订财务付费协议,实施先提货后付款,按月结账的付费方法。办完报关、报验等进口手续后,货主须凭盖有海关放行章、动植物报验章、卫生检疫报验章（进口药品须有药品检验合格章）的进口提货单到所属监管仓库付费提货。仓库发货时,须检验提货单证上各类报关、报验章是否齐全,并登记提货人的单位、姓名、身份证号,以确保发货安全。保管员发货时,须再次检查货物外包装情况,遇有破损、短缺,应向货主做出交代。发货时,应协助货主装车,尤其遇有货物超大超重,件数较多的情况,应指导货主(或提货人)合理安全装车,以提高运输效率,保障运输安全。

5.2.2.7 送货与转运

出于多种因素(或考虑便利,或考虑节省费用,或考虑运力所限),许多货主或国外发货人要求将进口到达货物由货运代理公司报关、垫税,提货后运输到直接收货人手中,提供代理客户制单、报关、垫税、提货、运输的一揽子服务。

1. 送货上门业务

送货上门业务主要指将进口清关后的货物直接运送至货主单位,运输工具一般为汽车。

2. 转运业务

转运业务主要指将进口清关后的货物转运至内地的货运代理公司,运输方式主要为飞机、汽车、火车、水运、邮政。

办理转运业务需由内地货运代理公司协助收回相关费用,同时,口岸货运代理公司亦应支付一定比例的代理佣金给内地代理公司。

3. 进口货物转关及监管运输

进口货物转关是指货物入境后不在进境地海关办理进口报关手续,而运往另一设关地点办理进口海关手续,在办理进口报关手续前,货物一直处于海关监管之下。转关运输亦称监管运输,意即此运输过程处于监管之中。

进口货物办理转关运输必须具备下列条件:

(1)指运地设有海关机构,或虽未设海关机构,但分管海关同意办理转关运输,即收货人所在地必须设有海关机构,或邻近地区设有分管该地区的海关机构。

(2)向海关交验的进境运输单证上列明到达目的地为非首达口岸,需转关运输。

(3)运输工具和货物符合海关监管要求,并具有加封条件和装置。海关规定,转关货物采用汽车运输时,必须使用封闭式的货柜车,由进境地海关加封,指运地海关启封。

5.3 铁路段业务组织

5.3.1 国际铁路货物联运的条件

5.3.1.1 国际铁路货物联运的范围

(1)参加《国际铁路货物联运协定》国家的铁路间或适用此协定国家的铁路间的货物运送。

参加或适用《国际铁路货物联运协定》(以下简称《国际货协》)各铁路间的货物运送流

程为:是从发站以一份运送票据为凭证,由铁路负责直接或通过第三国铁路将货物运往最终到站,并交付给收货人。

由于《国际货协》参加国的铁路轨距不同或铁路互不连接,因此联运货物的运送方式也不同。

① 在相同轨距的各国铁路之间,可用发送国车辆直接过轨,货物在国境站不需要换装就可以直达运送。

② 在不同轨距的各国铁路之间,由接收路准备适当车辆,货物在国境站换装或更换货车车辆轮对后继续运送。

③ 在铁路不连接的《国际货协》参加国或适用国的铁路之间,其货物运送可以通过参加国或适用国铁路的某一车站予以转运。如阿尔巴尼亚与其他协约国的铁路不连接,参加或适用《国际货协》国家的各铁路向该国发运的货物,可以通过匈牙利的布达佩斯站或东欧某国家的铁路车站,由发货人或收货人委托的代理人领取后,用其他运输工具继续运往阿尔巴尼亚。

(2)参加与未参加且不适用《国际货协》国家铁路间的货物运送。

从参加《国际货协》国家的铁路向未参加《国际货协》国家的铁路运送货物时,发货人在发送路使用《国际货协》票据办理货物发运,货物运送至参加《国际货协》的最后一个过境铁路的出口国境站,在该国境站,由国境站站长或与发货人、收货人预先签订收转合同的委托代理人负责办理转发送手续,国境站站长或相应的收转代理人根据运送票据上的相关记载,以发货人代理人的身份,使用符合接续施行的国际公约或相关运输法规的运输票据,将货物转发至最终到站。

由未参加《国际货协》国家的铁路向参加《国际货协》国家的铁路运送货物时,其办理流程与上述情况相反,即从未参加《国际货协》国家的铁路出发,最终通过参加《国际货协》国家的国境站进入目的地国家。

5.3.1.2 过境铁路货运运送

1. 我国出口过境其他国家铁路的货物运送

(1)通过罗马尼亚、保加利亚向土耳其或希腊运送货物时,用《国际货协》的运送票据办理至保加利亚出口国境站斯维伦格勒或库拉塔。继续运送时,由国境站站长或代理人办理转发送,可分别通过土耳其的国境站季克亚车站运至土耳其或通过希腊的国境站普罗马洪车站进入希腊。

(2)通过乌兹别克斯坦和土库曼斯坦向阿富汗运送货物时,用《国际货协》的运送票据办理至乌兹别克斯坦的捷尔梅兹的加拉巴境站,通过阿富汗的海拉顿国境站进入阿富汗铁路,或通过土库曼斯坦的库什卡国境站,经阿富汗图尔贡季车站,继续运送,可由乌兹别克斯坦加拉巴国境站站长或土库曼斯坦库什卡国境站站长,或收、发货人委托代理人办理转发送。

(3)通过俄罗斯向芬兰等北欧国家运送货物时,用《国际货协》的运送票据办理至俄罗斯的出口国境站鲁瑞卡或维亚尔戚利亚。继续运送时,由国境站站长或发、收货人委托代理人办理发送,通过芬兰的瓦伊尼卡拉车站或尼依腊拉车站进入芬兰。芬兰、瑞典和挪威都是参加《国际货约》的国家,也可以用《国际货约》的运送票据,通过芬兰铁路将货物运送至芬兰或瑞典、挪威各国。

(4) 通过匈牙利向南斯拉夫、奥地利、瑞士、意大利、法国以及西班牙、葡萄牙等南欧、西南欧诸国运送货物时,用《国际货协》的运送票据办理至匈牙利的出口国境站杰肯尼什或姆拉开列斯吐尔车站。继续运送时,由国境站站长或代理人办理转发送,通过南斯拉夫的科普利夫尼查或科托利巴国境站进入南斯拉夫。货物用《国际货协》的运送票据办理至匈牙利国境站肖普朗或赫杰什霍洛姆车站。继续运送时,可由奥地利国境站尼克尔斯多夫车站进入奥地利,进而可能运至瑞士、意大利等国。通过这些参加《国际货协》国家的铁路,转运至法国、西班牙和葡萄牙等南欧、西南欧诸国。

(5) 通过波兰、斯洛伐克向德国、荷兰或比利时、法国运送货物时,用《国际货协》的运送票据办理至波兰出口国境站库诺维策,或者办理至斯洛伐克国境站赫布或多马日利策。若继续运送时,由国境站站长或代理人办转发送,通过德国国境站法兰克福、希恩了或富尔特和瓦尔德进入法国。若继续运送,则可通过德国参加《国际货协》的运送票据运送至荷兰、比利时、法国等诸国。

我国目前发货人委托有资质的国际货运代理公司及其边境口岸公司等办理过境俄罗斯、蒙古、哈萨克斯坦等铁路和其他国家铁路的货物运输。过境上述国家铁路的货物运输,必须委托中方国际货运代理公司办理。凡过境上述国家铁路的货物运输,发货人在发站办理托运手续时,必须在运单发货人的特别声明栏内注明所委托的能办理国际铁路货物运输的中方货运代理公司的名称,并在该栏内加盖该代理公司的专用戳记。发站在办理国际铁路货物联运时,应核对该栏所记载的事项,如发现不符合上述规定,应一律拒绝承运。

我国发运过境蒙古到达俄罗斯的货物,发货人或其代理人应在运单内记载蒙铁过境运费由蒙铁路运输公司清算,或蒙铁过境费由蒙古图中公司清算,或乌兰巴托铁路局运输代理中心字样,并填写蒙铁俄文简称。我国发运过境俄罗斯铁路及其以远的货物时,发货人或其代理人应在运单内记载俄铁代理公司名称、代号及俄铁俄文简称。我国发往过境哈萨克斯坦铁路及其以远的货物时,发货人或其代理人应在运单内记载哈铁委托的代理公司名称、代号及俄铁俄文简称。

2. 其他国家铁路过境中国铁路的货物运送

其他国家铁路过境我国铁路的货物运送,必须委托可办理国际铁路货物联运的国际货运代理公司办理。我国进口国境站应认真检查运单内是否记载中方的国际货运代理公司。如未记载,则不予办理接运。

5.3.1.3 通过港口的货物运送

我国铁路可通过爱沙尼亚铁路及其港口塔林,或拉脱维亚铁路及其港口里加,或波兰铁路及其港口格但斯克、格丁尼亚、什切青往芬兰、瑞典、挪威和丹麦等国发运货物;参加或适用《国际货协》的国家通过我国的铁路及大连港、天津(新港)港、青岛港等港口往日本、韩国等国及相反方向运送货物时,发站(或到站)与港口间用《国际货协》运单办理,并在运单到站栏中注明货物的最终到达国家和到站,在运单收货人和通信地址栏中注明港口转发运代理人及通信地址,由发货人或收货人委托的代理人在港口站办理转发送。在运单发货人特别声明栏内注明货物最终收货人及通信地址。

5.3.1.4　我国过境朝鲜铁路的货物运输

(1) 自我国经由集安国境站过境朝鲜铁路向云峰发电厂及相反方向运送的货物。云峰发电厂是中朝合办,在中方国境线一侧。自我国经由集安国境站过境朝鲜铁路向云峰发电厂及相反方向运送的货物,视为国际铁路联运货物,根据《中朝议定书》附件 7,按《国际货协》的规定办理。发货人应按每一货物运单填制中华人民共和国经朝鲜社会主义人民共和国过境转运清单一式 4 份,没有随附清单的货物,发站拒绝承运。

运单的到站和返程的发站,填写为朝鲜铁路的云峰,收货人和返程的发货人栏内须注明云峰发电厂专用线自卸或自装字样。

中国铁路运送费用,按国内货物运价规则计算;朝鲜铁路满浦国境线至云峰国境线间的过境里程为 51.5 km,其过境运送费用(包括验关费)按统一过境运价规程计算。上述国内和过境运送费用,往云峰发电厂发货时,在发站向发货人核收,相反方向运送时,在到站向收货人核收。

(2) 自中国通过图们国境站过境朝鲜铁路经山清津东港站运送的中国进出口货物。自中国通过图们过境朝鲜铁路运送中国的进出口货物根据《中朝议定书》附件 13,按《国际货协》的规定办理。朝鲜铁路的发站或到站为清津东港站,发货人或收货人为清津贸易支社。

朝鲜铁路南阳国境线至清津东港站的过境里程为 177 km。各发站和出口国境对装运上述货物的车辆,应尽量连挂在一起。过境朝鲜铁路运送费用的计算、核收办法按上述(1)中的规定办理。

5.3.1.5　国际铁路货物联运的办理种别

根据《国际货协》第 8 条的规定,国际铁路货物联运的办理种别分为整车货物、零担货物和大吨位集装箱货物。

1. 整车货物

凡按一份运单托运的,按其体积或种类需要单独车辆运送的货物,即为整车货物。《国际货协》第 8 条第 2 项规定,按一份运单可以作为整车货物承运的如下:重量或体积不超过车辆最大载重量或车辆容积的货物;需要两辆或两辆以上连挂车辆运送的货物。

根据发货人的书面申请,如参加运送的各铁路均表示同意,则准许按一份运单办理同一到站、同一收货人,装有同类货物(矿石、煤炭等)的直达车组的运送。在这种情况下,发货人必须将必要事项记入附件 13.1 按一份运单直达运送的车辆清单中,并根据附件 13.2 连同运单一起提出必要份数的清单。清单应严格根据按一份运单直达运送的车辆清单填写说明(附件 13.2)填写。一份清单应随附运单副本(运单第三联)退还发货人。在运单车辆标记载重(t)轴数和自重各栏内,发货人应注明见"所附清单"。

中俄铁路间经由满洲里或绥芬河国境站运送的整车货物重量不应超过 63 t,用机械冷藏车(车组)运送的货物,每车重量不应超过 44 t;中哈铁路间经由阿拉山口国境站运送的整车货物重量换装时不应超过 63 t,换车辆转向架时不应超过 66 t;中越铁路间运送的整车货物,按一车一票办理,对跨装、爬装及使用游车的货物,准许按每一车组(不超过 5 辆)为一票运送。

我国《铁路货物运输规程》(简称《货规》)第 4 条规定,一批货物的重量、体积或形状需要以一辆以上货车运输的,应按整车托运。下列货物不得按零担办理托运:需要冷藏、保温或加温运输的货物;规定限按整车办理的危险货物;易于污染其他货物的污染品;蜜蜂;不易计算件数的货物;未装容器的活动物;一件重量超过 2 t,体积超过 3 m² 或长度超过9 m的货物。

2. 零担货物

凡按一份运单托运的货物,其重量不应超过 5 000 kg,且按其体积或种类不需单独车辆运送,即为零担货物。根据参加运送各铁路间的商定,总重量超过 5 000 kg 的货物,如按其体积不需要单独车辆运送,则准许按零担物条件运送。

但在具体办理国际铁路联运的零担货物运送时,还应满足有关国家铁路办理条件的具体要求。

(1)中朝铁路间零担货物的运送。中朝铁路间根据《中朝议定书》的规定,运送一批重量超过 5 000 kg,或一件重量不足 10 kg,体积不小于 0.01 m² 的货物,也可以按零担物运送。但每批零担货物重量不得超过 29 t,体积不得超过 62 m²,件数不超过 300 件。每件货物重量超过 2 t 时,应使用敞车、平车、沙石车装运;2 t 以下的货物,不受车种限制。

(2)中越铁路间零担货物的运送。中越铁路间根据《中越议定书》的规定,运送一批重量超过 5 000 kg,但体积不超过 32 m²,或一件重量不足 10 kg,但其体积不小于 0.01 m² 的货物,如不需要单独车辆运送时,也可按零担货物承运。

(3)中国与蒙古、俄罗斯铁路间的零担货物的运送。中国与蒙古、俄罗斯铁路间经由满洲里或绥芬河国境站零担货物的运送,一批货物重量不超过 20 t,体积不超过 60 m² 时,允许按一张运单的零担货物运送。当一件货物重量不足 10 kg 时,其体积需超过0.1 m²。

(4)中国经蒙古、俄罗斯至东欧各国铁路间的零担货物运送。由中国经由蒙古、俄罗斯发往东欧各国铁路间的零担货物,若一批货物重量超过 5 000 kg 的,如果不需要单独车辆运送时,应分成不超过 5 000 kg 的数批,按零担办理。一件货物重量不足 10 kg 时,其体积需超过 0.1 m³。

(5)中哈两国铁路间的货物运送。中哈两国铁路间暂不办理经阿拉山口国境站的中哈铁路零担货物运送。

3. 大吨位集装箱货物

按一份运单用大吨位集装箱托运的货物,不是整车货物,而是大吨位集装箱货物;按一份运单用大吨位集装箱托运的总重量在 5 000 kg 以内的货物,不是零担货物,而是大吨位集装箱货物。所以,凡按一份运单托运的,用大吨位集装箱运送的货物或空的大吨位集装箱,即为大吨位集装箱货物。

根据我国《铁路货物运输规程》第 5 条的规定,零担货物或使用集装箱运输的货物,以每张货物运单为一批。使用集装箱运输的货物,每批必须是同一箱型,至少一箱,最多不得超过铁路一辆货车所能装运的箱数。

下列货物不得按一批托运:易腐货物与非易腐货物,危险货物与非危险货物,根据货物的性质不能混装运输的货物,按保价运输的货物与不按保价运输的货物,投保运输险货物与未投保运输险货物,运输条件不同的货物。

另外,货物的办理种别按运送速度又可分为慢运、快运和整车随旅客列车挂运。

5.3.1.6　国际铁路货物联运的运输限制

1. 不准运送的货物

根据《国际货协》第 4 条的规定,下列货物在国际铁路直通货物联运中不准运送。

(1) 应当参加运送的铁路的任一国家禁止运送的物品。

(2) 属于应当参加运送的铁路的任一国家邮政专运物品。

(3) 炸弹、弹药和军火,但用作狩猎和体育的除外。

(4) 爆炸品、压缩气体、液化气体或在压力下溶解的气体、自燃品和放射性物质(指《国际货协》附件 2 危险货物运送规则各表中未列载的)。

(5) 一件重量不足 10 kg,并且体积不超过 0.1 m^2 的零担货物(中朝、中越的具体运送规定除外)。

(6) 在换装联运中使用不能揭盖的棚车运送的 1 件重量超过 1.5 t 的货物。

(7) 在换装联运中使用敞车类货车运送的 1 件重量不足 100 kg 的零担货物,但不适用于《国际货协》附件 2 危险货物运送规则规定的 1 件重量不足 100 kg 的货物。

(8) 用棚车运往伊朗的货物,每件超过 500 kg(成卷纸张每卷超过 1 000 kg)。

在履行运输合同期间,如发现承运了不准运送的物品,尽管名称正确,也应将这项货物截留,并按截留国家的国内法令和规章处理。

2. 不准在一辆车内托运和承运的货物

(1) 数批整车货物。

(2) 整车货物与一批或数批零担货物。

(3) 整车货物与大吨位集装箱货物。

(4) 大吨位集装箱货物与一批或数批零担货物。

3. 不准按一份或数份运单在一辆车内混装运送的货物

(1) 一种易腐货物与照管方法不同的其他易腐货物。

(2) 按照《国际货协》附件 4 易腐货物运送规则规定需要遵守保温制度或特殊照管的易腐货物与非易腐货物。

(3) 危险货物以及按照《国际货协》附件 2 危险货物运送规则规定的禁止与之在一辆车内混装的其他货物。

(4) 发货人装车的货物和铁路装车的货物。

(5) 根据发送路国内规章规定不准许在一辆车内混装运送的货物。

(6) 堆装运送的货物与其他非堆装货物。

5.3.2 国际铁路货物联运出口业务组织

5.3.2.1 国际铁路联运出口货物的托运

1. 对货物托运的有关要求

（1）对货物的要求。货物的品质、规格、数量必须严格按照合同的约定。凡需要商品检验和检疫的商品，应及时做好报验工作。货物托运时应认真过磅，细致查点件数，并将重量和件数正确记载在运单上。

使用敞车类货车运送不盖篷布或苫盖篷布而不加封印的整车货物，若总件数不超过100件时，发货人必须在运单上记载货物的件数和重量；若货物总件数超过100件，只记载货物的重量，在运单件数栏内记载堆装字样。

（2）对货物包装的要求。货物的包装应能充分保证可以防止货物在运送中灭失和腐坏，防止毁损其他货物和运输工具、包装以及可能伤害人员。危险货物应按《国际货协》附件2危险货物运送规则的条件包装。如用纸箱包装的货物，应在箱面和箱底沿中缝加贴牛皮纸或胶条；用麻布（或白布）包装的出口货物，发货人应做到包装完整清洁，包件捆紧，发运时应根据车辆情况妥善衬垫；装载两层以上的桶装货物，发货人应在各层货物之间用垫木或其他适当的衬垫物妥善衬垫，以防止包装磨损或擦破，导致货物撒漏。

货物的内外包装材料及衬垫，一般不准使用蒿秆、叶子、稻草、谷草、草绳、草袋、麦秸等农作物及其组成部分。如必须使用时，应附有植物检验证书。

在运单的件数栏内，发货人应用分数注明货捆总数（分子）和这些货捆中的货件总数（分母）；在运单包装种类栏内注明货捆（分子）和货捆中货物包装的种类（分母），如货物没有包装，则注明无包装。

（3）对货物标记和表示牌的要求。货物标记和表示牌是为运送货物提供方便，便于识别货物，以利于装卸和收货人提货，所以发货人应在货件上做字迹清晰、不易擦掉的标记，或拴挂货签。对整车货物（堆装货物除外），应在靠近车门的货件上做标记，每车不少于10件。对零担货物，应在每件货物上做标记。托运家庭用品时，还应将记有标记内容的卡片放入每一货件内。拴挂货签时，货签应用坚韧材料（木板、金属板、胶合板或坚固的纸）制成，以保证在长途运输中不致脱落。

标记应有下列内容：每件的记号和号码，发送路和发站，到达路和到站，发货人和收货人，零担货物件数，运输号码（运单号）。这些内容应与运单记载一致。

如运送某些要求采取特殊防护的货物，发货人应在每个货件上做关于小心对待的标记或粘贴《国际货协》附件6货件、车辆、集装箱和运单上的标识牌，以及货件上的标记规定格式的标识牌。

标记应用发送国文字书写，并译成俄文，表示牌上的记载用发送国文字和俄文印刷。发货人根据需要，也可加附贸易合同用的文字。由中国发往朝鲜、越南的货物，可不附俄文译文。货件上不应有旧的标记或表示牌，以及与运输无关的字、画，发站检查发现时，应要求发货人除掉。

（4）货物的声明价格。发货人在托运货物时声明价格,其目的在于保障货物发生货损货差时,能够得到铁路按照货物声明价格的全部赔偿。按《国际货协》的规定,发货人在托运下列货物时,应声明货物的价格:金、银、白金及其制品,宝石,贵重毛皮及其制品,摄制的电影片,画,雕像,艺术制品,古董,家庭用品。

家庭用品也可不声明价格,但发货人必须在运单发货人的特别声明栏内注明不声明价格,并签字证明。

托运其他货物,根据发货人的要求,也可声明价格。当有声明价格的所运货物灭失、短少时,承运人应按声明价格,或相当于货物灭失部分的声明价格的款额向发货人或收货人赔偿。

2. 货物托运和承运的一般流程

货物的托运与承运的过程即为托运人(发货人或其代理人)与承运人(铁路)缔结运输合同的过程。托运是发货人或其代理人向铁路承运人提出委托运输的行为,承运则是铁路承运人接受托运人所提出的货物运输委托的行为。

（1）整车货物运输的托运和承运。托运人在托运货物时,首先准备好托运的货物,对需要办理检验检疫的货物,办理好出口检验检疫手续,应向发货车站提交《国际货协》采用的货物联运运单和运单副本,以此作为货物托运的书面申请。车站接到运单后,应进行认真审核,检查是否有批准的月度、旬度货物运输计划和日要车计划,检查货物运单上填写的各项内容是否正确和完善。如确认可以承运,车站在运单上登记货物应搬运进入车站的日期和装车日期,即表示车站已受理托运。托运人按签证指定的日期将货物搬入车站或指定的货位,并经发货车站根据货物运单的记载查对核实货物,认为符合《国际货协》和有关规章的规定后,车站接收货物并予以承认,开始负保管责任。货物装车后,托运人向发货车站交付运杂费用,发货车站在运单上加盖承运日期戳时起即为承运。

需要在货物发运地办理海关报关手续的货物,托运人在装车前办理海关报关手续,装车时请海关验货监装、施封。在国境站需核装而又要采用特种平车装运的货物或专用罐车装运的化学货物,需在取得有关国家铁路同意后才能受理和承运。

（2）零担货物运输的托运和承运。零担货物的托运与整车货物不同,发货人在托运时,不需要编制月度、旬度要车计划,凭运单直接向车站申请托运。车站受理托运后,托运人应按登记指定的日期将货物搬运进货场,送到指定的货位上,经查验、过磅后,即交由铁路车站保管。车站将托运人托运的货物,连同货物运单一同接收完毕,发货人按运单记载向车站交付运输费用,车站在货物运单上加盖承运日期戳记并退回运单副本时,即表示货物业已承运。

托运、承运完毕,以运单为具体表现的国际铁路货物运输合同已成立并生效,即表示铁路负责运送货物开始,承运人从此对托运人托运的货物承担保管、装、发运,并将货物运送到指定目的地的一切责任。

5.3.2.2　国际铁路联运货物装车和车辆施封

1. 货物装车

（1）对使用车辆的要求。对国际铁路联运货物,铁路必须拨配技术状态良好、车体完整、清扫干净的货车。装车单位应对此进行检查,不合格的货车严禁使用。出口和过境运往朝鲜、越南的货物使用的货车应带有 MC 标记,并应符合中朝、中越铁路联运准轨货车的补充技术条件。

装车前,装车单位应复查车体是否完整、良好,定修、定检是否过期,如发现有下列不良情况时不准使用:

① 车体不良。车体侧端板、顶板、地板不良,或车窗、车门及其配件不良,能自动开启或可能在途中脱落,致使货物可能遭受毁损或灭失。

② 车体涨出。棚车每侧超过 50 mm,敞车每侧超过 75 mm。

③ 发往朝鲜、越南的货车,定修、定检过期或预计到达出口国境站过期。

装车前,装车单位还应对货车的清洁状态进行检查。如检查发现车辆不净或车厢内外粘贴、涂写和残存有与运货无关的字、画和报纸时,车站应负责彻底清除后再装车。装过肉、鱼的车辆应进行洗刷,装过动物和恶臭货物,或能引起传染病货物,以及毒品的车厢,应彻底洗刷消毒。如由发货人装车,则发货人必须确认车辆是否适用于运送该种货物。

(2) 货车的配载与使用。

① 棚车的使用和配载。棚车有顶盖和四壁,有门、窗能启闭,对货物运送比较安全。装棚车的货物每件包装不宜过长、过大、过重,一般每件以重量不超过 250 kg 为宜,以利装卸。我国目前以 60 t 棚车和 50 t 棚车为多,因此应根据运输货物的数量,尽可能选用 60 t 或 50 t 的棚车。在配载货物时,应先利用货车的容积和载重量。在安排货车的容积时,应根据每件货物的大小和车棚长、宽、高尺寸,进行正确合理的计算,保证货物如数装载而不浪费运力。必要时,应制定货物装载方案,并绘制装载示意图,作为装车时参考的依据。各发站和进口国境站装运出口和过境的怕湿货物,必须使用棚车,严禁以其他车种代用。中朝间运送粮谷、水泥、化肥、食品类、棉花及棉制品、药材、烟叶、盐、重烧镁和其他怕湿货物,必须使用棚车装运。

② 敞车的使用和配载。敞车主要装运不怕受潮的货物。对于不能装棚车的货物,加盖篷布,采取防潮、防盗等措施能保证货物安全的,也可使用敞车装载。我国现在 60 t 和 50 t 的敞车较多。对于煤、焦炭和未加包装的矿石等散堆装的粗杂货物,必须使用敞车装运。装敞车的散件货物,对于需要很长时间才能承运、装车和换装的成件货物,如钢材、钢管等,应尽可能捆扎或包装成较大货件,但每车不超过 100 件。敞车货物的配载,也应充分利用货车的容积和载重量,在保证货物安全运送的前提下尽量满载,但装载不得超过车辆的限界。从中国运往俄罗斯的大豆和玉米,在下列期限内可使用清扫干净的敞车苫盖良好篷布装运:经满洲里站从 10 月 1 日至翌年 6 月 1 日,经绥芬河站从 10 月 1 日至翌年 5 月 1 日。上述期限均从货物承运之日算起。

③ 平车的使用与装载。我国现有平车以 60 t 为多,30 t 次之。平车用于敞车装卸有困难的长大、笨重超限的货物的装运,对于汽车、拖拉机、工程机械、桥梁等金属结构物件以及其他裸体机械,一般装平车为宜。对于需要跨装、爬装及使用游车运输的货物,则必须使用平车。运送大吨位集装箱和超重大件,则必须使用专用平车或大吨位的平车。用平车运输的货物,其重量不得超过车辆的载重量,其高度、宽度均不得超过车辆的限界。

（3）请车和拨车。由铁路负责装车的货物，有关请车和拨车均由铁路自行办理。

由发货人负责装车时，不论是在车站的货场内装车，还是在专用线装车，发货人都应按铁路批准的发车计划，根据货物的性质和交货数量，向车站请拨车辆。发货人要正确合理地选择需要的车种和车辆吨位，尽量做到车种适合货种，车吨配合货吨，并在保证货物和车辆安全的前提下，充分利用车辆的载重量和载货容积，以提高车辆的利用率。铁路在货车调送到装货地点或车辆交接地之前，应将送车时间通知发货人。在专用线装车时，发货人应在货车调送前一日将货物搬至货位，并做好装车前的一切准备。发货人应根据铁路送车通知按时接车，在铁路规定的时间内完成装货工作，并将装车完毕时间通知车站，按时交车。

（4）车辆的载重量。车辆只能装到最大载重量，超过最大载重量时即为超载。中、朝、越铁路货车，以标记载重量加 5％ 为最大载重量；俄、蒙、哈铁路货车，以两轴车标记的载重量加 1 t，四轴车加 2 t 为最大载重量；如车辆上有两个载重量时，则较大的数字为最大载重量。

发站装货不应超过标记载重量。由于货物包装、防护物的重量影响净重的成件货物的重量，装车后减吨困难时，才允许装到最大载重量。

标有禁增字样的车辆，只能装到标记的载重量。

（5）我国铁路发站装车的有关规定。我国铁路为发站时，货物的装车按下列规定办理：

① 用棚车类货车运送时，按我国现行的国内规章办理。

② 用敞车类货车运送时，装载加固按我国国内规章办理，暂不执行《国际货协》附件 14 敞车类货车货物装载和加固规则的规定。

③ 我国运往朝鲜的货物的装载高度，由轨面起中心高度不得超过 4 700 mm（该处宽度一侧不得超过 540 mm），原木不超过 4 300 mm，而不受《国际货协》规定的限制。

④ 中朝铁路各发站和中国进口换装站，对敞车类货车装载不超过 100 件的货物，在装车和换装时，应装载整齐，便于查点件数。

⑤ 对机械类和带轮的笨重货物，应使用木底车装运（使用木材包装时，可使用铁底车装运），并用铁丝、麻绳类捆绑牢固。对一件货物跨装于两辆车时，应将货车上的连接器提钩杆用铁丝捆绑。

2. 车辆施封

货车车辆施封是保证货物运输安全的一项重要措施，其目的是分清铁路与发、收货人之间，以及铁路内部站与站、局与局之间的相互责任。为此，《国际货协》第 1 号附件第 3 章第 10 条规定：仅对带有施封装置的车辆、多式运输单元和汽车运输工具的构造孔口施封。

车辆施封时，应使用只在毁坏后方能启下的封印，并应以不毁坏封印就不能触及货物的方法施封。

如由发货人对车辆施封，则封印上应有下列清楚的印记：车站名称（必要时，可用简称）、施封的年月日或封印记号、发货人简称。

此外,发货人的封印上可载有发送路简称。发货人也可委托铁路施封,此时发货人应在运单铅封栏内注明委托铁路施封字样,由铁路以发货人责任施封。

由铁路对车辆施封时,封印上也应有上述印记。但为了代替发货人简称,封印上应有发送路简称或封车钳子号码(如封印上无封印记号)。

车辆应由谁(铁路或发货人)施封,应按发送路现行的国内规章的规定办理。

对于出口货物和换装接运的过境货物,各发站和进口国境站必须用 10 号铁丝将车门的上部门扣和门鼻拧紧,在车门的下门扣处施封。

5.3.2.3 国际铁路联运出口货物国境站的交接

1. 国境站的有关机构及职能

凡在相邻国铁路的连接点办理由一国铁路向另一国铁路移交或接收货物和机车车辆作业的车站,称为国境站。国境站是国家对外开放的口岸,是铁路办理对外运输的场所,所以也称为国境交接站、国境口岸。

国境站除办理一般车站的货运、装卸、机车整备及运转外,主要办理与邻国铁路货物与机车车辆的交接、国际联运票据的处理、货物运送费用的计算和复核等作业。在与邻国不同轨距铁路相连的国境站,还有货物的换装或换装转向架的作业。两邻国国境站间的运输作业,主要根据《国际货协》及相关文件,以及双方铁路所签订的《国际铁路协定《国际会议议定书》和其他国际联运的有关规章进行。为了保证两国国境站间运输工作的正常进行,双方国境站站长按月或季度定期举行会议,交换国境站的工作情况和协商处理存在的问题,并共同议定改进措施,也可根据需要举行临时性会议或通话。我国为加强和规范对国境站的管理,铁道部在 1995 年专门制定了《国际铁路货物联运口岸管理办法》。

国境站的主要作业是办理两相邻国家铁路间车(机车车辆)、货(国际联运货物)、票(国际联运运送票据)、证(随附单证)的交接。除设置一般车站应设的机构外,还设有国际联运交接所、海关、检验检疫、边防检查站,以及国际货运代理公司的分支机构等单位。因此,国境站是一个由当地政府领导的口岸管理委员会或办公室来组织、协调的联合办公的组织机构。

(1)国际联运交接所。国际联运交接所简称交接所,它是国境站的内部管理机构中具体负责与邻国铁路进行交接作业的部门,在国境站站长的直接领导下,代表本国铁路与邻国铁路具体办理车、货、票、证的交接作业。交接所内有所长、国际联运值班员、交接员和翻译等人员,同时还需有派驻对方国境站的驻外人员。交接所根据《国际货协》及各项规章的规定执行下列任务:

① 办理货物、车辆、运送用具的交接工作。
② 办理各种交接单证、运送票据、商务记录的编制、翻译和交接工作。
③ 计算国际联运货物运到期限、过境铁路运费和在国境站发生的杂费。
④ 与国境站各单位分工协作,对货物和票据进行检查,处理货物交接中发生的问题。
⑤ 组织邻接国家间的铁路货车衔接,缩短货物和车辆的停留时间和交接时间。
⑥ 与发到站联系,解决车、货、票、证方面存在的问题。

（2）海关。海关是代表国家贯彻执行有关进出口政策、法律、法令，在口岸行使监督管理职权的机关。

《中华人民共和国海关法》规定，为了维护国家的主权和利益，加强海关监督管理，促进对外经济贸易和科学文化交往，保障社会主义现代化建设，海关负责对进出国境货物、货币、金银、邮递物品、旅客行李、运输工具及其服务人员所带物品征收关税和其他税、费，查缉走私，进行监督管理。

国境站海关对进出口货物，除具有经批准免检的证明以外，都必须逐批查验，货物所有人或其代理人应向海关如实申报，按规定交验有关单证和文件，海关审核后凭以验放。在海关查验期间，未经海关许可，列车不准移动、解体或调离，车上人员不得离开，以保证海关监管任务的执行。

（3）进出口商品检验检疫所。国家进出口商品检验机构在 1999 年国务院机构改革以前，在边境口岸设有进出口商品检验所、动植物检疫所、食品卫生检验所，分属国家进出口商品检验局、农林部和卫生部领导。1999 年，国务院机构改革后，三者合并成立了国家出入境检验检疫局，各省市的检验检疫机构也相继进行了合并。

原进出口商品检验所是负责进出口商品检验的国家行政管理机关，主要任务是贯彻执行国家的有关方针、政策和法令，并对进出口商品实行品质管理，负责进出口商品检验，办理有关公证鉴定业务。因此，凡属国家实施法定检验的进出口商品，以及根据国际贸易合同约定应由商检局（所）鉴定的进出口货物，必须向商检部门办理报验手续，经检验合格后颁发检验合格证书，才能出口或进口。同时还接受收、发货人或其代理人委托，进行各项公证鉴定业务。

原动植物检疫所是实施动植物检疫的国家行政管理机关，根据国家的有关规定，统一办理我国进出口的动植物、动植物产品及其运输工具等的检疫和监督检疫处理。凡列入应施检疫范围的进出口的动植物、动植物产品及其运输工具等，必须经过检疫，才能进出国境。

原食品卫生检验所是国家的卫生行政管理机关，负责卫生检验和对车船、货场、仓库的食品卫生及环境的卫生监督，并向收发货人或其代理人签发《卫生检验报告》，对外出具《卫生检验证书》。

（4）边防检查站。边防检查站是公安部下属的国家公安机关，其职责是执行安全保卫工作，负责查验出入国境的列车、机车、列车服务人员以及随乘人员的进出境证件、行李物品。

我国在各个国境站地区设有对口岸行使综合管理和协调职能的口岸管理委员会，受所在省、自治区口岸管理委员会和国务院口岸办公室领导，其主要职能是协调各部门的管理，保证口岸畅通。

开展国际铁路货物联运和过境货物运输代理业务的国际货运代理公司，在国境站设有子公司、分公司或办事处，承办各种进出口货物的铁路发送、转运、联运、口岸交接、分拨、报关、报验和集装箱中转、过境运输，以及拆箱、装箱等业务。

2. 国际铁路联运出口货物在国境站的交接流程

国际铁路联运出口货物在国境站交接的一般流程如下：

（1）铁路联运出口国境站货运调度根据国内前方车站列车到达的预报，通知交接所和海关做好接车的准备工作。

（2）出口列车到达口岸站后，铁路会同海关接车，并将随列车带来的运送票据送交接所处理，在发站已报关完毕的货物车辆接受海关的监管。

（3）铁路货运员检查装载货物车辆的铁路铅封是否完好，货物装载状态是否正常，以及货物有无破损。海关人员对在发站已报关完毕的货物车辆，检查其海关关封是否完好。

（4）在口岸站办理出口货物报关手续的货物车辆，在办好报关、检验检疫手续后，接受海关的监管。

（5）交接所由铁路、海关、边检、口岸的货运代理公司进行联合办公，按照业务分工协同合作。铁路主要负责整理、翻译运送票据，编制货物和车辆交接单，作为向邻国铁路办理车辆和货物交接的原始凭证。海关根据申报，查验单、证、货是否相符，符合国家法律、法规和政策的规定，即准予解除监管，通关放行。边检查验出国境列车、机车及列车服务人员和司乘人员的进出境证件。货运代理公司负责审核货运单证，纠正出口货物单证差错，处理运输事故，向委托人提供货物信息。

（6）我国与邻国的国境站铁路互派交接所工作人员，进行双方业务联系，以加快货物在国境站间的交接、运送速度。

（7）办理完货物和车辆出口手续，并经海关验放后，根据两国国境站间列车运行的规定，铁路将车辆编组运送到邻国国境站。

（8）出口货物到达邻国国境站，邻国铁路和海关同意接收货物后，即表示该批出口货物的口岸交接手续办理完毕。如果邻国国境站铁路和海关因某种原因不接车或将货物车辆退回，则我国国境站还需通过货运代理人通知货主，补齐有关手续后，再与邻国国境站办理交接。

3. 铁路联运出口货物交接中的有关问题

（1）出口货物票据的处理。铁路联运出口货物运抵国境站后，全部运送票据由交接所审核、翻译，移交口岸货运代理公司审核。单证审核时，依据运单内容，审核出口货物报关单、装箱单、检验检疫证书等随附单证各项记载的项目是否齐全、正确，三单是否一致，经审核无误方可核发货物。如果出口单证的项目有遗漏或记载错误，份数不足，均应按运单记载订正或补制。如运单、出口货物报关单、检验检疫证书三者所列项目不符时，需要订正或更改运单项目，由国境站联系发站并按发站通知办理；如需要订正或更改商品检验检疫证书、品质证明书或动物检疫证书时，应由出证单位通知国境站检验检疫部门办理；海关查验实物，发现货物与单证不符时，应根据贸易合同和有关资料进行订正，必要时联系发货人，根据其函电通知订正、补充。

（2）检验检疫与通关。单证经审核无误或改善后即可作为向海关办理出口货物报关手续的依据。按照海关总署的规定，各地海关只要与口岸海关办理了海关内部的业务手续，就可以在货物发送地办理报关、报验手续。一般出口的集装箱货物和棚车装载的整车货物均可在发站办理报关手续，敞车装运的货物和棚车装运的零担货物一般在出口口岸站办理报关手续。

需要在国境站报关的货物，在货物发运前，发货人应填制出口货物报关单。铁路车站在承运货物后,即在出口货物报关单上加盖站戳,并与运单一起随货同行,以便在国境站向海关办理申报。

需要办理商检的货物,要向当地出入境检验检疫局办理商品检验检疫手续,以确定货物品质、规格、重量和体积,并取得商品检验证书或工厂出具的检验证书。需要办理卫生检疫的货物,要向检验检疫部门办理检疫手续,取得检疫证书。上述检验检疫证书在发站托运货物时,须与运单、出口货物报关单一并随车同行,并在运单发货人添附的文件栏内填写随运单同行的单证、文件的名称和份数。国境站由海关凭检验检疫部门签发的证书执行监督,查证放行。需要在国境站报关、报验的货物,审核无误的运送单证,货运代理将出口货物明细单截留三份,易腐货物截留两份,然后送各联检单位审查放行。属退税货物,须提供三份报关单,海关盖有申请出口产品退税联印章的一份报关单,盖海关验讫章后退给货运代理公司,供发货人办理退税。

(3)货物的交接。货物的交接可分为凭铅封交接和按实物交接。按实物交接又分为按货物重量、货物件数和货物现状交接。

① 凭铅封交接的货物。根据铅封的站名、号码或发货人简称进行交接。交接时,应检查封印是否失效、丢失,印文的内容、字迹是否清晰可辨,与交接单记载是否相符,车辆两侧的铅封是否一致等,然后由双方铁路凭铅封的完整状态办理货物交接手续。

② 按实物交接的货物,有按货物重量交接的,如中朝两国铁路间使用敞车、平车和砂石车散装煤、石膏、焦炭、矿石等货物;有按货物件数交接的,如中越两国铁路间使用敞车类货车运载每批不超过 100 件的整车货物;有按货物现状交接的,一般是对难以查点件数并不需要按重量交接的货物。

货物交接的凭证是由交付路国境站编制的货物交接单一式六份,交接双方各执三份。它是计费、查询和统计等的重要凭证,交付路和接收路各将其中一份送交自方海关。

上述对一般货物的交接,以及易腐货物发货人未派押运人员时,货物数量的交接也都是由铁路方负责。在交接过程中发生异常情况,由双方铁路工作人员共同签署商务记录。

有时贸易双方办理对出口货物的交接,主要有发货人派押运人员押运的易腐货物和贸易合同规定在国境站需贸易双方共同进行品质、数量检验鉴定的货物两种情况。采用这种交接方式时,贸易双方应按照贸易合同和有关协议的约定办理。发货人接到发货通知后,要联系对方派车准备接运,并商定口岸具体交接方法和手续。货到口岸时,双方派人办理现货交接,并编制交接证件一式六份,经交接双方共同签字确认后各执三份,作为交接凭证和清算依据。

(4)在国境站对出口货运事故的处理。联运出口货物在国境站换装交接时,如发现货物短少、残损、污染、湿损、被盗等事故时,国境站应查明原因,分清责任,分别按不同情况进行处理。若属于铁路责任造成的,铁路编制商务记录,并由铁路负责整修,整修所需的包装物料,由发货人或其代理人根据需要和可能协助解决,但费用由铁路承担。若属于发货人责任造成的,在国境站允许的条件下,由发货人或其代理人组织加工整修,但由发货人负担有关费用。受技术条件限制,无法在国境站加工整修的货物,应由发货人到国境站指导,或将货物返回由发货人处理。对于货物错发错运,多出件数和超载等差错货物,国境站也要分别按有关规定进行处理。

5.3.2.4 国际铁路联运货物的到达与交付

在货物到达后,应通知运单中所记载的收货人领取货物。在收货人付清运单所载的一切应付运送费用后,铁路必须将货物连同运单第一联和第五联交付收货人。到站凭运杂费收据收费,运单不作为收费和报销凭证。收货人必须支付运送费用并领取货物。收货人只在货物毁损、腐坏或其他原因而使质量发生变化,以致部分货物或全部货物不能按原用途使用时,方可拒绝领取货物。收货人领取货物时,应在运单货物交付收货人栏内填记货物领取日期,并加盖收货戳记。

如在货物运到期限期满后 10 天内未将货物交付收货人,发货人或收货人有权向缔约承运人或交付货物的承运人提出货物查寻申请书。申请查寻货物不等于提出货物灭失的赔偿请求。如在货物运到期限期满后 30 天内未将货物交付收货人,则认为货物已灭失。如货物在运到期限期满 30 天后到达到站,则承运人应将此事通知收货人。如货物在运到期限期满后 6 个月内到达,则收货人应予领取,并将承运人已付的货物灭失赔款、运送费用退款和有关货物运送的其他费用退还承运人。

如货物灭失赔偿已付给发货人,则发货人必须将该赔款退还承运人。在这种情况下,对支付货物运到逾期违约金,以及对货物重量不足、毁损(腐坏)或质量降低,保留向承运人提出赔偿请求的权利。

5.3.3 国际铁路货物联运进口业务组织

5.3.3.1 国际铁路联运进口货物的发运前准备

由国际铁路联运进口到我国的货物,首先是由国外发货人根据贸易合同的约定,按照《国际货协》和各国国内铁路规章的有关规定,以及国外发送路国际联运主管部门与我国铁道部对其计划商定函的答复,向铁路车站办理托运手续发运的。因此,我国的收货人不需要再办理从进口国境站至到站的运输计划。为便于承运人和有关部门顺利进行运输,各订货部门(收货人)应在货物发运前做好各项准备工作。

1. 运输标志的编制和使用

运输标志又称为收货人唛头(consignee mark),它的作用不仅是减少签订合同和运输过程中的翻译工作,而且为承运人运送货物提供方便,在装卸、运输过程中,便于识别货物,有利于收货人提取货物,防止错发错运事故。

1993 年 10 月 5 日,我国对外经济贸易部发布了关于进口货物唛头要严格按规定编制的通知,在其附件进口订货合同编号及唛头的编制方法中明确了作为收货人唛头组成结构和编制要求,各订货单位须按照这一规定对外签订合同。进口货物的唛头必须绘制清楚醒目,色泽鲜艳,大小适中,印刷在货物外包装的显著位置。

唛头由 6 部分组成,按下列顺序排列:

(1) 订货年度代号。如 2025 年签订的进口贸易合同,即以 25 为年度代号,以后逐年类推。

（2）承办进口订货的公司代号。签订合同的经营进口业务的公司，由外经贸部统一编发承办进口订货代号，一般用 3 个英文字母表示。

（3）订货的进口单位（即进口货物收货人）代号。由原外经贸部统一编发给订货部门的进口货物收货人代号，一般用 3 个英文字母表示。

（4）商品类别代号。用 2、3 位数的阿拉伯数字代表进口货物的商品种类。

（5）供货国别代号。参照已同我国建立外交关系及有贸易往来的国家和地区，用 2 个英文字母作为国家或地区代号。

（6）合同顺序号。由签订进口订货合同的公司确定，以区别不同的合同。

例如，2024 年某工贸公司（假设承办进口订货的公司代号为 ABC）受某订货部门（假设进口货物收货人代号为 DEF）的委托，以第 018 号合同（合同顺序号为 018 号）向英国（代号为 CE）订购船用设备（代号为 385），目的港为中国大连港（英文名称 DALIAN CHINA）。其合同编号应为 24ABCDEF385018CE，其唛头应为 24ABCDEF/385018CE DALIAN CHINA。

2. 明确联运进口货物贸易合同的运输条件

联运进口货物的运输条件是货物贸易合同不可缺少的重要内容，因此，必须认真审核，使之符合国际联运和国内的有关规章。

（1）收货人唛头必须按规定的方法编制，在贸易合同的收货人栏内填写收货人唛头作为收货人。

（2）商品的品名必须具体。商品的品质、规格、数量要详细，必要时，还应定明数量的增减幅度（溢短装条款）。

（3）审核货物经由国境站、到达路局和车站的名称，货物的数量和品种要符合到站的办理种别。

（4）货物包装条件应符合国际货协、国境铁路议定书和其他有关规定，并应根据货物性质选择合适的包装材料，确保货物在长途运输和换装作业过程中的安全。

（5）对于超长、超重、危险等特殊货物，在合同中应规定发货人在发运前向发送铁路、买方提供货物资料，明确在运输、交接过程中须注意的事项，商定经有关国家的铁路同意后发运，并在货物发运后立即通知收货人。

（6）对需要派人押运的货物，应在合同中明确规定由发货人派人押送至我国国境站，并应在发运前将货物品名、数量、押送人姓名、预计到达我国国境站的日期等通知收货人，以便派人接运。

（7）对于在国境站贸易双方交接的货物，应在贸易合同中明确规定有关在国境站交接的具体办法，如货物品质、重量、共同检验的抽验数量、抽验方法、交接手续等。

（8）发货人在填制运单时，必须按照国际货协的运单项目填写齐全，尤其是合同号、经由国境站、收货人及通信地址。所以，对于发货人在运单中填错经由国境站、到站、收货人等，而使收货人遭受经济损失的情形，合同中应规定约束性条款。

3. 向国境站提供有关贸易合同资料

合同资料是国境站核放货物的重要依据，各进口公司对外签订订货合同后，要及时将贸易合同资料的中文抄本寄给货物进口口岸所委托的货运代理公司的分支机构。

（1）合同资料的种类。合同资料包括贸易合同的中文抄本及其附件，补充协议书，合同变更申请书，更改书和有关确认函电，提前交货清单，成套设备订货、发货标记汇总表及其补充、变更资料。

（2）合同资料内容。合同资料应具有以下内容：订货合同号、品名、规格、数量、单价、经由国境站、到达路局、到达车站、完整的收货人唛头、包装和运输条件等。

从国外进口的货物还需用中文注明原货币名、金额、收货人的名称和地址等；从朝鲜、越南进口的煤炭、水泥、肥料、水果、水海产品等，合同中需用中文注明具体收货人名称和地址。

除上述资料外，对临时发生的索赔协议，无偿提供的样品、展品、赠品等，也应将有关文件、函电等提供给国境站有关单位。

5.3.3.2 国际铁路联运进口货物的发运

国际铁路联运进口货物的发运由国外发货人根据贸易合同的约定，向所在国的铁路办理。单证和货物的流程与我国出口货物基本相同，只是方向相反。

1. 从参加或适用《国际货协》国家铁路向我国发运进口货物

凡从参加《国际货协》或适用《国际货协》有关规定的国家铁路向我国发送进口货物时，国外发货人向该国铁路办理发运的一切手续均按《国际货协》和该国国内的铁路规章办理。

2. 从未参加且不适用《国际货协》国家铁路向我国发运进口货物

未参加《国际货协》并且不适用《国际货协》规定的国家铁路向我国发运进口货物时，通常有两种方法：一是由发货人通过该国铁路将货物办理至参加《国际货协》国家铁路的第一个过境路进口国境站或适用《国际货协》规定的国家铁路的出口国境站，然后由该国境站站长或发货人的运输代理人以发货人全权代理人的资格填制《国际货协》运单，并随附原运单将货物运送至我国终到站；二是由发货人发往参加或适用《国际货协》的国家，委托该国的相关货运代理人代收后，再由代理人按《国际货协》和该国国内的铁路规章办理托运至我国终到站。

3. 海运货物通过参加《国际货协》的港口站向我国发运进口货物

海运货物通过参加《国际货协》的过境铁路港口站向我国发运货物时，可委托所在港口站的收转人（代理人）办理转发运，并从该港口站起，用《国际货协》联运运单运送至我国终到站收货人。

5.3.3.3 国际铁路联运进口货物在国境站的交接

1. 国际铁路联运进口货物在国境站的交接流程

（1）进口国境站根据邻国境站货物列车的预报和确报，通知交接所及海关做好到达列车的接运和检查准备。

（2）进口货物列车到站后，铁路会同海关接车。交接所负责单证的交接和货物的核对，海关则对货物列车执行实际监管。

（3）运送单证由交付站交接员整理核对后交接收站交接人员，经核对无误后交翻译，将单证有关部分译为中文，并制作联运进口货物换装清单，供换装中进行换装作业。

（4）两国国境站交接所工作人员根据货物交接单办理货物和车辆的现场交接，货物的交接分为凭铅封交接和实物交接。在交接、换装过程中，若发现货物残损、缺少，应进行详细记载，作为双方铁路签署商务记录的原始依据。

（5）国际货运代理公司或发货人根据货物联运运单和贸易合同资料进行全面审核对照，并分别缮制进口货物报关单和动植物产品报验单等单证，进行报验，报检报关。

（6）货物经过检验检疫机构检验并提供合格证明；海关根据进口货物报关单查验货物。在单、证、货相符，并符合国家法令政策规定的条件下，验关放行货物。

（7）海关查验放行后，进口国境站将列车解体，若属轨距相同的直通型国境站，则将车货按国内去向分别将整车或整零车重新编组；若属不同轨距的换装型国境站则将车货调往换装线进行换装作业，并按国内流向编组运往国内到站。

（8）联运进口的零担货物，在国境站卸车后，使用国内车辆按国内到站，重新组织装车，随各方向列车编组驶离国境站。

2. 在国境站办理交接时接收站拒收的条件

（1）在车辆换装或零担货物卸车时，发现货物的状态、包装或装载方法不允许继续运送的货物。

（2）根据《国际货协》或双边议定书规定，属于禁止输入或禁止过境的货物以及不准运送的货物。

（3）发货人或发站未遵守该项货物的特定条件，如未注明超限货物的重心，未遵守危险货物运送条件等。

（4）对贸易合同中未订购的货物或超出合同约定数量而不需要的货物，经收货人验收，质量不符合合同约定或残次产品。

（5）运送票据和添附文件短缺，又未按规定补送的货物，货物毁损或短少，交付路拒绝在关于货物现状的商务记录上签字。

（6）货物的过境路要求发货人向有关代理人办理委托代付过境运送费用而未办理者。

（7）国外发货人或发站错发、错运的货物车辆，需要由发货人或发站处理的货物。

（8）其他违反有关规定的货物。

属于上述情况之一者，接收站可拒收。接收站对拒收货物应编制普通记录一式三份，交接双方各执一份，另一份附于联运运单上。拒收的货物，应以新编货物交接单返还；拒收的货车，应由接收站编制不接收车辆的记录一式两份，双方各执一份，并以新编车辆交接单返还。拒收重车时，车上的货物也应一并拒收。

3. 铁路联运进口货物国境站交接的主要问题

（1）联运进口货物、单证与贸易合同。进口贸易合同是国境站核收货物的唯一依据，也是纠正和处理进口货物运输差错的重要资料。因此,对进口合同必须熟练掌握,科学管理,正确运用。进口货物抵达国境站时,国境站的货运代理人还没有接到收货人的外贸进口合同和货物报关、申报检验检疫所需要的文件和单证,无法办理货物的报关、报验、报检手续,使铁路无法进行货物的换装。货运代理人应根据运单记载,迅速与收货人联系,及时取得相关资料。如果对接到的合同资料,经审核发现资料项目不齐全,字迹不清晰或内容有错误,应迅速联系收货人修改更正。

如果运单记载的收货人与外贸合同记载的收货人不符,应以运单记载的收货人为准,并要求收货人提出与运单相符的外贸合同;如果国外发货人出具了运单记载收货人的错误更正书,并与外贸合同记载的收货人相符,则可以放行货物。

当运单和货物明细单的核对项目与贸易合同相符,而与经由的口岸不符时,属国外发货人责任的,按运单核放并通知收货人;属铁路责任的,则由铁路联系改变经由口岸。如果铁路编制商务记录按运单运送,货运代理人应在进口货物明细单内注明,以便收货人向铁路办理多付运费的清算手续。

(2)联运进口货物的报关、报验。进口货物一般要求在进口国境站办理报关、报验手续。如果经货物到站地海关和国境站海关同意,集装箱货物、棚车装载的整车货物及敞车装载的便于海关监管的货物,可到内地办理报关手续,但必须出具下列文件:一是由到达地检验检疫机构给国境站检验检疫机构出具的文件,二是由到达地海关给国境站海关出具的转关函。

如果进口货物委托货运代理人在进口国境站办理报关、报验手续,应将下列文件和单证在货物到达国境站前寄给委托的代理人:外贸货物进口合同或协议书的一份正本和若干份复印件;进口货物发票复印件;如果收货人是第一次从该口岸进口货物,收货人应将在当地海关的10位编码注册号和当地海关给国境站海关的关封寄来;需要进口许可证的货物,必须提交进口许可证;将在国境站办理有关业务的费用和海关关税汇给国境站货运代理人;需要减免进口税的货物,提供有关主管机关出具的文件或证明。

(3)联运进口货物的分拨、分运和变更运输。由国境外集中发运的小额订货,零担合装为整车发运的货物,发货人错将不同到站、不同收货人按一份运单发运的混装货物,在双方国境站办妥货物交接手续后,其货运代理人在国境站应及时向铁路提取货物,进行拆箱,及时办理分拨、分运和中转业务,并按照收、发货人的要求,根据贸易合同代为缮制有关货运单证,向铁路重新办理托运手续。在分运货物时,必须做到货物包装符合运输单的要求,与货相符,并结清海关手续。

由于国内机构变动或为调节市场需求,需要变更原定国内到站或收货人,国外的发货人或代理人在运单到站栏内填写的我国到站为进口口岸站,则货物到达进口口岸后,也需变更到站或收货人。进口货物变更到站或收货人,根据《国际货协》和我国有关铁路规章的规定,货物运输变更以发货人或收货人办理一次为限,一批货物不能分开办理变更。进口货物的变更,应在货物到达国境站前或到达时,由收货人提出,收货人或其代理人根据需要在国境站办理变更。如果货主要求继续运输到国内的某一车站,则在国境站向铁路办理托运手续。

(4)联运进口货物事故的处理。通常铁路联运进口货物到达国境站后发现的货运事故大约有以下几类:合同资料与随车单证不符;单证与货物不符,包括有票无货、有货无票;货物错经国境口岸;货物混装、短装、溢装或超过合同约定的数量;货物不符合合同约定或《国际货协》的规定。

对于上述情况,国境站国际货运代理人应本着以下原则处理:属铁路责任造成的,做好商务记录,详细记载,联系铁路进行处理;属发货人造成的,根据合同资料和有关规定认真细致检查货物,确有可靠依据,应予以纠正,否则,应联系收货人或发货人,货运代理人协助予以处理。

5.3.3.4　国际铁路联运进口货物的交付

1. 进口货物列车长与到达车站的交接

从国境站驶向国内的列车到达车站后,列车长与到达车站办理重车与票据的交接。其交接与检查方法与国境站交接的检查相同,运转室将到达票据登记于票据移交簿后,移交货运室。货车调运前,货运员应将卸货地点通知运转室,联系卸车。

货车调到卸车地点,货运员根据货票并请海关人员一起核对货车,确认货车是否完整,货物装载状态是否完好。如有异状,应报告货运、公安等有关部门到现场检查,会同卸车;如发现票货不符或短少、残损、污染、湿损和被盗等事故,应说明事故情况,编制商务记录。

2. 到达车站与收货人的交接

(1)联运进口货物到达车站后,铁路根据运单和随附运单的进口货物通知单所记载的实际收货人,及时发出货物到达通知,通知收货人提取货物。

(2)收货人接到通知后,必须在车站规定的期限内支付有关运输费用后提取货物。在收货人付清一切应付运输费用后,车站必须将货物连同运单及随附单证一起交付收货人。

(3)如到达的货物是在口岸办理转关运输货物,收货人在接到铁路发出的货物到达通知书后,应及时到车站提取海关关封和运单,并按规定缮制进口货物报关单,随附该批进口货物的有关单证,向当地海关办理进口货物报关手续。海关同意验放并在铁路运单上加盖海关放行章,收货人才可向车站办理提货手续。

(4)收货人领取货物时,应在运行报单上填明货物领取日期,并加盖收货戳记。收货人只在货物因毁损或腐坏而使质量发生变化,以致部分或全部货物不能按原用途使用时,才可以拒绝领取货物。在运单中所载货物部分短少时,收货人也应按运单向车站支付全部运送费用款项。在此情况下,收货人按赔偿要求手续对未交付的货物,有权领回按短少比例所付相应的有关款项。

(5)车站在交付货物时,主动或应收货人的要求检查货物状态,如发现货物部分或全部灭失或毁损,铁路必须编制商务记录,并将记录副本交收货人。但在检查货物状态时,即使货物性能不会发生自然损耗,其重量磅差不超过 0.2%,即认为重量正确,不编制商务记录。在货物交付后,收货人不得再要求车站编制商务记录。

(6)根据《国际货协》规定,在货物运到期限期满 30 天后,如果车站未将货物交付收货人或未通知收货人处理,收货人就可以不提供证据,而认为货物已经灭失,并凭运单和到达通知单或运单副本,要求车站赔偿。除《国际货协》规定外,在其他一切情况下,货物的交付均按国内规章办理。

5.3.4 国际铁路集装箱货物运输规则

5.3.4.1 国际铁路集装箱货物运输的原则规定

(1)集装箱由发送路的集装箱办理站承运,换装国境站和到站必须符合《国际货协》的附件 8 集装箱运输规则的有关规定。

(2)集装箱装运要按发送路的国内规章办理。我国的集装箱装运要按我国的《铁路集装箱运输规则》和《铁路集装箱运输管理规则》办理。

(3)不符合集装箱办理类型要求的集装箱以及《国际货协》有关附件未做规定的专用集装箱,必须经参加运输的各国铁路商定同意后才准许运送。

5.3.4.2 国际铁路集装箱货物输送特别要求的规定

1. 托运与承运

(1)发货人必须对每一集装箱和每一大吨位空集装箱填写运单,但下列情况可按一份运单办理:按整车货物运送时,在不换装运送中,同其他货物一起发送的数个小吨位或数个中吨位集装箱;在换装运送中发送的数个小吨位集装箱;在换装运送中经发送路与换装铁路商定发送的数个中吨位集装箱;在不换装运送中装在一辆车上的大吨位集装箱不超过 3 个,其总长度不超过 60 ft。

(2)发货人应根据运单填写说明,在运单第 10 栏包装种类内,填写集装箱字样,并在下面用括号注明装入集装箱内货物的包装种类;在运单第 11 栏件数内,填写集装箱的箱数,并在下面用括号注明装入所有集装箱内货批总件数;在运单第 13 栏发货人确定的重量内填写集装箱的自重和总重,对于大吨位集装箱,应分别记载每箱的货物重量、集装箱自重和总重,运送大吨位空集装箱时,记载集装箱自重;在运单第 18 栏种类、类型内,注明集装箱的种类(小、中、大吨位)和类型(如 20 ft 或 40 ft);在运单第 19 栏所属者及号码内,注明集装箱所属者记号和号码,不属铁路的集装箱,应在号码之后注明大写拉丁字母 P。

2. 装箱与施封

(1)铁路集装箱不得装运能损坏或污染集装箱,使其掏箱后不能进行清洗、消毒的货物,以及能引起传染疾病的有臭味的食品和物质。用集装箱装运危险货物时,必须遵守《国际货协》附件 2 危险货物运送规则的规定。在运送途中需要加冷、通风、加温的食品或其他物品,必须使用专用集装箱,并与参与运送的铁路商定后,才能运送。

(2)在使用集装箱向阿(塞)铁、白铁、格铁、哈铁、拉铁、立铁、摩铁、俄铁、塔铁、土铁、乌(兹)铁、乌铁和爱铁运送货物时,一件货物的重量,小吨位、中吨位集装箱不得超过 120 kg,大吨位集装箱不得超过 1 500 kg。用铁路大吨位集装箱向上述国家铁路运进或运出家庭用品时,须预先与其商定。

（3）发货人应确认集装箱是否适于运送该种货物。如果发货人将货物装入不良的集装箱或不适合运送该种货物的集装箱,则铁路对由此而发生的货物全部及部分灭失、毁损、腐坏或因其他原因降低货物质量概不负责。

（4）用集装箱装运无容器或简易容器装的货物时,发货人应采取措施,如用纸或其他材料给集装箱壁加衬,使用防护层、橡皮垫、软质绝缘材料包裹货物,保证货物完整,防止发生货物毁损、腐坏或因其他原因降低其质量,并采取措施保护集装箱免受货物的不良影响,如腐蚀等。

（5）发货人向集装箱内装货物时,应使集装箱门能够自由开启和关闭。发货人在集装箱内放置和加固货物时,应使货物不论在装载还是在以后运送中不致损坏集装箱。在其他方面,集装箱货物的装载加固按发送路的现行国内规章办理。

（6）除装运家庭用品的集装箱外,仅限由发货人封印时,方可承运。装运家庭用品的集装箱,如发送站的现行国内规章无其他规定,则应由发站有发货人在场时施封。集装箱的施封,应按《国际货协》第 9 条第 8 项和发送站的现行国内规章办理。中吨位和大吨位集装箱的每一门洞应施加一个封印,加挂在最后关闭的箱门的锁闭装置的把手上。

（7）发货人应在集装箱规定的位置或箱门上（如果未规定该位置）放置根据《国际货协》附件 8.4 号格式填写的一份标识牌,另一份标识牌应放入集装箱中。此时发货人应除掉旧的表示牌。表示牌的打印和填写应用中、俄两种文字,我国往越南、朝鲜运送时,应使用中文。

3. 装车与运送

（1）集装箱的装车按发送路国内规章办理。在换装运送中,不准将中吨位集装箱与其他零担货物同车运送。大吨位集装箱应使用敞车、专有平车或有端侧板的平车装运,装载两箱时,箱门应相对,间距不得超过 200 mm。

（2）我国往未参加《国际货协》的欧洲国家的铁路发运属于发货人或收货人的大吨位集装箱（20 ft、40 ft）时,不适用《统一货价》（全称为《国际铁路货物联运统一过境运价规程》）第 4 条第 2 项的规定,可用《国际货协》运单办理至参加《国际货协》的东欧某一国家铁路的进口国境站,由发货人或收货人委托在该站的代理人办理转发送至最终到站;相反方向运送时,可从该国境站开始办理。过境《国际货协》其他参加路的运送费用,不适用《统一货价》第 4 条第 9 项的规定,不在我国铁路发站或到站核收,由发货人或收货人通过与其他国家有关方面签订的协议,与过境路直接进行清算。在运单发货人负担下列过境铁路的费用内记载由何人支付过境铁路运送费用。

（3）集装箱在运送途中破损,不能继续运送货物时,发现破损的铁路,应用自方的器材和费用,将货物装至另一适用的集装箱中。当没有适于换装货物的集装箱时,则将小吨位或中吨位集装箱的货物装入箱、袋或其他适用的容器中,将大吨位集装箱的货物换装入车辆中,发往到站。此时,应将货物过磅,必要时按《国际货协》第 18 条规定编制商务记录。如货物因特殊的自然性质、危险性或其他情况不能由铁路进行换装,则应根据《国际货协》第 21 条规定处理该货物。不属于铁路所有的破损集装箱,换装站应按此规定处理集装箱。

（4）对于由发货人装车的集装箱货物（集装箱门朝内），如该车辆内的集装箱在运送途中没有重新摆放，并且交付收货人时没有检查封印，也没有可以成为货物短少原因的能触及货物的外部痕迹时，承运人对货物短少不负责。

4.交付与返箱

（1）铁路向收货人交付货物时，如集装箱及封印完整，则对集装箱内因货物容器和包装不适当或无容器和包装，以及放置方法不正确而发生的货物灭失、重量不足、毁损、腐坏或其他原因降低质量，铁路概不负责。

（2）收货人返还属于铁路的集装箱的状态必须清洁，必要时，必须经过消毒处理；不属于铁路的集装箱交付收货人后，到达路无义务采取返还空集装箱或继续使用的措施。

5.4　公路段业务组织

5.4.1　公路货物运输的类别

5.4.1.1　公路货物运输的分类方法

采用公路运输的货物品种繁多、性质各异、数量不等，不同货物对运输的要求不一。公路货运庞杂，基于不同目的和用途的分类方法众多。归纳起来，大致有下列几种分类方法：

（1）按地域范围分类，可分为国内货运和国际货运，国内货运又可分为城市间货运和城市货运等。

（2）按货物特征分类，可分为整车货运、零担货运、大宗货运、零星货运、普通货运、特种货运等。

（3）按货物包装情况分类，可分为包装货运、散装货运等。

（4）按货物品名分类，可分为煤炭、石油、钢铁、粮食、棉花等21种。

（5）按运距、方向分类，可分为短途和长途货运、去程和回程运输。

（6）按运输组织分类，可分为合理运输、不合理运输、快货运输、班线运输和非班线运输、直达和中转货运、包车货运、拖挂货运、集装化运输、货物联运等。

5.4.1.2　实际使用的分类方法

在实践中，上述有些分类还可细化，不过，常用的主要有整车货运与零担货运、长途与短途货运、普通与特殊货运、集装化运输与包车货物运输等。

1.整车货物运输

整车货物是指同一托运人一次托运的货物数量较大，一般可以装满一辆汽车，通常是计费重量超过3 t的货物，或者其计费重量不足3 t，但其性质、体积或形状需要用一辆汽车运输的货物。

(1) 鲜活货物,如冻肉,冻鱼,鲜鱼,活的牛、羊、猪、兔,蜜蜂等。

(2) 需要整车运输的货物,如石油、烧碱等危险货物,粮食、粉剂的散装货等。

(3) 不能与其他货物拼装运输的危险货物。

(4) 易于污染其他货物的不洁货物,如炭黑、皮毛、垃圾等。

(5) 不易计数的散装货物,如煤、焦炭、矿石、矿砂等。

这里的一次托运通常是指同一托运人、同一运单、同时托运、同一到达站的货物。有时,一个托运人托运整车货物的重量(毛重)低于车辆额定载重量时,为合理使用车辆的载重能力,也可以拼装另一托运人托运的货物,即一车二票或多票,但货物总重量不得超过车辆额定载重量。整车货物多点装卸,按全程合计最大载重量计重,最大载重量不足车辆额定载重量时,按车辆额定载重量计算。托运整车货物由托运人自理装车,未装足车辆标记载重量时,按车辆载重核收运费。

2. 零担货物运输

零担货物运输是指同一货物托运人托运的货物不足 3 t。零担货物运输按其性质和运输要求,可分为普通零担货物和特种零担货物。普通零担货物指《公路价规》中列明的并使用于零担汽车运输的一等、二等、三等普通货物。特种零担货物包括分长大、笨重零担货物,危险、贵重零担货物以及特种鲜活零担货物。

按件托运的零担货物,单件体积一般不得小于 0.01 m(单件重量超过 10 kg);货物长度、宽度、高度分别不得超过 3.5 m 和 1.3 m。不符合这些要求的,不能按零担货物托运、承运。做出这些规定,主要是为了便于拼装多个托运人交运的货物,使零担货车有限的容积得到充分利用。

3. 特种货物运输

与普通货物相对应,特种货物运输是指被运输货物本身的性质特殊,在装卸、储存、运送过程中有特殊要求,以保证完整无损及安全的,一般需要大型汽车或挂车(核定吨位为 40 t 级以上的)以及罐车、冷藏车、保温车等车辆运输。

这种货物运输又分为长大笨重货物运输、贵重货物运输、鲜活易腐货物运输和危险货物运输四种,每种又分为若干类,各类运输都有不同的要求和不同的运输方法。

4. 集装化运输

集装化运输也称为成组运输或规格化运输,是指以集装单位为运输单位的货物运输。集装单位是指把一定数量的货物,按照一定的标准重量或体积,汇集成便于储运、装卸的单元。组成集装单元货物的形式通常有以下四种:

(1) 按照一定的要求或规格捆扎而成的集装单元,如锌块、氧气瓶、带钢、棉包等。

(2) 集装袋、集装网为单元的集装单元,通常用来盛装件杂货。

(3) 以集装箱为单位的集装单元。

(4) 以托盘为单位的集装单元。

集装化运输已成为一种普遍被使用的货运形式,它能减少货物在整个运输过程中的损失,提高运输质量,有利于组织搬运装卸机械化作业,以及不同运输方式之间的货物联运。集装化运输的主要形式是托盘运输和集装箱运输。托盘运输是将成件货物码放在托盘上,一并装入车辆进行运送。以集装箱为集装单元的货物运输称为集装箱运输。集装箱运输可以和托盘及其系列集装单位相结合,使得货物的管理、运输、仓储、分送等的机械作业和全程货运效率提高,成本降低。

5. 包车货物运输

包车货物运输是指车辆出租人将车辆包租给承租人使用一个行程或几个行程或一定时间,并用以完成在约定地点之间载运约定货物,而由承租人支付租车费用的一种营运方式。包车货物运输也称行程租车运输。

包车货运通常有两种形式。一种是计程包车运输,即运费按货物运输里程结算;另一种是计时包车运输,即按包车时间结算运费,通常适用于以下情况:

(1) 不易计算货物运量、运距。

(2) 受货物性质、道路条件限制,车辆不能按正常速度运行。

(3) 装卸次数频繁或时间过长。

(4) 需托运人自行确定车辆开停时间。

(5) 40 t 以上及大型汽车及挂车运输。

计时时间是车辆到达托运人指定地点起至完成任务时止的时间。车辆在包运过程中发生的故障、修理和驾驶员用餐时间应予扣除。计费时间以小时为单位,起码计费时间为2 h。使用时间不足 2 h,按 2 h 计算;超过 2 h,以半小时计算,不足半小时进为半小时。应托运人要求整日包车,每日按 8 h 计算,使用时间超过 8 h,按实际使用的时间计算。

包车费用按吨位小时运价和计算时间计算。吨位小时运价是按 1 520 km 长度计程的不同吨位车型的一等普通货物运价。

5.4.2　公路货物运输业务组织

公路汽车货物运输企业应根据相关运输法规从事经营业务活动。公路汽车货物运输的环节一般包括货物的托运与承运、装运前的准备工作、装车、运送、卸车、保管和交付货物等,并可将其分为发送作业、途中作业和到达作业三个阶段。

5.4.2.1　发送作业

货物在始发站的各项货运作业统称为发送工作,发送工作主要由受理托运、组织装车和核算制票三部分组成。

1. 货物托运

无论是货物交给公路运输企业运输,还是公路运输企业主动承揽货物,都必须由货主办理托运手续。托运手续以托运人填写运单开始。公路货物运单是公路货物运输部门及运输代理人开具货票的凭证,是运输经营者接收货物并在运输期间负责保管装卸和货物到达交接的凭据,也是记录车辆运行(运输延滞、空驶、运输事故等)和行业统计的原始凭证。

公路运输部门收到由货物托运人提交的运单后,应对运单的内容进行审核,即审核货物的详细情况(名称、体积、重量、运输要求),以及根据具体情况确定是否受理;检验有关运输凭证,货物托运人送交运单时,应根据有关规定同时向公路运输部门提交准许出口、外运、调拨、分配等证明文件,或随货同行的有关票据单证。通常会有下列几种单证:根据各级政府法令规定必须提交的证明文件;货物托运人委托承运部门代为提取货物的证明或凭据;有关运输该批(车)货物的质量、数量、规格的单证;其他有关凭证,如动植物检疫证、超限运输许可证、禁通路线的特许通行证、关税单证等。

托运人所托运的货物必须符合安全运输的各种要求,否则,承运人不承担由此而发生的损失的责任,托运人对承运人因此而遭受的损失应负赔偿责任。对托运人的要求如下:

(1) 不能将危险品、易腐、易溢漏的货物夹在普通货物中托运,也不能在普通货物中夹带贵重物品、货币、有价证券、重要票证托运。出现这类情况而发生事故,包括货损赔偿、损坏或污染车辆车厢的损失、遗失贵重物品和货币的损失等,后果完全由托运人负责。

(2) 托运集装箱时,托运人应按核定载重量积载,不得超载,以图少付运费(集装箱是按箱车公里计费,而不是按吨公里计费);装箱时,应做到合理积载(如轻货压重货等)。如因违反此项规定而导致货损,承运人不负赔偿责任。集装箱如装有拼箱货物,必须要求起讫地点、运输条件相同,运输途中不能开箱卸货。

(3) 托运有特殊要求的货物,应由托运人、承运人商定运输条件和特约事项,填注于运单上。例如,对长大笨重货物及高级精密仪器等,托运人应提供货物规格、性质及对运输要求的详细说明书;必要时,托运人、承运人双方应先会同查看货物和运输现场,商定运输方案后再办理托运手续。又如,托运鲜活货物应提供说明最长运输期限及有关中途管理、照料事宜的文件,承运方不能满足其要求时,不应承运。

托运危险货物应按交通运输部颁布的《道路危险货物运输管理规定》办理手续。运货物的包装应符合国家标准或专业标准,未规定统一标准的,应符合交通运输部规定的货物包装要求,没有标准和要求的,应在保证货物运输的原则下进行包装。对不符合要求的货物,托运人必须改善包装,使之符合运输要求后才能托运。有些货物在运输过程中可能需要加固包装或更换包装,托运人应提供所需包装材料,随货物免费运输。如果此项包装物重量大,承运人有理由收取运费。随车运载的备用包装物与货物的总重不能超过车辆核定载重量。

托运人应对托运货物按国家规定制作运输标志和包装、储运图示标志。托运人托运国家规定禁运、限运的货物,必须提交合法准运证明文件,否则,承运人不得违章擅自受理。托运人应该如实申报托运货物重量,准确填写在运单上。承运人认为必要时,可会同托运人共同称重核实。按整车运输时,散装、无包装和不成捆的货物(有色金属块、钢锭、钢轨、货质钢材除外),只按重量托运,不计件数。货物重量每件 10 kg 以上,托运人能按件点交的,均按件数和重量托运;对包装、成捆的计件货物,不计包装、捆内的细数。

运输途中需要饲养、照料的动植物,以及尖端保密产品、稀有珍贵物品和文物、军械弹药、有价证券、重要票证、货币等,以及承运人认为需要途中照料的长大笨重、易腐、危险、个人搬家物件等货物,托运人应有人随车押运。非上述货物而托运人要求派人押运的,须经承运人同意。押运人员的姓名及必要的情况应填在运单上,不能随意换人顶替。押运人员每车一个,免费乘车。承运人同意增加的押运人员应照章购买客票乘车,押运人员必须是熟悉所运货物性质、途中照料方法的人员,其责任是对货物的交接与管理,及时处理运输过程中所运货物出现的异常情况,并应向汽车驾驶员声明。有押运人员时,运输途中发生的货损、货差,承运人不负损失赔偿责任。

2. 货物核实理货

货物的核实理货工作一般有受理前的核实和起运前的验货。受理前的核实是在货方提出托运计划并填写运单后,运输部门派人会同货方进行的。核实的内容主要如下:

(1) 运单所托运的货物是否已进入待运状态。

(2) 装运的货物数量、发运日期有无变更。

(3) 运输的货源有无保证。

(4) 货物的包装是否符合运输要求,危险货物的包装是否符合《道路危险货物运输管理规定》的规定。

(5) 确定货物体积、重量的换装标准及其交接方式。

(6) 装卸场地的机械设备、通行能力。

(7) 运输道路的桥涵、沟管、电缆、架空电线等详细情况。

货物起运前的核实工作称为理货或验货,它是在运量核定后,运力调配前,或货物装车前进行的。其主要内容如下:

(1) 承托双方共同验货。

(2) 落实货源、货流。

(3) 落实装卸、搬运设备。

(4) 查清货物待运条件是否变更。

(5) 确定装车时间。

(6) 通过发货、收货单位做好过磅、分垛、装卸等准备工作。

3. 货物装卸

货物装车、卸车是货物始发或到达所不可缺少的作业。货物承运人应监装监卸,使装卸质量得到保证,并尽量压缩装卸时间。

货物装卸作业的要求如下:

(1) 按车辆的核定吨位装货,不得任意超载(整件货物或整批货物的尾数,允许增载,但不得超过车辆核载吨位的 10%);以普通货车装载货物,必须符合有关长、宽、高尺寸限额的规定。装卸危险货物要符合《道路货物运输管理规定》的有关规定。

(2) 有些货物装卸载时需要衬垫、加固,必须照章做到,所需费用由托运人承担。货物运到后,衬垫和加固材料交给收货人。

(3) 防止货物装卸时的混杂、污染、散落、漏损、砸撞。特别要注意,有毒货物不得与食品类货物混装,性质相抵触的货物不能混装。

(4) 装车货物应数量准确,捆扎牢固,做好防丢措施;卸货时,点交清楚、码放、堆放整齐,标志向外,箭头向上。

(5) 装车前、卸车后,对车厢进行检查和清扫。因货物性质要求,装车前后需对车辆进行特殊清洗、消毒的,必须达到规定要求,所需费用由托运人负担。

托运人自理装卸作业的要求如下:

由托运人负责装卸作业,承运人应在约定的时间将车辆开到装卸货物现场,并由理货人员和汽车驾驶员进行指导和监督。托运人应保证在规定的时间内装卸完毕。对于托运人负责装车的货物,发现有下列情况之一的,由托运人改善,在未改善前,不得起运。

（1）货物的装载不符合要求,可能导致货物丢失、损坏的。

（2）应苫盖篷布的货物而未苫盖或苫盖不严及篷布绳索捆绑不牢固的。

（3）不符合装载规定的（由承运单位负责装车时,汽车驾驶员发现上述情况,也应责成装卸人员改善,未改善前,也不应起运）。

4．整车货物的运输变更

整车货物的运输变更通常是货物托运人或收货人对运输中的货物因特殊情况对运输提出的变更要求,主要如下:

（1）取消运输要求,即货物已申请托运,但尚未装车。

（2）停止装运,即已开始装车或正在装车,但尚未起运的。

（3）中途停运,即货物未运抵到站前,并能通知停运的。

（4）运回起运站,即货物已运抵到站,收货人提货之前收回。

（5）变更到达站,即在车辆运输所经过的站别范围内或在原运程内。

（6）变更收货人。

运输变更无论是整车或零担,均以一张货票记载的全部货物为限。

整车货物运输变更的手续,应由货物托运人向起运站提出运输变更的申请书,同时提出货票或运单托运回执联,在不能提出货票或回执托运联时,应提出其他有效的证明文件,填写商务变更申请书,说明货物运输变更原因,加盖与原运单上相同的盖章,向车站提出申请。经车站审查,如提出的货物运输变更内容在不违反有关规定时则予以受理。

上述发送作业中的各个环节,主要是针对整车货物,对于零担货物,有一些不同的地方。公路零担货物运单一式两份,一份由起运站仓库存查,另一份则于开票后随货同行。凡货物到站在零担班车运输路线范围内的,则称为直线零担,可填写零担货物运单。如需要通过中转换装的,称为联运零担,可填写联运货物运单。填写运单时,应注意填写的内容齐全、完整、准确,并注明提货方式;填写货物名称应用常见的通俗易懂的名称,不可用代号、字母代替;如有特殊事项,除在发货人事栏记载外,还必须向受理人员做口头说明。

运单审核注意事项:发现托运单各栏有涂改不清的,要求重新填写;审核到站与收货人地址是否相符,以免误运;对货物、品名、属性应进行鉴别,以免造成货运事故;对货物及包装应认真核对,以免错提错交;对托运人在声明栏内填写的内容应特别予以注意,如要求的内容无法办理,则应予说明。

对于零担货物,在配送装车时,应整理各种随货同行的单证,其中包括提货联、随货联、运单、零担货票及其他随送单证;对于中途装卸零担货物,则应先卸后装,无论卸货进仓或装货上车,均应按起点站装卸作业流程办理;起运站与承运车辆,应根据零担货物装车交接清单办理交接手续,并按交接清单有关栏目逐批点交。交接完毕后,由随车理货人员或驾驶员在交接清单上签收。交接清单以一站一单为原则。

5.4.2.2　途中作业

货物在运送途中发生的各项货运作业统称为途中作业。途中作业主要包括途中货物交接、货物整理或换装等作业内容。为了方便货主，整车货物还允许途中拼装或分卸作业，这时，应认真办理交接检查手续。

5.4.2.3 到达作业

货物在到达站发生的各项货运作业统称为到达作业。到达作业主要包括货运票据的交接，货物卸车、保管和交付等内容。

车辆装运货物抵达卸车地点后，收货人或车站货运员应组织卸车。卸车时，对卸下货物的品名、件数、包装和货物状态等应做必要的检查。

货物交接是到达作业最重要的内容，对于包装货物，要做到件交件收，点件清楚；对于散装货物，尽可能做到磅交磅收，计重准确；对于施封货物（如集装箱），凭铅封点交。如发现货损货差，则应按有关规定编制记录并申报处理。收货人可在记录或货票上签署意见，但无权拒收货物。交货完毕后，应由收货人在货票收货回单联上签字盖章，公路运送人的责任即告终止。经签收的货票应回交驾驶员并附路单带回车队存查并作为统计依据。卸车时如发现没有运送票据，包装破损，货物变质损坏，则应将货物另行暂存，待货卸完后与收货人、驾驶员按有关规定予以处理。

承运人对运达到站的货物无人接收时，一方面妥善保管货物，另一方面积极查找货主。超过发出领货通知一定时间（现行规定为 30 天）仍无人接收的货物，按国家《关于港口、车站无法交付货物的处理办法》办理。鲜活易腐和不易保管的货物，报经有关主管部门批准，可不受规定时间的限制，提前处理。

对于零担货物的卸车交货有以下一些要注意的事项：

（1）车站货运员在班车到站时，应向随车理货员或驾驶员索阅货物交接单，以及跟随的有关单证，并与实际装载情况进行核对，如有不符，应在交接清单上注明。

（2）卸车时，根据随货同行的运单和信票等逐批、逐件验收。卸车完毕后，收货员与驾驶员或随车理货员办理交接手续，并在交接清单上签字。

（3）在卸车完毕后，将已经到达的货物的信息计入零担货物到货登记表，并迅速以到货公告或到货通知单，催促收货人前来提货。

（4）交货完毕，并收回货票提货联，公路运输的责任即告终止。

本章小结

本章详细探讨了多式联运业务组织在不同运输段（海运、空运、铁路和公路）的具体操作。在海运段，重点介绍了集装箱班轮整箱货和拼箱货的业务组织流程，包括订舱托运、用箱申请、出口报关、委托拖运、装箱、进港交接、装船出口等关键环节。空运段则涵盖了班机货运出口和进口业务的各个环节，如市场销售、委托运输、审核单证、配舱订舱、出口报关、航班跟踪等。铁路段详细分析了国际铁路货物联运的条件、办理种别、运输限制以及出口和进口货物的业务组织。公路段则着重介绍了公路货物运输的分类、发送作业、途中作业和到达作业的具体流程。通过本章的学习，读者能够全面了解多式联运在不同运输方式下的业务组织流程和操作要点。

思考题

1. 在海运段整箱货业务组织中,订舱托运的具体步骤有哪些? 这些步骤在多式联运中起到什么作用?

2. 在海运拼箱货业务中,集拼经营人的角色和职责是什么? 他们如何确保拼箱货物的安全和准时交付?

3. 在空运段班机货运出口业务中,市场销售环节的重要性体现在哪些方面? 如何提高市场销售效率?

4. 铁路段国际铁路货物联运的办理种别有哪些? 不同种别之间有何区别?

5. 在公路段货物运输中,整车运输和零担运输的主要区别是什么? 各自适用于哪些类型的货物?

6. 在多式联运中,如何协调不同运输方式之间的衔接,以确保货物的无缝转运?

7. 在海运段货物运输中,集装箱货物的进出口报关流程是怎样的? 需要准备哪些单证?

8. 铁路段国际铁路货物联运出口业务中,货物在国境站的交接流程是怎样的? 如何确保交接的顺利进行?

9. 在空运段货物运输中,航班跟踪和信息服务的重要性体现在哪些方面? 如何提高信息服务的质量?

10. 在多式联运业务组织中,如何优化运输路径和方案选择,以降低运输成本和提高运输效率?

拓展案例

多式联运业务组织——马士基航运

一、背景介绍

马士基航运(Maersk Line)作为全球领先的集装箱航运公司,不仅提供全球范围内的海运服务,还通过其强大的物流网络,整合海运、空运、铁路和公路等多种运输方式,为客户提供高效、便捷的多式联运解决方案。以下是一个以马士基航运为例,展示其在多式联运业务组织中的具体操作的案例。

二、案例描述

某大型电子产品制造商计划将一批高价值电子产品从中国上海运往德国汉堡。考虑到货物的价值、时效性和安全性要求,制造商选择了马士基航运提供的多式联运服务。以下是马士基航运在该多式联运项目中的具体操作流程。

1. 海运段业务组织

订舱托运:制造商通过马士基航运的在线订舱系统提交订舱申请,明确货物的品名、数量、体积、重量及装运要求。马士基航运根据客户需求和航线安排,迅速确认订舱并提供舱位。

用箱申请与发放空箱：马士基航运根据客户货物特性，提供适合的集装箱类型，并安排空箱从堆场发往制造商仓库。

出口报关：马士基航运协助客户完成电子报关手续，确保货物顺利出口。

装箱与进港交接：制造商自行完成装箱后，将重箱运至指定港口，与马士基航运完成进港交接。

装船出口：货物在港口完成装船作业，马士基航运提供全程跟踪服务，确保货物安全装船并按时启航。

2. 空运段业务组织

空运订舱：对于部分急需的零部件或样品，马士基航运通过其空运网络提供快速空运服务。客户通过马士基航运的在线平台提交空运订舱申请，确认航班和舱位。

出口报关与安检：马士基航运协助客户完成空运货物的出口报关和安检手续。

机场交接与装机：货物在机场完成交接，由马士基航运安排装机，确保货物按时起飞。

3. 铁路段业务组织

中欧班列订舱：对于部分大宗货物，马士基航运通过中欧班列提供铁路运输服务。客户提交订舱申请后，马士基航运安排班列舱位。

内陆运输与装箱：货物通过公路运输至铁路站点，由马士基航运或其合作伙伴完成装箱作业。

国境站交接：货物在中欧班列上完成跨国运输，在国境站完成海关和铁路部门的交接手续。

欧洲内陆运输：货物到达欧洲后，由马士基航运安排内陆运输至最终目的地。

4. 公路段业务组织

门到门服务：马士基航运提供从客户仓库到德国汉堡仓库的门到门公路运输服务。货物通过公路运输与海运、空运或铁路运输无缝衔接。

货物跟踪与交付：马士基航运提供全程货物跟踪服务，确保货物按时、安全到达客户指定的德国汉堡仓库。

三、案例总结

通过整合海运、空运、铁路和公路等多种运输方式，马士基航运为客户提供了一站式多式联运解决方案。该方案不仅提高了运输效率，降低了运输成本，还确保了货物的安全性和时效性。马士基航运凭借其强大的物流网络和专业的服务团队，在全球多式联运市场中树立了行业标杆。

（参考信息来源：马士基官网，https://www.maersk.com.cn/）

【案例思考题】

1. 马士基航运在多式联运业务中如何整合不同的运输方式，实现无缝衔接？

2. 在海运段业务组织中，马士基航运如何确保货物的安全性和时效性？

3. 空运段业务组织在马士基航运的多式联运中扮演什么角色？如何优化空运服务？

4. 中欧班列在马士基航运的多式联运中有何优势？如何提升中欧班列的服务质量？

5. 马士基航运的公路段业务组织如何实现门到门服务？如何确保公路运输的安全性和效率？

第6章 多式联运箱务管理

中铁集装箱运输有限责任公司

中铁集装箱运输有限责任公司(China Railway Container Transport Co., Ltd.)是一家国有大型集装箱运输企业,以下是对该公司的详细介绍。

一、基本信息

成立时间:2003年11月。

注册资本:39亿元人民币。

资产规模:129亿元人民币(另有说法为220余亿元人民币)。

公司性质:国有。

隶属关系:中国国家铁路集团有限公司。

总部地点:北京市西城区鸭子桥路24号中铁商务大厦。

二、经营范围与服务

1. 主营业务

集装箱购置、租赁、维修;铁路箱管理信息系统的开发、维护;集装箱国际、国内货运代理、接取送达、堆存保管;中欧中亚集装箱国际联运班列经营与客户服务等工作。

2. 经营范围

国际海运辅助业务、集装箱铁路运输、集装箱多式联运、国际货物运输代理业务、无船承运业务;集装箱、集装箱专用车辆、集装箱专用设施、铁路篷布的销售、租赁;货物仓储、装卸、包装、配送服务;与上述业务相关的经济、技术、信息咨询服务。

3. 特色服务

(1)中欧班列。作为中欧班列统一经营服务平台和中欧班列运输协调委员会秘书处单位,中铁集装箱运输有限责任公司负责中欧班列的开行与管理,推动中欧贸易便利化。

(2)多式联运。提供公铁联运、铁海联运等多种多式联运服务,实现全程物流解决方案。

(3)集装箱租赁。提供多种类型的集装箱租赁服务,满足客户需求。

三、资源与优势

1. 资源优势

拥有78万余只20 ft国际标准中国铁路通用箱和20 ft新型宽体集装箱、6万余只40 ft国际标准中国铁路通用箱,以及6 000只20 ft超高集装箱,四大类十余种约8.5万余只中国铁路特种集装箱、16 万张铁路货车篷布。

2. 场站优势

拥有 14 个铁路集装箱中心站,分布在中国各大城市。

3. 国际优势

与多个国际铁路组织建立合作关系,并在哈萨克斯坦、俄罗斯、德国、老挝等国家设有营销服务网点。

4. 专业优势

作为中国国家铁路集团有限公司的直属企业,拥有专业的物流团队和丰富的物流经验。

5. 网络优势

经营网络遍布中国主要城市,并在多个"一带一路"沿线国家拥有合作伙伴。

四、荣誉与成就

1. 企业荣誉

荣获 AAAAA 级物流企业、中国服务业企业 500 强、全国先进物流企业和中国物流百强企业等荣誉称号。

2. 中欧班列成就

自"一带一路"倡议提出以来,截至 2019 年 11 月底,中欧班列累计开行超过 20 000 列,中铁集装箱运输有限责任公司在此过程中发挥了重要作用。

(参考信息来源:中铁集装箱,https://www.crct.com/)

【思政视角】 中铁集装箱运输有限责任公司作为国有大型企业,体现了国有经济在关键领域的主导作用,彰显国企担当。积极推动中欧班列的开行与管理,助力"一带一路"建设,展现中国秉持合作共赢理念,加强国际合作,促进全球贸易发展的大国胸怀。在业务开展中,专业团队凭借丰富的经验服务客户,启示学子要扎实专业本领,敬业奉献。众多荣誉与成就更是激励大家秉持奋斗精神,为国家经济社会发展贡献力量。

6.1 集装箱箱务管理

集装箱箱务管理涉及集装箱配置、租赁、调运、保管、交接、发放、检验、修理等多项工作。集装箱箱务管理在国际集装箱运输中是一项非常重要的工作。做好箱务管理工作,对加快集装箱的周转,提高集装箱的装载质量,提高企业的经济效益,均具有重要意义。本节就集装箱配置、集装箱租赁及集装箱存量管理这三个方面进行介绍。

6.1.1 集装箱配置

6.1.1.1 航线集装箱配置

集装箱运输通常为班轮运输,下面介绍一条班轮航线如何配置箱量。

1. 假设前提

为了简化问题,假设该航线为简单直达航线,即仅挂靠两个端点港(假定为 A 港、B 港),班轮公司在两个端点港既无调剂箱,也无周转机动箱。

2. 相关因素

在以上假设前提下,集装箱班轮航线应配置集装箱的数量与以下因素有关:

(1) 该航线集装箱需备套数与每套集装箱数量。以 Q 代表航线集装箱需备量(TEU), S 表示航线集装箱需备套数, N 表示每套集装箱数量(如船舶满载,则为船舶自载箱量),则有

$$Q = S \cdot N \qquad (6.1)$$

式(6.1)中的 S 与航线集装箱平均总周转天数和航线的发船间隔有关。航线集装箱平均总周转天数取决于三个因素 (T_R, T_A, T_B);班轮航线上每两艘船之间的发船间隔又与两个因素 (T_R, C) 有关。即

$$S = T/I \qquad (6.2)$$
$$T = T_R + T_A + T_B \qquad (6.3)$$
$$I = T_R/C \qquad (6.4)$$

式中, T ——航线集装箱平均总周转天数;

　　 I ——航线发船间隔;

　　 T_R ——船舶在 A, B 两个端点港之间往返的时间;

　　 T_A, T_B ——集装箱分别在 A 港、 B 港内陆周转时间及港口堆存期;

　　 C ——航线配备船舶艘数。

式(6.1)中的 N 通常以每艘集装箱船满载箱量表示,但实际上,航线上集装箱船航行时,通常并不满载,所以要考虑"船舶载箱率"因素。如以字母 N 代表每艘船满载箱量,以字母 f 表示每艘船实际载箱率,则每套集装箱的数量可表示为

$$D = N \cdot f$$

(2) 考虑"航线特种箱往返航次不平衡所需箱数"与"全程周转期内港口内陆修箱量"。航线特种箱往返航次不平衡所需箱数是指航线上可能需要使用一些特种箱,如冷藏箱、罐状箱、开顶箱等。这类箱子所载货种在航线上往返运量通常难以平衡,且无法从公司内部或联营体调剂运箱量时,通常需要多配置一些数量。全程周转期内港口内陆修箱量,是指集装箱在运营中总会有一定的损坏率,需要进行修理,这些进行修理的箱子应予以增加配置。

综合以上两个因素,航线集装箱需备量为

$$Q = S \cdot N \cdot f + S_N + R_N \qquad (6.5)$$

式中, S_N ——特种箱往返船次不平衡所需增加箱数;

　　 R_N ——全程周转期内港口内陆修箱量。

【例 6 - 1】 某集装箱班轮公司,开辟一条仅有 A, B 两个端点港的简单航线,航线

配置 6 艘载箱量为 5 000 TEU 的全集装箱船,船舶往返航次时间为 60 d,在端点港 A 的港口堆存期和内陆周转期的时间有以下比例变化,20％的箱为 15 d,20％的箱为 22 d, 60％的箱为 11 d,在端点港 B 的港口堆存期和内陆周转时间平均为 9 d,船舶载箱量利用率为 80％,该航线全程周转期内修箱量为 120 TEU,试确定该班轮公司在该航线上的集装箱需备量。

解:发船间隔:$I=T_R/C=60/6=10(\mathrm{d})$

端点 A 的港口堆存期及内陆周转时间:$T_A=15×20％+22×20％+11×60％$
$$=14(\mathrm{d})$$

端点 B 的港口堆存期及内陆周转时间:$T_B=I=10(\mathrm{d})$

航线集装箱平均总周转天数:$T=T_R+T_A+T_B=60+14+10=84(\mathrm{d})$

航线集装箱需备总套数:$S=T/I=84/10=8.4(套)$

每套集装箱数量:$D=N·f=5\,000×80％=4\,000(\mathrm{TEU})$

航线集装箱需备量:$Q=S·N·f+S_N+R_N=8.4×5\,000×80％+120$
$$=33\,720(\mathrm{TEU})$$

上述航线配置箱的计算方法简化了许多因素。如果一条航线不止有两个端点港,或在若干挂靠港存在一些中转箱量,则问题会复杂得多。有些因素的变动,只需少量调整以上计算;而有些情况的变动,则需改变整个航线集装箱配置量计算的思路。

6.1.1.2 船公司的置箱策略

在班轮航线集装箱配置数量可大致估算的情况下,班轮公司考虑自身的投资能力、管理能力和经济效益,通常也不全部置备所需的箱量,一般的"置箱策略"有以下三种。

1. 需配置箱量全部由班轮公司自备

采取这种策略的班轮公司数量不是很多。原因是:一艘船舶需配置的箱量通常是其满载箱量的三倍左右,班轮公司用于购船已花费巨额投资,为置箱又花费巨额投资,既难以负担,又增加了投资的风险;巨大的置存箱量,将给班轮公司带来非常烦琐沉重的箱务管理工作量,这在很大程度上会分散班轮公司的管理精力。

2. 需配置箱量部分由班轮公司自备

这是一种灵活而合理的操作方法,多数班轮公司采用这种方法。根据班轮公司的规模、航线特点,各班轮公司在自备箱量与租箱量的比例上又各有不同,采用的具体租赁方法不同。

3. 需配置箱量全部向租箱公司租入

这是另一种极端的做法,这样做的好处是班轮公司可大大节约初始投资,降低投资的风险。现代经济变数众多,尤其是国际远洋运输往往变幻莫测。降低初始投资,规避风险,是一种聪明的选择。同时班轮公司可省却箱务管理的工作,专心从事航线运营。这样做的缺点是班轮公司的自主经营经常会受到租箱公司的牵制,由于自己完全没有自备箱,在租箱条件的谈判中,有时会处于不利位置。

6.1.2　集装箱租赁业务

集装箱租赁业务是一个随着集装箱运输的发展而派生出来的行业,兴起于 20 世纪 60 年代末。集装箱所有人为出租的一方,集装箱使用人一般是船公司或货主,双方签订租赁合同。由出租人提供合格的集装箱交由承租人在约定范围内使用。由于出租方和承租方均有利可图,所以在近十几年来发展迅速。目前全世界运营的集装箱有 50% 左右属于租赁。集装箱租赁业务的发展,对集装箱运输的总体发展起着促进的作用。

6.1.2.1　集装箱租赁的优点

集装箱租赁的优点,可从出租方和承租方两方面加以分析。

1. 集装箱租赁的出租方

(1) 投资风险相对小。将资金投于集装箱船舶,开展航线运营,相较于将资金投于集装箱,从事集装箱租赁,后者的风险明显小于前者。因为水路运输市场对租箱量的需求相对稳定,而对特定航线船舶的需求波动相对较大。而且投资于集装箱船舶,单位资金需求量比投资于集装箱要大得多。

(2) 加强了集装箱运输的专业化分工。专业集装箱租赁公司的出现与发展,实际上意味着集装箱运输本身专业分工的进一步细分,将箱务管理这一块业务独立出来,有利于箱务管理合理程度的提高,有利于集装箱更有效的调配、提高利用率、加强维修,从而降低费用,提高集装箱运输的经济效益,使这种运输方式的优越性更加充分地发挥出来。

(3) 提高了集装箱的利用率。班轮公司自备的集装箱,一般只供某一特定班轮公司船舶与航线使用,其利用率总是受到一定的限制,调度得再好,也必定存在空箱调运的情况。对于规模较小的班轮公司,利用率不高、空箱调运占用大量运力的现象更是难以避免。而租箱公司则不然,其箱子可供各个班轮公司租用,所以箱子的利用率高,空箱调运次数通常明显低于班轮公司自备集装箱。

2. 集装箱租赁的承租方

(1) 可有效降低初始投资,避免资金被过多占用。班轮公司贷款购箱,初始投资巨大,背负沉重的利息负担;出资租箱,则只用少量资金就可取得集装箱的使用权,投资风险明显下降。

(2) 节省空箱调用费用,提高箱子利用率。班轮公司自备集装箱,由于航线运量不平衡客观存在,必定要花费大量的空箱调运费,而且箱子的利用率会下降;而采用租箱,可避免这些费用。如果班轮公司合理利用单程租赁、短期租赁和灵活租赁等方式,则既能满足对集装箱的需求,又能节省租金,使公司的经济效益得以提高。

(3) 避免置箱结构的风险。班轮公司自备箱,其尺寸、型号必须形成一定的比例,这就带来了置箱结构上的风险。因为航线所运货物的结构一变,虽然班轮公司总箱量没有减少,但由于对特定箱型需求的变化,仍会面临无法满足所需箱量的情况。采用租箱,就可对所需特殊箱型随时予以调整,可规避由此带来的风险。有时由于国际标准的修订,有些箱型被淘汰,班轮公司会由此带来损失。

6.1.2.2 集装箱租赁的方式

集装箱租赁主要有以下几种方式。

1. 期租

期租是指定期租赁的方式。按其租期长短,可分为长期租赁和即期租赁两类。

(1)长期租赁。长期租赁一般指租期达 3~10 年的租赁。根据租期届满后对集装箱的处理方式,又可分为融资租赁和实际使用期租赁两种。

融资租赁(金融租赁)指租赁期内,像正常租赁一样支付租金。租期届满后,承租人支付预先约定的转让费(通常为一个象征性的较低的金额),将箱子所有权买下的租赁方式。这种租赁方式的实质是通过融物而进行融资。承租人表面上是租用集装箱,而实际上是向出租人借钱,购入集装箱。所以,融资租赁租入集装箱,实际上和班轮公司自备箱没有太大的区别。

实际使用期租赁是一种最为实质的长期租赁,承租人在租赁合同期满后,即将箱子退回给出租人,是一种纯粹的融物,不带任何融资的因素。

长期租赁的特点是承租人只需按时支付租金,即可如同自备箱一样使用;租期越长,租金越低。对于货源稳定的班轮航线,采用这种方式租用一定数量的集装箱,既可满足航线集装箱需备量的要求,又可减少箱子购置费、利息及折旧费的负担,是一种比较经济的方式。因此,目前采用长期租赁方式较多。这种方式在租期未满前,承租人不得提前退租,但可在合同中附有提前归还集装箱的选择条款。对租箱公司而言,采用这种方式可在较长的租期内获得稳定的租金收入,减少租箱市场的风险,也可减少大量的提箱、还箱等管理工作。

(2)即期租赁。即期租赁是指承租人根据自己的需要及市场情况与租箱公司签订租赁合同的一种租赁方式。它的特点是与租赁公司事先没有任何约定,而是经磋商后达成临时短期租箱协议。这种租赁对班轮公司的风险较小,较为灵活,承租人可根据自己需要的时间、地点,确定租用期限,但其租金较高。

2. 程租

程租是指根据一定的班轮航次进行租箱的租赁方式。这种方式对班轮公司的灵活度大,对租箱公司相对不利。所以,根据不同的实际情况,集装箱的单位租金会有很大的区别。程租又可分为单程租赁和来回程租赁两种。

(1)单程租赁。单程租赁的特点是从发货地租箱,到目的地还箱。采取从起运港至目的港的单程租用,一般适用于货源往返不平衡的航线。它可满足承租人单程租箱的需要。如果从缺箱地区单程租赁到集装箱积压地区,承租人需要支付较高的租金。因为,此时租箱公司需要从集装箱积压地区往短缺地区调运空箱,租金中一般要包含空箱调运费,有时还需支付提箱费和还箱费。如果需要从集装箱积压地区租赁到集装箱短缺地区,承租人可享受租金优惠(因为租箱公司集装箱积压会产生很多费用),可较少支付甚至免除提箱费和还箱费,有时还可能在一定时间内免费租箱。

(2)来回程租赁。来回程租赁通常是指提箱和还箱同在一个地区的租赁方式,一般适用于往返货源较平衡的航线,原则上在租箱点还箱(或同一地区还箱)。租期可以是一个往返航次,也可以是连续几个往返航次。由于不存在空箱回运的问题,因而租金通常低于单程租赁。

3. 灵活租赁

灵活租赁是一种在租箱合同有效期内,承租人可在租箱公司指定地点灵活地进行提箱、还箱的租赁方式。它兼有期租和程租的特点,一般租期为一年。在大量租箱情况下,承租人可享受租金的优惠,租金甚至接近于长期租赁。在集装箱货源较多,且班轮公司经营航线较多,往返航次货源又不平衡的情况下,多采用这种租赁方式。

在灵活租赁的情况下,由于提箱、还箱灵活,给租赁公司带来了一定的风险,所以在合同中规定有一些附加约束条件,如规定最短租期、基本日租金率等。一般最短租期不得少于 30 d,承租人须按租期支付租金。有时还可能规定起租额,如规定承租人在合同租期内必须保持一定租箱量,并按超期租额支付租金(即当实际租箱量少于起租箱量时采用);规定全球范围内月最大还箱限额;规定最小月提箱量;规定各还箱地区的月最大还箱量等。

集装箱班轮公司应根据自身航线特点、货物特点、投资能力等,确定自备箱量与租赁箱量的合理比例及通过什么方式租赁集装箱。在进行租箱业务时,工作应细致、周到,充分了解并掌握各租赁公司的特点,尽可能利用各公司的长处,以使自身取得最好的经济效益。

6.1.2.3 集装箱租赁合同主要条款

集装箱租赁合同是规定租箱人与租箱公司双方权利、义务与费用的协议和合同文本。各租箱公司在开展租箱业务时,均制订具有一定固定格式的租箱合同文本,就双方承担的责任、义务、费用等方面的问题做出条款规定,其内容通常涉及以下几个方面:① 租金;② 租箱方式;③ 租箱数量与箱型;④ 交箱期与还箱期;⑤ 租箱、退箱费用;⑥ 交箱、还箱地点;⑦ 损坏修理责任;⑧ 保险。

1. 交箱条款

交箱条款是制约租箱公司的条款。通常规定租箱公司应在合同规定的时间、地点,将符合合同条款的集装箱交给承租人。这一条款一般有以下三个内容:

(1)交箱期。指租箱公司必须在多少天时间内交箱,从目前租箱合同中对交箱期的规定看,这一期间通常为 7~30 天。

(2)交箱量。租箱合同中对交箱量有两种规定办法,一种是最低交箱量,也就是租箱合同中规定的交箱量;另一种是实际交箱量,也就是超出或不足租箱合同规定的交箱量。一般来说,采用哪一种交箱量,与集装箱租赁市场上箱、货供求关系十分密切。通常,租赁公司都愿意承租人超量租箱。

(3)交箱时箱子状况。交箱时箱子的实际状况,通常用设备交接单来体现。每一个集装箱在交接时,承租人与租箱公司都要共同签署设备交接单,以表明交接时箱子的状况。在实际租箱业务中,租箱公司为简化手续,规定承租人所雇用的司机在提箱时签署的设备交接单可视为本人签署,具有同等效力。而箱子堆场的交箱员或大门门卫,则可视为租箱公司的代表。

2. 还箱条款

承租人在租期届满后，按租箱合同规定的时间、地点，将状况良好的箱子退回租箱公司。这一条款的主要内容有以下三个：

（1）还箱时间。租箱合同中规定有还箱时间，但在实际操作中经常会发生承租提前还箱或延期还箱的情况，这类情况在租箱业务中称为不适当还箱。当发生提前还箱时，如租箱合同中订有提前终止条款，则可相应少付租金；否则，应补付追加租金。

（2）还箱地点。承租人应按租箱合同中规定的地点，或经租箱公司书面确认的地点，将箱子退还给租箱公司。还箱地点与最终用箱地点的距离有较密切的关系，对于承租人来说，还箱地点应是最终用箱地点或接近的地点，这样，发生的费用较低；反之，费用较高。

（3）还箱状况。还箱状况是指承租人应在箱子外表状况良好的情况下，将箱子退还给租箱公司。如果还箱时箱子外表有损坏，则租箱公司或其代理人应通知承租人，并做出修理估价单。如果租箱合同中已订立损害赔偿修理条款，则其费用由租箱公司承担。如果到租箱合同规定的还箱期满若干天后，承租人仍没有还箱，租箱公司可自动认为箱子全损，承租人应按合同规定的赔偿办法支付赔偿金。而且，在租箱公司收到赔偿金之前，承租人应仍按天支付租金。

3. 损害修理责任条款

损害修理责任条款（Damage Protection Plan，DPP），指在承租人支付 DPP 费用的前提下，在归还箱子时，可不对租赁期间箱子的损坏负责，损坏的箱子由租箱公司负责修理。租赁合同中含有 DPP 条款，对承租人来说，可避免一旦发生箱子损坏所引起的有关修理安排、查核、检验、支付修理费用等繁杂事务，并可节约将受损的箱子运至修理厂的额外费用。承租人在订立 DPP 条款时应注意以下问题：DPP 费用只保箱子的部分损坏，不保箱子的全损。如系全损，则属保险责任中的全损险，由保险公司负责赔偿。另外，DPP 条款也不包括共同海损分摊对第三者的民事损害责任以及对箱子内有关货物的责任。习惯上，DPP 只负责到比箱子本身价值低一点的一个固定限额。例如，20 ft 箱的价值为 3 000 美元，而合同中的 DPP 条款负责的最高费用可能只有 2 500 美元。如果箱子在租赁期间发生损坏，其修理费用和其他费用在 2 700 美元，则租赁公司根据合同条款规定只负责 2 500 美元，超出部分则由承租人负责。DPP 费用一般按租箱天数收取。一旦订立了 DPP 条款，不论集装箱在租期间是否发生损坏，承租人必须支付 DPP 费用，而且该费用一律不退还。

4. 承租人的责任、义务

租赁合同中关于承租人的主要责任、义务如下：

（1）按合同规定的时间、方式支付租金。

（2）租赁期内，承租人与租箱公司共同承担国际集装箱安全公约规定的检验和修理责任。

（3）承租人在租赁期内，应承担本国或他国的一切有关集装箱的法律法规规定的罚款、费用损失。

（4）承租人应承担租箱期内箱子的全损或灭失。

（5）承租人可在租赁的箱子外面贴上自己的标志，但不得任意更改或遮挡原有的标志。

（6）租赁期内，承租人应按有关规定使用箱子，不得超负荷装载，或长期堆存有损箱体的货物。

（7）租箱期内，承租人应对箱子进行良好的保养、维修，包括箱子的清洗、防污、油漆以及更换必要的部件。

（8）租赁期内，承租人应对第三者造成的箱子的损坏负责，对其代理人或雇用人员对箱子造成的损坏负责。

5. 租金

租金支付条款主要内容如下：

（1）租期。一般租箱合同均规定以提箱日为起租日，退租日则根据租箱合同规定的租期或实际用箱时间确定。长期租赁的退箱时间，根据合同确定。灵活租赁的退租日，则为将箱子退至租箱公司指定堆场的日期。承租人在终止租箱时，应按合同规定的时间事先通知租箱公司，无权任意延长租期或扣留使用箱子。

（2）租金。一般按每箱天计收，即从交箱当日起算至租箱公司接受还箱的次日时止。长期租赁或无 DPP 条款的租箱，原则上在修复箱子后退租。有的租箱公司为简化还箱手续，在合同中订立提前终止条款，承租人在支付提前终止费用后，集装箱进入租箱堆场，租期即告终止。此项费用一般相当于 5～7 天的租金。对于超期还箱，其超期天数的租金通常为正常租金的一倍。

（3）租金支付方式。租金支付方式有两种，一种是按月支付，另一种是按季预付。承租人在收到租箱公司的租金支付通知单后的 30 天之内必须支付，如延迟支付租金，则按合同规定的运费率支付利息。

（4）交箱、还箱手续费。承租人应按合同规定的运费率支付交箱、还箱手续费，此项费用主要用以抵偿租箱公司支付租箱堆场的有关费用（如装卸车费、单证费等），其支付方式主要有两种，一种按当地租箱堆场的费用规定支付，另一种是按租箱合同的规定支付。

6. 保险条款

这是租箱合同中有关租箱公司向承租人提供集装箱损害修理保险的条款。虽然这一条款常约定租箱公司只对承租人租用的集装箱本身的损害负责，而对于集装箱中装载货物的损害和集装箱运输中涉及第三者的损伤或损害并不负责。但是，在保险公司的集装箱保险以集装箱本身的保险为基本险，兼保货物损害赔偿责任和第三者赔偿责任保险的条件下，经过特约，租箱公司也可能同意扩大集装箱的损害修理保险范围。其具体做法通常是，先针对集装箱本身的损害扩大保险的范围，然后再适当地扩展其他险别的承保，以扩充其补偿的范围，减轻承租人可能承担的风险。

（1）保险条件如下：

① 每一只标有唛头标志的集装箱为一个单独的投保单位。

② 被保险人对投保的集装箱应做好维修、保养工作。

③ 保险期可视具体情况修改。如有的租箱公司规定,在租期内的箱子修理损坏率超过一定的比例,租箱公司有权修订保险条款。

(2) 保险方式如下:

① 有限额保险。有限额保险是指保险公司有限度地承担集装箱的损坏修理费,如果损坏修理费超过投保的限度,其超过部分由承租人支付。

② 全值保险。全值保险是指保险公司按保单或协议规定的使用价值支付修理费用,其使用价值根据对箱子规定的金额决定。

当然,在采用上述两种方式中的任何一种方式时,都可能有免赔额的规定,如有的合同就规定对于 250 美元以下的损害修理费免赔。

(3) 除外责任。保险公司对以下原因造成的箱子损坏、修理不承担责任和费用:

① 战争、敌对行为、武装冲突;

② 集装箱所在国政府对箱子的征用、没收、封锁;

③ 由于集装箱内在的缺陷造成的损坏;

④ 集装箱的自然损耗、正常磨损;

⑤ 超负荷装载导致的集装箱损坏;

⑥ 装载高度易燃品、爆炸品、腐蚀品以及其他烈性危险品造成的损坏;

⑦ 集装箱对第三者造成的损害赔偿;

⑧ 间接损失;

⑨ 共同海损分摊;

⑩ 救助费用分摊。

(4) 损坏修理程序如下:

① 提出损坏报告。集装箱在发生损坏后,投保人应提出有关箱子的损坏报告,并得到有关方面的确认(租箱公司或保险公司)。

② 对箱子进行检验。在箱子发生损坏后,投保人和保险公司都可安排自己的专业检验人员对箱子的损坏进行检验。

③ 修理。根据专业检验人员的检查报告,对箱子的损坏部分进行修理,但这种修理不包括箱子的自然耗损部分。

(5) 保险期与退租。集装箱的保险期限从租箱协议订立、集装箱交箱起生效,至集装箱退还租箱公司指定的租箱堆场时终止。如果由承租人投保,应在对箱子进行修复并符合条件后才能退租。如果发生集装箱全损,退租的日期为租箱公司收到有效证明文件的当日。

(6) 保险金。规定如下:

① 保险金与租金同时支付给租箱公司。

② 保险金与租金一样按箱天计算,即使有免费期,保险金也不能减免。

③ 保险金可根据承租人使用箱子的情况来定,租箱公司可定期进行测试和调整。

6.1.3 集装箱管理

集装箱存量管理工作非常复杂,对于船公司和租箱公司来说,其管理内容和方式有很大的区别。总的来说,集装箱存量管理主要有以下一些工作。

6.1.3.1　集装箱跟踪管理

集装箱在全球多式联运过程中,投入箱量巨大,运动路线复杂,因此对集装箱跟踪管理的实际工作量很大。据统计,在目前集装箱运输过程中,由于集装箱灭失所造成的经济损失,每年高达数十亿美元。在集装箱跟踪控制方面,还没有非常有效的方法。一般来说,集装箱跟踪管理有手工跟踪管理和计算机跟踪管理两种方式。

1. 手工跟踪管理方式

手工跟踪管理方式适用于拥箱量较少、经营规模和范围较小的船公司和租箱公司。

首先制作一套包括自备箱在内的集装箱档案记录卡和一张集装箱动态跟踪图表,每个集装箱一张卡片。为便于控制与管理,集装箱档案记录卡可采用不同式样,如以不同大小的卡片表示不同尺寸的集装箱,以用不同颜色的卡片表示不同类型的集装箱等。船公司或租箱公司的箱务管理部门将每只集装箱的有关信息登记在相应的档案记录卡上。箱务管理部门将业务部门和各港口的箱务代理报来的信息随时登入集装箱档案记录卡,再将档案记录卡插入集装箱动态跟踪图表。这样,通过集装箱动态跟踪图表,就可了解本公司集装箱的全面动态。

手工跟踪管理方式十分麻烦,滞后性大,无法及时地向集装箱管理部门提供盘存所需的各种报表,特别是当船公司经营集装箱运输规模扩大、集装箱拥有量越来越大、周转加快时,这种跟踪管理方式无法适应集装箱运输管理的需要。

2. 计算机跟踪管理方式

计算机跟踪管理方式是目前集装箱班轮公司和租箱公司普遍采用的高效集装箱跟踪管理方式。这种方式基本做法是将集装箱必要的特征,如箱号、箱型、尺寸、购(租)箱及其地点、日期等预先存储在计算机内,然后再将集装箱日常动态和信息利用某种特定的代码形式及时输入计算机,并根据事先编好的程序,通过计算机进行有效的数据处理,随时可直观地显示或打印集装箱管理部门盘存所需的各种类型的报表。

计算机跟踪管理方式按其信息和传递系统可分为联机和脱机两大类。

(1)联机传递系统。所谓联机传递系统,是指船公司的计算机中心与其各港代理处的终端机连成计算网络,有关的集装箱动态信息可直接由代理人随时通过终端输入船公司计算机中心存储处理,并能将所需处理结果返回至终端的打印设备上。这种系统实时性好,信息处理迅速及时,但初期形成计算机网络的工作量较大。

(2)脱机传递系统。所谓脱机传递系统,是指信息的传递是由各港代理处采用普通的通信或卫星交换方式传递给船公司,再由船公司输入计算机存储处理。这种方式实时性较差,但对远距离的信息传递,还是比较合适的。

目前,利用计算机对集装箱进行管理,已由初级阶段的动态控制,发展到高级阶段的编目控制动态业务处理。船公司不仅能够掌握及跟踪分布在国内外集装箱码头堆场、集装箱货运站、货主仓库,以及运输途中的有关集装箱的地理位置信息和使用状态变化的动态信息,而且还可以对各个运输环节的箱子需求情况做出预测。

6.1.3.2　集装箱空箱调运及管理

集装箱空箱调运是指将集装箱放空后进行运输。集装箱应尽可能不发生空箱调运,船公司对集装箱的空箱调运量越少,其集装箱的使用效率越高,相应的经济效益越好。但由于集装箱运输本身的复杂性,空箱调运在所难免。

1. 空箱调运的原因

集装箱空箱调运,其根本原因在于货运需求与运力供给之间的不平衡。其中有些是客观原因造成的,不可避免;有些则是主观原因造成的,属于不合理调运。总的来说,主要有以下几个原因:

(1) 管理原因导致空箱调运。航运企业与港口代理机构之间的管理信息系统不完善,管理水平落后。如由于单证交接不全,流通不畅,影响箱子的调运与周转。有时箱子损失或灭失的责任不清,无法追回或未及时追回,只能调运空箱补充;又如货主提箱逾期,造成港口重箱积压,影响到箱子在内陆的周转,为保证船期,不得不从附近港口调运空箱。

(2) 进出口货源不平衡,造成进出口箱子比例失调,产生空箱调运。

(3) 贸易逆差,导致集装箱航线货流不平衡,因而产生空箱调运。

(4) 进出口货物种类和性质不同,因而使用不同规格的箱子,产生航线不同规格的箱子短缺的现象,不得不调运不同规格的箱子,以满足不同货物的需要。

(5) 各运输方式之间衔接不够协调。

(6) 其他原因。如果出于对修箱费用和修箱要求考虑,船公司将空箱调运至维修费用低、修箱质量高的地区去修理。

2. 减少空箱调运的措施

由于客观货物流向、流量与货种不平衡,产生一定数量的空箱调运是必然的。但采取一定的措施,使空箱调运量下降到较低水平,是完全可以做到的。

(1) 组建联营体,实现船公司之间集装箱共享。联营体通过互相调节使用空箱,可减少空箱调运量和航线集装箱需备量,节省昂贵的空箱调运费和租箱费。

(2) 强化集装箱集疏运系统,缩短集装箱周转时间。通过做好集装箱内陆运输各环节工作,保证集装箱运输各环节紧密配合,缩短集装箱周转时间和在港时间,以提供足够箱源,不致因缺少空箱而进行空箱调运。

(3) 建立高效的集装箱箱务管理系统,实现箱务管理现代化。通过优化计算机集装箱管理系统,采用电子数据交换技术,以最快、最准确的方式掌握集装箱信息,科学而合理地进行空箱调运,做到最大限度地减少空箱调运量及调运距离。

(4) 准确预测货流。倘若货流预测的准确度较高,则空箱调运的及时性、合理性就有了一定保证,在此基础上及时安排和调运空箱,以满足不同的货主对不同的箱型和箱量的需求。

(5) 加强修箱管理。箱况的好坏关系到航运公司的服务形象,而修箱费用又与航运公司的盈利息息相关,必须通过管理解决二者之间的矛盾。

6.1.3.3　集装箱堆存与保管

1. 空箱的堆存与保管

集装箱所有人或箱管部门所管理的空箱一般在码头堆场、货运站堆场等地堆存和保管,通常委托箱管代理或各堆场经营人作为代理人进行实际管理,并需支付堆存、管理费用。这些费用也是集装箱运输成本的重要组成部分,因而加强集装箱空箱的堆存、保管的管理具有重要的意义。

集装箱的箱管代理人在安排空箱堆存过程中,应将各航运公司的集装箱分别堆放,同公司的集装箱也应按照箱型分别堆放,便于提箱。在搬运过程中,应规范操作,避免集装箱出现残损。在收箱时,应做好集装箱的核查工作,一旦出现集装箱损坏的现象,要及时通知箱主安排修理事宜。

集装箱所有人在掌握各堆场的空箱类型、数量的基础上,应充分利用各堆场入场初期的免费条款,并将堆存期较长的集装箱优先调运出堆场。

2. 重箱的堆存与保管

集装箱码头为了避免堆场内集装箱的大量积压,往往规定了出口重箱应在限定的入港开始时间和截止时间内将重箱运至指定的堆场存放。同时,对于进口重箱,也规定了免费堆存期限,促使收货人及时提取货物,一旦超出了免费堆存期限,就要收取堆存费用。

6.2　集装箱货物及装箱

6.2.1　集装箱货物

各种不同的集装箱适合装载各种不同的货物。集装箱货物分类的方法与普通货船运输时有所不同,一般可分为普通货物和特殊货物。

6.2.1.1　普通货物

普通货物(General Cargo)一般通称为杂货,是指不需要用特殊方法进行装卸和保管、可按件计数的货物。其特点是批量不大,单价较高,具有较强的运费负担能力,经常用定期船运输。杂货根据其包装形式和货物的性质,又可分为清洁货和污货两类。

1. 清洁货

清洁货(Clean Cargo)又称细货(Fine Cargo)或精良货,是指清洁而干燥,在积载和保管时本身无特殊要求,与其他货物混载时,不会损坏或污染其他货物的货物。如纺织品、棉纱、布匹、橡胶制品、陶瓷器、漆器、电气制品、玩具等。

2. 污货

污货(Dirty Cargo)又称粗货(Rough Cargo，Troublesome Cargo)，是指按本身的性质和状态，容易发潮、发热、风化、融解、发臭，或者有可能渗出液汁、飞扬货粉、产生害虫而使其他商品遭受损失的货物。这类货物包括可能渗出液汁的兽皮，飞扬粉末的水泥、石墨，污损其他货物的油脂、沥青，生虫的椰子核、牛骨、干燥生皮，发生强烈气味的胡椒、樟脑、牛皮等。

6.2.1.2 特殊货物

特殊货物(Special Cargo)是指在性质、重量、价值、形态上具有特殊性，运输时需要用特殊集装箱装载的货物。它包括冷藏货、活动(植)物、重货、高价货、危险货、液体货、易腐货和散货等。

1. 冷藏货

冷藏货(Refrigerated Cargo)是指需用冷藏集装箱或保温集装箱运输的货物，如水果、蔬菜、鱼类、肉类、鸡蛋、奶油、干酪等。

2. 活动(植)物

活动(植)物(Livestock and Plants)指活的家禽、家畜和其他动物以及树苗等植物。

3. 重货

重货(Heavy Cargo)是指单件重量特别大的货物，如重型机械等。我国对水路运输中的笨重货物规定有以下标准：

(1) 沿海：重量 5 t，长度 12 m。

(2) 长江、黑龙江干线：重量 3 t，长度 10 m。

各省(市、自治区)内河水运企业对本省内运输的笨重、长大货物可另行规定，并报国务院交通主管部门备案。

在国外，一般平均每件重量超过 3.6 t 的货物，按笨重货处理。

4. 高价货

高价货(Valuable Cargo)是指按容积或重量来计算，其价格都比较昂贵的货物，如生丝、绸丝、丝织品、照相机、电视机以及其他家用电器等。

5. 危险货

危险货(Dangerous Cargo)是指本身具有易燃、易爆、有毒、有腐蚀性、放射性等危险特性的货物。危险货物装箱时必须有特别的安全措施，有危险货物的集装箱装船，也必须有特别的安全防护措施，以保证运输设备及人身的安全。

6. 液体货

液体货(Liquid Cargo)是指需装在罐、桶、瓶等容器内进行运输的液体或半液体货。许多液体货还具有一定程度的危险性。液体货易泄漏和挥发，经常会出现污损或污染其他货物的情况。

7. 易腐货

易腐货(Perishable Cargo)是指在运输途中因通风不良或温度高、湿度大而易腐败变质的货物。

8. 散货

散货(Bulk Cargo)是指粮食、盐、煤、矿石等无特殊包装的散装运输的货物。随着集装箱运输的发展,水泥、糖等也可用集装箱散装运输。

6.2.2　集装箱装箱方式

集装箱是一个容器,它装载货物的数量较多,而且是在封闭情况下进行运送的,一旦箱内货物装载不良或变质而危及运输安全和货物完好时,不易被及时发现,即使发现了,为时可能已晚,而且要纠正不正当的积载也比较困难。

6.2.2.1　集装箱装箱前的检查

开展集装箱的国际多式联运,应以实行门到门运输为原则。因此,在选用集装箱运输时,还必须注意到内陆运输的条件。选用集装箱时,要根据货物的种类、性质、形状、包装、体积、重量以及运输要求,考虑采用其合适的箱子。首先要考虑的是货物是否装得下,其次再考虑在经济上是否合理,与货物所要求的运输条件是否符合。

集装箱在使用前,必须进行严格检查。一只有缺陷的集装箱,轻则导致货损,重则在装卸中有可能造成严重的人身伤亡。所以,对集装箱的检查是货物安全运输的基本条件之一。通常,对集装箱的检查应做到以下几点:

(1) 符合集装箱国际标准(ISO)和国际安全公约标准(CSC),具有合格检验证书。

(2) 集装箱的 4 个角柱、6 个壁、8 个角要外表状态良好,没有明显损伤、变形、破口等不正常现象。板壁凹损应不大于 30 mm,任何部件凸损不得超过角配件外端面。

(3) 箱门应完好、水密性强,能开启 270°,栓锁完好。

(4) 箱子内部清洁、干燥、无异味、无尘污或残留物,衬板、涂料完好。

(5) 箱子所有焊接部位牢固,封闭好,不漏水,不漏光。

(6) 附属件的强度、数量满足有关规定和运输需要。

(7) 箱子本身的机械设备(冷冻、通风等)完好,能正常使用。

在使用前应对集装箱进行仔细全面的检查,包括外部、内部、箱门、清洁状况、附属件及设备等。通常发货人(用箱人)和承运人(供箱人)在箱子交接时,共同对箱子进行检查,并以设备交接单确认箱子交接时的状态。

6.2.2.2　集装箱货物装载要求

集装箱适于装运多种品类的货物,但这些货物并非都能够互相配载,装箱前如果没能根据货物的性质、特点、规格等加以合理挑选组合,运输过程中就容易发生货运事故。为了确保集装箱货运质量,必须注意集装箱货物的合理装载和固定。集装箱货物的装载应满足以下两个基本要求:

第一,确保货物的完好和运输安全,不断提高运输服务质量。

第二,集装箱载重量和内容积应得到充分利用,不断提高集装箱的利用率。

货物集装作业的质量,直接关系到货物完好与运输安全,在装箱作业进行之前,应对集装箱的卫生条件和技术条件进行认真的目测检查。

1. 集装箱装载货物的一般要求

(1) 质量和载荷。

在货物装箱时,任何情况下,箱内所装货物的重量不能超过集装箱的最大装载量。根据货物的体积、质量、外包装的强度,以及货物的性质进行分类,把外包装坚固和质量较大的货物装在下面,外包装脆弱和质量较轻的货物装在上面,装载时要使货物的质量在箱底上平均分布。箱内负荷不得偏于一端或一侧,特别是要严格禁止负荷重心偏在一端的情况。如果箱子某一部位装载的负荷过重,则有可能使箱子底部的结构发生弯曲或脱开的危险。

(2) 衬垫。

装载货物时,要根据包装的强度决定衬垫。夹衬采用缓冲材料,防止装载在下面的货物被压坏,并使负荷平均分布,特别是包装脆弱的货物或易脆商品以及湿货(包括桶装或罐装液体货)时,更应注意采用适宜的隔热物料。装箱时,不要用不同包装的货物填塞集装箱的空位,除非这种包装的货物是完全适合拼装的。

(3) 固定。

货物与货物之间、集装箱侧壁与货物之间如果有空隙,在运输中由于摇摆,会使货物移动,造成塌货和破损,还有可能损坏其他货物,破坏集装箱的侧壁,甚至损坏其他集装箱。有时集装箱到达目的地,打开门时,由于装在箱门附近的货物倒塌,还会引起人身伤亡和货物损坏,因此需要对货物进行充分的固定。

使运输过程中的货物在集装箱内不产生移动的作业叫作固定,通常有如下几种方法:

① 支撑:用方形木条等支柱使货物固定。

② 塞紧:货物之间,或货物与集装箱侧壁之间用方木等支柱在水平方向加以固定,或者插入填塞物、缓冲垫、楔子等防止货物移动。

③ 系紧:集装箱内的系紧就是用绳索、带子等索具把货物捆绑固定。

在任何情况下,都不能把货物直接固定在集装箱内部任何一个平面上,因为在集装箱上钻孔会破坏箱子的风雨密性。

由于集装箱的侧壁、端壁、门板处的强度较弱,因此在集装箱内进行固定作业时要注意支撑和塞紧的方法,不要直接撑在这些地方使它承受局部负荷,而必须设法使支柱撑在集装箱的主要构件上。此外,为了使货物能有效地固定并保护货物,有时也将衬垫材料、扁平木材等,制成栅栏来固定。

(4) 缓冲材料。

为了填补货物之间和货物与集装箱侧壁之间的空隙,防止货物的破损、湿损、污损,有必要在货物之间插入木板、覆盖物之类的隔货材料,这些材料多半为货板、木框、缓冲垫等填塞物。

最新的方法是使用合成橡胶制的空气垫。它是利用牵引车上的压缩空气把气垫吹膨胀起来,除了能固定货物外,同时还起着缓冲作用,但有价格昂贵的缺点。

（5）货物的混载。

把许多种货物装在同一集装箱内时，要注意货物的性质和包装，如果有可能引起事故，就要避免混载，如有水分的货物与干燥货物，一般货物与污臭货物及粉末货物，危险货物与非危险货物，两种以上不同的危险货物等。

为了防止发生货物事故，需要采用与该包装相适应的装载方法，利用集装箱装载的典型货物有箱装货、波纹纸板箱货、捆绑货、袋装货、货板（托盘）货、危险货物等。

2. 特殊货物的装载要求

对于一些特殊货物和特种集装箱，进行货物装载时，除遵守上述一般要求与方法外，还要遵守一些特殊的要求。

（1）超尺度和超重货物装载要求。

超尺度货物是指单件长、宽、高的实际尺度超过国际标准集装箱规定尺度的货物；超重货物是指单件重量超过国际标准集装箱最大载货量的货物。国际标准集装箱是有统一标准的，特别在尺寸、总重量方面都有严格的限制，集装箱运输系统中使用的装卸机械设备、运输工具（集装箱船、集卡等）也都是根据这一标准设计制造的。如果货物的尺寸、重量超出这些标准规定值，对装载和运输各环节来说，都会带来一些困难和问题。

① 超高货。一般干货箱箱门的有效高度是有一定范围的，如果货物高度超过这一范围，则为超高货。超高货物必须选择开顶箱或板架箱装载。用集装箱装载超高货物时，应充分考虑运输全程中给内陆运输车站、码头、装卸机械、船舶装载带来的问题。内陆运输线对通过高度都有一定的限制（各国规定不甚一致），运输时集装箱连同运输车辆的总高度一般不能超过这一限制。集装箱船舶装载超高货箱时，只能装在舱内或甲板的最上层。

② 超宽货物。超宽货物一般应采用板架箱或平台箱运输。集装箱运输下允许货物横向突出（箱子）的尺度要受到集装箱船舶结构（箱格）、陆上运输线路（特别是铁路）允许的宽度限制，受到使用装卸机械种类的限制（如跨运车对每边超宽量大于 10 cm 以上的集装箱无法作业），超宽货物装载时应给予充分考虑。集装箱船舶装载超宽货箱时，如果超宽量在 150 mm 以内，则可以与普通集装箱一样装在舱内或甲板上；如果超宽量在 150 mm 以上，只能在舱面上装载，且相邻列位必须留出。

③ 超长货物。超长货物一般应采用板架箱装载，装载时需将集装箱两端的插板取下，并铺在货物下部。超长货物的超长量有一定限制，最大不得超过 306 mm（即 1 ft 左右）。集装箱船舶装载超长货箱时，一般装于甲板上（排与排之间间隔较大）；装在舱内时，相邻排位须留出。

④ 超重货物。装箱标准对集装箱（包括货物）总重量是有明确限制的，所有的运输工具和装卸机械都是根据这一总重量设计的。货物装入集装箱后，总重量不能超过规定值，超重是绝对不允许的。

（2）冷藏（冻）货装载要求。

装载冷藏（冻）货的集装箱应具有供箱人提供的该箱子的检验合格证书。

货物装箱前，箱体应根据使用规定的温度进行预冷。货物装箱时的温度应达到规定的装箱温度。温度要求不同的冷藏货物不得配入同一个集装箱内。运往一些宗教（特别是伊斯兰教）国家的集装箱货，不能把猪肉与家禽、牛羊肉配装在同一箱内。

货物装载过程中，制冷装置应停止运转；注意货物不要堵塞冷气通道和泄水通道；装货高度不能超过箱内的货物积载线。装货完毕关门后，应立即使通风孔处于要求的位置，并按货主对温度的要求及操作要求控制好箱内温度。

（3）危险货物装载要求。

集装箱内装载的每一票危险货物必须具备危险货物申报单。装箱前，应对货物及应办的手续、单证进行审查，不符合《国际海运危险货物规则》的包装要求或未经商检、港监等部门认可或已发生货损的危险货物，一律不得装箱。

危险货物一般应使用封闭箱运输，箱内装载的危险货物任何部分不得突出箱容。装箱完毕后应立即关门封锁。

不得将危险货物与其他性质与之不相容的货物拼装在同一集装箱内。当危险货物仅占箱内部分容积时，应把危险品装载在箱门附近，以便处理。

装载危险品货物的集装箱上，至少应有 4 幅尺度不小于 250×250 mm 的危险品类别标志牌贴在箱体外部 4 个侧面的明显位置上。

装箱人在危险货物装箱后，除提供装箱单外，还应提供集装箱装箱证明书（Container Packing Certificate），以证明已正确装箱并符合有关规定。

装载危险货物的集装箱卸完后，应采取措施使集装箱不具备危险性并清除危险品标志。

（4）干散货物装载要求。

用散货集装箱运输干散货可节约劳动力、包装费、装卸费。散货集装箱的箱顶上一般都设有 2~3 个装货口，装货时利用圆筒仓或仓库的漏斗，或使用带有铲斗的起重机进行装载。散货集装箱一般采用将集装箱倾斜，使散货产生自流的方法卸货。在选定装载散货的集装箱时，必须考虑装货地点和卸货地点的装载和卸载的设备条件。

运输散装的化学制品时，首先应判明其是否属于危险货物；在运输谷物、饲料等散货时，应注意该货物是否有熏蒸要求。因此，在装货前应查阅进口国的动植物检疫规则，对需要进行熏蒸的货物，应选用有熏蒸设备的集装箱装运。在装运谷物和饲料等货物时，为了防止水湿而损坏货物，应选用有箱顶内衬板的集装箱装运。在装载容易飞扬的粉状散货时，应采取适当的措施进行围圈作业。

（5）液体货物装载要求。

液体货物采用集装箱运输有两种情况。一是装入其他容器（如桶）后再装入集装箱运输，在这种情况下，货物装载应注意的事项与一般货物或危险货物（属危险品）类似；二是散装液体货物，一般需用罐式箱运输，在这种情况下，货物散装前应检查罐式集装箱本身的结构、性能和箱内能否满足货物运输要求；检查应具备必要的排空设备、管道及阀门，其安全阀应处于有效状态。装载时，应注意货物的比重（密度）要和集装箱允许的载重量与容量比值一致或接近。在装卸时，如果需要加温，则应考虑装货卸货地点要有必需的热源（蒸汽源或电源）。

（6）动植物及食品装载要求。

运输该类货物的集装箱一般有两类：密封和非密封式（通风）。装载这类货物时应注意，货物应根据进口国要求进行检疫并得到进口国许可。一般要求托运人（或其代理人）事先向港监、商检、卫检、动植物检疫等管理部门申请检验并出具合格证明后方可装箱。需做动植物检疫的货物不能同普通货物装在同一箱内，以免熏蒸时造成货损。

各类特殊货物装箱完毕后，应采取合适的方法进行固定并关闭箱门。如加固时使用木材，且进口国对木材有熏蒸要求（如澳大利亚、新西兰等），则必须经过熏蒸处理并在箱体外表明显处标上有关部门出具的证明。需要理货的集装箱在装箱全过程中，应由理货公司派员在场记载装入货物的名称、件数、包装标志等内容，做好理货单据，并施加理货封志。

国际运输的集装箱装载时，应请海关派员监装，装箱完毕后应施加海关封志。装箱完毕后，装箱人应制作装箱单（一箱一份），如实说明箱内装载货物的名称、件数、包装及标志等内容。在集装箱运输中，装箱单是唯一说明箱内货物情况的单据，必须准确、可靠。

6.3　集装箱船舶配积载

为了船舶的航行安全，减少中途港的倒箱，缩短船舶在港停泊时间，保证班期和提高经济效益，必须事先对出港集装箱进行配积载。集装箱船由于既要在舱内装载一定数量的集装箱，又要在甲板上堆放几层集装箱，载箱量较大。为了更好地对集装箱船进行管理，下面分几个部分对集装箱配积载问题进行论述。

6.3.1　集装箱船舶的箱位容量和编号

6.3.1.1　集装箱船舶的箱位容量

标准箱容量是指集装箱船舶所能承载的标准集装箱（即 20 ft 集装箱）的数量，如 40 ft 集装箱，可以换算成两个 20 ft 标准箱。标准箱容量是表示集装箱船舶规模大小的标志。

20 ft 集装箱容量是指集装箱船舶最多能装载 20 ft 集装箱的数量。在一般情况下，集装箱船舶最大的 20 ft 集装箱容量与集装箱船舶的标准箱容量相同。但是，在某些集装箱船舶上，由于船上的某些集装箱箱位是专为装载 40 ft 集装箱而设计的，不能装载 20 ft 集装箱，因此会有一个 20 ft 集装箱的最大箱容量问题。

40 ft 集装箱容量是指集装箱船舶最多能承载 40 ft 集装箱的数量，它并不等于船舶标准箱容量的一半。不论何种类型的集装箱船，由于船舶结构的原因，总有一些箱位只能装 20 ft 集装箱，如靠近船首或船尾的部分舱室，因船体下部瘦削，只能装 20 ft

集装箱。

集装箱箱位的配置应考虑 20 ft 和 40 ft 的集装箱是否可以兼容。由于集装箱船舶甲板上和舱内的箱格导轨结构与集装箱箱脚底座位置设计的不同,产生了在两个纵向 20 ft 集装箱之上能否堆装一个 40 ft 集装箱的问题。这有以下三种情况:

(1) 无论在甲板上还是在舱内,两个纵向 20 ft 集装箱上均可堆装一个 40 ft 集装箱。这是因为在设计箱脚底座位置时,考虑到两个纵向 20 ft 集装箱堆装后,两箱之间的间距为 76 mm,正好堆装一个 40 ft 集装箱。

(2) 舱内两个纵向 20 ft 集装箱上可堆装一个 40 ft 集装箱,甲板上则不能。这是因为在甲板上集装箱需绑扎,两箱之间的间距要供人作绑扎通道使用,往往大于 76 mm。

(3) 舱内和甲板上两个纵向 20 ft 集装箱上均不能堆装 40 ft 集装箱。这是因为在舱内箱格导轨结构只能装 20 ft 集装箱,甲板上两个纵向 20 ft 集装箱堆装后,两箱的间距大于 76 mm。综上所述,20 ft 和 40 ft 集装箱是否可以兼容,应分别就不同集装箱船舶的情况予以确定。

冷藏集装箱装船后多数需要船舶电站连续提供电源。受船舶电站容量和电源插座位置的限制,每艘集装箱船所能承运的冷藏箱最大数量和装箱位置通常是确定的。如某轮船冷藏箱容量为 220 TEU,其中有 20 TEU 仅适合装 20 ft 的冷藏箱,20 TEU 仅适合装 40 ft 的冷藏箱,以及 180 TEU 既适合装 20 ft 又适合装 40 ft 的冷藏箱。

巴拿马运河当局对通过运河船舶的盲区有特殊的要求,根据这一规定,集装箱船舶中不少的船舶,在舱面前部许多箱位上不能承载集装箱,因此集装箱船舶除有一般箱数量外,还有一个通过巴拿马运河的标准箱容量。

6.3.1.2 集装箱船的箱位编号方法

为准确地表示每一集装箱在船上的装箱位置,以便计算机管理和有关人员正确辨认,集装箱船上每一装箱位置应按国际统一的代码编号方法表示。目前,集装箱船箱位代码编号采用 ISO/TCI04 委员会规定的方法。它以集装箱在船上呈纵向布置为前提,每一箱位坐标用 6 位数字表示。其中最前边两位表示行号,中间两位表示列号,最后两位表示层号。

1. 行号

行号(Bay No.)是指集装箱箱位的纵向坐标。自船首向船尾,装 20 ft 集装箱的箱位上依次以 01、03、05、07…奇数表示。当纵向两个连续 20 ft 箱位上被用于装载 40 ft 集装箱时,则该 40 ft 集装箱箱位的行号以介于所占的两个 20 ft 箱位奇数行号之间的一个偶数表示,如图 6-1 所示。

2. 列号

列号(row No. or slot No.)是指集装箱箱位的横向坐标。以船舶纵中剖面为基准,自船中向右舷以 01、03、05、07…奇数表示,向左舷以 02、04、06、08…偶数表示,如图 6-2 所示。若船舶纵中剖面上存在一列,则该列列号取为 00。

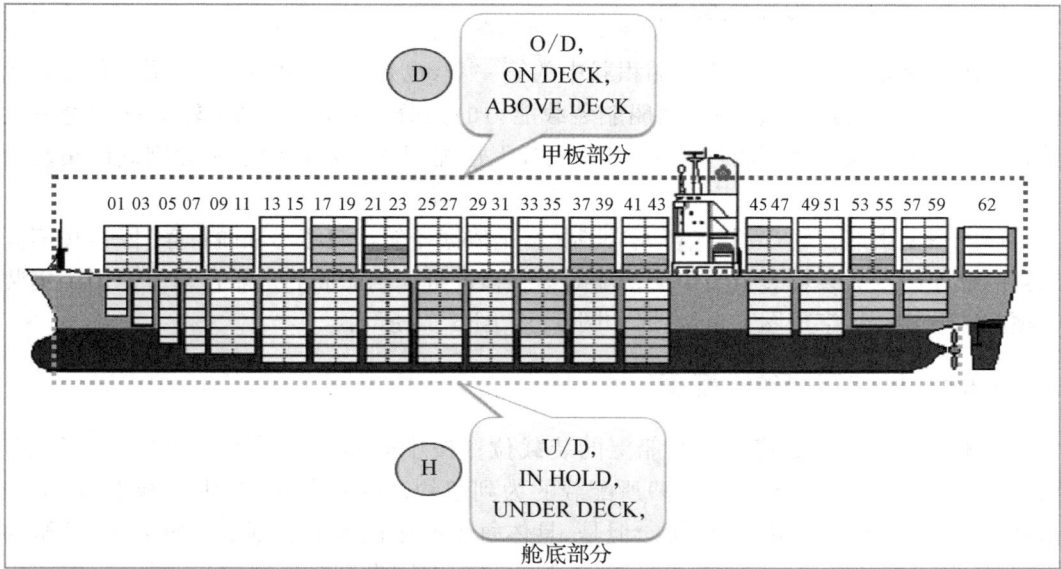

图 6 - 1　集装箱船的行号编号

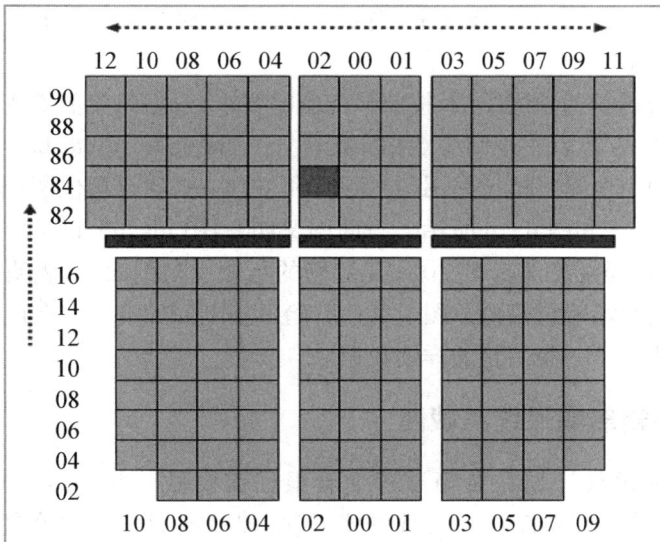

图 6 - 2　集装箱船的列、层号编号

3. 层号

层号(tier No.)是指集装箱箱位的垂向坐标。舱内以全船舱内最底层作为起始层,自下而上以 02、04、06、08、10、12、14…偶数表示。舱面也以全船舱面最底层作为起始层,自下而上以 82、84、86、88、90…偶数表示,如图 6 - 2 所示。显然,全船每一装箱位置,都对应于唯一的以 6 位数字表示的箱位坐标。

6.3.2 集装箱船舶预配图

预配图制定是整个集装箱船舶积载中的第一步，也是最关键的一个步骤。它关系到船舶航行安全和货运质量，关系到船舶装载能力的充分利用，关系到运输效率和经济效益。为了保证集装箱预配的科学和合理，应按上述配积载的基本要求和原则编制集装箱预配图。

预配图是由船公司（或其代理人）编制的，是依据船舶积载能力和航行条件等，按不同卸箱港顺序以及集装箱装货清单上拟配的集装箱数量编制而成的全船行箱位总图。集装箱预配图主要包括字母图和重量图，如图6-3、图6-4所示。

6.3.3 集装箱船舶实配图

预配图只是对待装集装箱在船上的装载位置按不同卸箱港做了一个初步的分配，如图6-3所示，09行位（BAY 09）所配载的为到纽约港的集装箱，其中甲板上装27个箱，舱内装46个箱，共装73个箱。但是，具体每个装箱位置上装哪个号码的箱，该箱的箱主是谁，箱内货种是什么，诸如此类的问题，预配图则没有明确规定。此外，预配图也没有考虑到船舶稳性、船舶结构、装卸工艺以及可能存在的不合理配置等原因。在实配图上，不仅规定了不同卸箱港的集装箱的装载位置，而且对到同一卸箱港的各个集装箱的具体装载位置（箱位）也有明确规定，所以，实配图是码头现场操作的指导性文件，是码头装卸作业的依据。

集装箱装卸公司收到预配图后，按照预配图的要求，根据码头上集装箱的实际进箱量及在码头上的堆放情况，着手编制集装箱实配图（container terminal bay plan）。

集装箱实配图由全船行箱位总图（封面图）和每行一张的行箱位图（bay plan或hatch print）组成，如图6-5和图6-6所示。封面图又叫总图（master plan），表明集装箱纵向积载情况；行箱位图是船舶某一装20 ft集装箱的行箱位横剖面图，表明集装箱的横向积载情况。它是对集装箱船行箱位总图上某一行箱位横剖面的放大。在该图上可以标注和查取某一特定行所装每一集装箱的详细数据。

6.3.4 集装箱船舶最终积载图

集装箱船实配积载计划在装箱过程中会根据需要做一些修改。集装箱装船结束后，由船舶的理货员根据船舶实际装载的集装箱，以及每只集装箱在船舶上的箱位，编制出集装箱积载图。大副负责进行实际装载条件下船舶稳性、船体受力、吃水和吃水差的核算。

最终积载图反映集装箱船舶实际装卸情况的最终结果，是下一挂靠港集装箱卸船和加载集装箱配载的根据，也是计算集装箱船舶的稳性、吃水差和强度的依据。集装箱船最终配积载图通常包括集装箱最终封面图、最终行箱位图（如图6-7所示）、稳性及吃水差计算表及集装箱船舶装船统计表（如表6-1所示）等内容。

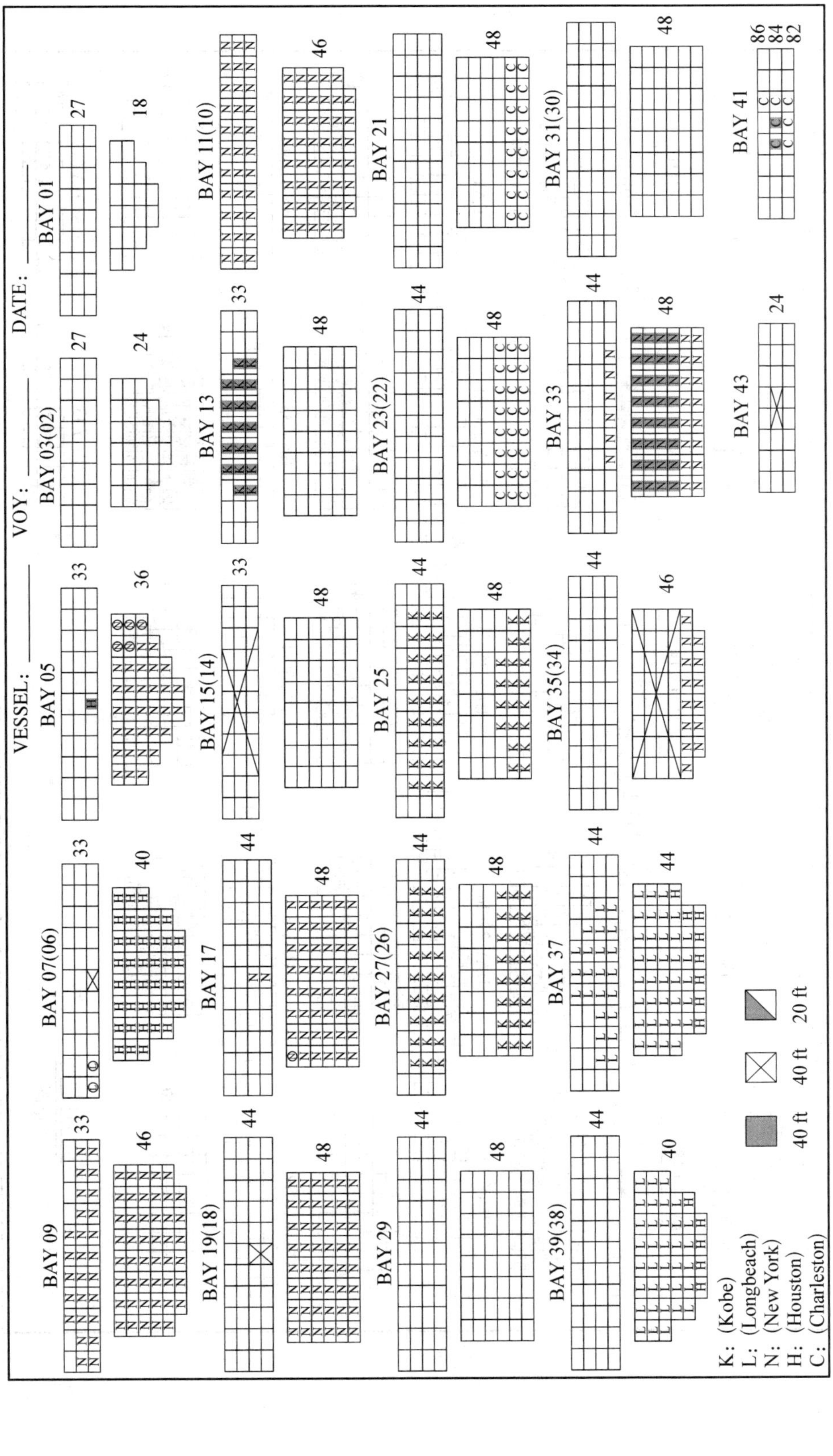

图 6 - 3　集装箱船舶预配字母图

VESSEL: ＿＿＿＿

VOY: ＿＿＿＿

DATE: ＿＿＿＿

K: (Kobe)
L: (Longbeach)
N: (New York)
H: (Houston)
C: (Charleston)

40 ft　40 ft　20 ft

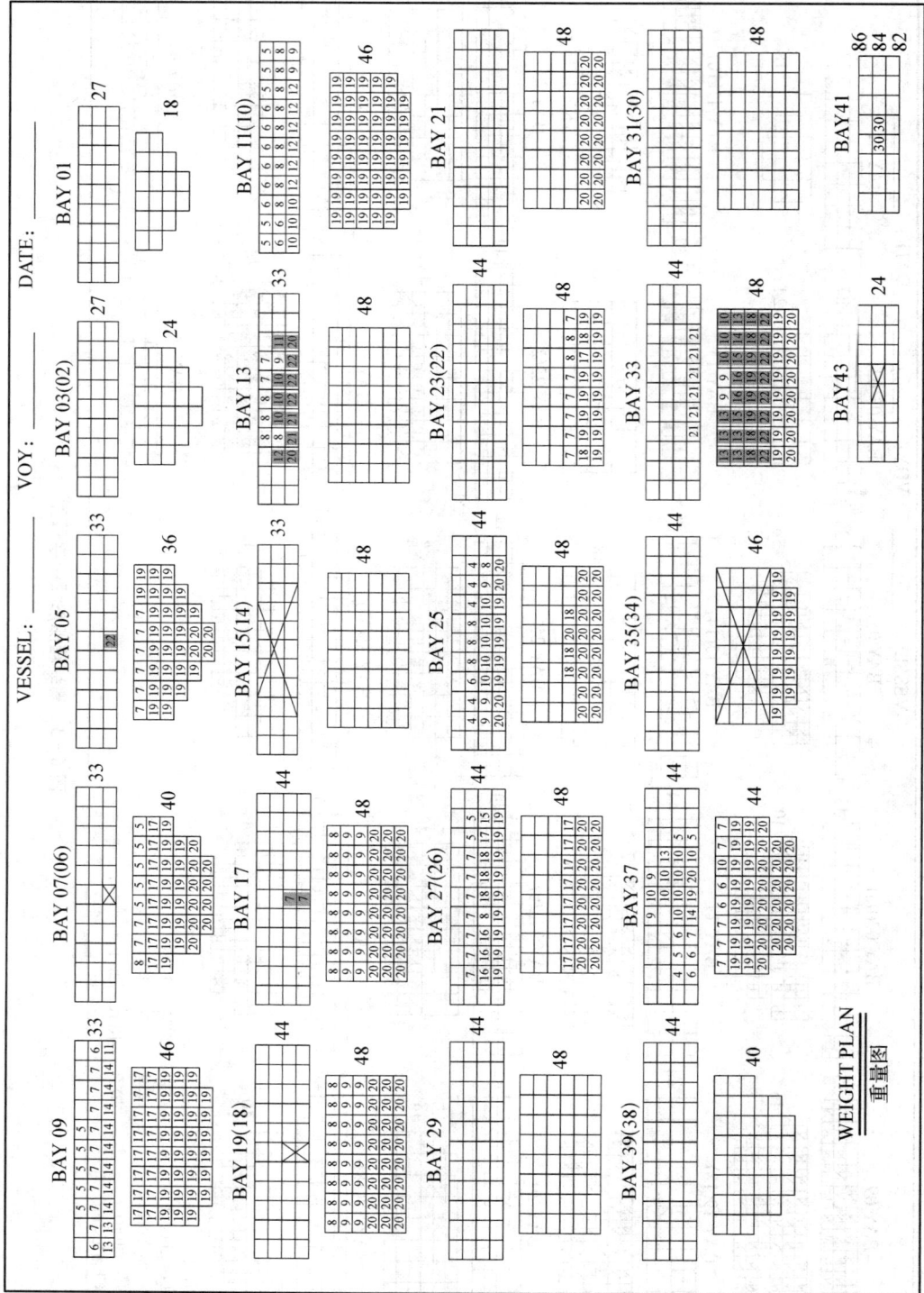

图 6 - 4　集装箱船舶船舶预配重量图

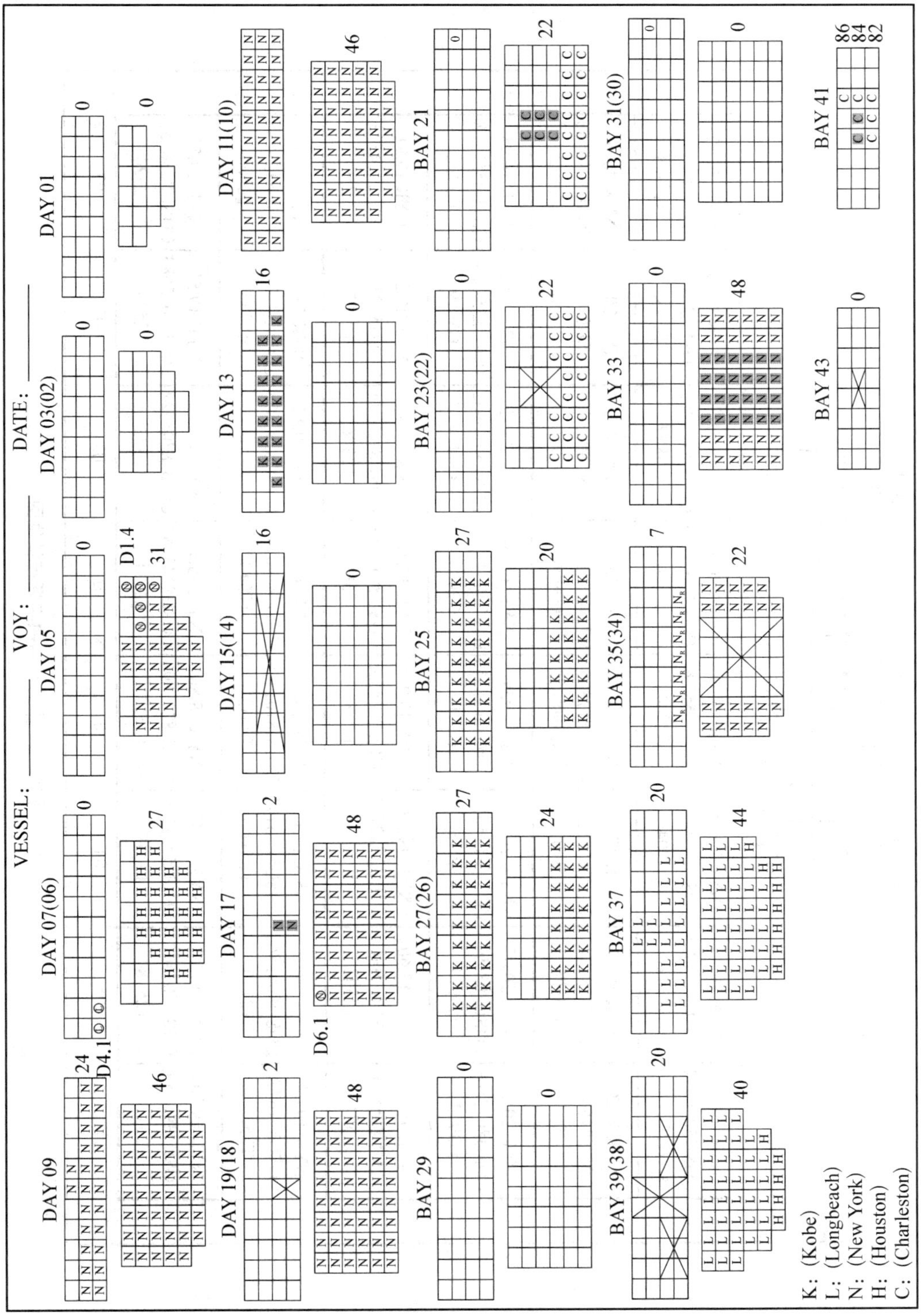

图 6 - 5　集装箱船舶实配封面图

K: (Kobe)
L: (Longbeach)
N: (New York)
H: (Houston)
C: (Charleston)

VESSEL: _____
VOY: _____
DATE: _____

10	08	06	04	02	00	01	03	05	07	09

08	06	04	02	01	03	05	07
NYK 19.50 COSU5000154 G2901	NYK 19.35 COSU8131754 G2902	NYK 19.35 COSU8129037 G2904	NYK 19.69 ICSU3355394 G2904	NYK 20.42 COSU5000160 G3801	NYK 20.27 COSU8154385 G3802	NYK 19.87 COSU8231615 G3903	NYK 20.06 COSU8201254 G3904
NYK 20.27 COSU8156958 G3905	NYK 19.21 ICSU3787649 G3906	NYK 19.43 ICSU4157217 G3907	NYK 19.67 COSU8178664 G3908	NYK 18.69 HTMU8039953 G3909	NYK 18.72 COSU8013469 G3910	NYK 20.33 COSU0117550 G3911	NYK 20.06 COSU8075650 G3912
NYK 20.19 COSU8023169 G3913	NYK 20.05 COSU8035973 G3914	NYK 20.24 COSU8175069 G3915	NYK 19.96 HTMU8038319 G3916	NYK 18.69 HTMU8047780 G3909	NYK 20.15 COSU8183932 G3918	NYK 19.92 IEAU2353700 G3919	NYK 19.95 GSTU4557788 G3920
NYK 19.48 HTMU8058207 T2501	NYK 17.60 COSU8210621 T2502	NYK 19.53 TOLU2722771 T2503	NYK 19.91 COSU8028833 T2504	NYK 17.18 COSU8011419 T2505	NYK 19.32 COSU8157511 T2506	NYK 19.30 COSU5022908 T2507	NYK 19.91 CTIU3404773 T2508
NYK 19.62 COSU3116770 T2509	NYK 19.51 COSU8092869 T2510	NYK 17.12 COSU8233191 T2511	NYK 18.51 COSU8101739 T2512	NYK 19.18 COSU8190540 T2513	NYK 19.12 COSU8199883 T2514	NYK 18.09 COSU5037641 T2515	NYK 19.35 COSU8139164 T2508
NYK 19.70 ICSU4395750 T2517	NYK 19.34 COSU5034025 T2518	NYK 19.43 COSU5021199 T2519	NYK 18.86 COSU8219906 T2520	NYK 18.90 COSU8143483 T2521	NYK 19.61 COSU8208922 T2522	NYK 19.51 COSU8095683 T2523	NYK 19.52 COSU8230757 T2524

图 6-6　集装箱船舶实配行箱位图

VESSEL: _____　　VOY: _____　　DATE: _____

Destination summary

DEST	No.OF CONT
88	
86	136.0
84	211.9
82	201.9
12	57.9
10	57.1
08	115.9
06	110.8
04	101.5
02	105.8
TOTAL	1098.8

Upper bay plan (slots 88–82; each cell: container No. / weight / slot No.)

Bay	86	84	82
351088	— / 351086	ICSU4223047 19.5 / 351084	COSU8225431 17.3 / 351082
350888	— / 350886	ICSU4020857 19.2 / 350884	CTIU1518777 19.6 / 350882
350688	COSU8134157 19.7 / 350686	COSU8236930 20.0 / 350684	IETU2016838 19.1 / 350682
350488	COSU8231500 19.1 / 350486	HTMU5006278 19.6 / 350484	COSU8232359 18.9 / 350482
350288	COSU8226870 12.4 / 350286	COSU8212049 20.0 / 350284	COSU8195548 19.4 / 350282
350088	COSU8237638 12.7 / 350086	CTIU2291923 16.9 / 350084	TOLU2662292 20.0 / 350082
350188	TOLU2886287 10.4 / 350186	ICSU3725204 20.0 / 350184	COSU8237155 15.8 / 350182
350388	ICSU3063290 14.5 / 350386	IEAU2166680 19.2 / 350384	COSU8226280 17.0 / 350382
350588	HTMU8057089 9.5 / 350586	TOLU2623275 19.2 / 350584	ICSU4009919 19.4 / 350582
350788	CTIU0341780 12.7 / 350786	ICSU3336250 20.9 / 350784	COSU8089124 19.60 / 350782
350988	UFCU3962201 25 / 350986	TOLU2786272 17.4 / 350984	COSU8239158 15.8 / 350982

Lower bay plan — bays 3508, 3506, 3504, 3502 (slot / container No. / weight / route)

Slot	Bay 3508	Bay 3506	Bay 3504	Bay 3502
12	350812 COSU8151621 19.4 (CHS/KOB)	350612 HTMO8055960 19.1 (CHS/KOB)	350412 COSU8149835 19.4 (CHS/KOB)	350212 (X)
16/10	350810 COSU8097541 19.2 (CHS/KOB)	350610 TOLU2624348 17.9 (CHS/KOB)	350416 ICSU3843260 20.0	350210 (X)
08	350808 ICSU3170111 19.4 (CHS/KOB)	350608 COSU8089802 19.3 (CHS/KOB)	350408 UFCU3757275 19.3 (CHS/KOB)	350208 (X)
06	350806 COSU8072667 18.4 (CHS/KOB)	350606 COSU8018882 18.5 (CHS/KOB)	350406 COSU8028345 18.5	350206
04	350804 COSU8173678 6.5 (CHS/SHA)	350604 COSU8215916 6.3 (CHS/SHA)	350404 COSU5023102 15.7 (CHS/SHA)	350204 ICSU3897097 18.2
02		350602 COSU8229550 12.1	350402 ICSU9053992 19.9	350202 HTMU8048739 20.4

Lower bay plan — bays 3501, 3503, 3505, 3507 (slot / container No. / weight / route)

Slot	Bay 3501	Bay 3503	Bay 3505	Bay 3507
12	350112 (X)	350312	350512	350712
10	350110 (X)	350310	350510	350710
08	350108 (X)	350308 COSU5028280 19.3 (CHS/SHA)	350508 UFCU3770317 19.3 (CHS/KOB)	350708 COSU8236879 19.3
06	350106	350306 ICSU4013924 18.6 (CHS/SHA)	350506 UFCU3990836 19.6 (CHS/KOB)	350706 COSU2830510 17.2
04	350104 UFCU3602997 15.6	350304 COSU8195511 11.9 (CHS/SHA)	350504 TOLU8430450 10.6	350704 TOLU8451160 16.7
02	350102 COSU8236415 19.6	350302 TOLU2818750 19.9 (CHS/SHA)	350502 COSU8087034 13.9	

图 6 - 7　集装箱船舶最终行箱位图

表 6-1 集装箱船舶装船统计表

船名:×××　　　　　　　　航次:×××　　　　　　　　日期:×年×月×日

装货港	集装箱类别、箱量及重量		卸货(箱)港								TOTAL		OPTION
			LONG BEACH		NEW YORK		CHARLESTON		HOUSTON				
			20 ft	40 ft	20 ft	40 ft	20 ft	40 ft	20 ft	40 ft	20 ft	40 ft	40 ft
SHANGHAI	FULL 重箱	箱量/个	35	4	105	29	28	5	36	2	204	40	
		重量/t	582.1	66.4	1980	410.6	419.8	92.3	584.8	15.6	3 566.7	584.9	
	REEFER 冷藏箱	箱量/个	4								4		
		重量/t	68.7								68.7		
	DANGEROUS 危险货箱	箱量/个			12		3				15		
		重量/t			186.5		39.7				226.2		
	EMPTY 空箱	箱量/个			12	8					12	8	22
		重量/t			27.6	28.8					27.6	28.8	76.8
KOBE	FULL 重箱	箱量/个	145	76	329	138	58	55	21	19	553	288	
		重量/t	2 239	1 212	5 468	1 964	1 017	753	379	221.4	9 103	4 150.4	
	REEFER 冷藏箱	箱量/个											
		重量/t											
	DANGEROUS 危险货箱	箱量/个	1		12	1	3		2		18	1	
		重量/t	20.4		215.5	20.2	57.6		30.9		324.4	20.2	
	EMPTY 空箱	箱量/个											
		重量/t											
TOTAL 总计	CONTAINER 箱量/个		185	80	470	176	92	60	59	21	806	337	22
	WEIGHT 重量/t		2 910.2	1 278.4	7 877.6	2 423.6	1 534.1	845.3	994.7	237	13 316.6	4 784.3	76.8
	GROSS TOTAL 总重量/t		4 188.6		10 301.2		2 379.4		1 231.7		18 100.9		76.8

本章小结

本章详细探讨了多式联运中的集装箱箱务管理,包括集装箱配置、租赁、调运、保管、交接、发放、检验、修理等多个方面。首先,介绍了航线集装箱需备量的确定方法以及船公司的置箱策略,为航运企业提供了科学的集装箱配置指导。其次,详细阐述了集装箱租赁业务,包括租赁的优点、方式及租赁合同的主要条款,为集装箱租赁市场提供了全面的分析。最后,本章还深入讨论了集装箱管理,包括存量管理、空箱调运及管理、堆存与保管等,以及集装箱货物的分类和装箱要求,为集装箱运输的安全和效率提供了保障。通过本章的学习,读者可以全面了解多式联运中集装箱箱务管理的各个环节,掌握集装箱配置、租赁和管理的关键要素,为提升多式联运的效率和效益提供有力支持。

思考题

1. 航线集装箱需备量的确定涉及哪些主要因素? 如何根据这些因素计算航线集装箱需备量?

2. 船公司可以采取哪些置箱策略来优化集装箱配置,降低投资风险和管理成本?

3. 集装箱租赁业务有哪些优点? 对出租方和承租方分别有何益处?

4. 集装箱租赁合同通常包含哪些主要条款? 这些条款对双方的权利、义务和费用有何规定?

5. 如何通过计算机跟踪管理方式有效进行集装箱跟踪管理? 这种方式相比手工跟踪管理有哪些优势?

6. 空箱调运的原因有哪些? 如何采取有效措施减少空箱调运量,提高集装箱使用效率?

7. 集装箱堆存与保管过程中需要注意哪些问题? 如何确保集装箱的安全和完好?

8. 集装箱货物可以分为哪些类型? 不同类型货物的装箱要求有何不同?

9. 在进行集装箱装箱前,需要进行哪些检查? 这些检查对确保货物运输安全有何重要意义?

10. 如何根据货物的性质和特点选择合适的集装箱类型,并进行合理的装载和固定,以提高运输效率和安全性?

拓展案例

大连集装箱码头:打造国内首家智慧运营平台

大连集装箱码头有限公司(简称大连集装箱码头)基于公司定位、目标、激励的管理模式,借助数字化转型契机,创新打造国内港口领域首家智慧运营平台。该码头具有以下特点:

1. 一体化运营。构建市场、操作、人力、财务、资产、安全、风险7个管理模式的一体化运营,连接内外部20多个系统,打造100余个应用场景,优化200多项业务流程,解决了40多个行业难题。

2. 全客户需求市场管理。建立客观满意度服务指标体系,满足客户的个性化服务需求。开发口岸货源大数据分析系统,全面分析腹地大货主信息及市场价值。智能跟踪分析船公司客户、航线、箱量、流向等数据趋势,协助市场人员及时发现市场潜在需求,并主动为口岸客户搭建商业合作机遇,设计选优物流链路,降低客户物流成本,全面提高服务效率。

3. 全智慧决策操作管理。依托大数据、人工智能、物联网和 3D 可视化技术，形成码头管理孪生体，生产场景实时递进，可视化呈现实现定位、目标、激励的精准管理。以数据为驱动，流程为引擎，算法为核心，实现全场景、端到端闭环管理。在业内率先实现了基于事前、事中、事后的单船经营分析，助力管理层全面复盘运营情况，持续改善科学决策。

4. 全业务融合财务管理。销售回款流程融合区块链船方电子签单、计费、风控、财务共享中心、银行等内外部六大系统，实现业务流、数据流、资金流、风控流的全面贯通，有效保障收入准确和资金安全。对于符合付款流程的采购项目，能够自动生成采购决策，自动对接采购平台采购信息，一键生成合同文本，并通过电子签章实现合同线上签署，自动生成履约数据。

5. 全透明员工激励管理。自动计算职涯分值及排名，使员工清晰掌控自身职业生涯发展轨迹，辅以培训系统助力员工成长，激励员工自驱成长的同时，为公司创造更大价值。

6. 全生命周期资产管理。通过数据平台获取操作、设备设施管理、能源管理等多系统数据，辅以智能算法，实现了资产从采购、使用、保养、报废全生命周期智能化管控。以资产全生命周期管理为主线，以资产运维和成本管控为抓手，完成资产技术建档，通过记录设备运行数据，系统自动生成维保计划、工单推送和质检计划，完成质保工作数字化、成本管控可视化。

7. 全管控要素安全管理。打造国内港口首个综合性集装箱码头安全管理平台。对人员、设备、箱型、法规、天气等安全五要素的系统化管理，建立全方位的安全管理体系；利用 AI 技术，进行拖车和司机行为分析，预防司机困倦和违章行为；利用无人机巡检、移动布控球等多种智能化监控，补足传统视频监控和人工管理盲区，实现多角度预警和监管。

8. 全流程覆盖风险管控。风险管控覆盖企业组织、制度、文化、保障、活动、监督、检查、报告等范围，建立生产、合规、审计红绿灯三防线风控模型，融合合规、风险、内控、法务、审计、追责六合一管理体系。通过红绿灯预警模型，强化风险分类分级，形成风险清单库，前置风险控制点，实现风险监控方式从单一流程向三防线六合一联动转型，持续提高风险管控覆盖率。

（参考信息来源：中国航务周刊）

【案例思考题】

1. 大连集装箱码头在整合多个系统和应用场景时面临哪些主要困难？是如何解决的？

2. 利用数据分析，大连集装箱码头如何更精准地满足客户需求和发现市场机会？

3. 在操作管理中，大连集装箱码头采用了哪些关键技术来提升决策效率和准确性？

4. 业务融合的财务管理模式如何确保资金安全，同时提高财务处理效率？

5. 大连集装箱码头的风险管控体系是如何构建的？它在实际运营中取得了哪些成效？

第7章 多式联运单证

课程思政引导案例

中外运多式联运单证创新推动跨境电商物流发展

企业背景：中外运是中国大型的综合物流服务提供商，具备丰富的物流运作经验以及完善的国内外物流服务体系，在跨境物流等领域有着深厚的业务积淀。

案例详情：随着中国跨境电商业务的蓬勃发展，客户对于物流时效性和单证准确性要求越来越高。中外运针对跨境电商货物的多式联运需求，开发了电子多式联运单证系统。比如，在从中国华南地区的跨境电商产业聚集区，通过陆运将货物集中到港口，再经海运发往美国，最后通过当地的陆运配送至各个电商客户手中的运输过程中，电子多式联运单证能够实时更新货物的物流轨迹、清关状态等信息。电商卖家和买家都可以通过相应平台便捷查询，实现了全程可视化。而且，电子单证减少了纸质单证流转的烦琐流程，避免了因单证丢失、延误等带来的物流梗阻情况，有效提高了跨境电商物流的运转效率，增强了中国跨境电商在国际市场上的竞争力。

（参考信息来源：中外运物流有限公司官网，https://logistics.sinotrans.com/）

【思政视角】 中外运的多式联运单证创新案例有着重要意义。其一，展现了与时俱进的创新精神。面对跨境电商发展对物流提出的新要求，中外运积极开发电子多式联运单证系统，利用科技手段优化流程，这种敢于创新、善于创新的做法值得学习，激励我们在各领域积极探索新思路。其二，体现了服务大局的责任担当。通过提升跨境电商物流的运转效率，增强了中国跨境电商在国际市场上的竞争力，助力我国跨境电商行业更好地发展，彰显出企业立足自身优势，为国家外贸事业贡献力量的使命感，让我们明白要将个人发展与国家发展紧密相连，共促进步。

7.1 集装箱多式联运单证

7.1.1 多式联运单据概述

如图7-1所示，一方面，多式联运经营人作为全程承运人，在收到货物后，应向托运人签发多式联运单据（Multimodal Transport Document，MTD；Combined Transport

Document，CTD），收货人付款后，可凭此在目的地提取货物；另一方面，多式联运经营人以托运人的名义向各区段承运人办理委托并交付货物后，可取得各区段承运人签发的运输单据。从是否具有物权凭证功能来划分，海、陆、空承运人所签发的运输单据可分成两大类：一类是提单类，具有物权凭证功能，如海运提单（Bill of Lading）；另一类是运单类，不具有物权凭证功能，包括海运单（Sea Waybill），空运单（Air Waybill），公路和铁路运单（Road and Rail Transport Documents），以及快递收据（Courier Receipt）、邮政收据（Post Receipt）或投邮证明书（Certificate of Posting）。

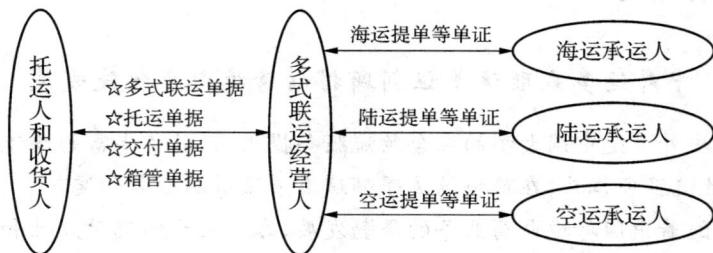

图 7 - 1　集装箱多式联运单证关联图

7.1.1.1　多式联运单据的定义

1980 年《联合国国际货物多式联运公约》对多式联运单据的定义是：国际多式联运单据是指证明多式联运合同以及证明多式联运经营人接管货物并负责按照合同条款交付货物的单据。

1991 年《联合国贸易和发展会议/国际商会多式联运单证规则》（或称《UNCTAD/ICC 多式联运单证规则》）所下的定义是：多式联运单证是指证明多式联运合同的单证，该单证可以在适用法律的允许下，以电子数据交换信息取代，而且以可转让方式签发，或者表明记名收货人，以不可转让方式签发。

以上定义表明，多式联运单据可分为可转让的多式联运单据和不可转让的多式联运单据两种。

1. 可转让的多式联运单据

可转让的多式联运单据通常称为国际多式联运提单（Multimodal Transport B/L，Combined Transport B/L），具有多式联运合同的证明、货物收据与物权凭证三大功能。常见的国际多式联运提单格式主要由行业协会拟定，如国际货运代理协会联合会（FIATA）的联运提单（FBL,1992）、波罗的海航运公会（BIMCO）的多式联运提单（MTB/L95），以及船公司拟定的多式联运提单。

2. 不可转让的多式联运单据

不可转让的多式联运单据通常称为多式联运运单。它不具有物权凭证功能，即类似于运单（如海运单、空运单），仅具有多式联运合同的证明和货物收据两大功能。比如，国际货运代理协会联合会（FIATA）制定的运单（简称 FIATA-FWB）就是不可转让的多式联运单据。

7.1.1.2　多式联运提单与其他提单的比较

1. 多式联运提单与海运提单的比较

（1）责任范围。多式联运提单负责自收货地至交货地的运输全过程,海运提单只负责自装运港至目的港的运输。

（2）单据性质。多式联运提单证明已收妥货物并负责全程运输,所以多为备运提单或收货待运提单(Received for Shipment B/L),不要求必须标明货已装船或具体的装运船舶名称,海运提单则须证明货已装船或已装上指定船舶。

（3）签发人与签发地点。多式联运提单的签发人是多式联运经营人,未必是海运承运人,签发地点通常为收货地;海运提单必须由海运承运人签发,签发地点通常为装运港。

（4）运输方式。多式联运提单通常适用于包含海运在内的多种运输方式,海运提单只能适用于海运一种方式。

（5）制作与签发依据。在《跟单信用证统一惯例》(UCP 600)中,多式联运提单的制作与签发应符合 UCP 600 第 19 条有关多式联运单据的规定,海运提单的制作与签发应符合 UCP 600 第 20 条有关提单的规定。当然,多式联运提单也可作为海运提单使用,但其制作与签发必须符合 UCP 600 第 20 条有关提单的规定。

2. 多式联运提单与集装箱提单的比较

集装箱提单是指为集装箱运输所签发的提单。它既可能是港到港的直达提单,也可能是转船提单或联运提单,还可能是海上运输与其他运输方式接续完成全程运输的多式联运提单。虽然习惯上常将这三种提单统称为集装箱提单,甚至认为集装箱提单就是多式联运提单,然而应该明确的是,由于集装箱运输并不都是多式联运,因而集装箱运输下所签发的集装箱提单也不都是集装箱多式联运提单。不过,在实务中,集装箱提单大多以港到港或多式联运(port to port or multimodal transport)为提单的标题,以表明该集装箱提单兼具直达提单和多式联运提单性质,而且在提单背面设置专门条款按港到港运输和多式联运分别为承运人规定的不同责任。

7.1.2　多式联运提单的制作与签发

在信用证结算下,集装箱多式联运提单的制作与签发应符合国际商会公布的《跟单信用证统一惯例》(2007 年修订版)即 UCP 600、《关于审核跟单信用证项下单据的国际标准银行实务》(即 ICC 第 681 号出版物)和《UCP 600 注释》(即 ICC 第 680 号出版物)等相关规定。集装箱多式联运提单如表 7 - 1 所示。

表 7 - 1　集装箱多式联运提单

1) Shipper Insert Name，Address and Phone		B/L No. 中远集装箱运输有限公司 COSCO CONTARNER LINES TLX：33057 COSCO CN FAX：+86(021)65458984
2) Consignee Insert Name，Address and Phone		
3) Notify party Insert Name，Address and Phone		ORIGINAL Port-to-Port or Combined Transport BILL OF LADING
4) Combined Transport * Pre-carriage by	5) Combined Transport * Place of Receipt	RECEIVED in external apparent good order and condition except as otherwise noted. The total number of packages or unites stuffed in the container，The description of the goods and the weights shown in this Bill of Lading are finished by the Merchants，and which the carrier has no reasonable means of checking and is not a part of this Bill of Lading contract. The carrier has issued the number of Bills of Lading must be surrendered and endorsed or signed against the delivery of the shipment and whereupon any other original Bill of Lading shall be void. The merchants agree to be bound by the terms and conditions of this Bill of Lading as if each had personally signed this Bill of Lading. 　　SEE clause 4 on the back of this Bill of Lading (Terms continued on the back hereof，please read carefully). 　　* Applicable Only When Document Used as a Combined Transport Bill of Lading.
6) Ocean Vessel Voy No.	7) Port of Loading	
8) Port of Discharge	9) Combined Transport Place of Delivery	
	10) Final Destination (of the goods-not the ship)	

11) Marks& Nos. Container/Seal No.	12) No. & Kinds of PKGS.	13) Description of Goods (If Dangerous Goods，See Clause 20)	14) G.W. (kg)	15) MEAS(m³)
		16) Description of Contents for Shipper's Use Only(Not part of This B/L Contract)		

17) Total Number of containers and/or packages(in words) Subject to Clause 7 Limitation					
18) Freight & Charges	19) Revenue Tons	20) Rate	21) Per	22) Prepaid	23) Collect

24) Ex. Rate：	25) Prepaid at	26) Payable at	27) Place and Date of Issue
	28) Total Prepaid in	29) No.of Original B(s)/L	Signed for the Carrier，COSCO CONTAINER LINES

LOADING ON BOARD THE VESSEL			
DATE		BY	

ENDORSEMENT：

7.1.2.1 货主栏

1. 托运人(Shipper)

根据 UCP 600 第 14 条第 K 款,在任何单据中注明的托运人或发货人无须为信用证的受益人(the shipper or consignor of the goods indica-ted on any document need not be the beneficiary),托运人或发货人并不要求是信用证的受益人,根据需要,他也可以是受益人以外的人,如贸易中间商、实际收货人、货运代理或无船承运人等。当托运人一栏填写信用证的受益人以外的人时,该提单往往称为第三者提单(third party bill of lading)。由于将受益人以外的人作为托运人,该托运人又称为中性托运人(neutral as shipper)。因此,第三者提单有时也叫中性提单(neutral bill of lading)。如果信用证规定必须采用第三者提单,如 third party B/L is acceptable,B/L must be made out in the neutral name,则此栏应记载受益人以外的人。

2. 收货人(Consignee)

此栏可采取不记名式、记名式或指示式三种,采用何种形式取决于信用证的规定。实务中,一般多为指示式或记名式。

根据此栏记载的不同,相应的提单可分为不记名提单、记名提单和指示提单。

(1) 不记名提单(Open B/L,Bearer B/L,Blank B/L)是指提单收货人栏内没有指明任何收货人,而只注明提单持有人(bearer)字样的提单。不记名提单无须背书即可转让,流通性极强。但若丢失或被窃,谁持有提单,谁就可以提货,所以风险极大。

(2) 记名提单(Straight B/L)是指在提单上的收货人栏中具体写明收货人名称的提单。我国《海商法》规定,记名提单不得转让,即它不能流通,只能由该特定收货人提货。

(3) 指示提单(Order B/L)是指提单收货人栏填写凭指示(to order)或凭××指示(to order of...)字样的提单。前者称为不记名指示,后者称为记名指示。

如果信用证要求多式联运单据为记名提单(如收货人为××银行,而不是凭指示或凭××银行的指示等),则多式联运单据不得再出现凭指示或凭××指示的字样,不论该字样是打印上的还是预先印就的。同样,如果信用证要求多式联运单据为凭指示或凭××指示的提单,则多式联运单据不得做成以该具名人为收货人的记名形式。

如果多式联运单据做成指示提单,则该单据必须经托运人或代表托运人做的背书,背书可以实现转让。在转让时,有空白背书和记名背书两种方式:空白背书(endorsed by blank)仅由背书人(提单转让人)在提单的背面签字盖章,而不注明被背书人(提单受让人)的名称;记名背书是指在提单背面既有背书人签字盖章,又有被背书人的名称(endorsed to sb)。由此可见,指示提单经空白背书后即成为不记名提单,经记名背书后即成为记名提单。

3. 通知人(Notify Party)

此栏应按信用证的规定填写,如为指示提单,必须填写通知人;如为记名提单,可不填写通知人。有些国家、地区要求通知人必须为当地企业,否则不允许货物进口,如巴基斯坦、沙特阿拉伯、印度等。又如,巴西要求提单上的收货人(记名提单时)或通知人(指示提单时)必须是巴西境内的,且应提供完整的名称和地址等。

7.1.2.2　运输栏

（1）前程运输工具（Pre-carriage by）。在多式联运情况下，在该栏内注明铁路、卡车、空运或江河等运输方式。

（2）收货地（Place of Receipt）。在多式联运情况下，此栏填写多式联运经营人开始接收货物的地点。

（3）海运船舶（Ocean Vessel）。此栏填写船名和航次号，但在多式联运情况下填写此栏需注意：当船名不能确定时，可填写 TO BE NAMED 或者××（船名）OR HER SUBSTITUTE。

（4）装货港（Port of Loading）。此栏填写货物装船的港口名称。

（5）卸货港（Port of Discharging）。此栏填写货物卸船的港口名称。

（6）交货地（Place of Delivery）。在多式联运情况下，此栏填写多式联运经营人最终交货的地点。

（7）目的地（Final destination for the merchant's reference, final destination of the goods not the ship）。此栏仅作进出口商参考使用，应填写货物实际将到达的目的地。

7.1.2.3　货物栏

（1）标志和序号、箱号和铅封号（Marks & numbers, container number and seal number）。在通常情况下，托运人会提供货物的识别标志和编号以填入此栏，同时此栏需填写装载货物的集装箱号和铅封号；如果托运人未能提供铅封号，建议加注 SEAL NUMB 栏加注。

（2）集装箱数/货物件数及货物描述（Number of containers or packages, description of goods）。在整箱货运输中，此栏通常填写集装箱数量和型号，如果信用证有要求，可在货物描述项下加注托运人提供的件数，但应在货物描述栏加注 STC 字样，表示 SAID TO CONTAIN，即"据称内装"条款，以保护承运人的利益。例如，一个内装 6 箱机械的 20 ft 干货箱可表示为 1×20'GP，在货物描述栏中加注 STC 6 cases machinery。在拼箱货运输中，此栏填写货物件数。

（3）毛重（Gross Weight）、体积（Measurement）。毛重应与发货单、装箱单一致，且应填货物总毛重。货物的毛重以千克为计量单位，并取整数，体积一般以立方米为计量单位，且保留小数点后 3 位，信用证另有规定的除外。

（4）总箱数/货物总件数（Total Number of Containers and/or Packages）。用英文大写字母而不是阿拉伯数字来填写集装箱的总箱数（整箱货）或货物的总件数（拼箱货），总箱数或总件数是指本提单项下的总箱数或货物总件数。而且，件数以最终多少件、什么样的包装来填写。在件数前，须加上 SAY 字样，相当于合计，在件数后加上 ONLY，相当于整。比如，25 carton cotton yarn 与 36 bales cotton piece goods，总数为 61 packages，完整的表达应为 SAY SIXTY ONE PACKAGES ONLY。

7.1.2.4　运费栏

（1）运费和其他费用（Freight & charges）。此栏通常不填写，除非当地政府、信用证等要求必须标明相关的运费和其他费用。比如,巴西涉及进口运费税的问题,提单上必须标明运费(包括基本运费和附加费)。有时,为保证目的港代理能够合法地向收货人收取目的港装卸费等,要求在提单上必须明确相关费用,如提单注明 DESTINATION THC TO COLLECT(码头操作费在目的港收取)字样。

此外,货物声明价值(Optional Declared Value),在客户声明货物价值并愿意多支付运费的情况下填写,填写的货物声明价值应与货物实际价值相接近。

(2) 运费预付和运费到付(Prepaid/Collect)。此栏通常必须填写,以表明运费是由托运人还是收货人支付。提单上注明运费预付的提单,称为运费预付提单(Freight Prepaid B/L);提单上注明运费到付的提单,称为运费到付提单(Freight Collect B/L)。

(3) 预付地点(Prepaid at)。此栏填写提单缮制和运费支付地点(仅在运费预付情况下填写)。

(4) 付费地点(Payable at)。此栏通常不填写。

(5) 预付总额(Total prepaid)。此栏通常不填写。

出于保密的原因,提单上一般仅注明运费支付的方式,通常不注明运费,除非托运人要求将运费金额打在提单上。

7.1.2.5　承运人栏

(1) 正本提单份数(Number of Original B/L(s))。此栏应按信用证规定的份数出具,不得缺省。一般正本提单为三份。若信用证无特别规定,仅要求出具全套正本提单,可出具一份。根据 UCP 600 的规定:标有副本字样的、没有标明正本字样的、无签署的均属于副本提单。副本提单不具有法律效力,不能凭此提货或转让。

(2) 提单签发地和签发日期(Place and date of issue)。提单的签发地通常为收货地(多式联运提单)或装货港(港到港提单),如果托运人想申请异地签单,则应注意以下三点:

一是托运人向收货地或装货港的代理人申请异地签单。收货地或装货港的代理人在接到货主订舱后,如货主要求异地提单,收货地或装货港的代理应将货主订舱单发送给签单地代理,委托其签单、代收运杂费,并在收到货物或者货物装船后立即通知其签单。

二是托运人向非收货地或非装货港的代理人申请异地签单。非收货地或非装货港的代理人在签发提单前,应得到收货地或装货港的代理人书面确认已收妥运杂费、货物已收妥或装船等,并在签单后及时通知收货地或装货港的代理人提单已签发,以避免收货地或装货港的代理人重复签发提单。

三是一些国家禁止异地签发提单,如巴西规定目的地为巴西的货物不能在目的港签发提单。

提单的签发日期应与实际收货日期(多式联运提单)或装船日期(港到港提单)相一致,既不能提前,也不能延后,否则将使提单变成倒签提单、预借提单和顺签提单,承运人将面临较大风险。

倒签提单(Anti-dated B/L)是指在货物装船后,承运人或其代理人应托运人的要求签署提单的签发日期早于实际装船日期的提单。

预借提单(Advanced B/L)是指货物尚未装船或未装船完毕时,承运人或其代理人应托运人的要求而签发的提单。

顺签提单(Deferred B/L)是指在货物装船后,承运人或其代理应托运人的要求签署提单的签发日期晚于实际装船日期的提单。

以上是针对海运提单而言的,对于多式联运提单,则应以签发日期是否与收货日期相一致为标准。

在实际业务中,如果托运人提出要求签发预借、倒签等提单,应尽量说服其修改有关的贸易合同,或延展信用证的装船期。特殊情况下,需要签发预借、倒签等提单,一方面,应事先根据航线货运特点、航线特点对诸如天数限制、权限、货值限制、季节、保函格式等做出明确的规定;另一方面,在签发预借、倒签等提单时,船舶原则上必须到港(如未抵港而签发预借提单,客观上存在船舶不能抵港或取消挂靠的可能,这将可能导致巨大风险发生),货物必须经海关放行后,送达船方控制的码头、堆场或库场。同时,签发预借、倒签等提单的任何情况不得对外泄露。

(3)承运人签名(signed for the carrier)。根据 UCP 600 的规定,单据的签署(signature)应满足如下条件:

① 签署可以用手签(handwriting)、摹印(facsimile signature)、打透花字(per-forated signature)、印戳(stamp)、符号(symbol)或任何其他机械或电子的证实方法。不过,有些地区可能有特殊规定,如巴西要求提单必须手签。

② 与 UCP 500 相比,UCP 600 取消了多式联运经营人的身份,根据 UCP 600 第 19 条的规定,不论其称谓如何,多式联运单证必须在表面上显示承运人名称并由承运人、船长或具名代理签署。多式联运单据必须按 UCP 600 第 19 条第 a 款第 i 项规定的方式签字,且承运人的名称必须出现在运输单据表面,并表明承运人的身份。如果多式联运单据由代理人代表承运人签署,则必须表明其代理人身份,并且必须表明被代理人是谁,除非多式联运单据的其他地方已表明承运人的名称。如果船长签署多式联运单据,则船长的签字必须表明船长身份。在这种情况下,不必注明船长的姓名。如果由代理人代表船长签署多式联运单据,则必须表明其代理人身份。在这种情况下,不必注明船长的姓名。

7.1.3 多式联运提单在海上运输中的应用

根据 UCP 600 的规定,在单一运输方式中也可以签发联合运输提单、多式联运提单、联运提单、转船提单等,但此时所签发的多式联运提单已不属于多式联运单据,因而应该符合信用证对该运输方式下运输单据的规定。比如,现行的集装箱多式联运提单大多是一单两用的,当它用于海上运输时,必须符合 UCP 600 第 20 条的规定,即提单上的船名、装货港和卸货港这三项都是确定的。显然,多式联运提单兼作海运提单时,必须符合以下条件:一是多式联运提单上必须加注装船批注,这是因为多式联运提单一般为收货待运提单,海运提单则必须是已装船提单;二是多式联运提单有关运输栏目的记载必须符合海运提单港到港的原则和要求,这是因为多式联运提单包括装货港、卸货港、船名、前程运输工具、收货地、交货地、最终目的地等七个栏目,其中前三个栏目既用于海上运输,也用于多式联运,后四个栏目则是专为多式联运设置的,因此,当国外开来的信用证要求提供海运提单(marine/ocean B/L),而船公司用多式联运提单制作港至港提单时,必须明确这两种不同性质提单的界限。

(1)如多式联运提单已印就收妥待运(received in apparent good order and condition for shipment...)字样,则必须加上装船批注并加上装船日期,即装船批注为:ON BOARD＋装船日期。

(2)如多式联运提单包含预期船(Intended Vessel)字样或类似有关限定船只的词语,则装船批注为:ON BOARD＋装船日期＋船名。

(3)如果多式联运提单上的收货地点或接收监管货物地点和装货港不同,或者提单中装货港栏的记载与信用证中规定的装货港不同,或包含预期或类似有关限定装货港的标注,则装船批注为:ON BOARD＋装船日期＋船名＋装货港。值得注意的是,根据UCP 600 的规定,即使提单以事先印就的文字表明了货物已装载或装运于具名船舶,装船批注中仍须加批实际的船名,以证明该船舶是从信用证所规定的装货港启运的。

(4)信用证要求的装货港名称应在提单的装货港栏中表明。如果很清楚货物是由船舶从收货地运输,且有装船批注表明货物在收货地或类似栏名下显示的港口装载在该船上的话,也应在收货地或类似栏名下标明。

(5)信用证要求的卸货港名称应在提单的卸货港栏中表明。如果很清楚货物将由船只运送到最终目的地,且有批注表明卸货港就是最终目的地或类似栏名下显示的港口,也要在最终目的地或类似栏名下标明。

7.2　海运提单

7.2.1　提单的含义与作用

7.2.1.1　提单的含义

传统上认为提单就是由承担海上货物运输任务的承运人或其代理人签发的表明货物已交付运输,并承诺在目的地应提单合法持有人的请求交付货物的单证。我国的《海商法》第七十一条借鉴《汉堡规则》第一条将提单定义为:提单,是指用以证明海上货物运输合同和货物已经由承运人接收或者装船,以及承运人保证据以交付货物的单证。

在业务中,提单所涉及的关系方主要有承运人、托运人、收货人、提单持有人等。其中提单的托运人、收货人、持有人在许多班轮公司标准提单格式条款中又被定义为货方。承运人是与托运人签订货物运输合同,承接运输任务的航运公司;托运人是与承运人签订货物运输合同,送交所运送货物的人,经常是国际贸易中的卖方或出口商;收货人是有权提货的人,在国际贸易中常常是买方或进口商;提单持有人是提单的合法持有者,他既可以是托运人,也可以是提单流通转让过程中的提单受让人。如果提单持有人去提取货物,就又成了收货人。以上各方之间权利、义务关系就构成了提单关系的主要内容。

7.2.1.2　提单的作用

1. 提单是海上货物运输已经订立的证明

提单是在承托双方就货物运输事宜和运费支付等事项达成协议后,承运人对货物已接管或装船后,由承运人或其授权的人签发给托运人的载明了承托双方权利、义务和责任的单证。但它不是海上货物运输合同,原因如下:

(1) 提单是海上货物运输合同成立后才签发的,在承托双方就海上运输事宜和运费支付等达成口头或书面协议时,海上货物运输合同就成立了。

(2) 根据国际航运惯例,当提单条款与海上运输合同条款相冲突时,承托双方权利义务和责任应依据海上货物运输合同确定。

(3) 提单条款是承运人根据自身利益需要单方面制定的,并且是由承运人单方面签发的,而海上货物运输合同是由承托双方共同协议或签字的。因此,提单不是海上货物运输合同,而是海上货物运输合同成立的证明。

2. 提单是承运人给托运人签发的货物收据

提单是承运人收到托运人的货物经核查验收后签发给托运人的表明承运人已按提单中所载内容收到货物,因此,承运人或收货人或提单持有人可以凭此收据在目的港向承运人提取货物。但是,提单作为货物收据的作用,视其在托运人还是在受让人手中而有所不同。提单对托运人来说,是承运人按照提单所列内容收到货物的初步证据,如果事实上承运人收到的货物与提单的记载不符,则可提出确切证据,对抗托运人,只要承运人举证充分,就可以否定提单的效力。但是,对善意接受提单的受让人来说,提单是最终证据,承运人不得提出相反的证据来否定提单所载的内容。

3. 提单是货物所有权的凭证

提单代表着提单项下的货物,谁持有提单,谁就拥有货物的所有权。

7.2.2　海运提单的种类

海运提单如表 7 - 2 所示,按不同的分类标准,提单可以划分为许多种类,如下所述。

7.2.2.1　按提单收货人的抬头划分

1. 记名提单(Straight B/L)

记名提单又称收货人抬头提单,提单所记载的货物只能由提单上特定的收货人提取,或者说承运人在卸箱港只能把货物交给提单上所指定的收货人。如果承运人将货物交给提单指定的以外的人,即使该人占有提单,承运人也应该负责。这种提单失去了代表货物可转让流通的便利,但同时也可以避免在转让过程中可能带来的风险。

使用记名提单,如果货物的交付不涉及贸易合同下的义务,则可不通过银行而由托运人将其邮寄收货人,或由船长随船带交。这样,提单就可以及时送达收货人,而不致延误。因此,记名提单一般只适用于运输展览品或贵重物品,特别是在短途运输中使用较有优势,而在国际贸易中较少使用。

表 7-2　海运提单

Shipper		B/L NO.	WM NC19867

BLUE SKY GARMENT LTD63 GUANG SHAN ROAD, HONG SHAN DISTRICT WUHAN CITY, CHINA

COSCO SHANGHAI BRANCH

(Incorporated in CHINA)

COMBINED TRANSPORT BILL OF LADING

Received in apparent good order and condition except as otherwise noted the total number of container or other packages or units enumerated below for transportation from the place of receipt to the place of delivery subject to the terms hereof. One of the signed Bills of Lading must be surrendered duly endorsed in exchange for the Goods or delivery order. On presentation of this document (duly) Endorsed to the Carrier by or on behalf of the Holder, the rights and liabilities arising in accordance with the terms hereof shall (without prejudice to any rule of common law or statute rendering them binding on the Merchant) become binding in all respects between the Carrier and the Holder as though the contract evidenced hereby had been made between them.

Consignee

TO ORDER OF SHIPPER

Notify Party

ABC LTD

Vessel and Voyage Number	Port of Loading	Port of Discharge
MAY FLOWER	SHANGHAI, CHINA	SOUTHAMPTON, ENGLAND
Place of Receipt	Place of Delivery	Number of Original Bs/L
		3/3

Container Nos/Seal Nos. Marks and/Numbers	No. of Container / Packages / Description of Goods	Gross Weight (Kilos)	Measurement (cu-metres)
ABC LTD 33WM-MS007 SOUTHAMPTON C/NO.1-60	SHIRT WITH 100% COTTON,6 000 SETS 100 SETS/CARTON, 60 CARTONS IN A 20' FCL	720KG	800KG

Freight & Charges	Shipped on Board Date:
FREIGHT PREPAID	APR 20,2013
	Place and Date of Issue:
	APR 20,2013 SHANGHAI CHINA
	In Witness Whereof this number of Original Bills of Lading stated Above all of the tenor and date one of which being accomplished the others to stand void.
	For　　　　as Carrier

2. 指示提单(Order B/L)

指示提单按照表示指示人的方法不同,又分为托运人指示提单、记名指示人提单和选择指示人提单。如果在收货人栏内只填记凭指示字样,则称为托运人指示提单。这种提单在托运人未指定收货人或受让人之前,货物所有权仍属于卖方。在跟单信用证支付方式下,托运人就是以议付银行或收货人为受让人,通过转让提单而取得议付货款的。如果在收货人栏内填记凭××指示,则称为记名指示提单。如果在收货人栏内填记凭某某或指示,则称为选择指示人提单。记名指示提单或选择指示人提单中指明的××既可以是银行的名称,也可以是托运人。

指示提单是一种可转让提单。提单的持有人可以通过背书的方式将其转让给第三者,而不须经过承运人认可,所以这种提单为买方所欢迎。

3. 不记名提单(Bearer B/L, or Open B/L, or Blank B/L)

不记名提单不需要任何背书手续即可转让,或提取货物,极为简便。承运人应将货物交给提单持有人,谁持有提单,谁就可以提货,承运人交付货物只凭单,不认人。不记名指示(托运人指示)提单与记名指示提单不同,它没有经提单指定的人背书才能转让的限制,所以其流通性更大。这种提单丢失或被窃,风险极大,极易引起纠纷,所以国际上较少使用这种提单。另外,根据有些班轮公司的规定,凡使用不记名提单,在给大副的提单副本中必须注明卸箱港通知人的名称和地址。

我国《海商法》第七十九条规定:记名提单不得转让;指示提单经过记名背书或者空白背书转让;不记名提单无须背书,即可转让。记名提单虽然安全,但由于不能转让,对贸易各方的交易不便,所以用得不多。一般认为,由于记名提单不能通过背书转让,因此从国际贸易的角度看,记名提单不具有物权凭证的性质。不记名提单无须背书即可转让,任何人持有提单便可要求承运人放货,对贸易各方不够安全,风险较大,所以也很少采用。指示提单可以通过背书转让,满足了正常的贸易需要,所以在实践中被广泛应用。

背书分为记名背书(Special Endorsement)和空白背书(Endorsement in Blank)。前者是指背书人(指示人)在提单背面写上被背书人的名称,并由背书人签名。后者是指背书人在提单背面不写明被背书人的名称。在记名背书的场合,承运人应将货物交给被背书人。反之,则只需将货物交给提单持有人。

7.2.2.2 按货物是否已装船划分

1. 已装船提单(Shipped B/L, or On Board B/L)

已装船提单是指货物装船后由承运人或其授权代理人根据大副收据签发给托运人的提单。如果承运人签发了已装船提单,就是确认其将货物装在船上。这种提单除载明一般事项外,通常还必须注明装载货物的船舶名称和装船日期,即提单项下货物的装船日期。

由于已装船提单对收货人及时收到货物有保障,所以在国际货物买卖合同中一般都要求卖方提供已装船提单。根据国际商会 1990 年修订的《国际贸易术语解释通则》的规定,凡以 CIF 或 CFR 条件成立的货物买卖合同,卖方应提供已装船提单。在以跟单信用证为付款方式的国际贸易中,更是要求卖方必须提供已装船提单。国际商会 1993 年重新修订的《跟单信用证统一惯例》规定,当信用证要求海运提单作为运输单据时,银行将接受注明货物已装船或已装指定船只的提单。

2. 收货待运提单(Received for Shipment B/L)

收货待运提单又称备运提单、待装提单,或简称待运提单,它是承运人在收到托运人交来的货物但还没有装船时,应托运人的要求而签发的提单。签发这种提单时,说明承运人确认货物已交由承运人保管并存在其所控制的仓库或场地,但还未装船。所以,这种提单未载明所装船名和装船时间,在跟单信用证支付方式下,银行一般都不肯接受这种提单。但当货物装船,承运人在这种提单上加注装运船名和装船日期并签字盖章后,待运提单即成为已装船提单。同样,托运人也可以用待运提单向承运人换取已装船提单。我国《海商法》第七十四条对此做了明确的规定。

待运提单最早出现于 19 世纪晚期的美国,其优点在于:对托运人来说,他可以在货物交承运人保管之后至装船前的期间,尽快地从承运人手中取得可转让提单,以便融通资金,加速交易进程。对于承运人来说,则有利于招揽生意,拓宽货源。但这种提单同时也存在一定的缺陷,第一,因待运提单没有装船日期,很可能因到货不及时而使货主遭受损失;第二,待运提单上没有肯定的装货船名,致使提单持有人在承运人违约时难以向法院申请扣押船;第三,待运提单签发后和货物装船前发生的货损、货差由谁承担也是提单所适用的法律和提单条款本身通常不能明确规定的问题,实践中引起的责任纠纷也难以解决。基于上述原因,在贸易实践中,买方一般不愿意接受这种提单。

随着集装箱运输的发展,承运人在内陆收货越来越多,而货运站不能签发已装船提单,货物装入集装箱后没有特殊情况,一般货物质量不会受到影响。港口收到集装箱货物后,向托运人签发场站收据,托运人可持场站收据向海上承运人换取待运提单,这里的待运提单实质上是收货待运提单。由于在集装箱运输中,承运人的责任期间已向两端延伸,所以根据《联合国国际货物多式联运公约》和《跟单信用证统一惯例》的规定,在集装箱运输中,银行还是可以接受以这种提单办理货款的结汇。

我国《海商法》第七十四条规定:货物装船前,承运人已经应托运人的要求签发收货待运提单或者其他单证的,货物装船完毕,托运人可以将收货待运提单或者其他单证退还承运人,以换取已装船提单,承运人也可以在收货待运提单上加注承运船舶的船名和装船日期,加注后的收货待运提单视为已装船提单。

由此可见,从承运人的责任来看,集装箱的收货待运提单与已装船提单是相同的。因为集装箱货物的责任期间是从港口收货时开始的,与非集装箱装运货物从装船时开始不同。现在跟单信用证惯例也允许接受集装箱的收货待运提单。但目前,国际贸易的信用证通常仍规定海运提单必须是已装船提单,以让开证行放心。

7.2.2.3　按提单上有无批注划分

1. 清洁提单(Clean B/L)

清洁提单是指在装船时,货物外表状况良好,承运人在签发提单时,未在提单上加注任何有关货物残损,包装不良,件数、重量和体积不符,或其他妨碍结汇的批注的提单。

使用清洁提单在国际贸易实践中非常重要,买方要想收到完好无损的货物,首先必须要求卖方在装船时保持货物外观良好,并要求卖方出具清洁提单。根据国际商会《跟单信用证统一惯例》第三十四条规定:清洁运输单据,是指货运单据上并无明显的声明货物及/或包装有缺陷的附加条文或批注者;银行对有该类附加条文或批注的运输单据,除信用证明确规定接受外,当拒绝接受。可见,在以跟单信用证为结算方式的贸易中,通常卖方只有向银行提交清洁提单才能取得货款。清洁提单是收货人转让提单时必须具备的条件,同时也是履行货物买卖合同规定的交货义务的必要条件。

我国《海商法》第七十六条规定:承运人或者代其签发提单的人未在提单上批注货物表面状况的,视为货物的表面状况良好。

由此可见,承运人一旦签发了清洁提单,货物在卸箱港卸下后,如果发现有残损或短缺,除非是承运人可以免责的原因所致,承运人必须负责赔偿。

2. 不清洁提单(Unclean B/L or Foul B/L)

不清洁提单是指在货物装船时,承运人若发现货物包装不牢、破残、渗漏、玷污、标志不清等现象,大副将在收货单上对此加以批注,并将此批注转载到提单上。我国《海商法》第七十五条规定:承运人或者代其签发提单的人,知道或者有合理的根据怀疑提单记载的货物品名、标志、包数或者件数、重量或者体积与实际接收的货物不符,在签发已装船提单的情况下怀疑与已装船的货物不符,或者没有适当的方法核对提单记载的,可以在提单上批注,说明不符之处,怀疑的根据或者说明无法核对。

在实践中,承运人接受货物时,如果货物外表状况不良,一般先在大副收据上做出记载,在正式签发提单时,再把这种记载转移到提单上。在国际贸易实践中,银行是拒绝出口商以不清洁提单办理结汇的。为此,托运人应把损坏、短缺或外表状况有缺陷的货物进行修补或更换。习惯上的变通办法是由托运人出具保函(Letter of Guarantee),要求承运人不要将大副收据上所作的有关货物外表状况不良的批注转批到提单上,而根据保函签发清洁提单,以使出口商能顺利地完成结汇。但是,承运人因未将大副收据上的批注转移到提单上,承运人可能承担对收货人的赔偿责任,承运人因此遭受损失,应由托运人赔偿。承运人在向托运人追偿时,托运人是否能够赔偿,往往难以得到法律的保护,因而承担很大的风险。承运人与收货人之间的权利和义务是提单条款的规定,而不是保函的保证。所以,承运人不能凭保函拒赔,保函对收货人是无效的。如果承运人和托运人双方的做法损害了第三者收货人的利益,有违民事活动的诚实信用的基本原则,容易构成与托运人的串通,对收货人进行欺诈行为。

保函换取提单的做法,有时确实能起到变通的作用,所以在实践中难以完全拒绝。我国最高人民法院在《关于保函是否具有法律效力问题的批复》中指出:海上货物运输的托运人为换取清洁提单而向承运人出具的保函,对收货人不具有约束力。不论保函如何约定,都不影响收货人向承运人或托运人索赔;对托运人和承运人出于善意而由一方出具另一方接受的保函,双方均有履行之义务。承运人应当清楚自己在接受保函后所处的地位,切不可轻心。

7.2.2.4 按运输方式的不同划分

1. 直达提单(Direct B/L)

直达提单又称直运提单,是指货物从装箱港装船后,中途不经转船,直接运至目的港卸船交与收货人的提单。直达提单上不得有转船或在某港转船的批注。凡信用证规定不准转船者,必须使用这种直达提单。如果提单背面条款印有承运人有权转船的自由转船条款,则不影响该提单成为直达提单的性质。

使用直达提单,货物由同一船舶直运目的港,对买方来说比中途转船有利得多,它既能节省费用,减少风险,又能节省时间,及早到货。因此,通常买方只有在无直达船时才同意转船。在贸易实务中,如果信用证规定不准转船,则买方必须取得直达提单才能结汇。

2. 转船提单(Trans-shipment B/L)

转船提单是指货物从起运港装载的船舶不直接驶往目的港,需要在中途港口换装其他船舶转运至目的港卸货,承运人所签发的提单。在提单上注明转运或者在某某港转船字样,转船提单往往由第一程船的承运人签发。由于货物中途转船,增加了转船费用和风险,并影响到货时间,所以一般信用证内均规定不允许转船,但直达船少或没有直达船的港口,买方也只好同意可以转船。

按照《海牙规则》,如果船舶不能直达货物目的港,非中转不可,一定要事先征得托运人同意。船舶承运转船货物,主要是为了扩大营业,获取运费。转运的货物,一般均属零星杂货。如果是大宗货物,托运人可以租船直航目的港,也就不发生转船问题。转运货物船方的责任可分下列三种情况:

(1)第一航程与第二航程的承运人对货物的责任各自负责,互不牵连。

(2)第一航程的承运人在货物转运后承担费用,但不负责任。

(3)第一航程的承运人对货物负责到底。

上述三项不同责任,需根据转运的过程和措施不同而定。

3. 联运提单(Through B/L)

联运提单是指货物运输需经两段或两段以上的运输方式来完成,如海陆、海空或海海等联合运输所使用的提单。船船(海海)联运在航运界也称为转运,包括海船将货物送到一个港口后,再由驳船从港口经内河运往内河目的港。

联运的范围超过了海上运输界限,货物经水域由船舶运送运到一个港口,再经其他运输工具将货物送至目的地(港),先海运后陆运或空运,或者先空运、陆运后海运。当船舶承运由陆路或飞机运来的货物继续运至目的港时,货方一般选择使用船方所签发的联运提单。

4. 多式联运提单(Multimodal Transport B/L or Intermodal Transport B/L)

多式联运提单主要用于集装箱运输,是指一批货物需要经过两种以上不同的运输方式,其中一种是海上运输方式,由一个多式联运经营人负责全程运输,负责将货物从接收地运至目的地交付收货人,并收取全程运费所签发的提单。提单内的项目不仅包括起运港和目的港,而且列明一程、二程等运输路线,以及收货地和交货地。

(1)多式联运是由两种或两种以上不同的运输方式组成的,多式联运提单是参与运输的两种或两种以上运输工具协同完成所签发的提单。

(2)组成多式联运的运输方式中,其中一种必须是海上运输。

(3)多式联运提单,如果贸易双方同意,并在信用证中明确规定,可由承担海上区段运输的船公司、其他运输区段的承运人、多式联运经营人(Combined Transport Operator)或无船承运人(Non-Vessel Operating Common Carrier)签发。

7.2.3　海运提单的内容

7.2.3.1　提单正面内容

提单的正面大多记载与货物和货物运输有关的事项,主要内容如下。

1. 托运人提供并填写的部分

托运人提供并填写的部分如托运人、收货人、通知方的名称,货物名称、标志和号码、件数、毛重、尺码等。各国海商法和国际公约大都明确规定,托运人应该对所填写资料的正确性负责,如填写错误,则托运人要赔偿因此给承运人造成的一切损失和增加的费用。

2. 承运人填写的部分

承运人填写的部分主要是船名,装、卸货港,签单时间、地点等。承运人也要对所填写内容的正确性负责。此外,如果承运人需要对货物表面状况加批注或船货双方有特别约定,尤其是缩小承运人责任的约定,也要在提单上注明,否则这些约定对提单的善意受让人无效。

3. 提单印就的文字条款

(1) 外表状况良好条款。说明外表状况良好的货物已装在相应船上,并应在相应卸货港或该船所能安全到达并保持浮泊的附近地点卸货。

(2) 内容不知条款。说明货物重量、尺码、标志、号数、品质、内容和价值是托运人提供的,承运人在装船时并未核对。

(3) 承认接受条款。说明托运人、收货人和本提单的持有人接受并同意提单和提单背面所记载的一切印刷、书写或打印的规定、免费事项和条件。

1993 年 7 月 1 日颁布实施的《中华人民共和国海商法》第七十三条对提单正面法定应记载的事项规定有以下几项:

(1) 货物的品名(Description of Goods)、标志(Marks and Numbers)、包数或者件数(Numbers and Kind of Packages)、重量或者体积(Gross Weight or Measurement),以及运输危险货物时对危险性质的说明。

(2) 承运人的名称和主营业所。

① 船舶名称;

② 托运人的名称(Shipper);

③ 收货人的名称(Consignee);

④ 装货港(Port of Loading)和在装货港接收货物的日期;

⑤ 卸货港(Port of Discharge);

⑥ 多式联运提单增列接收货物地点和交付货物地点;

⑦ 提单的签发日期、地点和份数;

⑧ 运费的支付;

⑨ 承运人或者其代表的签字。

该条款还规定:提单缺少本款规定一项或者几项的,不影响提单的性质……

7.2.3.2　提单背面条款

提单背面条款都是印就的条款,主要规定了承运人和货方之间的权利、义务和责任豁免,这些规定在双方出现争议时将成为重要的法律依据。多数航运公司提单的背面都包括以下条款。

1. 定义条款(Definition)

该条款对提单中所使用的关键词语,如承运人、托运人的含义加以定义。外运公司在提单的定义条款中就规定,托运人也指受货人、收货人、提单和货物的所有人,而承运人一般指与托运人订有运输合同的船舶所有人或租船人。

2. 首要条款(Paramount Clause)或管辖权条款(Jurisdiction)

首要条款是承运人按照自己的意志,规定提单所适用的法律,即规定该提单以什么法律为准据法,发生纠纷时根据哪一国法律解决争议。

由于种种情况,不同国家的法律往往对同一问题有不同的看法。对一国法律是否熟悉也常常会导致当事人采取截然不同的措施,对其利益产生巨大影响,而国际公约由于有自己的适用范围,对许多情况下签发的提单无法适用,所以多数航运公司都会在提单中明确规定,以公司所在国的法律为准据法或者规定适用《海牙规则》等国际公约,以避免面对自己所不熟悉的异国法律,无法保护自身的切身利益。中国的航运公司也不例外,一般都在提单中注明凡出自该提单或与该提单有关的一切争议都应依照中国法律在中国法院解决。

3. 承运人的责任和豁免条款(Carriers' Responsibilities and Immunities)

承运人的责任和豁免条款是规定承运人所承担的责任及所享受的免责事项的条款。一般都以所依据的法律或公约而概括地加以规定。多数班轮公司都在这条规定承运人的权利、义务以及赔偿责任与豁免都以《海牙规则》的规定为准。

4. 承运人责任期间条款(Duration of Liability)

承运人责任期间条款规定承运人对货物灭失或损害承担赔偿责任的期间,很多提单根据《海牙规则》规定责任期间为从货物装上船舶时起到货物卸离船舶时止,集装箱货物除外。

5. 包装和标志条款(Packages and Marks)

包装和标志条款规定货物应妥善包装,标志应正确、清晰。标志不清或包装不良所产生的一切责任和费用由货方承担。具体来讲,外运公司和中远公司的提单里都要求应以不小于 5 cm 长的字体将目的港清晰地标明在货物的运输包装上,并且该标志须能保持到交货时依然清晰可读,否则将由托运人承担所导致的罚款和额外费用。

6. 运费和其他费用条款(Freight and Other Charges)

运费和其他费用条款规定运费支付方式、时间、币种和计算方法。运费支付主要有预付运费(Freight Prepaid)和到付运费(Freight Collect)两种。

预付运费一般要求托运人在货物装船之后,提单交付之前支付;到付运费则是在货物抵达目的港,承运人交付货物以前付清。无论是预付运费还是到付运费,如果船舶和货物或其中之一遭受任何灭失或损坏,运费均不予退还,也不得扣减。如果应支付给承运人的运费和/或其他费用未能付清,承运人还可以对相应货物及单证行使留置权,甚至变卖货物,以补偿自己的损失。

7. 自由转船条款(Trans-shipment Clause)

自由转船条款规定,虽然提单为直达提单,但如果有需要,承运人可以采取一切合理措施,包括将货物交由属于承运人自己的船舶或属于他人的船舶,或经铁路或以其他运输工具直接地或间接地驶往目的港、转船、驳运、卸岸、在岸上或水面上储存,以及重新装船起运,上述费用由承运人负担,但风险由货方承担。承运人的责任仅限于其本身经营的船舶所完成的那部分运输。

8. 托运人错误申报条款(Inaccuracy in Particular Furnished by Shipper)

托运人错误申报条款规定,托运人应对提单上所填写的货物数量、重量、尺码和内容的正确性负责。由于托运人错误申报或有意谎报致使船舶或货物遭受灭失或损坏,托运人须负责赔偿并承担由此产生的一切费用。这一点与海商法和国际公约的规定也是一致的。错误申报条款同时赋予承运人在装船港或目的港核查托运人申报项目的权利。如果承运人发现所申报内容与事实不符,有权收取罚款或拒收。

9. 承运人赔偿责任限额条款(Limit of Liability)

承运人赔偿责任限额条款规定,以一定的金额将承运人对货物的灭失或损坏所负的赔偿责任限制在一定范围之内。

责任赔偿限额一般以每一件或每计量单位若干货币表示,不同国家的法律,不同的国际公约,甚至不同的航运公司都有自己的标准;外运公司和中远公司的海运提单上规定,承运人对货物灭失或损坏进行赔偿时,参照货物的净货价加运费及已付的保险费的总额,但应限制在每件或每一计量单位不超过700元人民币。如承运人接受货物前托运人已书面申报的货价高于此限额,而又已经填入提单并按规定支付额外运费的除外。如货物的实际价值超过申报价值,则以申报价值为准。

10. 危险品、违禁品条款(Dangerous, Contraband Goods)

危险品、违禁品条款规定托运人在运送危险品时必须事前通知承运人,并按有关法律法规的要求在货物、集装箱或包装外加以注明。如未能做到,承运人为保证船货安全,在必要时有权给予处置而不负任何责任。对违禁品,一经发现,承运人也同样有权处置而不承担任何责任。

11. 共同海损条款(General Average)

共同海损条款规定发生共同海损时将在什么地点、按照什么规则计算共同海损。国际上通常采用《约克—安特卫普理算规则》(York-Antwerp Rules)。中国的航运公司一般规定按1975年《北京理算规则》理算。

12. 留置权条款(Lien Clause)

留置权条款规定承运人对应收未收的运费、空舱费、滞期费以及其他费用,可将相应货物或任何单证行使留置权,并有权出售或处理货物以抵偿应收款项。如果出售货物的所得不足以抵偿应收款项和由此产生的费用,承运人还有权向托运人收取差额。

13. 美国条款(America Clause)

美国条款主要针对来往美国的货物。因为美国没有参加世界性的有关航运方面的国际公约,特别是没有参加专门针对提单的《海牙规则》,所以来往美国港口的货物运输只能运用美国《1936 年海上货物运输法》(*Carriage of Goods by Sea Act 1936*),运费也要按照联邦海事委员会登记的运费率执行。如果提单背面条款的规定与美国《海上货物运输法》有抵触,则以美国法为准。来往美国港口运输货物的航运公司大多在提单中列有此条规定。

除以上条款外,提单背面一般还有装货、卸货和交货条款,驳船货条款,冷藏货条款,索赔通知和诉讼时效条款,战争、冰冻、检疫、罢工、港口拥挤条款等。

7.3 其他运输单证

7.3.1 航空运输单证

7.3.1.1 托运书

根据《蒙特利尔公约》第七条的规定,托运人应当填写航空货运单正本一式三份;承运人根据托运人的请求填写航空货运单的,在没有相反证明的情况下,应当视为代托运人填写。在实际业务中,货运单均由承运人或其代理人代为填制。为此,作为填开货运单的依据——托运书,应由托运人自己填写,而且托运人必须在上面签字或盖章。

托运书(Shipper's Letter of Instruction, SLI)是托运人用于委托承运人或其代理人填开航空货运单的一种表单,如表 7-3 所示。表单上列有填制货运单所需各项内容,并应印有授权于承运人或其代理人代其在货运单上签字的文字说明。

表 7-3 航空托运书

货运单号码 Airway bill Number

国际货物托运书 SHIPPER'S LETTER OF INSTRUCTION		
托运人姓名及地址 Shipper's Name and Address	供运输用的声明价值(美元) Declared Value for Carriage(USD)	
托运人姓名及地址 Shipper's Name and Address	订舱航班及日期 Booking Flight/Date	/ 月 日
收货人姓名及地址 Consignee's Name and Address	交货代理人 Delivering Agent	签发提单货代 AWB Issuing Agent
收货人姓名及地址 Consignee's Name and Address	始发站 Airport of Departure	目的站 Airport of Destination

<table>
<tr><td colspan="10" align="center">国际货物托运书
SHIPPER'S LETTER OF INSTRUCTION</td></tr>
<tr><td rowspan="2"></td><td colspan="5" align="center">计重过程(wt unit：kg)</td><td colspan="4" align="center">尺寸明细 Dimensions(cm)</td></tr>
<tr><td>ULD NO.</td><td>件数</td><td>毛重</td><td>皮重</td><td>净重</td><td>长</td><td>宽</td><td>高</td><td>件数</td></tr>
<tr><td rowspan="9">储运注意事项及其他
Handling Information</td><td></td><td></td><td></td><td></td><td></td><td></td><td></td><td></td><td></td></tr>
<tr><td></td><td></td><td></td><td></td><td></td><td></td><td></td><td></td><td></td></tr>
<tr><td></td><td></td><td></td><td></td><td></td><td></td><td></td><td></td><td></td></tr>
<tr><td></td><td></td><td></td><td></td><td></td><td></td><td></td><td></td><td></td></tr>
<tr><td></td><td></td><td></td><td></td><td></td><td></td><td></td><td></td><td></td></tr>
<tr><td></td><td></td><td></td><td></td><td></td><td></td><td></td><td></td><td></td></tr>
<tr><td></td><td></td><td></td><td></td><td></td><td></td><td></td><td></td><td></td></tr>
<tr><td></td><td></td><td></td><td></td><td></td><td></td><td></td><td></td><td></td></tr>
<tr><td></td><td></td><td></td><td></td><td></td><td></td><td></td><td></td><td></td></tr>
<tr><td rowspan="2">随附证明
Attached Documents</td><td></td><td></td><td></td><td></td><td></td><td></td><td></td><td></td><td></td></tr>
<tr><td></td><td></td><td></td><td></td><td></td><td></td><td></td><td></td><td></td></tr>
<tr><td align="center">件数
No. of piece</td><td align="center">毛重(kg)
Gross Weight</td><td colspan="2" align="center">计费重量(kg)
Chargeable Weight</td><td colspan="2" align="center">货物品名
Nature of Goods</td><td></td><td></td><td></td><td></td></tr>
<tr><td></td><td></td><td colspan="2"></td><td colspan="2"></td><td></td><td></td><td></td><td></td></tr>
<tr><td></td><td></td><td colspan="2"></td><td colspan="2"></td><td></td><td></td><td></td><td></td></tr>
<tr><td></td><td></td><td colspan="2"></td><td colspan="2"></td><td></td><td></td><td></td><td></td></tr>
</table>

声明：交货代理人(托运人)已阅读并充分理解印刷于本托运书之交货代理人(托运人)联背面的相关条款,并愿意遵守。

Shipper or his agent has read and fully understood all the conditions printed on the back of this SLI, and agrees to comply with them.

交货代理人(托运人)　　　　　计量员：　　　　　录入员：

签字

Delivering Agent (Shipper)：

年　　月　日　　　月　日　时　分

　　托运书的内容和货运单基本相似,它的缮制要求没有货运单严格。因此,了解托运书缮制的相关内容有助于掌握货运单的缮制。托运书的主要内容如下：

　　(1) shipper's name and address(托运人名称和地址)

　　填列托运人的全称、街名、城市名称、国家名称,以及便于联系的电话、电传或传真号码。

　　(2) consignee's name and address (收货人名称和地址)

　　填列收货人的全称、街名、城市名称、国家名称(特别是在不同国家内有相同城市名称时,更应注意填上国名),以及电话号、电传号或传真号,本栏内不得填写 to order 或 to order of the shipper 等字样,因为航空货运单不能转让。

(3) airport of departure(始发站机场)

填列始发站机场的全称。

(4) airport of destination（目的地机场）

填列目的地机场,机场名称不明确时,可填城市名称。如果某一城市名称用于一个以上国家时,应加上国名,如 LONDON UK, LONDON KY US, LONDON CA。

(5) requested routing/requested booking(要求的路线/申请订舱)

本栏可供航空公司安排运输路线时使用,但如果托运人有特别要求时,也可填入本栏。

(6) declared value for carriage (供运输用的声明价值)

填列供运输用的声明价值金额,该价值即为承运人赔偿责任的限额。承运人按有关规定向托运人收取声明价值费。但如果所交运的货物毛重每千克不超过 20 美元(或等值货币),无须填写声明价值金额,可在本栏内填入 NVD (no value declared,未声明价值),如本栏空着未填写,承运人或其代理人可视为货物未声明价值。

(7) declared value for customs(供海关用的声明价值)

填列供海关用的声明价值。国际货物通常要受到目的站海关的检查,海关根据此栏所填数额征税。

(8) insurance amount requested(保险金额)

填列货物运输保险所应投保的保险金额。中国民航各空运企业暂未开展国际航空运输代保险业务,本栏可空着不填。

(9) handling information(处理事项)

填列附加的处理要求。例如,另请通知(also notify),除填收货人之外,如果托运人还希望在货物到达的同时通知他人,应另填写通知人的全名和地址;外包装上的标记;操作要求,如易碎、向上等。

(10) documentation to accompany air waybill (货运单所附文件)

填列随附在货运单上运往目的地的文件,应填上所附文件的名称。例如,托运人所托运的动物证明书(shipper's certification for live animals)。

(11) number and kind of packages(件数和包装方式)

填列该批货物的总件数,并注明其包装方法,如包裹(package)、纸板盒(carton)、盒(case)、板条箱(crate)、袋(bag)、卷(roll)等。如果货物没有包装时,就注明为散装(loose)。

(12) actual gross weight(实际毛重)

本栏内的重量应由承运人或其代理人在称重后填入。如托运人已填上重量,承运人或其代理人必须进行复核。

(13) rate class (运价类别)

填列所适用的运价、协议价、杂费、服务费。

(14) chargeable weight (计费重量)

本栏内的计费重量或者是货物的实际毛重(以千克为单位),或者是货物的体积(以平方厘米为单位)重量,根据国际航空运输协会的规定,取两者中比较大的那个重量。由承运人或其代理人算出计费重量后填入,如果托运人已经填上,承运人或其代理人必须进行复核。

（15）rate/charge（费率/费用）

本栏可空着不填。

（16）nature and quantity of goods（incl. dimensions or volume（货物的品名及数量，包括尺寸或体积）

填列货物的品名和数量（包括尺寸或体积）。若一票货物包括多种物品时，托运人应分别申报货物的品名，填写品名时不能使用样品部件等这类比较笼统的名称。本栏所填写内容应与出口报关发票、进出口许可证上列明的货物相符。

运输下列货物，按国际航协有关规定办理（参阅 TACT-Rules 2.3.3/7.3/8.3）：活体动物，个人物品，枪械、弹药、战争物资，贵重物品，危险物品，汽车，尸体，具有强烈气味的货物，裸露的机器、铸件、钢材，湿货，鲜货易腐物品。

危险品应填写适用的准确名称及标贴的级别。

（17）signature of shipper（托运人签字）

托运人必须在本栏内签字。

（18）date（日期）

日期是指填托运人或其代理人交货的日期。

在接受托运人委托后、单证操作前，货运代理公司的指定人员会对托运书进行审核，或称之为合同评审。审核的主要内容有价格和航班日期等。目前，航空公司大部分采取自由销售方式。每家航空公司、每条航线、每个航班，甚至每个目的港均有优惠运价，这种运价会因货源、淡旺季经常调整，而且各航空公司之间的优惠运价也不尽相同，有时候更换航班，运价也随之更换。

需要指出的是，货运单上显示的运价虽然与托运书上的运价有联系，但相互之间有很大区别。货运单上显示的是 TACT 上公布的适用运价和费率，托运书上显示的是航空公司优惠运价加上杂费和服务费或使用协议价格。托运书的价格审核就是判断其价格是否能被接受，预订航班是否可行。审核人员必须在托运书上签名并写上日期以示确认。

7.3.1.2 航空货运单

《蒙特利尔公约》和我国《民航法》均没有明确设定航空货运单的定义。《蒙特利尔公约》第 11 条第 1 款规定：航空货运单或者货物收据是订立合同、接受货物和所列运输条件的初步证据。我国《民航法》第 118 条规定：航空货运单是航空货物运输合同订立和运输条件以及承运人接受货物的初步证据。

一般来说，航空货运单是由托运人或者以托运人的名义填制的，托运人和承运人之间在承运人的航线上运输货物所订立的运输合同的证明。航空货运单由承运人制定，托运人在托运货物时要按照承运人的要求进行填制，经承运人确认后，航空货物运输合同即告成立。

航空货运单既可用于单一种类的货物运输，也可用于不同种类货物的集合运输；既可用于单程货物运输，也可用于联程货物运输。

目前，国际上使用的航空货运单少的有 9 联，多的有 14 联。我国国际航空货运单一般由一式 12 联组成,包括 3 联正本、6 联副本和 3 联额外副本。

正本单证具有同等的法律效力,副本单证仅是为了运输使用方便。航空货运单的 3 联正本,第一联注明交承运人,由托运人签字、盖章;第二联注明交货人,由托运人和承运人签字、盖章;第三联由承运人在接收货物后签字、盖章,交给托运人,作为托运货物及货物预付运费时运费的收据,同时也是托运人与承运人之间签订的具有法律效力的运输文件。

7.3.2 铁路运输单证

国际铁路货物联运进出口业务组织的主要运输单证为联运运单,如表 7 - 4 所示,具体业务中还有一些添附文件。联运运单是发货人与铁路联运承运人之间的运输合同,对发货人、收货人和承运人都具有法律效力。《国际货协》采用的联运运单有慢运运单和快运运单两种,这两种运单格式相同,区别在于慢运运单不带红边,而快运运单带红边,两者不得互相代用。

发货人在托运货物时,应按《国际货协》的规定,对每批货物填写运单和补充运行报单。对于慢运货物,应填制用白纸印刷的运单和补充运行报单;对于快运货物,应填制上下带有红边的运单和补充运行报单。

带号码的补充运行报单由发站填制三份,一份留站存查,一份报发送局,一份随同货物至出口国境站截留。带号码的补充运行报单上印的号码为批号(即运单号),不带号码的补充运行报单按每一过境路填制一份。

发货人为报销运费,可自行填写一份印有运单抄件(报销运费)的不带号码的补充运行报单。此时,发站应在运单副本背面应向发货人核收的总额(大写)栏中加盖运费报销无效字样的戳记。运单副本无此戳记时不给抄件。

货物由我国港口站运入,过境我国铁路运送时,港口站应多编一份不带号码的补充运行报单,以便我国出口国境站截留后对外清算过境运送费用。

我国发往俄罗斯的铁路运单和补充运行报单用中文填写,并在每一行下附俄文译文。我国发往越南、朝鲜的货物可免附俄文。我国经满洲里、绥芬河到俄罗斯的货物,也可只用中文填写,不附俄文。

运单和补充运行报单中记载的事项,应用钢笔、圆珠笔填写清楚,或用打字机打印、印刷或加盖戳记。加盖戳记的印文必须清晰,填写的文字必须正确,不得自造简称或简化字。除对危险货物标志的颜色特别规定外,不应加盖红色戳记或用红色墨水圆珠笔填写。

发货人在运单记载事项中,不准有划消或贴补以及擦改或涂抹等类的任何修改。在特殊情况下做修改时,不得超过一栏或相互关联的两栏。此时,发货人应在发货人的特别声明栏内注明运单已做修改,并签字或加盖戳记证明。

如果运单篇幅不足,填写记载事项见补充清单,发货人均应在补充清单上签字,并在运单发货人添附的文件栏内注明添附补充清单的份数。

国际铁路联运运单参考格式如表 7 - 4 所示。

国内铁路运输单基本格式如表 7 - 5 所示。

表 7‑4　国际铁路联运运单

1 运单正本 ‑ Original CIM Consignment Note（给收货人）		29批号 ‑ Batch Number	
国际货协运单‑CIM Consignment Note	1 发货人 ‑ Consignor	2 发站 ‑ Port of Loading/Dispatch Station	
	签字 ‑ Signature	3 发货人的声明 ‑ Consignor's Declaration	
	4 收货人 ‑ Consignee		
5 到站 ‑ Port of Discharge/Destination Station		8车辆由何方提供‑Who provides the vehicle /9载重量‑Payload 10轴数 ‑ Axle count/11自重 ‑ Self‑weight/12罐车类型 ‑ Tank car type	

6 国境口岸站 ‑ Border Crossing Station/Customs Port	7车辆Vehicle	8	9	10	11	12	换装后 ‑ After ransshipment	
							13 货物重量 Cargo weight	14件数 Number

15 货物名称 ‑ Name of cargo	16 包装种类 Type of packaging	17件数 Number of packages	18重量（公斤）Weight (kg)	19封印 ‑ Seal	
				数量Num	记号 ‑ Markings
				20由何方装车‑Loaded Party 21 确定重量的方法 Method of weight	

	22承运人 ‑ Carrier	区段自 / 至 ‑ Section (from/to)	车站代码 Station Code
23 运送费用的文付 ‑ Freight Payment Terms			
24 发货人添附的文件 ‑ Consignor's Attached Documents			
	25与承运人无关的信息，供货合同号码 Information unrelated to carrier, Supply contract number		

26 缔结运输合同的日期 Contract Date	27 到达日期 ‑ Arrival Date	28办理海关和其他行政手续的记载 Customs Clearance Documentation

表 7 – 5 国内铁路货运单

发站		专用线名称		专用线代码		车种车号	
到站(局)		专用线名称		专用线代码			
托运人	名称					货车标重	
	地址			邮编			
	经办人姓名		经办人电话		E-mail	货车施封号码	
收货人	名称					货车篷布号码	
	地址			邮编			
	经办人姓名		经办人电话		E-mail		

选择服务	□门到门运输： □上门装车 □上门卸车 □门到站运输： □上门装车 □站到门运输： □装载加固材料 □上门卸车 □站到站运输： □装载加固材料	取货地址		
		取货联系人		电话
		送货地址		
	□保价运输 □仓储	送货联系人		电话

货物名称	件数	包装	集装箱箱型	集装箱箱号	集装箱施封号	货物价格	托运人填报重量(kg)	承运人确定重量(kg)
合计								

托运人记载事项		承运人记载事项		

托运人盖章或签字 年 月 日	发站承运日期戳 年 月 日	承运货运员签章 年 月 日	到站交付日期戳 年 月 日	交付货运员签章 年 月 日

7.3.3 公路运输单证

无论货物是交给公路运输企业运输，还是公路运输企业主动承揽货物，都必须由货主办理托运手续，托运手续是以托运人的身份填写运单开始的。公路货物运单是公路货物运输部门及运输代理人开具货票的凭证，是运输经营者接收货物并在运输期间负责保管装卸和货物到达交接的凭据，也是记录车辆运行(运输延滞、空驶、运输事故等)和行业统计的原始凭证。

1997 年 5 月 22 日，交通部颁布了《道路货物运单使用和管理办法》，该管理办法自 1997 年 10 月 1 日起施行，至 2019 年废止。2019 年 6 月 20 日，交通运输部第 5 次修订的《道路货物运输及站场管理规定》第 31 条规定，道路货物运输经营者和货物托运人应当按照《合同法》(现为《民法典》)的要求，订立道路货物运输合同；鼓励道路货物运输经营者采用电子合同、电子运单等信息化技术，提升运输管理水平。

道路货物运单是道路货物运输及运输代理的合同凭证,是运输经营者接受货物并在运输期间负责保管和据以交付的凭据,也是记录车辆运行和行业统计的原始凭证。道路货物运单分为甲、乙、丙三种,甲种运单适用于普通货物、大件货物、危险货物等货物的运输和运输代理业务;乙种运单适用于集装箱汽车运输;丙种运单适用于零担货物运输。

道路货物运单的使用流转程序主要如下:

(1) 承运人和托运人要按道路货物运单内容逐项如实填写,不得简化、涂改。

(2) 承运人或运输代理人接收货物后应签发道路货物运单,道路货物运单经承运人和托运人双方签章后有效。

(3) 甲、乙种道路货物运单,第一联存根,作为领购新运单和行业统计的凭据;第二联托运人存查联,交托运人存查并作为运输合同当事人一方保存;第三联承运人存查联,交承运人存查并作为运输合同当事人另一方保存;第四联随货同行联,作为载货通行和核算运杂费的凭证,货物运达,经收货人签收后,作为交付货物的依据。

(4) 丙种道路货物运单,第一联存根,作为领购新运单和行业统计的凭据;第二联托运人存查联,交托运人存查并作为运输合同当事人一方保存;第三联提货联,由托运人邮寄给收货人,凭此联提货,也可由托运人委托运输代理人通知收货人或直接送货上门,收货人在提货联收货人签章处签字盖章,收、提货后由到达站收回;第四联运输代理人存查联,交运输代理人存查并作为运输合同当事人另一方保存;第五联随货同行联,作为载货通行和核算运杂费的凭证,货物运达,经货运站签收后,作为交付货物的依据。丙种道路货物运单与汽车零担货物交接清单配套使用。

(5) 承运人接收零担货物后,按零担货物到达站次序,分别向运输代理人签发道路货物运单(丙种)。

(6) 已签订年、季、月度或批量运输合同的,必须在运单托运人签章或运输合同编号栏中注明合同编号,托运人委托发货人签章。批次运输任务完成或运输合同履行后,凭运单核算运杂费,或将随货同行联汇总后转填到合同中,由托运人审核签字后核算运杂费。

(7) 道路货物运输和运输代理经营者凭运单开具运杂费收据。

(8) 运输危险货物必须使用在运单左上角套印道路危险货物运输专用章的道路货物运单(甲种),方准运行。

填写运单的要求和注意事项如下:

(1) 一张运单托运的货物必须是同属于一个托运人,承运人只对运单上填写的一个托运人负责,并同其接触。一个托运人可以托运拼装一车的货物或分卸几处的货物,但应将拼装、分卸详情在运单上注明。

(2) 易腐、易碎货物、易溢漏的液体货物和危险货物,不得与普通货物填用同一张运单;性质相抵触、运输条件不同的货物,也须填写两张或多张运单。这样要求主要是为了便于承运方安排理货、仓储、装车,保证安全运输。

(3) 一张运单托运的货物,若不具备同品名、同包装、同规格,以及属于搬家货物的,均应提交物品清单。

(4) 托运集装箱时应注明箱号和铅封印文号码;接运到港、站的集装箱,还要注明船名、航次或车站货位与箱位,并提交装箱清单。若集装箱运输贵重、易碎、怕湿等货物,每张运单至少涉及一箱。

（5）轻泡货物及按体积折算重量的货物，要准确填写货物的数量、体积、折算标准、折算重量及其有关数据。

（6）托运人要求自理装卸车时，经承运人确认后，应在运单内注明。

（7）托运人委托承运人向收货人代递有关证明文件、化验报告或单证等，应在托运人记载事项栏内注明名称和份数。

（8）托运人必须准确填写运单的各项内容，字迹要清楚，保证所填写的内容及所提供的有关证明文件的真实性，并须签字盖章；托运人或承运人改动运单所填写内容时，应该签字盖章证明。

公路运输部门收到由货物托运人签章的运单后，应对运单的内容进行审核，即审核货物的详细情况（名称、体积、重量、运输要求），以及根据具体情况确定是否受理；检验有关运输凭证，货物托运人送交运单时，应根据有关规定同时向公路运输部门提交准许出口、外运、调拨、分配等证明文件，或随货同行的有关票证单证。通常，会有下列几种单证：根据各级政府法令规定必须提交的证明文件；货物托运人委托承运部门代为提取货物的证明或凭证；有关运输该批（车）货物的质量、数量、规格的单证；其他有关凭证，如动植物检疫证、超限运输许可证、禁通路线的特许通行证、关税单证等。

本章小结

本章详细介绍了多式联运中的各类单证，包括集装箱多式联运单、海运提单、航空运输单证、铁路运输单证以及公路运输单证等。这些单证在多式联运中起着至关重要的作用，它们不仅是货物交接和运输合同的重要凭证，还承载着物权凭证、货物收据等多种功能。通过对这些单证的深入了解，可以更好地把握多式联运的运作流程，确保货物运输的安全、高效和便捷。首先，本章阐述了集装箱多式联运单的概念、种类及其与海运提单的区别，强调了多式联运提单在多式联运中的重要性。接着，本章详细介绍了海运提单的含义、作用、种类和内容，特别是提单背面的条款，这些条款详细规定了承运人和托运人之间的权利、义务和责任。此外，本章还介绍了航空运输单证、铁路运输单证和公路运输单证，这些单证在各自的运输方式中同样扮演着重要角色。航空货运单是航空货物运输的凭证，铁路联运运单则是国际铁路货物联运的重要合同文件，公路货物运单则是公路货物运输的必备单证。通过本章的学习，读者可以全面了解多式联运中的各类单证，掌握其制作、签发和使用规则，为从事多式联运业务打下坚实的基础。

思考题

1. 多式联运单据与海运提单在功能上有何异同？请举例说明。

2. 可转让的多式联运单据与不可转让的多式联运单据在实务操作中有何区别？请结合案例进行说明。

3. 在多式联运中，如何确保多式联运单据的准确性和完整性？请提出具体措施。

4. 海运提单的种类有哪些？各自的特点和适用场景是什么？

5. 海运提单背面条款通常包含哪些内容？这些条款对承运人和托运人分别有哪些影响？

6. 航空货运单与海运提单在结构和内容上有何异同？请对比分析。

7. 铁路联运运单在国际铁路货物联运中扮演什么角色？其制作和签发有哪些特殊要求？

8. 公路货物运单在多式联运中主要承担哪些功能？其流转程序是怎样的？

9. 在多式联运中，不同运输方式的单证如何实现无缝衔接？请举例说明。

10. 面对复杂得多式联运环境，如何有效管理和跟踪各类运输单证，确保货物运输的安全和高效？请提出具体策略。

拓展案例

宁波舟山港海铁联运"一单制"深化实践与创新

宁波舟山港，作为我国东部沿海的重要港口，不仅承载着海量的国际贸易往来，更在推动多式联运、促进内陆与沿海经济联动方面发挥着举足轻重的作用。特别是其海铁联运一单制模式的创新实践，不仅极大地提升了物流效率，更为内陆企业带来了实实在在的成本节约和便利。

一、案例背景

在全球经济一体化的大背景下，内陆地区对高效、便捷的国际贸易通道需求日益迫切。宁波舟山港凭借其得天独厚的地理位置和深厚的物流基础，率先在渝甬通道这一重要物流平台上，探索并实践了海铁联运一单制模式。这一模式的核心在于，通过船公司直接签发覆盖海运和铁路运输全程的提单，将传统上仅限于海运的提单功能延伸至内陆城市，实现了从港口到内陆的无缝对接。中远海、马士基、长荣、赫伯罗特等多家国际主流船公司的参与，不仅增强了该模式的公信力，更为内陆企业提供了多样化的选择和更优质的服务。

二、创新举措

宁波舟山港在推进海铁联运一单制的过程中，并未止步于提单功能的延伸，而是进一步利用现代信息技术，对装卸作业流程进行了全面升级。智能装卸手持终端的引入，是这一升级过程中的关键一环。货运员只需通过手持终端，就能轻松输入集装箱的箱号、车皮号、股道号等关键信息，同时上传现场照片作为备注，甚至还能实时检测超偏载情况，确保运输安全。这些信息一旦录入，便会立即通过海铁联运协同管理系统进行电子数据传输，实现了装卸作业的全程无纸化操作。这一创新举措不仅大幅提高了作业效率，减少了纸质单证的流转和人工错误，还降低了企业的运营成本，提升了客户满意度。

三、实施成效

宁波舟山港海铁联运一单制模式的成功实践，得到了市场的广泛认可和积极响应。业务覆盖范围不断扩大，从最初的几条线路发展到如今的重庆、合肥、武汉、向塘等30余条海铁联运线路，形成了辐射广泛、连接紧密的内陆物流网络。据统计，2023年宁波舟山港完成海铁联运全程运输出口重箱超过10万标箱，这一数字不仅彰显了其强大的物流吞吐能力,更体现了一单制模式对促进内陆与沿海贸易往来的重要作用。更为具体的是,这一模式为内陆企业减少了异地订舱及用箱成本约 2 500 万元,这对于提升内陆企业的国际竞争力、推动区域经济协调发展具有重要意义。

宁波舟山港海铁联运一单制模式的成功实践,不仅为内陆企业提供了更加便捷、高效的物流服务,也为我国多式联运体系的发展提供了宝贵的经验和启示。未来,随着技术的不断进步和市场的深入拓展,宁波舟山港将继续深化一单制模式的创新实践,为推动构建更加开放、包容、普惠、平衡、共赢的经济全球化体系贡献更多力量。

(参考信息来源:宁波舟山港股份有限公司官网,https://www.nbport.com.cn/gfww/)

【案例思考题】

1. 宁波舟山港海铁联运"一单制"模式的核心优势是什么?

2. 智能装卸手持终端和海铁联运协同管理系统的引入对宁波舟山港的物流作业有哪些具体影响?

3. 宁波舟山港海铁联运"一单制"业务快速增长的背后,有哪些关键因素在起作用?

4. "一单制"模式对内陆城市的经济发展和对外贸易有何积极影响?

5. 基于宁波舟山港的成功经验,其他港口或物流企业在推广多式联运"一单制"时,应如何借鉴和适应自身情况?

第8章　多式联运通关与计费

菜鸟网络多式联运通关与费用

菜鸟网络作为阿里巴巴旗下的物流平台,致力于构建全球化的智能物流网络。在多式联运领域,菜鸟网络通过整合全球运输资源,实现了跨境物流的高效运作。在通关方面,菜鸟网络利用大数据和人工智能技术,对货物的通关过程进行智能化管理。通过预测货物的到达时间、提前进行报关准备等方式,菜鸟网络能够确保货物在到达口岸后迅速完成通关手续。同时,菜鸟网络还积极参与跨境电商的单一窗口建设,实现了与海关、检验检疫等部门的无缝对接。

在费用计算上,菜鸟网络采用混合运费制,结合了单一运费制和分段运费制的优点。对于长途运输和复杂运输路线,菜鸟网络采用分段运费制,以确保运价的公平性和合理性;对于短途运输和简单运输路线,则采用单一运费制,以简化计费流程。此外,菜鸟网络还通过优化运输网络、提高运输效率等方式降低运输成本,从而为客户提供更优惠的运价。同时,菜鸟网络还提供了一系列定制化服务,如物流方案设计、供应链优化等,以满足客户个性化的物流需求。

(参考信息来源:菜鸟集团,https://www.cainiao.com/)

【思政视角】　菜鸟网络的多式联运实践蕴含诸多启示:利用大数据、人工智能实现通关智能化,启示我们要重视科技应用,培养创新精神,用科技助力发展;参与单一窗口建设展现协同合作理念,提醒我们要懂得跨部门协作的重要性;采用混合运费制及优化成本体现资源合理配置思维,教导我们要注重资源的高效利用;提供定制化服务彰显以客户为中心的价值观,引导我们要树立服务意识,努力为他人创造价值,助力社会进步。

8.1　多式联运通关

8.1.1　通关具体业务

在集装箱多式联运模式下,多式联运经营人作为全程运输组织者,在报关方面,既有别于货运代理人,也有别于各区段的实际承运人,有其自身的内容与特点。

8.1.1.1 主要特点

海关的区域一般是指海关监管的地区范围。对于集装箱多式联运货物而言,其国内的通关一般会涉及口岸海关、内陆海关及其所管辖的四个地点,即进境地、出境地、指运地和启运地。

在指运地或启运地办理进出口手续的,必须由内陆与口岸两个海关共同完成监管任务,由此导致货物在内地与口岸之间的运输、通关与退税等均有其特点。

8.1.1.2 主要内容

1. 舱单申报业务

与货运代理人不同,集装箱多式联运经营人因签发提单或运单而成为无船承运人或契约承运人,因而与实际承运人一样,需履行海关所规定的舱单申报义务。

2. 集装箱监管业务

许多多式联运经营人自身购置或租赁集装箱,必然涉及集装箱的监管问题。

3. 跨关区通关业务

按照我国《海关法》的规定:进出口货物除应当在进出境地办理海关手续外,经收货人、发货人申请,海关同意,也可以在设有海关的进口货物的指运地或出口货物的启运地办理海关手续。在多式联运模式下,货主往往选择在指运地或启运地办理进出口手续,因而必然会涉及跨关通关。

4. 过境、转运通关业务

在集装箱多式联运模式下,在口岸往往会发生货物的过境、转运与通运,因而会涉及相关的通关业务。

上述内容可归纳为两大方面:一是针对多式联运经营人方面的集装箱多式联运物流通关,包括对载运工具及载运货物、集装箱的海关监管;二是针对收货人、发货人方面的集装箱多式联运货物通关,包括一般货物、特定减免税货物、暂准(时)进出口货物、转关货物等各种进出口货物的海关监管。

8.1.2 通关业务流程

8.1.2.1 关检合一概述

为贯彻落实《深化党和国家机构改革方案》工作部署,2018 年 4 月 20 日起,原国家质量监督检验检疫总局的出入境检验检疫管理职责并入海关总署,新海关职责包括一关三检的全部内容,即通关、卫生检疫、动植物检疫、商品检验四大内容。

新海关成立后,对原有海关、检验检疫的业务流程进行整合,形成新的业务流程,具体整合优化情况说明如下。

1. 通关作业流程

(1) 一次申报。通过单一窗口实现一次申报。统一通过单一窗口实现报检;进一步加大单一窗口标准版的推进力度,提高主要申报业务覆盖率,覆盖范围涵盖检验检疫。

(2)一次查验。将海关的查验指令下达、实施查验、查验结果异常处置3个环节,检验检疫的查验指令下达、进出口商品检验、后续处置3个环节,共计6个环节,合并相同的3个环节,优化为查验指令下达、实施查验、查验结果异常处置3个环节。

(3)一次放行。收发货人凭海关放行指令提离货物,海关向监管场所发送放行指令,在放行环节核碰,实现一次放行。

2. 运输工具登临检查流程

目前,国际航行船舶登临检查作业环节由海事部门牵头,会同海关、边防、检验检疫等部门共同实施国际航行船舶登临检查。

将海关的登船检查1个环节,检验检疫的卫生检疫、登船检验2个环节,共计3个环节,合并共同的1个环节,优化为卫生检疫、登临检查2个环节。负责运输工具登临检查业务的检验检疫和海关科室(组)及人员合并工作,形成统一的运输工具监管队伍,统一指挥,根据运输工具检查的不同要求(卫生检疫、动植物检疫、登临检查等)安排调度各种专业人员实施作业。

3. 辐射探测流程

将海关辐射探测出入境的一检、二检、人工手持设备检测、后续处置4个环节,检验检疫的一检、二检、定量数据鉴定、取样化验、后续处置5个环节,共计9个环节,合并相同的4个环节,优化为一检、二检、人工手持设备检测、取样化验、后续处置5个环节。

4. 邮件监管流程

将海关的总包监管、关封和路单监管、邮封监管、邮件装卸监管、邮件开拆监管、移送海关监管区监管、机检查验、人工开拆、处置、放行10个环节,检验检疫的总包邮袋消毒、接收邮件、放射性检查、机检查验、人工开拆、处置、封发转出7个环节,合计17个环节,合并相同的5个环节,优化为总包监管、关封和路单监管等12个环节。

5. 快件监管流程

将海关的申报、机检查验、开箱查验、放行4个环节,检验检疫的动植物检疫、申报、机检查验、开箱查验、放行5个环节,合计9个环节,合并相同的4个环节,优化为动植物检疫、申报、机检查验、开箱查验、放行5个环节,其中对于低值货物类快件不再出具通关单。

8.1.2.2 海关监管制度与信息系统概述

目前,海关已建立了诸如申报、查验、放行、后续稽查等制度,以便对物(货物、载运工具、物品等)的客观状况,以及与物相关的人(货主、运输企业、无船承运人、船舶代理、场站企业、理货企业、乘客、司乘人员等)的资格及其行为的合法性进行有效的审查。

海关既要确保物流在各环节的安全顺畅,更要解决好口岸物流与保税物流的衔接,处理好物流点线面三者之间的关系,实现货物流、信息流、单证流相互印证、始终相符。海关物流监控的点是指货物进、出、转、存的各个环节;线是指进出口货物在境内转关运输的过程;面是指海关监管场所(包括一般监管区和特殊监管区)。所谓海关监管场所,是指进出境运输工具或者境内承运海关监管货物的运输工具进出、停靠,以及从事进出境货物装卸、储运、交付、发运等活动,办理海关监管业务、符合海关设置标准的特定区域。如果说监管是监管体系的灵魂的话,那么做好监管场所有关物流的监管则是监管最基本、最核心的要求。为加强对监管场所、进出境运输工具和货物的实际监管,我国海关已建立起物流监控系统,以实现舱单(由承运人或其代理、无船承运人提供)、运抵报告(由场站企业提供)、理货报告(由理货企业提供)、报关单(由发货人、收货人或其委托的报关行提供)等的相互核对、相互制约。

海关信息化建设主要历经五个阶段:H883 工程、H2000 工程、金关一期工程、H2010 工程和金关二期工程,目前正在建设 H2018 工程。

1. H2010 工程

1978 年,第一台国产计算机在罗湖口岸正式投入使用,揭开了海关信息化的序幕。1988 年,我国顺利开发并应用了海关报关自动化系统,简称 H883 工程。2003 年,海关总署以海关金关工程的名义向国家申请专项资金支持海关信息化建设。2006 年,国家发改委正式批复海关金关工程一期立项。2012 年,工程顺利通过国家发改委组织的竣工验收。H2000 系统是海关金关工程一期的核心内容,该系统采用了当时世界先进的三层技术体系架构和开放式技术,完成了对 H883 系统的升级换代,并实现了开着汽车换轮子的新老系统的平稳过渡。之后,海关对 H2000 系统继续升级,内部代号是 H2010 工程。H2010 工程首次采用顶层设计理念,设计了新一代海关信息系统的总体架构,是目前正在使用的海关管理系统。H2010 通关管理系统作为 H2010 工程中的一部分,是海关对进出口货物通关环节进行管理的系统,按通关的时间顺序可以分为以下三个环节:前期管理、现场作业、后续管理。

2. 金关二期工程

海关总署金关工程二期项目是国务院批准的"十二五"期间国家电子政务的重大信息化工程,建设内容覆盖海关工作的各主要方面,包括通关管理系统、加工和保税管理系统、企业进出口信用管理系统等 20 个系统。

2018 年 6 月 30 日,全国所有海关特殊监管区域、保税监管场所已全面推广应用金关二期海关特殊监管区域管理系统。该系统适用于保税区、出口加工区、保税物流园区、跨境工业区、保税港区、综合保税区等特殊区域。

金关二期海关特殊监管区域系统是金关二期保税管理系统的组成部分,从功能上看,涵盖现有 H2010 系统中的所有特殊区域相关功能,并增加了分送集报、保税货物流转等功能。

8.1.2.3　全国通关一体化概述

全国通关一体化是以单一窗口为依托,以三互大通关为机制化保障,跨地区、跨层级、跨部门的高水平通关协作,是实现国家口岸治理体系和治理能力现代化的重要举措。

2017 年 7 月 1 日起,海关通关一体化正式在全国实施。海关通关一体化后,在海关层面,企业可以任意选择通关或者报关地点和口岸,在全国任何一个地方都可办理相关手续。也就是说,企业面对的不是具体的某个海关,而是中国海关这个整体,同一企业在不同海关享受到的是统一通关便利待遇。在口岸层面,口岸相关部门目前已基本建立了跨地区、跨层级、跨部门的通关协作模式。

全国通关一体化以两中心三制度为结构支撑,实现海关监管管理体制改革,确保海关全面深化改革的系统性、整体性、协同性。所谓两中心,是指全国海关风险防控中心、全国海关税收征管中心。三制度包括一次申报、分步处置,即申报后先放行,然后企业再做完整申报,海关完成税收征管,以减少企业货物在港口、码头、场站的时间,大大提高通关效率;改革税收征管方式,主要靠企业自报、自缴税款,海关实行批量审核和税收稽查方式,监督税收入库;实施协同监管,打破原 42 个直属海关自成体系状况,建立若干功能型海关,实行协同监管。

在实行全国海关通关一体化之前,通关流程是接受申报、审单、查验、征税、放行的串联式作业流程。全国海关通关一体化改革后,采用一次申报、分步处置的新型通关管理模式,在企业完成报关和税款自报自缴手续后,安全准入风险主要在口岸通关现场处置,税收征管要素风险主要在货物放行后处置。

1. 风险防控分析

风险防控中心分析货物是否存在禁限管制、侵权、品名规格数量伪瞒报等安全准入风险并下达布控指令,由现场查验人员实施查验。对于存在重大税收风险且放行后难以有效稽(核)查或追补税的,由税管中心实施货物放行前的税收征管要素风险排查处置;需要在放行前验核有关单证,留存相关单证、图像等资料的,由现场验估岗进行放行前处置;需要实施实货验估的,由现场查验人员根据实货验估指令要求实施放行前实货验估处置。货物经风险处置后符合放行条件的可予放行。

2. 税收征管分析

税收征管中心在货物放行后对报关单税收征管要素实施批量审核,筛选风险目标,统筹实施放行后验估、稽(核)查等作业。

8.1.3　特定进出口货物通关

8.1.3.1　特定进出口货物报关程序

海关对不同类型的进出口货物,其要求的报关程序有所不同。比如,一般进出口货物通常包括申报、查验、缴税、放行四大环节,而海关对保税加工货物、特定减免税货物、暂准进出口货物等,增加了前期备案和后续解除监管两个环节,对禁限管制的货物,则需要提交有关部门颁发的监管证书。

1. 特定减免税货物

特定减免税货物是指海关根据国家的政策规定准予减税、免税进口使用于特定地区、特定企业、特定用途的货物。特定地区是指我国关境内由行政法规规定的某一特别限定区域,享受减免税优惠的进口货物只能在这一特别限定的区域内使用。特定企业是指由国务院制定的行政法规专门规定的企业,享受减免税优惠的进口货物只能由这些专门规定的企业使用。特定用途是指国家规定可以享受减免税优惠的进口货物只能用于行政法规专门规定的用途。特定减免税货物的报关基本程序包括以下环节:进口前的减免税申请、申报进口、监管期间接受监督和核查、海关监管期限届满后解除监管。

2. 暂准(时)进出口货物

此处特指为了特定的目的经海关批准暂时进境或暂时出境并在规定时间内原状复运出境或复运进境的货物。其报关基本程序包括以下环节:进(出)口前备案及担保申请、进(出)口时凭担保报关、监管期间接受监督与核查、复出(进)口时报关、核销结关。

3. 转关货物

转关货物是指在海关的监管下,从一个海关运至另一个海关办理某海关手续的进出口货物。包括三种情况:由进境地入境后,向海关申请转关运输,运往另一设关地点办理进口海关手续的货物;在启运地已办理出口海关手续运往出境地,由出境地海关监管放行的货物;由关境内一设关地点转运到另一设关地点应受海关监管的货物。

全国海关一体化后,企业可以任意选取一个海关进行申报,并自报自缴税款。由于申报更自由,手续更简便,通关更顺畅,因而未来转关货物将大大减少。根据 2017 年 10 月 11 日海关总署发布的《关于规范转关运输业务的公告》(2017 年第 48 号)规定,除以下几种情况外,海关不接受转关申报。

(1) 多式联运货物,以及具有全程提(运)单,需要在境内换装运输工具的进出口货物,其收发货人可以向海关申请办理多式联运手续,有关手续按照联程转关模式办理。

(2) 进口固体废物满足以下条件的,经海关批准后,其收发货人方可申请办理转关手续,开展转关运输:一是按照水水联运模式进境的废纸、废金属。二是货物进境地为指定进口固体废物口岸。三是转关运输指运地已安装大型集装箱检查设备。四是进口废金属的联运指运地为经国家环保部门批准设立,通过国家环保等部门验收合格,已实现海关驻点监管的进口固体废物圈区管理园区。五是联运至进口固体废物圈区管理园区的进口废金属仅限园区内企业加工利用。

(3) 易受温度、静电、粉尘等自然因素影响或者因其他特殊情况,不宜在口岸海关监管区实施查验的进出口货物,满足以下条件的,经主管地海关(进口为指运地海关,出口为启运地海关)批准后,其收发货人方可按照提前报关方式办理转关手续:一是收发货人为高级认证企业。二是转关运输企业最近一年内没有因走私违法行为被海关处罚。三是转关启运地或指运地与货物实际进出境地不在同一直属关区内。四是货物实际进境地已安装非侵入式查验设备。进口转关货物应当直接运输至收货人所在地,出口转关货物应当直接在发货人所在地启运。

(4) 邮件、快件、暂时进出口货物(含 ATA 单证册项下货物)、过境货物、中欧班列载运货物、市场采购方式出口货物、跨境电子商务零售进出口商品、免税品,以及外交、常驻机构和人员公用物品,其收发货人可按照现行相关规定向海关申请办理转关手续,开展转关运输。

显然,不再以转关方式运输,意味着原只有转关备案车辆可承接的业务,自公告执行后,所有的车辆均可参与竞争,再无制度性的门槛可言。因而,对那些主要业务为内陆转关运输的公司影响很大,其业务缩减或收入缩减的比例甚至可能达 80% 以上。

8.1.3.2　进口货物两步申报通关模式

根据海关总署发布的《关于开展两步申报改革试点的公告》(2019 年第 127 号),自 2019 年 8 月 24 日起,在部分海关开展进口货物两步申报改革试点。

1. 两步申报的概念与优势

两步申报通关模式,是指企业概要申报后经海关同意即可提离货物,随后再在规定时间内完成完整申报的新型通关模式。

两步申报与现有的一次申报、分步处置模式相比,具有以下优势:

(1) 时点申报变为过程申报。企业不必一次性填报完整,而是根据掌握的信息分步填报,在概要申报环节仅申报 9+2+N(申报 9 个基础项目,确认 2 个物流项目,如果涉证、涉检,分别补充相应申报项目),其他项目在完整申报环节补充。

(2) 货物提离加快。概要申报后,如果货物不需要查验,即可将货物提离海关监管场所。

(3) 税收担保创新。依托社会信用体系,建立概要申报的担保制度,高级认证企业可向海关申请免除担保。

(4) 监管理念转变,秉承告知承诺制。企业在概要申报时自行确认是否涉证、涉检、涉税,这一确认行为视同企业向海关做出守法承诺。

2. 两步申报的内容

(1) 概要申报的内容。不属于禁限管制且不属于依法需检验或检疫的,申报 9 个项目:境内收发货人、运输方式/运输工具名称及航次号、提运单号、监管方式、商品编号(6 位)、商品名称、数量及单位、总价、原产国(地区)。确认涉及物流的 2 个项目(毛重、集装箱号),应税的项目需要选择符合要求的担保备案编号。

属于禁限管制的,需要增加申报 2 个项目:许可证号/随附证件代码及随附证件编号、集装箱商品项号关系。

依法需检验或检疫的,需增加申报 5 个项目:产品资质(产品许可/审批/备案)、商品编号(10 位)+检验检疫名称、货物属性、用途、集装箱商品项号关系。

(2) 完整申报的内容。企业自运输工具申报进境之日起 14 日内完成完整申报,办理缴纳税款等其他通关手续。税款缴库后,企业担保额度自动恢复。如果概要申报时选择不需要缴纳税款,完整申报时经确认为需要缴纳税款的,企业应当按照进出口货物报关单撤销的相关规定办理。

3. 两步申报试点条件

试点期间,适用两步申报需同时满足三个条件:

(1) 境内收发货人信用等级是一般信用及以上的;

(2) 经由试点海关实际进境货物的;

（3）涉及的监管证件已实现联网核查的。

此外，转关业务暂不适用两步申报模式。对加工贸易和海关特殊监管区域内企业以及保税监管场所的货物申报，可以适用两步申报模式，但在使用金关二期系统开展两步申报时，第一步为概要申报环节，不使用保税核注清单；第二步为完整申报环节，报关单按原有模式，由保税核注清单生成。

8.2 多式联运费用计收

8.2.1 多式联运运价及确定原则

8.2.1.1 多式联运运价

海运运价又称海运运费率，指的是用于计算海运运费的单价或运费率，是海上货物运输承运人为完成货物运输所提供的服务的单价。

一般来说，海运运价的确定和变动取决于运输服务的供需关系。从理论上讲，运价最高不能超过货物对运费的负担能力，最低不能低于运输成本。但由于航运市场中海运需求弹性的作用，有时也会暂时出现运价低于运输成本的情况。

国际海运运价大体可以分为两种：班轮运价和租船运价。海上集装箱运输大都采用班轮运输，因此集装箱海运运价实质上也属于班轮运价的范畴。班轮运价的制定所依据的主要因素是运输成本和国际航运市场的竞争情况。集装箱运价即集装箱运输的单位价格，它不是一个简单的结构金额，而是由运费率标准、计收方法、承托双方责任、费用、风险划分等构成的综合价格体系。

随着国际多式联运的发展，承运人的业务范围由海上拓展到内陆，承运人对货物的责任也随之扩大，其费用有所增加，而增加的费用也只能从运费中收回来，这对运价的制定工作提出了新的要求，即应制定出一套适合集装箱运输的运费率、规定和有关条款，这个费用一般被定为一个计收标准，以确保船公司在整个运输过程中产生的全部支出都能得到相应的补偿。

8.2.1.2 国际集装箱海运运价确定的原则

港—港或称钩—钩交接方式下海运运价的确定，通常基于下列三个基本原则。

1. 运输服务成本原则

（1）运输服务成本原则是指班轮经营人为保证班轮运输服务连续、有规则地进行，以运输服务所消耗的所有费用及一定的合理利润为基准确定班轮运价。根据这一原则确定的班轮运价可以确保班轮运费收入不至低于实际的运输服务成本。该原则被广泛应用于国际航运运价的制定。

（2）运输服务价值原则是从需求者的角度出发，依据运输服务所创造的价值的多少进行定价，也即货主根据运输服务能为其创造的价值水平而愿意支付的价格。运输服务的价值水平反映了货主对运价的承受能力。如果运费超过了其服务价值，货主就不会将货物交付托运，因为较高的运费将使其商品在市场上失去竞争力。因此，如果说按照运输服务成本原则制定的运价是班轮运价的下限，那么，按照运输服务价值原则制定的运价则是其上限，因为基于运输服务价值水平的班轮运价，可以确保货主在出售其商品后能获得一定的合理收益。

（3）运输承受能力原则采用的定价方法是以高价商品的高运费率补偿低价商品的低运费率，从而达到稳定货源的目的。按照这一定价原则，承运人运输低价货物可能会亏本，但是这种损失可以通过对高价货物收取高运费率所获得的盈利加以补偿。虽然高价值货物的运价可能会高于低价值货物的运价很多倍，但从运价占商品价格的比例来看，高价值货物比低价值货物运价要低得多。根据联合国贸易和发展会议的资料统计，低价值货物的运价占该种货物 FOB 价格的 $30\%\sim50\%$，而高价值货物的运价仅占该类货物 FOB 价格的 $1\%\sim28\%$。因此，尽管从某种意义上说，运输承受能力原则对高价值货物是不太公平的，但是这种定价方法消除或减少了不同价值货物在价格与运价之间的较大差异，从而使得低价值货物不致因运价过高而失去市场竞争力被放弃运输，实现了稳定货源的目的。因而对于班轮公司来说，这一定价原则具有十分重要的意义。

毫无疑问，上述定价原则在传统的件杂货海上运输价格的制定过程中确实起了十分重要的作用。然而，随着集装箱运输的出现，如何确定一个合理的海运运价，确实是集装箱班轮运输公司面临的全新课题。在过去，由于零散的件杂货种类繁多，实际单位成本的计算较为复杂，因而运输承受能力原则比运输服务成本原则更为普遍地被船公司所接受。使用标准化的集装箱运输使单位运输成本的计算更加简化，特别是考虑到竞争的日趋激烈，现在承运人更多地采用运输服务成本原则制定运价。当然，在具体的定价过程中，应该是以运输服务的成本为基础，结合考虑运输服务的价值水平以及运输承受的能力，综合地运用这些定价原则。如果孤立地运用某一个原则，都不可能使定价工作做得科学合理。

由于集装箱班轮运输已进入成熟期，运输工艺的规范化使各船公司的运输服务达到均一化程度，尤其是随着集装箱船舶的大型化，船舶运输的损益平衡点越来越高，使得扩大市场占有率，以迅速突破损益平衡点，成为集装箱船公司获利的基础。因此，维持一定水平的服务内容，合理地降低单位运输成本，以低运价渗透策略迅速扩大市场占有率，应是合理制定集装箱海运运价的重要前提。

8.2.2 多式联运运费计算

8.2.2.1 费用结构

在国际多式联运方式下，由于承运人对货物的风险和责任有所扩大，因此，集装箱货物的运费一般包括从装船港承运人码头堆场或货运站至卸箱港承运人码头堆场或货运站的全过程费用。如果由承运人负责安排全程运输，所收取的运费中还应包括内陆运输的费用。但从总的方面来说，集装箱货物运费仍主要由海运运费加上各种与集装箱运输有关的费用组成。

集装箱货物的全程运输可划分为发货地内陆运输,装箱港集装箱码头搬运、装卸作业,海上运输,卸箱港集装箱码头搬运、装卸作业和收货地内陆运输等五个区段的运输及作业,所以集装箱货物的运输费用应包括海上运输费用,内陆运输费用,各种装卸费用,装箱、拆箱费用,搬运费,手续费及服务费等费用。在国际集装箱货物多式联运的情况下,承运人根据自己对货物运输所承担的风险和责任,收取全程运输费用。集装箱全程运输费用通常分为以下几种。

1. 海运运费

从集装箱船舶运输公司的优越性看,如将海运运费当作运输的等价物,那么,集装箱船可收取高于普通船运输的运费。但从目前的收费情况看,除有特殊规定外,基本上仍是按所运货物的运费吨所规定的运费率计收,这与普通船货物运费的计收方法基本一致。

2. 堆场服务费

堆场服务费也叫码头服务费,包括在装船港堆场接收出口的整箱货,以及堆存和搬运至装卸桥下的费用。同样,在卸箱港包括从装卸桥接收进口箱,以及将箱子搬运至堆场和堆存的费用。堆场服务费一般分别向发货人、收货人收取。

3. 拼箱服务费

拼箱服务费是指拼箱货在集装箱货运站所产生的费用,包括为完成下列服务项目而收取的费用:将空箱从堆场运至货运站、将装好货的重箱从货运站运至装船港码头堆场、将重箱从卸箱港码头堆场运至货运站、理货、签发场站收据、装箱单、在货运站货运地正常搬运、装箱、拆箱、封箱、做标记、一定期限内的堆存、必要的分票与积载、提供箱子内部货物的积载图。

4. 集散运输费

集散运输又叫支线运输(Feeder Service),是指由内河、沿海的集散港至集装箱出口港之间的集装箱运输。一般情况下,集装箱在集散港装船后,即可签发集装箱联运提单,承运人为这一集散而收取的费用称集散运输费。

5. 内陆运输费

内陆运输费有两种情况,一种由承运人负责运输,另一种由货主自己负责运输。

(1) 由承运人负责的内陆运输。

由承运人负责的内陆运输费用根据承运人的运价本和有关提单条款的规定来确定,主要包括:

① 区域运费。承运人按货主的要求在所指定的地点间进行重箱或空箱运输所收取的费用。

② 无效拖运费。承运人将集装箱按货主要求运至指定地点,而货主没有发货,且要求将箱子运回。一旦发生这种情况,承运人将收取全部区域费用,以及货主宣布运输无效后可能产生的任何延迟费用。

③ 变更装箱地点所引起的费用。如果承运人应货主要求同意改变原集装箱交付地

点,货主要对承运人由此而产生的额外费用给予补偿。

④ 装箱时间延迟费。承运人允许货方集装箱的免费装箱时间长短以及超过允许装箱时间后的延迟费多少,主要视各港口的条件、习惯、费用支出等情况而定,差别甚大。如在发货人工厂、仓库装箱时,有的规定免费允许时限为:20 ft箱2 h,40 ft箱3 h。上述时间均从司机将箱子交给货主时起算,即使是阴天下雨或其他恶劣气候,也不能超出规定的时限。若超出规定的时限,则对超出时间计收延迟费。

⑤ 清扫费。使用箱子结束后,货主有责任清扫箱子,将清洁无味的箱子归还给承运人。如果此项工作由承运人负责,货主仍应负责其费用。

(2) 由货主自己负责的内陆运输。

由货主自己负责的内陆运输,承运人则可根据自己的选择和事先商定的协议,在指定的场所将集装箱或有关机械设备出借给货主,并按有关规定计收费用。在由货主自己负责内陆运输时,其费用主要包括以下几个方面:

① 集装箱装卸费。货主在承运人指定的场所(如集装箱码头堆场或货运站)取箱,或按照承运人指定的地点归还箱子,或将箱子装上车辆,或从车上将集装箱卸下等,所发生的费用均由货主负担。

② 超期使用费。货主应在规定的用箱期届满后,将箱子归还给承运人,超出时间则为延误,延误费用的计收标准按每箱每天计收,不足一天以一天计。

③ 内陆运输费。货主对其从得到集装箱时起至归还集装箱止整个期间所产生的费用负责。

集装箱货物运费还可概括为:发货地国家内陆运输费及有关费用、发货地国家港区(码头堆场)费用、海运运费、收货地国家港区(码头堆场)费用、收货地国家内陆运输费及有关费用。由于集装箱运输特别是国际多式联运不仅存在由谁负责内陆运输的问题,而且还有整箱货、拼箱货之分,因此,费用的结构和分担方式较复杂。

必须说明,上述只是集装箱货物运费组成的一般概念。目前,有些港口习惯上对整箱货在堆场至堆场交货的情况下不另收堆场服务费,因为实际上这部分费用已加到海运运费里了。此外,在集装箱运价本中,某些航线还出现了总包干运费率(all inclusive)的计算方法,即在该运费率中包括了一切附加费用,方便了运费的计算。

另外,有些航线采用包箱费率,即按箱子的类型规定每一类箱的包干运价。这种包箱费率一般分商品包箱费率(commodity box rates)和均一包箱费率(FAK box rates)两种。前者按不同商品和不同类型的集装箱规格规定不同的包箱费率,后者不管集装箱内装什么商品(危险品除外),都按不同类型集装箱规定包箱费率。整箱货,其运价可以是总包干运费率,也可以是包箱费率加各种附加费。包箱费率是国际航运竞争的产物。这种运费率较低,是对货主托运整箱货的一种优惠,也是船公司揽货的一种手段。

8.2.2.2　国际集装箱多式联运的计费方式

国际集装箱多式联运全程运费是多式联运经营人向货主一次性计收的。目前,多式联运运费的计收方式主要有单一运费制、分段运费制和混合运费制。

1. 按单一运费制计算运费

单一运费制是指集装箱从托运到交付,所有运输区段均按照一个相同的运费率计算运费。在西伯利亚大陆桥(Siberian Land Bridge,SLB)运输中采用的就是这种计费方式。

2. 按分段运费制计算运费

分段运费制是指按照组成多式联运的各运辖区段,分别计算海运、陆运(铁路、汽车)、空运及港站等各项费用,然后合计为多式联运的全程运费,由多式联运经营人向货主一次计收。各运输区段的费用,再由多式联运经营人与各区段的实际承运人分别结算。目前,大部分多式联运的全程运费均采用这种计费方式,如欧洲到澳大利亚的国际集装箱多式联运、日本到欧洲内陆或北美内陆的国际集装箱多式联运等。

3. 按混合运费制计算运费

理论上讲,多式联运经营人应制定全程运价表,且应采用单一运费率。然而,由于制定单一运费率是一个较为复杂的问题,因此,作为过渡方法,目前有的多式联运经营人尝试采取混合计收办法:从国内接收货物地点至到达国口岸采取单一运费率,向发货人收取(预付运费);从到达国口岸到其内陆目的地的费用按实际成本确定,另向收货人收取(到付运费)。

当然,也有的采取分段累加计收,或者根据分段累加的总费用换算出单一运费率计收。

8.2.2.3　国际集装箱海运运费计算的基本方法

由于海上集装箱运输大多是采用班轮营运组织方式经营的,因此集装箱海运运价实质上也属班轮运价的范畴。集装箱海运运费的计算方法与普通的班轮运输的运费计算方法是一样的,也是根据运费率本规定的运费率和计费办法计算运费的,并有基本运费和附加运费之分。基本运费是指班轮公司为一般货物在航线上各基本港口间进行运输所规定的运价,是全程运费的主要部分。附加费是指班轮公司承运一些需要特殊处理的货物,或者由于燃油、货物及港口等原因收取的附加运费。

1. 基本运费计算方法

班轮基本运费的计算方法因所运货种的不同而不同,主要有重量法、体积法、从价法、选择法、综合法、按件法和议定法等七种。

(1) 重量法。

重量法以重量吨为计费单位,按商品的毛重,每 1 t(1 t＝1 000 kg)为 1 重量吨。基本运费等于计重货物的运费吨乘运费率。所谓计重货物,是指按货物的毛重计算运费的货物,在运价表中注明"W"。

按照国际惯例,计重货物是指每公吨的体积小于 $1.132\ 8\ m^2$ 的货物,而我国远洋运输运价表中则将每公吨的体积小于 $1\ m^2$ 的货物定为计重货物。

(2) 体积法。

体积法以 m^3 为计费单位,每 $1\ m^3$ 为 1 体积吨。基本运费等于容积货物的运费吨乘运费率。所谓容积货物,是指按货物的体积计算运费的货物,在运价表中注明"M"。

按照国际惯例,容积货物是指每公吨的体积大于 1.132 8 m³ 的货物,我国的远洋运输运价表中则将每公吨的体积大于 1 m³ 的货物定为容积货物。某些国家对木材等容积货物按板尺和霍普斯尺作为计量单位,它们之间的换算关系是:

$$1 \text{ ft}^3 = 12 \text{ board foot}(板尺) = 0.785 \text{ Hoppus foot}(霍普斯尺)$$
$$1 \text{ m}^3 = 35.314 \text{ 8 ft}^3$$

(3)从价法。

从价法的基本运费等于货物的离岸价格(FOB)乘从价运费率。所谓货物的离岸价格,是指装运港船上交货(Free On Board)。若贸易双方按此价格条件成交,卖方应承担货物装上船之前的一切费用,买方则承担运费及保险费等在内的货物装上船以后的一切费用。从价运费率常以百分比表示,一般为 1%～5%。按从价法计算的基本运费的货物,在运价表中用 Ad. Val 表示。但是,贸易双方在谈判中除按离岸价格条件成交外,通常还有按到岸价格条件(Cost Insurance and Freight,CIF)或按离岸加运费价格条件(Cost and Freight,C & F)成交的。如果按后两种价格条件成交且托运人只能提供 CIF 或 C & F,则应先将它们换算成 FOB,即

$$FOB = C \& F - 运费 = CIF - 保险费 - 运费$$

(4)选择法。

选择法是指从上述三种计算运费的方法中选择一种收费最高的计算方法来计算运费。此法适用于难以识别货物属于计重货物或容积货物的情况,或货物的价值变化不定的货物。

在运价表中,对按选择法计算的货物常以"W/M"或"Ad. Val"表示。

【例 8-1】 某货物按运价表规定,以 W/M 或 Ad. Val 选择法计费,以 1 m³ 体积或 1 mt 重量为 1 运费吨,由甲地至乙地的基本运费率为每运费吨 25 美元,从价运费率为 1.5%。现装运一批该种货物,体积为 4 m³,毛重为 3.6 mt,其 FOB 价值为 8 000 美元,求运费为多少?

解:按三种标准计算如下:

重量法:25×3.6=90(美元)

体积法:25×4=100(美元)

从价法:8 000×1.5%=120(美元)

三者比较,以 Ad. Val 的运费较高。所以,该批货物的运费为 120 美元。计算时,也可以先作 W/M 比较:4 m³ 和 3.6 t 比较,先淘汰 W,而后作 M 和 Ad. Val 计算比较,这样可省略一次计算过程。

(5)综合法。

综合法是指对某种货物分别按其毛重和体积计算运费,并选择其中运费较高者,再加上该种货物的从价运费。此类货物在运价表中用"W/M Plus Ad. Val"表示。

(6)按件法。

按件法是指以货物的实体件数或个数为单位计算运费的方法。这种方法适用于既是

非贵重物品,又不需测量重量和体积的货物。例如,活牲畜按每头计收,车辆按每辆计收等。

(7) 议定法。

议定法是指按承运人和托运人双方临时议定的运费率计算运费。此类货物通常是低价的货物,如特大型的机器等。在运价表中,此类货物以"Open"表示。

一般情况下,使用的计费标准是按重量或体积计算运费;对于贵重商品,则按其货价的一定百分比计算运费;当货物以重量吨或体积吨或从价计费时,择其运费收入较高者进行计费,称为择大计费。至于各种商品应按何种计算标准计收运费,在承运人公布的运价表中均有具体的规定。

通常,在班轮运价本中除了说明及有关规定部分外,主要内容是货物分级表及航线费率表。在货物分级表中列出了各种货物的计算标准(指按什么方法计算运费,即上述七种方法中的某一种)及等级;航线运费率表列出了各等级货物的不同运费率,而运费率通常又分东行及西行两种。

2. 附加运费计算方法

与普通班轮一样,国际集装箱海运运费除计收基本运费外,也要加收各种附加费。附加费的标准与项目,根据航线和货种的不同而有不同的规定。集装箱海运附加费通常包括以下几种。

(1) 因商品的特点而需要特殊设备或作业所发生的附加费。

某些货物,如钢管之类的超长货物、超重货物、需洗舱(箱)的液体货等,由于它们的运输难度较大或运输费用增高,因而对此类货物要增收货物附加费。当然,对于集装箱运输来讲,因计收对象、方法和标准不同而有所不同。例如,对于超长(长度超过 12 m)、超重货物(单件不可解体的毛重超过 5 t)加收的超长、超重、超大件附加费(heavy lift and over-length additional),只对由集装箱货运站装箱的拼箱货收取,其运费率标准和计收办法与普通班轮相同。如果采用 CFS/CY 条款,则对超长、超重、超大件附加费减半计收。

(2) 因商品运达港口的不同情况而增收的附加费。

① 港口拥挤费(Port Congestion Surcharge)。港口拥挤费是指由于装卸港港口拥挤堵塞,抵港船舶不能很快进行装卸作业,造成船舶延长停泊,增加了船期成本,船公司视港口情况的好坏,不同时期在基本运费率上加收不同百分比的费用。

② 港口附加费(Port Surcharge)。港口附加费是指由于卸箱港港口费用太高或港口卸货效率低、速度慢,影响船期所造成的损失而向货主加收的费用。

③ 直航附加费(Directed Additional)。直航附加费是指运往非基本港的货物达到一定数量时,船公司可安排直航,因此而收取的费用。直航附加费一般比转船附加费低。

④ 转船附加费(Trans-shipment Surcharge)。转船附加费是指凡运往非基本港的货物,需转船运往目的港时,船方收取的附加费,其中包括转船费和二程运费。

⑤ 变更卸箱港附加费(Alteration of Discharging Port Additional)。变更卸箱港仅适用于整箱货,并按箱计收变更卸箱港附加费。提出变更卸箱港的全套正本提单持有人,必

须在船舶抵达提单上所指定的卸箱港48 h前以书面形式提出申请,经船方同意后变更。如果变更卸箱港的运费超出原卸箱港的运费,申请人应补交运费差额;反之,承运人不予退还。由于变更卸箱港所引起的翻舱及其他费用,也应由提出变更要求的一方承担。

⑥ 选港附加费(Optional Additional)。选港附加费是指船公司对运输合同所约定的卸货区域内选择卸箱港或交货地点而卸载的货物所加收的费用。仅适用于整箱托运整箱交付的货物,而且一张提单的货物只能选定在一个交货地点交货,并按箱收取选港附加费。选港货应在订舱时提出,经承运人同意后,托运人可指定承运人经营范围内三个直航的或经转运的卸箱港,选港必须按照船舶挂靠顺序排列。此外,提单持有人还必须在船舶抵达选港范围内第一个卸箱港96 h前向船舶代理人宣布交货地点,否则船长有权在第一个或任何一个选港将选卸货卸下,即应认为承运人已终止其责任。

⑦ 绕航附加费(Deviation Surcharge)。绕航附加费是指由于正常航道受阻不能通行,船舶必须绕道才能将货物运至目的港时,船方所加收的附加费。

(3)因经济变化、汇率浮动、原油产量增减等而临时增加的附加费。

① 燃油附加费(Bunker Surcharge or Bunker Adjustment Factor,BAF)。燃油附加费是指因油价上涨,船公司营运成本增加,为转嫁额外负担而加收的费用。燃油附加费有的航线按基本运费率的百分比加收,有的航线按运费吨加收一定金额。

② 货币贬值附加费(Currency Adjustment Factor, CAF)。货币贬值附加费是指由于船方用以收取运费的货币贬值,所收到的运费低于货币贬值前所收取金额的值,使纯收入降低,船方为弥补这部分损失而加收的费用。

③ 旺季附加费(Peak Season Surcharge,PSS)。旺季附加费是指在运输旺季,因大多数航线供求关系紧张,船公司舱位不足所征收的一种附加费。

另外,还有洗舱费(Cleaning Charge)、空箱调运费(Equip Rest Surcharge)、熏蒸费(Fumigation Charge)等。

各种附加费用的计算办法,或者是在基本运费率的基础上以一定的百分比计算,或者是按绝对数字加收若干金额。

本章小结

本章详细介绍了多式联运的通关流程与费用计算。在通关方面,重点讨论了多式联运经营人在报关中的特殊角色与责任,包括舱单申报、集装箱监管、跨关区通关及过境、转运通关等业务。同时,还介绍了全国通关一体化的新模式,以及特定进出口货物的通关程序,如特定减免税货物、暂准进出口货物和转关货物的处理。此外,本章还探讨了进口货物的两步申报通关模式,强调了其便利性和高效性。在费用计算方面,本章详细阐述了多式联运运价的确定原则、费用结构及计费方式。运价的确定需考虑运输服务成本、服务价值和运输承受能力等因素。费用结构则包括海运运费、堆场服务费、拼箱服务费、集散运输费及内陆运输费等。计费方式主要有单一运费制、分段运费制和混合运费制,并介绍了国际集装箱海运运费计算的基本方法,包括基本运费和附加运费的计算。通过本章学习,读者可以全面了解多式联运的通关流程与费用计算,为从事多式联运业务提供有力支持。

思考题

1. 多式联运经营人在报关过程中承担哪些特殊责任?
2. 什么是两步申报通关模式? 它相比传统通关模式有哪些优势?
3. 特定减免税货物和暂准进出口货物在通关程序上有何不同?
4. 全国通关一体化改革对多式联运有何影响?
5. 多式联运运价确定时需考虑哪些原则?
6. 多式联运费用结构包括哪些主要部分?
7. 单一运费制、分段运费制和混合运费制各有何特点?
8. 国际集装箱海运运费计算中,基本运费和附加运费是如何确定的?
9. 如何根据货物的特性和运输路线选择合适的计费方式?
10. 在多式联运中,如何平衡运输成本与服务质量,以实现经济效益最大化?

拓展案例

国铁集团与中谷物流多式联运"一单制"计费模式

一、案例背景

2024 年 11 月 22 日,国铁集团所属中国铁路乌鲁木齐局集团有限公司(以下简称国铁集团)与上海中谷物流股份有限公司(以下简称中谷物流)联合完成了一项具有历史意义的物流任务:搭载 3 000 t 铝棒的 X9622 次班列从新疆维吾尔自治区准东站顺利抵达天津港,随后搭乘煜江祥瑞号班轮继续驶向广东东莞港。这次运输不仅标志着我国多式联运一单制工作取得了历史性突破,也展示了铁路与海运在物流领域的深度融合与高效协作。

二、计费模式

在这次运输中,国铁集团与中谷物流在铁路 95306 平台联合签发了全国首张集装箱多式联运一单制运单。这一创新举措实现了货物全程的一次委托、一单到底、一箱到底、一次结算。具体而言,客户只需在铁路 95306 平台上一次性下单,即可提报铁海联运的全程物流需求,并支付一次费用,无须再与多个承运人逐一沟通协商单证交接、短驳运输、货物换装等环节。

这种计费模式的核心在于其高效性和便捷性。通过铁路 95306 平台,客户可以实时追踪货物的运输状态,确保货物安全、准时到达目的地。同时,由于采用了一单制计费,客户无须再为不同运输阶段的费用结算而烦恼,大大降低了物流成本和时间成本。

三、实施效果

提升运输效率:据统计,采用多式联运一单制计费模式后,该批货物的运输时间比传统模式缩短了约 30%。这得益于铁路与海运的紧密协作和高效衔接,以及信息化平台对物流资源的优化配置。

降低物流成本：通过减少中间环节和统一计费标准，客户在这次运输中节省了约20％的物流成本。这不仅得益于一单制计费模式本身的优势，还得益于国铁集团与中谷物流在运输组织、信息共享等方面的深度合作。

优化客户服务体验：客户只需在铁路95306平台上下单并支付一次费用，即可享受全程的物流服务。这种便捷的操作方式大大提升了客户的满意度和忠诚度。

推动铁路与海运深度融合：此次运输的成功实施不仅展示了铁路与海运在物流领域的互补优势，还推动了两者之间的深度融合与协同发展。未来，随着更多类似项目的开展，铁路与海运将形成更加紧密、高效的物流网络。

提升综合运输效率和服务品质：多式联运一单制计费模式的推出不仅提高了单一运输方式的效率和服务品质，还促进了整个物流行业的转型升级。通过优化运输组织和提升信息化水平，国铁集团与中谷物流为客户提供了更加优质、高效的物流服务。

根据国铁集团提供的数据，采用多式联运一单制计费模式后，该批货物的运输时间比传统模式缩短了约30％。这得益于铁路与海运的紧密协作和高效衔接，以及信息化平台对物流资源的优化配置。通过减少中间环节和统一计费标准，客户在这次运输中节省了约20％的物流成本。这一数据直接体现了一单制计费模式在降低物流成本方面的显著效果。铁路95306平台统计数据显示，采用多式联运一单制计费模式后，客户满意度提升了约40％。这主要得益于便捷的操作方式、高效的物流服务和全程的货物追踪功能。

国铁集团与中谷物流多式联运一单制计费模式的推出不仅提升了运输效率和降低了物流成本，还优化了客户服务体验，推动了铁路与海运的深度融合，提升了综合运输效率和服务品质。这一创新举措为我国物流行业的转型升级和高质量发展注入了新的动力。

（参考信息来源：中国国家铁路集团有限公司，https://www.zcgov.cn/）

【案例思考题】

1. "一单制"计费模式相比传统多式联运计费模式有哪些显著优势？

2. 铁路95306平台在推动多式联运"一单制"中发挥了什么作用？

3. 国铁集团与中谷物流在合作过程中如何确保货物全程的安全与准时？

4. 多式联运"一单制"计费模式对物流行业有哪些深远的影响？

5. 如何进一步推广和完善多式联运"一单制"计费模式？

保障篇

第 9 章　多式联运保险与理赔

课程思政引导案例

全球首款满足中国"一单制"的多式联运集装箱货物运输创新保险方案落地

在上海市交通委员会和国家金融监督管理总局上海监管局的指导和支持下,2024 年 6 月 3 日下午,中国人民财产保险股份有限公司(简称人保财险)全球首款满足中国"一单制"的多式联运集装箱货物运输创新保险方案落地,实现从安徽合肥工厂装箱,集卡运至车站,铁路到上海港,再从上海港到荷兰鹿特丹的全程保险。

同时,中远海运集装箱运输有限公司(简称中远海运集运)作为承运方,共同开启航运保险新篇章,为全球贸易和物流行业提供更加全面、高效的风险保障。

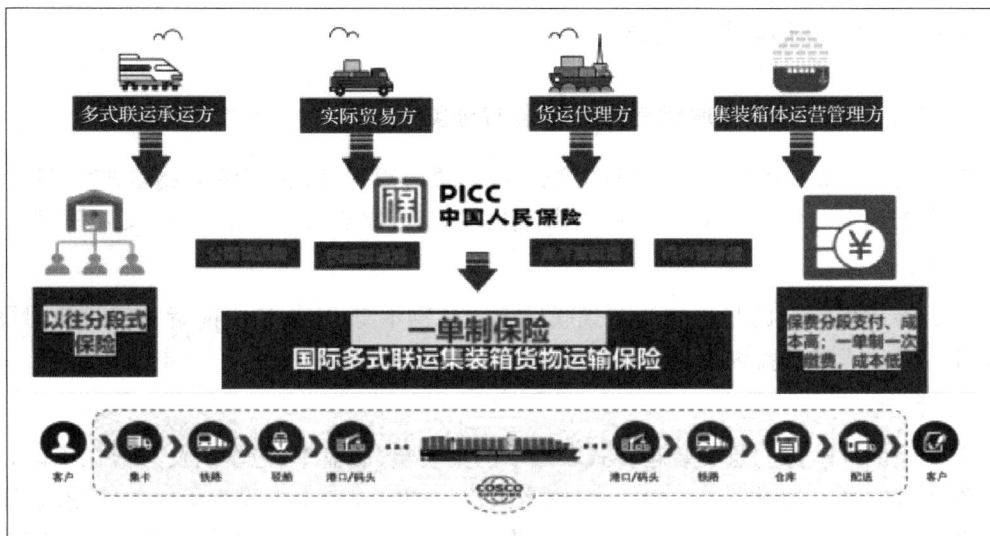

据了解,此次全球首张多式联运"一单制"保险,是货物运输保险领域的又一次重大突破。通过研发推出全球首款满足中国"一单制"的多式联运集装箱货物运输创新保险方案,解决企业以往海陆铁等分段式投保,保险责任衔接不清晰,国内、国际保险产品融合不足等问题。一单制保险融汇多个保险产品并加以创新,扩大了保险责任,降低了保险费用,提高了服务质量和效率,并积极通过数字化供应链和绿色低碳转型升级,为一单制多式联运业务的开展提供了全程集装箱物流服务保障。

保险公司和航运公司表示,将继续深化合作,共同推动航运金融保险数字化转型,通过共享信息资源实现保险与航运的相互赋能,助力构建贸易新生态,共同开启中国多式联运高质量发展的新篇章。

(参考信息来源:上观网,https://sghexport.shobserver.com/html/)

【思政视角】 此次全球首款满足中国"一单制"的多式联运集装箱货物运输创新保险方案落地意义非凡。一方面,展现了中国在全球贸易和物流保险领域的创新能力,打破了以往分段式投保的局限,实现全程保险,体现了勇于创新、敢于突破的精神,激励学生在专业领域不断探索。人保财险与中远海运集运的合作,彰显了协同合作的重要性,不同企业发挥各自优势,共同为行业发展提供保障,启示学生团队协作的价值。另一方面,"一单制"保险降低了成本,提高了服务质量和效率,还积极推动了数字化供应链和绿色低碳转型升级,体现了以客户为中心的理念和社会责任担当。这引导学生树立正确的职业价值观,在未来工作中注重服务社会,关注行业可持续发展,为构建贸易新生态,推动中国多式联运高质量发展贡献力量。

9.1 多式联运保险

9.1.1 多式联运保险概述

9.1.1.1 集装箱多式联运保险的概念与分类

集装箱多式联运保险有广义和狭义之分。广义的集装箱多式联运保险指多式联运过程当中涉及的全部保险,包括货运险、财产险、责任险。狭义的集装箱多式联运保险仅指责任险。

1. 货运险

货运险的保险标的是集装箱多式联运下的货物本身,应由货主向货物保险公司投保货运险。投保人和受益人都是货主。

2. 财产险

财产险的保险标的是集装箱多式联运下的集装箱、底盘车、拖车以及其他在承保时提供的设备表中列明的设备。一般而言,财产险以一切险或者全损险为承保条件受理,通常由设备的所有人或者承租人作为投保人。集装箱多式联运经营人可以对本公司所有或者租赁的运输设备(如集装箱、底盘车及拖车等)投保一切险或者全损险。

3. 责任险

责任险的保险标的是集装箱所有人、承租人或集装箱多式联运经营人所承担的赔偿责任。它分为两种情形:一是承保集装箱所有人或承租人的赔偿责任;二是承保集装箱多式联运经营人的赔偿责任。

9.1.1.2　三种集装箱多式联运保险的相互关系

（1）货运险与责任险互为补充，共同承保货物运输风险。责任险是以由运输合同约束的货主与承运人（经营人）之间的权利、义务为基础的保险；货运险则是以是否发生损害为前提，约束货主与保险人之间，以损害赔偿为核心约定的保险合同。因承运人保留权利而不得不由货主负担的各种风险，如责任险规定对不可抗力以及罢工、战争原因所造成的损害应予以免责，此类风险则理所当然地属于货运险的承保范围，需要在货运险中通过增加战争险、罢工险等附加险来予以承保，这不但是货运险的实质功能，而且是货运险在国际贸易中不可或缺的重要原因。

（2）财产险与责任险密不可分，财产险是责任险的基础。财产险可以单独投保，责任险不能单独投保，必须以投保了财产险为前提。

9.1.1.3　集装箱多式联运保险的特点

与单一运输方式相比，国际集装箱多式联运既可以减少一些风险，但也增加了新的风险，产生了新的问题。比如，保险人责任期限延长、承保责任范围扩大、保险费率调整（即对舱面集装箱征收高保险费率，或征收保险附加费），以及集装箱运输责任保险等。

1. 保险利益范围扩大

集装箱多式联运过程涉及海陆空承运人、货运代理人、无船承运人、场站经营人、集装箱出租人、多式联运经营人等各类关系人，相应的保险利益所涉及的范围有所增加。比如，多式联运经营人如果拥有或租赁了集装箱或其他运输设备，则应该对其投保。在投保责任险时，不仅应对货物损坏和灭失责任进行投保，还应对第三者（货主以外的人）责任进行投保。

2. 损失大

国际集装箱多式联运覆盖面广，涉及环节多，货物在运输过程中发生事故的概率增加，造成的损失也大。

3. 国际性

国际集装箱多式联运保险涉及不同国家和地区的承运人、货主、供箱人、运箱人、用箱人和收箱人等，相关保险的预防与处理，必须依赖于国际上公认的制度、规则和方法。

4. 复杂性

国际集装箱多式联运保险，除了涉及保险合同本身的承保范围外，因涉及多种运输方式，也必然涉及各种运输方式下承运人的责任问题，因而比单一运输方式下的保险更为复杂。

9.1.2　集装箱多式联运财产险

考虑到实务中多式联运经营人通常拥有或租赁集装箱，以下以集装箱保险为例，说明集装箱多式联运财产险。

9.1.2.1 集装箱保险的含义与投保人

集装箱保险是指赔偿因集装箱箱体的灭失、损坏而产生的经济损失的保险。

集装箱保险一般是由集装箱所有人作为投保人。而在租赁集装箱情况下,则由承租人(lessee)作为准所有人(quasiowner)签订合同。另外,承租人也可以把其对所有人的赔偿责任加以投保,即承租人投保责任险。

集装箱自身保险为定期保险,每个集装箱作为一个单独保险单位,各有明确的标记。被保险人对投保的集装箱应定期做好维修和保养工作。

9.1.2.2 集装箱保险种类与承保范围

集装箱保险分为全损险和综合险(一切险)。全损险赔偿集装箱的全部损失。综合险承保范围如下:

(1)集装箱的全部损失或部分损失。

(2)下列情况造成的集装箱的机器部分损失:运输船舶的沉没、触礁、搁浅、碰撞(包括同冰碰撞)引起的,陆上或空中运输工具的碰撞、倾覆及其他意外事故引起的,外来的火灾、爆炸引起的。

不论是承保全损险还是综合险,保险公司对被保险人在集装箱受损后所采取的抢救措施和防止损失扩大而支付的合理费用也负责补偿,但对上述抢救和防损费用的补偿金额以不超过被救集装箱的保险金额为限。

9.1.2.3 集装箱保险的除外责任

保险公司对下列损失、费用不负责赔偿:

(1)集装箱不符合国际标准,或由于其内在缺陷和特性,或工人罢工,或延迟所引起的损失和费用。

(2)正常磨损及其修理费用。

(3)集装箱战争险条款规定的承保责任和除外责任。

(4)与投保集装箱经营有关的或由其引起的第三者责任和费用。

9.1.2.4 其他事宜

1. 责任起讫

定期保险,起止时间以保险单规定为准。

2. 赔偿

(1)集装箱全损时,保险公司按保额全部赔付。

(2)集装箱发生部分损失时,保险公司按合理的修理费用扣除免赔额后赔付。如果修理费用超过保险金额,可作为推定全损处理。

(3)被保险人在收取赔款时,必须将向船方、其他受托人或任何第三者责任方的追偿权利转给保险公司。

9.1.3 集装箱多式联运货运险

9.1.3.1 货运险的种类

按运输方式划分,可分为海洋运输货物保险、陆上运输货物保险、航空运输货物保险和邮包保险。

海洋运输货物保险条款所承保的险别,分为基本险别和附加险别两类,其中,基本险可细分为平安险、水渍险和一切险三种。

(1)平安险(Free from Particular Average,F. P. A.)的责任范围:主要承保自然灾害造成的整批货物的全部损失或推定全损,以及运输工具遭受意外事故造成的货物全部或部分损失。

(2)水渍险(With Average,W. A.;With Particular Average,W. P. A.)的责任范围:除平安险的各项责任外,还承保因自然灾害造成的部分货物损失。

(3)一切险(All Risks,A. R.)的责任范围:除平安险和水渍险的各项责任外,还承保运输途中一般外来原因所造成的全部或部分货物损失。

附加险别是基本险责任的扩大和补充,它不能单独投保。附加险可分为一般附加险、特别附加险和特殊附加险三类。一般附加险承保各种外来原因造成的全部或部分货物损失,一般附加险包括偷窃、提货不着险,淡水雨淋险,短量险,渗漏险,混杂、沾污险,碰损、破碎险,串味险,受潮受热险,钩损险,包装破裂险,锈损险等 11 种。一般附加险均已包括在一切险的责任范围内,换言之,投保一切险后就无须再加保一般附加险。特别附加险是对特殊风险造成的保险标的的损失负赔偿责任的附加险,包括交货不到险、进口关税险、舱面险、拒收险、黄曲霉素险等。特别附加险所承保的责任不在一切险的范围内,换言之,投保一切险后,只有加保特别附加险,才能规避相关风险。特殊附加险包括战争险和罢工险。

陆上运输货物保险分为陆运险和陆运一切险两种。被保险货物除投保陆运险或陆运一切险外,经过协商还可以加保战争险等附加险。

航空运输货物保险分为航空运输险和航空运输一切险两种。被保险货物在投保航空运输险或航空运输一切险后,还可经协商加保战争险等附加险。

9.1.3.2 保险责任期限

按照国际保险业的习惯,基本险采用的是仓至仓条款(Warehouse to Warehouse Clause,WWclause),即保险责任自被保险货物至保险单所载明的启运地发货人仓库或储存处所开始生效,包括正常运输过程中的海上、陆上、内河和驳船运输在内,直至该项货物到达保险单所载明目的地收货人的仓库为止,但最长不超过被保险货物卸离海轮或车站后 60 天。航空货物险的保险责任期限则以被保险货物在最后卸货地卸离飞机后 30 天为限。战争险的保险责任期限以水面危险为限,即自货物在启运港装上海轮或驳船时开始,直到目的港卸离海轮或驳船为止;如不卸离海轮或驳船,则从海轮到达目的港的当天午夜起算满 15 天,保险责任自行终止。

9.1.3.3　保险除外责任

保险除外责任是指保险公司不予负责的损失或费用，一般都属非意外的、非偶然性的或需特约承保的风险。比如，中国人民保险公司海洋运输货物保险条款中对海运基本险别的除外责任规定了下列五项：被保险人的故意行为或过失所造成的损失；发货人责任所引起的损失；在保险责任开始前，被保险货物已存在品质不良或数量短差所造成的损失；被保险货物因自然损耗、本质缺陷、特性，以及市场跌落、运输延迟所引起的损失和费用；战争险和罢工险条款规定的责任及其险外责任。

陆运、空运、邮运保险的除外责任与海运基本险别的除外责任基本相同。对于集装箱货物运输保险，除了应适用以上除外责任外，还应受以下限制：凡集装箱箱体无明显损坏，铅封完整，经启封开箱后，发现卸载数量规格与销售合同不符，或因积载和配载不当所致的残损，保险人不予负责；因集装箱不适应货物所造成的货物短少或损坏，保险人不予负责；对放置在海轮甲板上的集装箱货物，可按舱内货物责任范围负责，但开顶式和框架式集装箱所载货物除外；被保险货物运抵保险单所载明的目的港（地）或启封开箱地以后，如发现集装箱箱体有明显损坏，或铅封损坏或丢失，或铅封号码与提单、发票所列号码不符时，被保险人应立即向保险单所规定的检验理赔代理人申请检验，并必须向责任方或有关当局取证，同时保留索赔权。

9.1.3.4　保险险别的选择

1. 在保险范围和保险费之间寻找平衡点

首先对货物的种类、性质和特点、包装情况、运输情况（运输方式、运输工具、运输路线）、在港口和装卸过程中的损耗情况、目的地的政治局势等因素进行综合评估，甄别哪种风险最大、最可能发生；然后再通过权衡不同险种的保险费率，最终确定保险险种。

2. 视情况选用一切险

就保险费率而言，水渍险的费率约为一切险的1/2，平安险约为一切险的1/3，因此，是否选择一切险作为主险要视实际情况而定。如毛、棉、麻、丝、绸、服装类和化学纤维类商品，遭受损失的可能性较大，如沾污、钩损、偷窃、短少、雨淋等，有必要投保一切险。低值、裸装的大宗货物，如矿砂、钢材、铸铁制品，主险投保平安险就可以了，没有必要投保一切险。另外，也可根据实际情况再投保舱面险作为附加险。对于不大可能发生碰损、破碎或容易生锈但不影响使用的货物，如铁钉、铁丝、螺丝等小五金类商品，以及旧汽车、旧机床等二手货，可以投保水渍险作为主险。

相反，有的货物投保了一切险作为主险可能还不够，还需投保特别附加险。比如，某些有黄曲霉素霉变风险的食物，如花生、油菜籽、大米等食品，应将黄曲霉素险作为特别附加险予以承保，以避免因被拒绝进口、没收或强制改变用途所造成的损失。

3. 主险与附加险灵活使用

附加险的选择要针对易出险因素来加以考虑。例如，玻璃制品、陶瓷类的日用品或工艺品等产品，会因破碎造成损失，投保时可在平安险或水渍险的基础上加保碰损、破碎险。

此外,货主在选择险种的时候,要根据市场情况选择附加险。比如,出口到菲律宾、印度尼西亚、印度等国家的货物,由于当地码头情况混乱,风险比较大,因此,应选择偷窃、提货不着险和短量险作为附加险,或者干脆投保一切险。

9.1.4 集装箱多式联运责任险

9.1.4.1 集装箱多式联运责任险的含义与特征

广义的集装箱多式联运责任险通常是指集装箱多式联运经营人对因集装箱运输过程中产生的货物损坏或灭失而必须承担的赔偿责任所进行的保险,包括客户(即多式联运合同相对方发货人或收货人)责任险和第三者(除集装箱多式联运经营人和客户以外的人)责任险。

狭义的集装箱多式联运责任险通常是指集装箱多式联运经营人对因集装箱运输过程中产生的货物损坏或灭失而向客户承担的赔偿责任所进行的保险,即并不包括第三者责任险。

责任险与货运险的区别如下:

(1) 责任险的标的为一定范围内的违约或侵权损害赔偿责任,非损害赔偿责任不能作为责任险的标的,如刑事责任就不能作为责任险的标的。

(2) 责任险不能及于多式联运经营人的人身或财产。责任险的目的在于转移多式联运经营人对客户及第三者应当承担的赔偿责任,所以,当多式联运经营人的人身或者财产发生损失时,保险人不承担保险责任。从这个意义上讲,责任险合同是为客户及第三者的利益而订立的保险合同。

(3) 保险人承担多式联运经营人的赔偿责任。尽管责任险保险人的赔款是支付给多式联运经营人的,但这种赔款实质上是对多式联运经营人之外的受害方即客户及第三人的赔偿,这是因为只有当客户及第三者的利益损失客观存在并依法应由多式联运经营人负责赔偿时,才会产生被保险人的利益损失。因此,责任险是由保险人直接保障多式联运经营人利益,间接保障受害人利益的一种双重保障机制。

(4) 保险设有最高赔偿限额。由于保险事故所造成损害的不确定性,在订立保险合同时,多式联运经营人和保险人不可能约定保险金额,只能约定保险责任的最高限额,而保险人给付赔偿金额均以合同约定的最高赔偿限额为限。

(5) 责任险的理赔复杂。其一,每一起责任险的理赔,均以多式联运经营人对客户及第三方产生损害并依法应承担经济赔偿责任为前提条件,从而必然要涉及受害方,这就表明责任险的理赔并非像财产险那样只是保险人与被保险人双方的事情;其二,责任险的承保以法律制度的规范为基础,责任险的理赔也是以法院的判决或执法部门的裁决为依据,从而需要更全面地运用法律制度;其三,责任险的赔款最后并非归多式联运经营人所有,而是实质上支付给了受害方。

9.1.4.2 保险人的选择

集装箱多式联运经营人可选择向保赔协会或商业保险公司投保责任险。

1. 保赔协会

保赔协会不同于商业保险公司,它是由有相同风险倾向的公司结合起来,实行集体自保的组织,其实质上是互助(mutuality)保险。被保险人也是保险人,被保险人拥有保险基金,互保的目标是共担风险。国际上的保赔协会可分为四类:船东保赔协会(Shipowners Protection and Indemnity Club)、租船人保赔协会(Charters Protection and Indemnity Club)、联运保赔协会(Through Transport Club,会员为多式联运经营人、无船承运人等各类运输经营人)、国际运输中介人协会(ITIC,会员为船舶代理、船舶经纪公司、船舶管理公司、船员管理公司、海运检验公司等)。

2. 商业保险公司

商业保险公司不具备保赔协会的互助功能,其与被保险人之间的合同关系是单一的,不具有保赔协会与会员之间的双重合同(入会证书证明了两个合同——保险合同和会员合同)关系。

保赔协会与商业保险公司存在诸多差异。海运保赔协会是船东互助组织,以"互助非营利"为目的,旨在保护会员利益和信誉,会员多为船东,仅对会员提供保障,主要承保船东对第三人的赔偿责任等特定船舶运营责任风险,采用不固定的浮动费率,除油污责任风险外一般无限额赔偿(受相关责任限制约束),国际化程度高且全球协会间联系紧密,如国际保赔协会集团承保了世界上大部分的船舶运力;而商业保险公司是基于商业行为以营利为目的的经济实体,客户群体广泛,业务范围涵盖多个领域,海运保险只是其中一部分,保费相对固定,按保险合同约定的保险金额承担有限的赔偿责任,不同国家和地区的公司经营和规则相对独立,国际化紧密程度和协同性不如保赔协会。

9.1.4.3 保险险种的选择

在实践中,有关集装箱多式联运责任险的名称不尽相同,如运输服务商责任险、运输专业经营者法律责任险、运输及相关责任险等。一般而言,集装箱多式联运经营人可根据实际业务情况,在以下险种中做出选择。

(1)联运保赔协会的运输经营人责任险(Transport Operator Liability Insurance)。运输经营人责任险的承保对象包括国际货运代理、无船承运人、空运承运人、多式联运经营人、物流公司、集装箱卡车运输公司、堆场和集装箱货运站等。

(2)货代责任险中的提单责任险或无船承运人责任险。比如,由人保、平安、太平洋、大地等保险公司联合承保的中国国际货运代理责任险,包括代理人责任险和提单责任险两款险种,其中,提单责任险即是承保国际货运代理作为当事人(包括作为集装箱多式联运经营人)的责任风险。

(3)物流责任险。2004年,人保推出了物流责任险条款,该条款仅适用于国内物流业务,且物流服务过程中给第三者造成的人身伤亡或其他财产损失不属于保险的范围(除非附加第三者责任险)。

9.1.4.4 责任险的承保范围

在实践中,有些保险条款的承保范围较宽,几乎承担了集装箱多式联运经营人的所有赔偿责任,如联运保赔协会的运输经营人责任险;有些承保范围则较窄,如我国国际货运代理责任险主要承保对货主的赔偿责任,要想投保第三者责任险,则应增加附加条款。

限于篇幅,以下仅介绍联运保赔协会的运输经营人责任险的承保范围。

1. 货物的损坏或灭失责任

无船承运人因货物的实际损坏或灭失所造成的责任,以及由此引起的间接损失的责任。

2. 错误操作和疏忽责任

包括延误责任、交货错误、海外的第三方代理无单放货、不正确填写单证资料等。但必须强调的是,联运保赔协会对会员公司自己职员的故意放货行为或基于商业考虑而做出的无单放货行为不予承保。

3. 第三者责任

第三者责任险承保会员公司因在操作经营中的错误或疏忽,造成第三方的财产损失或人员伤亡。

第三者指的是除联运保赔协会和会员公司以外的其他人。第三者财产则指第三者的任何财产,但不包括货物(因为在财产险货物的损坏或灭失责任中承保),以及任何会员承租的财产,如设备、场地或建筑物。

联运保赔协会承保的第三者责任险也包括一般的公众责任险,即访客、朋友或家属在会员公司的经营场所内,因会员公司的过错或疏忽而受到伤害或引致财产损失的赔偿责任,均在保险保障范围之内。但是,会员公司的雇员并不归类为第三者。这是因为一般情况下,雇员意外人身伤亡保险已在法定的劳工保险中予以承保。联运保赔协会运输经营人责任险中为避免重复,故予以除外。

4. 罚款

运输经营人在业务操作中可能由于职员的疏忽违反了有关的政府规定,从而被罚款。也有可能完全是货主的过错,譬如货主隐瞒托运危险品而不申报,或提供虚假的发票/装箱单等。虽然有时过错不在货运代理企业,但许多国家的海关当局(尤其是南美洲和印度等地的海关),仍然会对货运代理企业处以巨额罚款。

5. 费用

主要承保减少损失的费用(Mitigation),调查、抗辩的费用(Investigation & Defence),处理费用(Disposal),检疫和消毒费用(Quarantine & Disinfection),货物错运的费用(Misdirection),共同海损和海难救助的分摊费用(General Average & Salvage),无主货处理的费用(Uncollected Cargo),为完成运输合同而产生的额外费用(Completion of Carriage Costs)等。针对运输经营人的特殊行业风险,联运保赔协会在费用承保方面提供多达八项保障。除了减少损失的费用一项适用相应的免赔额,其余费用均由联运保赔协会全额承担。

9.1.4.5　责任险的除外责任

1. 全部除外责任

全部除外责任是指保单中明确规定的除外责任,通常适用于所有险种中的除外条款和限制,主要有:

（1）在承保期间以外发生的危险或事故。

（2）索赔时间超过承保条例或法律规定的时效。

（3）承保合同或保险人的条例中规定的除外条款，即不在承保范围内的损失。

（4）违法行为造成的后果，如运输毒品、枪支、弹药、走私物品或国家禁止的物品。

（5）蓄意或故意行为，如倒签提单、预借提单引起的损失。

（6）战争、入侵、外敌、敌对行为（不论是否宣战）、内战、叛乱、革命、起义、军事或武装侵占、罢工、停业、暴动、骚乱、戒严和没收、充公、征购等的任何后果，以及为执行任何政府、公众或地方权威的指令而造成的任何损失或损害。

（7）任何由核燃料或核燃料爆炸所致、核废料产生的离子辐射或放射性污染所致、引起或可归咎于此的任何财产灭失、摧毁、毁坏或损失及费用，不论直接或间接，均作为其后果损失。

2. 部分除外责任

部分除外责任通常表现为免赔额或最高赔偿限额的规定，如超出承保合同关于赔偿限额规定的部分。

3. 以投保人履行的义务为前提的除外责任

事先未征求保险人的意见，擅自赔付对方，也可能从保险人处得不到赔偿或得不到全部赔偿。例如，当货物发生残损或短少后，集装箱多式联运经营人自认为是自己的责任，未征求保险人的意见，就自作主张赔付给了对方。事后证明不属于或不完全属于集装箱多式联运经营人的责任，保险人将不承担或仅承担其应负责的部分损失。

9.2　集装箱多式联运责任

9.2.1　多式联运责任的构成

多式联运责任是指多式联运经营人按照法律规定或运输合同的约定所承担的对货物的灭失、损坏或迟延交付所造成损失的违约责任，它由责任期间、责任基础、责任形式、责任限额、承运人责任的免除几部分构成。

9.2.1.1　责任期间

多式联运经营人的责任期间是指多式联运经营人履行义务和承担责任的期间。对于责任期间，有关的国际公约或国内法的规定不尽相同。

（1）在国际海上运输领域，不同的公约或法律对承运人责任期间存在不同的规定。目前我国《海商法》采用两种规定：一是船至船，适用于非集装箱货物；二是港至港，适用于集装箱货物。

（2）在其他国际运输领域，包括国际多式联运领域的有关公约或法律均规定承运人的责任期间为从接收货物时起至交付货物时止,即承运人掌管货物的全部期间。然而,除了《联合国国际货物多式联运公约》对于承运人收取货物与交付货物的地点不予以限制,公路、航空、铁路运输领域的收货地与交付地均仅限于各自运输方式下的车站或机场,因而,实质上仍为场至场或站至站。

对于收取货物,承运人可以按通常的方式从托运人或其代理处接收货物,也可以根据法律法规从海关或港口当局处接收货物;对于交付货物,承运人可以把货物直接交给收货人或其代理人,也可以根据法律法规将货物交给有关当局或第三人,在无法交付货物时,承运人将货物存放于合适的地点并发出通知后,货物视为已交付收货人,承运人责任已终止。

9.2.1.2　责任基础

责任基础是指多式联运经营人对于货物运输所采取的赔偿责任原则。对于承运人赔偿责任基础,各单一运输公约或法律的规定不一,但大致可分为过失责任制和严格责任制两种。过失责任制是指按承运人对货损货差是否有过失而决定其是否负责,又可分为完全过失责任制和不完全过失责任制两种,前者是指只要承运人对货损货差有过失就应承担责任,后者却附有一部分除外规定,即基本前提是应承担责任,但对某些过失,法律仍允许承运人免责。严格责任制是指除了不可抗力等有限的免责事由,不论有无过失,承运人对于货损货差均应承担责任。由于采用严格责任制的国际公约或国内法也列举了大量的免责事项,因此,严格责任制与完全过失责任制之间基本已无差别。

《海牙规则》《维斯比规则》和《华沙公约》采用不完全过失责任制,对于航行/驾驶过失免责;《汉堡规则》《海牙议定书》和《联合国国际货物多式联运公约》采用完全过失责任制;《国际道路货物运输合同公约》《国际货约》《国际货协》和我国《铁路法》《民法典》均采用严格责任制;我国《民用航空法》采用双重责任制,对于货损货差采用严格责任制,对于迟延交付损失采用完全过失责任制。

9.2.1.3　责任形式

1. 网状责任制(Network System of Liability)

网状责任制是指多式联运经营人对全程运输负责。货物的灭失或损坏发生于多式联运某一区段的,多式联运经营人的赔偿责任和责任限额适用调整该区段运输方式的有关法律规定。如果货物的灭失、损坏发生的区段不能确定(俗称隐藏损害),多式联运经营人则按照海运或双方约定的某一标准来确定赔偿责任和责任限制。目前,大多数国家的多式联运经营人采用网状责任制。1973 年《联合运输单证统一规则》、1991 年《多式联运单证规则》和我国《海商法》《民法典》均采纳了该责任制。例如,1991 年《多式联运单证规则》对货物的灭失、损坏和迟延交付规定了统一的归责原则,并对多式联运是否包含海运规定了两种统一的责任限制,同时该规则进一步规定,如果能清楚地知道货损发生的运输区段,而该运输区段所适用的国际公约或国内法又规定了另一项责任限额,则应优先适用该公约或该国家法律。

2. 统一责任制(Uniform Liability System)

统一责任制是指多式联运经营人对货主赔偿时不考虑各区段运输方式的种类及其所

适用的法律，而是对全程运输按一个统一的原则一律按一个约定的责任进行赔偿。统一责任制是与多式联运的基本特征最为一致的责任形式，然而，由于适用于各运输区段的国际公约或者法律所确定的区段承运人的责任不同，而且可能低于多式联运经营人根据统一责任制所承担的责任，这意味着多式联运经营人向货主承担赔偿责任后，面临不能向造成货物损害的区段承运人全额追偿的危险，从而无法预见其最终承担的责任。因此，目前没有多式联运经营人愿意采用这种责任形式。

3. 经修正的统一责任制（Modified Uniform Liability System）

经修正的统一责任制是指多式联运经营人对全程运输负责，并且原则上全程运输采用单一的归责原则和责任限额，但保留适用于某种运输方式的较为特殊的责任限额的规定。这种修正通常针对多式联运的海运阶段，且有利于多式联运经营人。

经修正的统一责任制最大限度地保留了统一责任制的优点，同时通过对其加以修正，缓和了统一责任制下各区段运输方式责任体制之间存在的差异和矛盾，较好地适应了运输法律发展的现状，使多式联运中的运输风险在承托双方间得到较为合理的分配。

《联合国国际货物多式联运公约》采用了此种责任制。该公约对货物的灭失、损坏和迟延交付规定了统一的归责原则，并对多式联运是否包含海运规定了两种统一的责任限制，同时该公约进一步规定，如果能清楚地知道货损发生的运输区段，而该运输区段所适用的国际公约或国内法又规定了比公约的限额高的限额，则应优先适用该公约或该国家法律。

9.2.1.4　责任限额

1. 有关货损货差的责任限额

目前，各国际货物运输公约所规定的责任限额，除了在数值上不尽相同，在计量的币值上也有很大的不同。值得注意的是，公约或法律所规定的责任限额为强制性规定，对于承运人而言，任何降低责任限额的条款均属无效，除非公约或法律允许。而且，除了在托运人已事先申明货物的价格并支付附加费的情况下，承运人不得根据责任限额限制自己的赔偿额。对于因承运人或其代理人故意或明知会造成的货物损失，除《海牙规则》未对此做出规定，《维斯比规则》《汉堡规则》《联合国国际货物多式联运公约》以及我国《海商法》《民用航空法》均规定承运人无权享受责任限额。

2. 有关迟延交付的责任限额

迟延交付是指货物未在明确议定的时间内交付，或者未明确约定，按照具体情况，未能在一个对勤勉的承运人所能合理要求的时间内交付。在海上运输中，我国《海商法》规定承运人仅对有明确议定交付期限的迟延损失予以赔偿。根据我国《海商法》的规定，对于明确议定交付期限下所造成的迟延损失予以赔偿，其责任限额为迟延交付货物的运费数额，如果迟延损失与货物的灭失、损坏同时发生，则按货物灭失、损坏的责任限额为准，即对于货物迟延损失的赔偿责任不能超过货物灭失、损坏所规定的责任限额。《汉堡规则》《联合国国际货物多式联运公约》则规定无论有无议定交付期限，承运人对于迟延损失均予以赔偿。《汉堡规则》和《联合国国际货物多式联运公约》做出如下相同的规定：对于迟延损失的责任限额，相当于迟延交付的货物应付运费的 2.5 倍，但不得超过整个合同运费额,而且,在同时伴随货物的灭失、损坏时,总赔偿责任不能超过按公约所规定的货物灭失、损坏的责任限额所确定的货物全部灭失的赔偿责任限额。

9.2.1.5　承运人责任的免除

目前,对于承运人可以免除责任的所谓免责条款,除了《汉堡规则》和《联合国国际货物多式联运公约》未采用列举法,其他国际公约、惯例及国内法律法规大多采用列举方式列举了若干免责事项。

1. 中国《海商法》及《海牙规则》相关免责条款

(1) 驾驶和管船过失免责。由船长、船员、引航员或者承运人的其他受雇人在驾驶船舶或者管理船舶中的过失而造成货物灭失或损坏,承运人不负赔偿责任,如船舶在航行中因船长判断失误导致碰撞,造成货物损失。

(2) 火灾免责。火灾造成货物损失,除非是由于承运人本人的过失所造成,否则承运人免责。比如,船员在船舶正常运营中按规程操作,但仍因意外的电线短路引发火灾导致货损。

(3) 天灾及海上危险免责。天灾,以及海上或者其他可航水域的危险或者意外事故导致货物损失,承运人不承担责任,如船舶遭遇罕见的超强台风,导致货物被风浪卷走。

(4) 政府及司法行为免责。政府或者主管部门的行为、检疫限制或者司法扣押造成货物损失,承运人免责,如因港口所在国政府政策调整,突然对船舶进行扣押检查,致使货物未能按时交付或产生损失。

2. 中国《民法典》货运合同中的免责条款

(1) 不可抗力免责。因不能预见、不能避免且不能克服的客观情况,如地震、洪水等自然灾害,或战争、暴乱等社会事件发生导致货物毁损、灭失,承运人不承担赔偿责任。

(2) 货物自然性质或合理损耗免责。货物本身的自然性质、货物的合理损耗所造成的损失,承运人不负责,如运输新鲜水果,在正常运输时间内有一定比例的水果自然腐烂。

(3) 托运人、收货人过错免责。由于托运人的货物包装存在缺陷,承运人在验收货物时又无从发现;托运人自己装上运输工具的货物,加固材料不符合规定的条件或者违反装载规定,交付货物时,承运人无法从外部发现等情况,承运人免责。

9.2.2　多式联运经营人与区段承运人责任分担

根据我国《海商法》和《民法典》的规定,衔接式多式联运中多式联运经营人与区段承运人的责任基本相同。

(1) 多式联运经营人对区段承运人的行为负连带责任。《民法典》第八百三十九条规定:多式联运经营人可以与参加多式联运的各区段承运人就多式联运合同的各区段运输约定相互之间的责任;但是,该约定不影响多式联运经营人对全程运输承担的义务。多式联运经营人与区段承运人的约定不能对抗货主。这一原则表明:多式联运经营人应当对合同约定的全部运输负责。多式联运经营人除了对自己及自己的受雇人或代理人的行为负责,还必须对区段承运人及其受雇人或代理人的行为负责。可见,多式联运经营人的责任范围相当广泛,尤其在实务中,多式联运经营人很难控制区段承运人对其受雇人或代理人的选择。然而,如果法律不做出如此规定,而免除多式联运经营人对区段承运人的受雇人或代理人的行为负责,货主的利益则难以保障,继而会影响商业关系的稳定。

(2)区段承运人对其履行的运输承担与多式联运经营人同等的法律责任。这一原则表明:区段承运人对自身及其受雇人或代理人的行为责任仅限于自己履行的运输期间,而且,由于他与托运人无合同关系,因而对于多式联运经营人与托运人之间约定的诸如扩大承运人责任范围、放弃承运人所享有的责任限制或放弃免除责任等超出法定责任的条款,只有在区段承运人以书面方式表示接受时才对区段承运人产生效力。因此,多式联运经营人在接受此类义务之前,应考虑区段承运人是否接受,否则将由自己承担此类义务。

(3)多式联运经营人、区段承运人及其受雇人或代理人的赔偿总额不能超出法定限额。这一原则表明:托运人或收货人无权以分别追索赔偿的方式取得双倍赔偿。这也说明区段承运人在对其履行运输区段承担责任的同时,也享有法律所规定的有关承运人的权利及责任限制与法定免责事项。

(4)多式联运经营人与区段承运人可按他们之间的合同约定相互追偿。当多式联运经营人或区段承运人赔偿了托运人或收货人以后,可按他们之间的合同约定相互追偿。

9.2.3　协作式多式联运经营人与区段承运人的责任分担

在协作式多式联运下,多式联运经营人与区段承运人的责任,目前并没有明确的法律规定,但可参照《民法典》有关联运的规定。《民法典》第八百三十四条规定:两个以上承运人以同一运输方式联运的,与托运人订立合同的承运人应当对全程运输承担责任;损失发生在某一运输区段的,与托运人订立合同的承运人和该区段的承运人承担连带责任。显然,上述规定尽管适用于同一运输方式下的联运,但与衔接式多式联运下有关多式联运经营人与区段承运人的情况并无差别,因为在衔接式多式联运下,多式联运经营人就是与托运人订立合同的承运人。

(1)对外,对于收货人或发货人而言,与之订立全程运输合同的承运人承担全程责任,并与造成货损产生的区段承运人承担连带责任。

(2)对内,各承运人之间可依据所签订的合作协议,分担收益与责任。

9.3　集装箱多式联运事故处理

9.3.1　集装箱多式联运理赔

集装箱多式联运理赔(Settlement of Claim),是指集装箱多式联运经营人对货主(托运人或收货人)所提出的货运事故赔偿要求予以受理并进行处理的过程。

多式联运经营人作为多式联运合同的当事人,既享有权利,也要承担义务与责任。对于争议,主要有和解、调解、诉讼和仲裁四种解决办法。

9.3.1.1　和解

和解（Consultation，Negotiation）也称为协商，是指在发生争议后，由当事人双方直接进行磋商，自行解决纠纷。和解的方式大致分为四种：自行解决、委托代理解决、仲裁庭外和解、法院庭外和解。和解的优点是：解决争议时间短，费用低或没有费用，不伤和气，有利于以后的进一步合作。其不足之处是：当事人达成的和解协议不具有强制执行力。

9.3.1.2　调解

调解（Conciliation）是指在第三者的主持或参与下解决当事人之间的争议。根据调解人不同，调解可分为法院调解、仲裁机构调解、其他单位或公民个人调解。是否有第三者参加是调解与和解的主要区别。调解与仲裁、诉讼的主要区别是：调解的结果更多地体现了争议主体的意志，最后的解决办法还须经当事人一致同意才能成立；而仲裁和诉讼更多地体现了仲裁者或法院的意志。

9.3.1.3　诉讼

诉讼（Litigation）是当事人以起诉的方式，由法院依照法定程序行使审判权来解决双方争议的一种途径。它是各种争议解决方式中最权威和最有效的一种。这通常是由于争议所涉及的金额较大，双方都不肯让步，不愿或不能采取友好协商或仲裁方式，或者一方缺乏解决问题的诚意，必须通过向法院提起诉讼来解决。

9.3.1.4　仲裁

仲裁（Arbitration）是指双方当事人在争议发生后，依据仲裁条款或仲裁协议，自愿将争议提交某一临时仲裁机构或某一国际常设仲裁机构审理，由其根据有关法律或公平合理原则做出裁决，从而解决争议。仲裁和诉讼的不同主要在于，当事人之间通过仲裁协议，达成自愿仲裁的合意是仲裁的必备条件，诉讼则无此必备条件；相同点是仲裁裁决与法院判决都具有法律效力，当事人必须履行，否则，另一方当事人有权申请法院强制执行。

值得注意的是，诉讼和仲裁不可以同时并用，其他各种途径可以单用或共用。

9.3.2　集装箱多式联运索赔

集装箱多式联运索赔（Claim）是指集装箱多式联运经营人在赔偿货主（托运人或收货人）的损失后，依约或依法向造成货运损失的责任人（如货运代理人、区段承运人、港站经营人等）或承保责任险的保险公司或保赔协会进行追偿的过程。

9.3.2.1　向相关责任方索赔

当货物发生损坏、灭失、延尺交付时，托运人、收货人或其代理人应在索赔通知时限内向承运人或其代理人发出书面的货损通知。所谓索赔通知时限（也称作货物灭失或损坏通知时限），是指有关运输的国际公约或国内法律所规定的托运人、收货人或其代理人，在从承运人或其代理人处收受货物后，应以书面形式向承运人或其代理人提出表明货物的损坏、灭失、交付迟延情况,并提出保留索赔权利的书面声明的期限。

除非货物交付时收货人已经会同承运人进行联合检查或者检验,或者已记载于双方交接的文件上,收货人无须再提交上述书面通知。否则,应提交对于货物灭失或损坏的书面通知。书面通知有效应同时满足以下几个条件:第一,通知必须是书面的,口头通知不发生效力;第二,通知必须在规定的时间内递交;第三,通知必须递交于承运人或其代理人;第四,必须表明有关货损或灭失情况。

(1)在法定时间内未提交货损书面通知,可能会产生如下三种后果:第一,形成货物状况良好的初步证据。《国际道路货物运输合同公约》规定:如果收货人未在规定的时间内提出书面通知,则货物的交付可视为承运人已经按照运输单证的记载交付以及货物状况良好的初步证据。第二,丧失索赔权。《华沙公约》、中国《民用航空法》《国际货协》等规定:除非承运人有欺诈行为,否则收货人未在规定时间内递交书面的索赔通知将丧失索赔权。第三,后果视不同情况而区别对待。在《联合国国际货物多式联运公约》中,除了对货物灭失、损坏规定了一般索赔通知时限,并规定未能及时通知则视为多式联运经营人按货物状况良好交付的初步证据,还进一步规定:如果在货物交付之日或应当交付之日后6个月内没有提出书面索赔通知,并说明索赔的性质和主要事项,则在期满后失去诉讼时效。

(2)提交索赔申请书或索赔清单及随附单证。索赔申请书、索赔函或索赔清单是索赔人向货运责任方正式要求赔偿的书面文件。索赔函的提交意味着货运责任方正式向被索赔人提出索赔要求,也就是说,如果索赔方仅仅提出货损通知,而没有递交索赔申请书或索赔清单,或出具有关的货运单证,则可解释为没有提出正式索赔要求,被索赔方不会受理货损货差的索赔。因此,索赔方在提出书面的货损通知后,应尽快备妥各种有关证明文件,在规定的时效内向责任人正式提交索赔要求。

索赔人除了提交索赔函,还应该提供能够证明货运事故的原因、损失程度、索赔金额、责任所在以及索赔人具有索赔权利的单证,这些单证主要有提单或运单正本、商业发票、装箱单、货损货差理货报告及货物残损检验报告、修理单、权益转让书、往来电传等。

(3)解决争议。双方通常采取和解或调解途径解决争议,如果无法解决争议,则可能进入诉讼或仲裁程序。值得注意的是,法律对涉及索赔的诉讼案件规定了诉讼时效。因此,无论向货运事故的责任人提出索赔与否,在无法自行解决问题的前提下,索赔人均应在规定的诉讼时效届满之前提起仲裁或诉讼,否则,就失去了起诉的权利,往往也失去了索赔的权利和经济利益。

9.3.2.2 向保险公司或保赔协会索赔

1. 损失通知

一旦发生有可能在保险单项下索赔的事件,被保险人应立即按照保险单上的报案电话通知保险人,并尽快以书面形式提供有关信息,如损失发生的时间、地点、经过、可能原因、损失程度及预计费用。

2. 进行施救

采取一切必要措施防止损失进一步扩大,并将损失减到最低限度。

3. 申请检验

如有物质损失,对于物质损失原因和损失程度的确定,需要有公估人或检验人或保险人进行现场查勘,被保险人应按照保单规定或保险人的指示,申请并安排现场查勘和检验。

4. 保护现场

在保险人的代表或公估人或检验师进行勘查之前,保留事故现场及有关实物证据。若损失涉及其他责任方,应及时向该责任方行使或保留索赔权利。

5. 取得证明

在货物遭受盗窃或恶意破坏时,立即向公安机关或行政管理部门报案,并取得其立案或事故证明。

6. 收集证据

根据损害赔偿请求人提出的赔偿要求,向其收集相关证据,一方面证明请求人要求的合理性,另一方面以备向保险人索赔。

7. 赔偿协商

根据损害赔偿请求人的请求及其提供的相关证据,被保险人结合本方查勘检验的结果和掌握的其他证据及相关法律法规,与损害赔偿请求人进行协商。

8. 司法途径

在通过协商无法达成一致的情况下,可通过仲裁或诉讼解决。

9. 意见征询

在收到赔偿请求人的损害赔偿请求时,应立即通知保险人。未经保险人书面同意,被保险人不要对赔偿请求人做出任何承诺、拒绝、出价、约定、付款或赔偿。在预知可能引起诉讼时,立即以书面形式通知保险人,并在接到法院传票或其他法律文件后,立即将副本交付保险人,征询保险人的下一步处理意见。

10. 积极应诉

在保险人的协助下,如未能与损害赔偿请求人协商解决损害赔偿请求而被起诉,被保险人要与保险人保持密切联系,就如何应诉、委托律师及法律费用等事项与保险人进行沟通。如保险人要求或在被保险人要求下保险人同意以被保险人名义应诉,被保险人应予以积极配合。

11. 赔偿确定

经过与损害赔偿请求人的协商,或仲裁或诉讼或其他方式,确定最终赔偿金额。这一金额既是被保险人应该赔付损害赔偿请求人的赔偿金额,也是向保险人索赔的基础索赔金额,而保险人的赔偿金额与被保险人赔付给损害赔偿请求人的金额可能不完全一致。

12. 正式提赔

在损害赔偿请求人提交的证据充足、赔偿金额确定后,即可向保险人正式提赔。以书面形式将索赔的金额正式向保险人提出,同时附上所有保险单中要求的索赔单证,这些单证包括出险通知书(获知发生保险事故时提供);有效保险单正本;索赔申请书(在损失责任、金额均已确定,索赔证明材料均已齐全,需要正式提赔时,连同其他索赔单证一并提供);有关部门出具的事故证明;损失清单;损失证明材料及支付凭证(有关费用发票等);相应的货物运输合同/提单(如有);有关的法律文书(裁定书、裁决书、调解书、判决书)或和解协议(如有);被保险人上年度财务报表;保险人合理要求的作为请求赔偿依据的其他证明和资料;在索赔金额中还应该包括被保险人进行施救和为了应诉所产生的法律费用和其他相关费用。

13. 赔款支付

保险人在接到被保险人的正式索赔后,审核索赔单证,并根据保险单中规定的保险责任、除外责任、赔偿限额、免赔额等条款,以及被保险人履行保单中规定的被保险人义务等情况,对被保险人进行赔付。

14. 权益转让

根据保险法的规定,保险人在赔付后,与赔款有关的权益相应转移给保险人,保险人为了行使这一权益,需要被保险人向其签发权益转让书,被保险人应履行该义务。

15. 协助追偿

如果损失是由对被保险人负责的另外一方造成的(如实际承运人、仓储管理人等),保险人可以在赔付被保险人后,凭被保险人签发的权益转让书,向第三方实际责任人进行追偿,被保险人应给予保险人协助。

本章小结

本章详细探讨了多式联运保险与理赔的相关内容。首先介绍了多式联运保险的概念、分类及特点,包括货运险、财产险和责任险三种主要类型,并分析了它们之间的相互关系。接着,本章深入讨论了集装箱多式联运财产险和货运险的具体内容,包括保险种类、承保范围、除外责任、保险责任期限及险别的选择等。此外,还详细介绍了集装箱多式联运责任险,包括其含义、特征、保险人的选择、保险险种的选择、承保范围及除外责任等。在理赔方面,本章阐述了多式联运责任的构成,包括责任期间、责任基础、责任形式、责任限额及承运人责任的免除等。同时,还探讨了多式联运经营人与区段承运人之间的责任分担问题,区分了衔接式多式联运和协作式多式联运下的不同责任分担机制。最后,本章详细介绍了集装箱多式联运事故的处理流程,包括理赔和索赔两个方面,为实际业务操作提供了指导。通过本章学习,读者可以全面了解多式联运保险与理赔的相关知识,为从事多式联运业务提供有力支持。

思考题

1. 多式联运保险主要包括哪几种类型?它们之间有何相互关系?

2. 集装箱多式联运财产险的承保范围主要包括哪些内容?

3. 在选择货运险险别时,应考虑哪些因素?

4. 集装箱多式联运责任险与货运险有何主要区别?

5. 多式联运经营人在选择保险人时,应考虑哪些因素?

6. 多式联运责任期间是如何界定的? 不同运输方式下有何差异?

7. 多式联运经营人与区段承运人之间的责任分担机制是怎样的?

8. 在处理集装箱多式联运事故时,理赔和索赔的流程分别是什么?

9. 如何理解多式联运经营人在理赔过程中的连带责任?

10. 在向保险公司或保赔协会索赔时,被保险人应提供哪些主要单证?

拓展案例

巴尔的摩大桥被撞事件

2024 年 3 月 26 日凌晨,这一原本宁静的时刻被一场突如其来的灾难打破。由马士基租用、地中海航运运营的 DALI 轮,在沿着既定航线航行时,竟径直撞上了美国马里兰州巴尔的摩市标志性的弗朗西斯·斯科特·基大桥。这座大桥作为巴尔的摩市最大的桥梁,承载着城市交通的重要使命,然而在 DALI 轮的猛烈撞击下,不堪重负,随后轰然坍塌。伴随着大桥的坍塌,悲剧也随之而来,此次事故造成了六人不幸丧生,给多个家庭带来了无尽的悲痛,也让整个巴尔的摩市陷入了巨大的震动之中。

事故发生后,后续的处理环节备受各界关注,尤其是保险理赔方面。4 月 12 日,船东宣布共同海损,这一举措意味着此次事件所造成的损失将由多方共同分担。英国海事索赔顾问 Richard Shogglindley 凭借其专业的能力和丰富的经验,被任命为共同海损理赔人,肩负起梳理、核定各项损失以及协调赔偿事宜的重任。

从损失预估来看,情况极为严峻。单单是 DALI 轮自身的维修费用,保守估计至少就需要 2 800 万美元,而要将其从事故水域打捞起来,所涉及的费用可能超过 1 950 万美元。然而,更为惊人的是整个事件的保险赔偿金额,据相关专业人士推测,保险赔偿可能总计在 20 亿至 40 亿美元之间。倘若这一预估成真,那它无疑将创下全球航运保险赔付记录中最大的一笔理赔案件的纪录,其数额之巨令人咋舌。

船东方面为了控制自身的法律风险,向巴尔的摩联邦法院提交了申请,试图将法律风险限制在近 4 370 万美元的范围内。不过,这一申请在业界引发了广泛的讨论和不同的看法。毕竟如此重大且复杂的事故,涉及众多的利益相关方,各方对于责任的界定以及风险承担的范围都有着自己的考量,法院最终是否会支持船东的这一申请,还存在诸多的不确定性。

而对于船上 4 659 个集装箱的货主而言,这场事故带来的影响更是沉重的打击。共同海损的规定决定了船东、管理人、承租人以及货主等都需要共同承担责任。可实际情况是,船上相当大一部分货物并没有投保足额保险,这就意味着货主们将要面对巨额的赔偿费用,原本正常的贸易往来可能会因为这笔意外的巨大支出而陷入困境,甚至有些货主或许会因此面临严重的财务危机,多年的经营成果可能毁于一旦。这一事件也给整个航运行业敲响了警钟,凸显了货物足额投保以及明晰各方责任在多式联运等航运业务中的重要性,促使各方重新审视和完善相关的保险策略与风险防控机制,以应对类似的突发重大事故带来的严峻挑战。

（参考信息来源：新华网,http://www.xinhuanet.com/）

【案例思考题】

1. DALI 轮撞桥事故后,船东宣布共同海损的法律依据是什么? 此举措对事故各方责任分担有何影响?

2. 船东申请将法律风险限制在 4 370 万美元内,法院可能会基于哪些因素考虑? 是否支持此申请?

3. 事故中未足额投保的货物的货主面临哪些风险? 如何避免类似情况下货物损失无法得到充分赔偿?

4. 本次事故对航运保险行业有何启示? 未来航运保险策略可能会如何调整以应对此类大型事故?

5. 从风险防控角度,航运企业应如何完善多式联运中的责任界定与保险机制,以减少类似事故带来的财务冲击?

第10章　多式联运法律与惯例

课程思政引导案例

A公司与B公司多式联运合同纠纷案

一、案情简介

原告：A公司

被告：B公司

2024年，A公司与B公司签订货运承运协议，双方约定实行点对点服务，由B公司按海运散货DDU贸易条款为A公司办理由中国长沙到美国亚特兰大的货物运输。B公司服务包括货物的国内物流运输、货物包装加固、保险、报关、国际海运散货运输、美国当地进口清关及派送至亚特兰大国外收货人指定地址的相关手续。涉案货物自2024年装船起运，并于同年抵达亚特兰大佐治亚大学，经开箱检查，发现货物严重受损。

二、争议焦点

B公司是否对受损货物负有包装加固的合同义务？

B公司是否应就本案货损承担赔偿责任？

三、法院判决

法院认为，根据货运承运协议的约定，并结合A公司在微信聊天记录中多次要求B公司按照专业标准进行包装且提供了详细的包装要求等事实，B公司对电气柜负有包装加固的合同义务。本案货损发生在美国公路运输区段，处于B公司的责任期限内，B公司作为多式联运经营人应对全程运输负责。由于双方当事人协议选择适用中华人民共和国法律处理赔偿责任和责任限额问题，故确定B公司的赔偿责任应适用货损发生区段的法律，即《中华人民共和国民法典》。根据《中华人民共和国民法典》第832条的规定，B公司除能证明存在法定或约定的免责事由外，应对本案货损承担赔偿责任。因此，法院判决B公司向A公司赔偿损失。

【思政视角】　本案例不仅是一堂生动的国际贸易与物流法律课，更是一堂深刻的思政教育课。在商业活动中，诚信与责任是不可或缺的。B公司作为多式联运经营人，应当严格按照合同约定履行义务，对货物进行妥善包装加固，确保货物安全抵达。当货物受损时，B公司没有逃避责任，而是依据法律规定承担了相应的赔偿责任。这体现了企业对法律的尊重和对客户负责的态度。同时，本案也启示我们，在国际商业活动中，法律是保障双方权益的重要工具。A公司通过法律途径维护了自己的合法权益，为我们树立了依法维权的典范。作为新时代的大学生，我们应该增强法律意识，学会运用法律武器保护自己和企业的合法权益，为构建诚信、和谐、法治的商业环境贡献自己的力量。

10.1 国际多式联运法律

10.1.1 《海牙规则》

1924 年 8 月 25 日,《海牙规则》在比利时布鲁塞尔举行的外交会议上审议通过,定名为《统一提单的若干法律规定的国际公约》,简称《海牙规则》(*Hague Rules*),自 1931 年起生效。《海牙规则》全文共 16 条,其中第 1 条至第 10 条是实质性条款,主要内容如下。

10.1.1.1 第一条

本公约所用下列各词,含义如下:

(1) 承运人包括与托运人订有运输合同的船舶所有人或租船人。

(2) 运输合同仅适用于以提单或任何类似的物权证件进行有关海上货物运输的合同;在租船合同下或根据租船合同所签发的提单或任何物权证件,在它们成为制约承运人与凭证持有人之间的关系准则时,也包括在内。

(3) 货物包括货物、制品、商品和任何种类的物品,但活牲畜以及在运输合同上载明装载于舱面上并且已经这样装运的货物除外。

(4) 船舶是指用于海上货物运输的任何船舶。

(5) 货物运输是指自货物装上船时起,至卸下船时止的一段期间。

10.1.1.2 第二条

除遵照第六条规定外,每个海上货物运输合同的承运人,对有关货物的装载、搬运、配载、运送、保管、照料和卸载,都应按照下列规定承担责任和义务,并享受权利和豁免。

10.1.1.3 第三条

(1) 承运人须在开航前和开航时恪尽职责:

① 使船舶适于航行;

② 适当地配备船员、装备船舶和供应船舶;

③ 使货舱、冷藏舱和该船其他载货处所能适宜和安全地收受、运送和保管货物。

(2) 除遵照第四条规定外,承运人应适当和谨慎地装卸、搬运、配载、运送、保管、照料和卸载所运货物。

(3) 承运人或船长或承运人的代理人在收到货物归其照管后,经托运人的请求,应向托运人签发提单,其上载明下列各项:

① 与开始装货前由托运人书面提供者相同的、为辨认货物所需的主要唛头,如果这项唛头是以印戳或其他方式标示在不带包装的货物上,或在其中装有货物的箱子或包装物上,该项唛头通常应在航程终了时仍能保持清晰可认。

② 托运人用书面形式提供的包数或件数，或数量，或重量。

③ 货物的表面状况。

但是，承运人、船长或承运人的代理人，不一定必须将任何货物的唛头、号码、数量或重量标明或标识在提单上，只要他有合理根据怀疑提单所载内容不能正确代表实际收到的货物，或无适当方法进行核对即可。

（4）依照第 3 款 a、b、c 项所载内容的这样一张提单，应作为承运人收到该提单中所载货物的初步证据。

（5）托运人应被视为已在装船时向承运人保证，由他提供的唛头、号码、数量和重量均正确无误；并应赔偿给承运人由于这些项目不正确所引起或导致的一切灭失、损坏和费用。承运人的这种赔偿权利，并不减轻其根据运输合同对托运人以外的任何人所承担的责任和义务。

（6）在将货物移交给根据运输合同有权收货的人之前或当时，除非在卸货港将货物的灭失和损害的一般情况，已用书面通知承运人或其代理人，则这种移交应作为承运人已按照提单规定交付货物的初步证据。如果灭失或损坏不明显，则这种通知应于交付货物之日起的三天内提交。如果货物状况在收受时已经进行联合检验或检查，就无须再提交书面通知。除非从货物交付之日或应交付之日起一年内提出诉讼，承运人和船舶在任何情况下都免除对灭失或损害所负的一切责任。遇有任何实际的或推定的灭失或损害，承运人与收货人必须为检验和清点货物相互给予一切合理便利。

（7）货物装船后，如果托运人要求，签发"已装船"提单，承运人、船长或承运人的代理人签发给托运人的提单，应为"已装船"提单，如果托运人事先已取得这种货物的物权单据，应交还这种单据，换取"已装船"提单。但是，也可以根据承运人的决定，在装货港由承运人、船长或其代理人在上述物权单据上注明装货船名和装船日期。经过这样注明的上述单据，如果载有第三条第 3 款所指项目，即应成为本条所指的已装船提单。

（8）运输合同中的任何条款、约定或协议，凡旨在解除承运人或船舶对因疏忽、过失或未履行本条规定的责任和义务，而引起的货物灭失、损害或与货物相关的灭失、损害的责任，或其减轻该责任的程度低于本公约规定的，均属无效。有利于承运人的保险利益或类似的条款，应视为属于免除承运人责任的条款。

10.1.1.4　第四条

（1）不论承运人或船舶，对于因不适航所引起的灭失或损坏，都不负责，除非造成的原因是由于承运人未按第三条第 1 款的规定，恪尽职责；使船舶适航；保证适当地配备船员、装备和供应该船，以及使货舱、冷藏舱和该船的其他装货处所能适宜并安全地收受、运送和保管货物。凡由于船舶不适航所引起的灭失和损害，对于已恪尽职责的举证责任，应由根据本条规定要求免责的承运人或其他人承担。

（2）不论承运人或船舶，对下列原因引起或造成的灭失或损坏，都不负责：

① 船长、船员、引水员或承运人的雇佣人员，在航行或管理船舶中的行为、疏忽或不履行义务。

② 火灾，但由于承运人的实际过失或私谋所引起的除外。

③ 海上或其他水域的灾难、危险和意外事故。

④ 天灾。

⑤ 战争行为。

⑥ 公敌行为。

⑦ 君主、当权者或人民的扣留或管制，或依法扣押。

⑧ 检疫限制。

⑨ 托运人或货主、其代理人或代表的行为或不行为。

⑩ 任何原因所引起的局部或全面罢工、关厂停止或限制工作。

⑪ 暴动和骚乱。

⑫ 救助或企图救助海上人命或财产。

⑬ 由货物的固有缺点、性质或缺陷引起的体积或重量亏损，或任何其他灭失或损坏。

⑭ 包装不善。

⑮ 唛头不清或不当。

⑯ 即使恪尽职责亦不能发现的潜在缺点。

⑰ 非由承运人的实际过失或私谋，或者承运人的代理人，或雇佣人员的过失或疏忽所引起的其他任何原因；但是要求引用这条免责利益的人应负责举证，证明有关的灭失或损坏既非由于承运人的实际过失或私谋，亦非承运人的代理人或雇佣人员的过失或疏忽所造成。

（3）对于任何非因托运人、托运人的代理人或其雇佣人员的行为、过失或疏忽所引起的使承运人或船舶遭受的灭失或损坏，托运人不负责任。

（4）为救助或企图救助海上人命或财产而发生的绕航，或任何合理绕航，都不能作为破坏或违反本公约或运输合同的行为；承运人对由此而引起的任何灭失或损害，都不负责。

（5）承运人或是船舶，在任何情况下对货物或与货物有关的灭失或损害，每件或每计费单位超过一百英镑或与其等值的其他货币的部分，都不负责；但托运人于装货前已就该项货物的性质和价值提出声明，并已在提单中注明的，不在此限。

该项声明如经载入提单，即作为初步证据，但它对承运人并不具有约束力或最终效力。

经承运人、船长或承运人的代理人与托运人双方协议，可规定不同于本款规定的另一最高限额，但该最高限额不得低于上述数额。

如承运人在提单中，故意谎报货物性质或价值，则在任何情况下，承运人或是船舶，对货物或与货物有关的灭失或损害，都不负责。

（6）承运人、船长或承运人的代理人对于事先不知性质而装载的具有易燃、爆炸或危险性的货物，可在卸货前的任何时候将其卸在任何地点，或将其销毁，或使之无害，而不予赔偿；该项货物的托运人，应对由于装载该项货物而直接或间接引起的一切损害或费用负责。如果承运人知道该项货物的性质，并已同意装载，则在该项货物对船舶或货载发生危险时，亦得同样将该项货物卸在任何地点，或将其销毁，或使之无害，而不负赔偿责任，但如发生共同海损不在此限。

10.1.1.5　第五条

承运人可以自由地全部或部分放弃本公约中所规定的他的权利和豁免,或增加他所应承担的任何一项责任和义务。但是这种放弃或增加,须在签发给托运人的提单上注明。

本公约的规定,不适用于租船合同,但如果提单是根据租船合同签发的,则上述提单应符合本公约的规定。本公约中的任何规定,都不得妨碍在提单中加注有关共同海损的任何合法条款。

10.1.1.6　第六条

虽有前述各条规定,只要不违反公共秩序,承运人、船长或承运人的代理人得与托运人就承运人对任何特定货物应负的责任和应尽的义务及其所享受的权利与豁免,或船舶适航的责任等,以任何条件,自由地订立任何协议。或就承运人雇佣人员或代理人在海运货物的装载、搬运、配载、运送、保管、照料和卸载方面应注意及谨慎的事项,自由订立任何协议。但在这种情况下,必须是未曾签发或将不签发提单,而且应将上述协议的条款载入不得转让并注明这种字样的收据内。

这样订立的任何协议,都具有完全的法律效力。

但本条规定不适用于依照普通贸易程序成交的一般商业货运,而仅在拟装运的财物的性质和状况,或据以进行运输的环境、条款和条件,有订立特别协议的合理需要时,才能适用。

10.1.1.7　第七条

本条约中的任何规定,都不妨碍承运人或托运人就承运人或船舶对海运船舶所载货物于装船以前或卸船以后所受灭失或损害,或与货物的保管、照料和搬运有关的灭失或损害所应承担的责任与义务,订立任何协议、规定、条件、保留或免责条款。

10.1.1.8　第八条

本公约各条规定,都不影响有关海运船舶所有人责任限制的任何现行法令所规定的承运人的权利和义务。

10.1.1.9　第九条

本公约所提到的货币单位为金价。

凡缔约国中不以英镑作为货币单位的,得保留其将本公约所指的英镑数额以四舍五入的方式折合为本国货币的权利。

各国法律可以为债务人保留按船舶抵达卸货港之日通知的兑换率,以本国货币偿清其有关货物的债务的权利。

10.1.1.10　第十条

本公约和各项规定,适用于在任何缔约国所签发的一切提单。

10.1.1.11　第十一条

自本公约签字之日起不超过二年的期限内,比利时政府应与已声明拟批准本公约的缔约国保持联系,以便决定是否使本公约生效。批准书应于各缔约国协商确定的日期交存于布鲁塞尔。首次交存的批准书应载入由参加国代表及比利时外交部长签署的议定书内。

以后交存的批准书,应以书面通知送交比利时政府,并随附批准文件。

比利时政府,应立即将有关记载首次交存批准书的议定书和上段所指的通知,随附批准书等核证无误的副本,通过外交途径送交已签署本公约或已加入本公约的国家。在上段所指情况下,比利时政府应于收到通知的同时,知照各国。

10.1.1.12　第十二条

凡未签署本公约的国家,不论是否已出席在布鲁塞尔召开的国际会议,都可以加入本公约。

拟加入本公约的国家,应将其意图用书面通知比利时政府,并送交其加入的文件,该项文件应存放在比利时政府档案库。

比利时政府应立即将加入本公约通知书的核证无误的副本,分送已签署本公约或已加入本公约的国家,并注明它收到上述通知的日期。

10.1.1.13　第十三条

缔约国的签署、批准或加入本公约时,可以声明其接受本公约并不包括其任何或全部自治领或殖民地、海外属地、保护国或在其主权或权力管辖下的地域;并且可以在此后代表这些声明中未包括的任何自治领或殖民地、海外属地、保护国或地域将分别加入本公约。各缔约国还可以根据本公约的规定,代表其任何自治领或殖民地、海外属地、保护国或其主权或权力管辖下的地域将分别声明退出本公约。

10.1.1.14　第十四条

凡未签署本公约的国家,不论是否已出席在布鲁塞尔召开的国际会议,都可以加入本公约。

拟加入本公约的国家,应将其意图用书面通知比利时政府,并送交其加入的文件,该项文件应存放在比利时政府档案库。

比利时政府应立即将加入本公约通知书的核证无误的副本,分送已签署本公约或已加入本公约的国家,并注明它收到上述通知的日期。

10.1.1.15　第十五条

本公约在首批交存批准书的各国之间,于议定书记载此项交存之日起一年后开始生效。此后,对于批准或加入本公约的国家或根据第十三条规定使公约生效的国家,在比利时政府收到第十一条第2款及第十二条第2段所指的通知后,上述规定将在六个月后生效。

10.1.1.16　第十六条

如有缔约国欲退出本公约,应用书面通知比利时政府,比利时政府立即将核证无误的通知副本分送其他国家,并注明其收到上述通知的日期。

这种退出只对提出通知的国家有效,生效日期从上述通知送达比利时政府之日起一年以后开始。

10.1.1.17　第十七条

任何一个缔约国都有权就考虑修改本公约事项,请求召开新的会议。

欲行使此项权利的国家,应通过比利时政府将其意图通知其他国家,由比利时政府安排召开会议事宜。

10.1.2　《维斯比规则》

10.1.2.1　规则背景

《海牙规则》自 1931 年生效实施后,得到了国际航运界的普遍接受,它的历史作用在于使国际海上货物运输有法可依,统一了海上货物运输中的提单条款,对提单的规范化起到了积极作用,基本上缓和了当时承运方和托运方之间的矛盾,促进了国际贸易和海上运输事业的发展。但随着国际政治、经济形势的变化,以及航海、造船技术日新月异的进步,海上运输方式发生了重大变革,特别是集装箱运输方式的出现和迅猛发展,《海牙规则》的内容已不适应新形势发展的需要。尤其关于承运人的大量免责条款明显偏袒船方利益,通货膨胀的现实使 100 英镑的赔偿限额明显过低,到了 50 年代末,要求修改《海牙规则》的呼声日渐强烈。

基于上述这种形势,国际海事委员会于 1959 年在南斯拉夫的里吉卡举行第二十四届大会,会上决定成立小组委员会负责修改《海牙规则》。根据各国代表对修改《海牙规则》的建议,1963 年,小组委员会草拟了修改《海牙规则》的议定书草案,提交给 1967 年、1968 年召开的海事法会议审议,经会议审议通过后,于 1968 年 2 月 23 日在比利时的布鲁塞尔召开的、由 53 个国家或地区代表参加的第十二届海洋法外交会议上通过,定名为《修改统一提单若干法律规定的国际公约议定书》,并简称为《1968 年布鲁塞尔议定书》(*The 1968 Brussels Protocol*)。由于该议定书草案在斯德哥尔摩讨论期间,参加会议的成员到过哥特兰岛的维斯比城,为借用中世纪《维斯比海法》的名声,所以将该议定书称为《维斯比规则》(*Visby Rules*)。经过议定书修订后的《海牙规则》称为《海牙—维斯比规则》(*Hague-Visby Rules*)。该议定书于 1977 年 6 月 23 日生效。

10.1.2.2　规则内容

《维斯比规则》共 17 条,但只有前 6 条才是实质性的规定,对《海牙规则》的第 3、4、9、10 条进行了修改。其主要修改内容有以下几个方面。

1. 扩大了规则的适用范围

《海牙规则》的各条规定仅适用于缔约国所签发的提单。《维斯比规则》扩大了其适用范围,其中的第 5 条第 3 款规定:① 在缔约国签发的提单;② 货物在一个缔约国的港口起运;③ 提单载明或为提单所证明的合同规定,该合同受公约的各项规则或者使其生效的任何一个国家的立法所约束,不论承运人、托运人、收货人或任何其他有关人员的国籍如何。该规定的意思只要提单或为提单所证明的运输合同上有适用《维斯比规则》的规定,该提单或运输合同就要受《维斯比规则》的约束。

2. 明确了提单的证据效力

《海牙规则》第 3 条第 4 款规定,提单上载明的货物主要标志、件数或重量和表面状况应作为承运人按其上所载内容收到货物的初步证据。至于提单转让至第三人的证据效力,未作进一步的规定。《维斯比规则》为了弥补上述的缺陷,在第 1 条第 1 款则补充规定:……但是,当提单转让至善意的第三人时,与此相反的证据将不能接受。这表明对于善意行事的提单受让人来说,提单载明的内容具有最终证据效力。所谓善意行事,是指提单受让人在接受提单时并不知道装运的货物与提单的内容有何不符之处,而是出于善意,完全相信提单记载的内容。这就是说,《维斯比规则》确立了一项在法律上禁止翻供的原则,即当提单背书转让给第三者后,该提单就是货物已按上面记载的状况装船的最终证据。承运人不得借口在签发清洁提单前货物就已存在缺陷或包装不当来对抗提单持有人。

这一补充规定,有利于进一步保护提单的流通与转让,也有利于维持提单受让人或收货人的合法权益。一旦收货人发现货物与提单记载不符,承运人只能负责赔偿,不得提出任何抗辩的理由。

3. 强调了承运人及其受雇人员的责任限制

海上货物运输合同当事人涉讼多因一方当事人的违约而引起。但在有些国家承认双重诉讼的权利,即货主在其货物遭受损害时,可以以承运人违反运输合同或以其侵权为由向承运人起诉。在货主以侵权为由提出诉讼时,承运人便不能引用《海牙规则》中的免责和责任限制的规定。如果不能对此加以限制,运输法规中的责任限制规定就形同虚设,为进一步强调承运人及其受雇人员享有该权利,《维斯比规则》第 3 条规定:本公约规定的抗辩和责任限制,应适用于就运输合同涉及的有关货物的灭失或损坏对承运人提出的任何诉讼,不论该诉讼是以合同为根据还是以侵权行为为根据。如果诉讼是对承运人的受雇人员或代理人(该受雇人员或代理人不是独立订约人)提起的,该受雇人员或代理人也有权援引《海牙规则》规定的承运人的各项抗辩和责任限制。向承运人及其受雇人员或代理人索赔的数额,在任何情况下都不得超过本公约规定的赔偿限额。根据以上规定,使得合同之诉和侵权之诉处于相同的地位:承运人的受雇人员或代理人也享有责任限制的权利。英国法院在审理喜马拉雅轮一案时,曾对承运人的受雇人员或代理人能否享受承运人所享受的权利做出否定的判决,认为承运人的受雇人员或代理人无权援引承运人与他人签订的合同中的条款。所以在此案后,承运人纷纷在提单上规定承运人的受雇人员或代理人可以援引承运人的免责或责任限制。人们称这一条款为喜马拉雅条款。显然,《维斯比规则》的这一规定有利于保护船东的利益。

4. 提高了承运人对货物损害赔偿的限额

《海牙规则》规定承运人对每件或每单位的货物损失的赔偿限额为 100 英镑,而《维斯比规则》第 2 条则规定,每件或每单位的赔偿限额提高到 10 000 金法郎,同时还增加一项以受损货物毛重为标准的计算方法,即每公斤为 30 金法郎,以两者中较高者为准。采用的金法郎仍以金本位为基础,目的在于防止日后法郎纸币的贬值,一个金法郎是含金纯度为 900/1 000 的黄金 65.5 毫克的单位。一旦法郎贬值,仍以上述的黄金含量为计算基础,在《威斯比规则》通过时,10 000 金法郎大约等于 431 英镑,与《海牙规则》规定的 100 英镑相比,这一赔偿限额显然是大大提高了。

这一规定不但提高了赔偿限额,而且创造了一项新的双重限额制度,不但维护了货主的利益,而且这种制度也为以后的《汉堡规则》和中国《海商法》所接受。另外,该规则还规定了丧失赔偿责任限制权利的条件,即如经证实损失是由于承运人蓄意造成,或者知道很可能会造成这一损害而毫不在意的行为或不行为所引起,则承运人无权享受责任限制的权利。

5. 增加了集装箱条款

《海牙规则》没有关于集装箱运输的规定。《维斯比规则》增加集装箱条款,以适应国际集装箱运输发展的需要。该规则第 2 条第 3 款规定:如果货物是用集装箱、托盘或类似的装运器具集装时,则提单中所载明的装在这种装运器具中的包数或件数,应视为本款中所述的包或件数;如果不在提单上注明件数,则以整个集装箱或托盘为一件计算。该条款的意思是,如果提单上具体载明在集装箱内的货物包数或件数,计算责任限制的单位就按提单上所列的件数为准;否则,则将一个集装箱或一个托盘视为一件货物。

6. 诉讼时效的延长

《海牙规则》规定,货物灭失或损害的诉讼时效为 1 年,从交付货物或应当交付货物之日起算。《维斯比规则》第 1 条第 2、3 款则补充规定,诉讼事由发生后,只要双方当事人同意,这一期限可以延长,明确了诉讼时效可经双方当事人协议延长的规定。对于追偿时效则规定,即使在规定的 1 年期满之后,只要是在受法院法律准许期间之内,便可向第三方提起索赔诉讼。但是准许的时间自提起诉讼的人已经解决索赔案件,或向其本人送达起诉状之日起算,不得少于 3 个月。

10.1.2.3 议定书

《维斯比规则》规定的承运人责任限制金额计算单位为法郎,并以黄金作为定值标准。由于黄金本身的价格是根据市场供求关系自由涨落的,所以以金法郎责任限制计算单位的实际价值也不能保持稳定。针对这一情况,1979 年在布鲁塞尔召开有 37 个国家代表出席的外交会议上,通过了修订《海牙—维斯比规则》(*The 1979 Protocol to the Hague Rules*)议定书。议定书将承运人责任限制的计算单位,由金法郎改为特别提款权(Special Drawing Rights,SDR),按 15 金法郎折合 1 SDR。议定书规定承运人的责任限制金额为每件或每单位 666.67 SDR,或按货物毛重计算每公斤 2 SDR,两者中以较高者为准。但国内法规定不能使用特别提款权的缔约国,仍可以金法郎作为计算单位,该议定书于1984年4月开始生效。

特别提款权是国际货币基金组织于1969年创设的,作为国际储备的货币单位。自1981年1月1日起,特别提款权由5种世界上贸易出口额最高国家的货币,即美元、德国马克、日元、法国法郎和英镑按每5年调整一次的比例构成。据基金会1990年10月9日新闻公报,自1991年1月1日起,调整特别提款权构成比例为:美元40%,德国马克21%,日元17%,法国法郎11%,英镑11%。此比例于1995年年底以前不变。特别提款权既为一种账面资产,又为一种联合货币,只是不在市场上流通、兑换。其价格计算方法:首先将其构成中所含其他4种货币金额,按照当日伦敦外汇市场汇价分别折算为等值美元,然后把所有美元值相加,即得出1单位特别提款权美元值。此特别提款权价格由世界银行逐日挂牌公布。

10.1.3 《汉堡规则》

《汉堡规则》(*Hamburg Rules*)全称《联合国海上货物运输公约》。联合国国际贸易法委员会受联合国贸易和发展会议的委托,对《海牙规则》和《维斯比规则》作全面的实质性修改,1978年在汉堡通过。分7部分,34条。废除了《海牙规则》的不合理条款,较为合理地规定了承运人、托运人双方对货物运输所承担的责任和义务。对货物装载、联合运输、承运人的责任、担保以及索赔、诉讼时效、仲裁等均有规定。按《汉堡规则》的规定,需要28个国家提交本国政府批准书1年后,规则才能生效。

10.1.3.1 制定背景

《海牙规则》是20世纪20年代的产物,曾发挥了它应有的作用,随着国际贸易和海运的发展,要求修改《海牙规则》的呼声不断,对其进行修改已在所难免。如何进行修改,两种思路导致了两种不同的结果。

一种是以英国、北欧等海运发达国家的船方利益为代表,由国际海事委员负责起草修改,最终导致《海牙—维斯比规则》产生。对《海牙规则》的一些有益修改,对维护在《海牙规则》基础上的船货双方利益起了一定的积极作用。另一种思路来自广大的发展中国家,代表了货主的利益,提出彻底修改《海牙规则》的要求日益高涨,联合国贸易和发展会议的航运委员会于1969年4月的第三届会议上设立了国际航运立法工作组,研究提单的法律问题。

工作组在1971年2月国际航运立法工作组召开的第二次会议上做出两项决议。

第一,对《海牙规则》和《维斯比规则》进行修改,必要时制定新的国际公约;

第二,在审议修订上述规则时,应清除规则含义不明确之处,建立船货双方平等分担海运货物风险的制度。

后来,此项工作移交给联合国国际贸易法委员会。该委员会下设的国际航运立法工作组,于1976年5月完成起草工作,并提交1978年3月6日至31日在德国汉堡召开的有78个国家代表参加的联合国海上货物运输公约外交会议审议,最后通过了《1978年联合国海上货物运输公约》。由于这次会议是在汉堡召开的,所以这个公约又称为《汉堡规则》。

根据《汉堡规则》的生效条件规定:本公约自第二十份批准书、接受书、认可书或加入书交存之日起满一年后的次月第一日生效。《汉堡规则》自 1978 年 3 月 31 日获得通过,直至埃及递交了批准书后满足生效条件,于 1992 年 11 月 1 日起正式生效。

10.1.3.2　主要内容

《汉堡规则》全文共分 7 章 34 条条文,在《汉堡规则》的制定中,除保留了《海牙—维斯比规则》对《海牙规则》修改的内容外,对《海牙规则》进行了根本性的修改,是一个较为完备的国际海上货物运输公约,明显地扩大了承运人的责任。其主要内容包括以下几个方面。

1. 承运人的责任原则

《海牙规则》规定承运人的责任基础是不完全过失责任制,它一方面规定承运人必须对自己的过失负责,另一方面规定了承运人对航行过失及管船过失的免责条款。而《汉堡规则》确定了推定过失与举证责任相结合的完全过失责任制。规定凡是在承运人掌管货物期间发生货损,除非承运人能证明承运人已为避免事故的发生及其后果采取了一切可能的措施,否则便推定:损失系由承运人的过失所造成,承运人应承担赔偿责任。很明显,汉堡规则较《海牙规则》扩大了承运人的责任。

2. 承运人的责任期间

《汉堡规则》第 4 条第 1 款规定:承运人对货物的责任期间包括在装货港、在运输途中以及在卸货港,货物在承运人掌管的全部期间,即承运人的责任期间从承运人接管货物时起到交付货物时止。与《海牙规则》的钩至钩或舷至舷相比,其责任期间扩展到港到港,解决了货物从交货到装船和从卸船到收货人提货这两段没有人负责的空间,明显地延长了承运人的责任期间。

3. 对延迟交付货物的责任

延迟交付货物的责任在《海牙规则》和《维斯比规则》中都没有规定,《汉堡规则》第 5 条第 2 款则规定:如果货物未能在明确议定的时间内,或虽无此项议定,但未能在考虑到实际情况对一个勤勉的承运人所能合理要求时间内,在海上运输合同所规定的卸货港交货,即为延迟交付。对此,承运人应对因延迟交付货物所造成的损失承担赔偿责任。而且在第 3 款还进一步规定,如果货物在第 2 款规定的交货时间满后连续 60 天内仍未能交付,有权对货物灭失提出索赔的人可以认为货物已经灭失。

4. 承运人和实际承运人的赔偿责任

《汉堡规则》中增加了实际承运人的概念。当承运人将全部或部分货物委托给实际承运人办理时,承运人仍需按公约规定对全部运输负责。如果由实际承运人及其雇用人或代理人工作疏忽或过失所造成的货物损害,承运人和实际承运人均需负责的话,则在其应负责的范围内承担连带责任。对于这种连带责任,托运人既可向实际承运人索赔,也可向承运人索赔,并且不因此妨碍承运人和实际承运人之间的追偿权利。

5. 托运人的责任

《汉堡规则》第 12 条规定:托运人对于承运人或实际承运人所遭受的损失或船舶遭受的损坏不负赔偿责任。除非这种损失或损坏是由托运人、托运人的雇用人或代理人的过失或疏忽所造成的。这意味着托运人的责任也是过失责任。但需指出的是,托运人的责任与承运人的责任不同之处在于承运人的责任中举证由承运人负责,而托运人的责任中,托运人不负举证责任,这是因为货物在承运人掌管之下,所以也同样需要承运人负举证责任。《汉堡规则》的这一规定,被中国《海商法》所接受。

6. 保函的法律地位

《海牙规则》和《维斯比规则》没有关于保函的规定,而《汉堡规则》第 17 条对保函的法律效力做出了明确的规定,托运人为了换取清洁提单,可以向承运人出具承担赔偿责任的保函,该保函在承运人、托运人之间有效,对包括受让人、收货人在内的第三方一概无效。但是,如果承运人有意欺诈,对托运人也属无效,而且承运人也不再享受责任限制的权利。

7. 索赔通知及诉讼时效

《海牙规则》要求索赔通知必须由收货人在收到货物之前或收到货物当时提交。如果货物损失不明显,则这种通知限于收货后 3 日内提交。《汉堡规则》延长了上述通知时间,规定收货人可在收到货物后的第一个工作日将货物索赔通知送交承运人或其代理人,当货物灭失或损害不明显时,收货人可在收到货物后的 15 天内送交通知。同时还规定,对货物延迟交付造成损失,收货人应在收货后的 60 天内提交书面通知。

8. 管辖权和仲裁的规定

《海牙规则》《维斯比规则》均无管辖权的规定,只是在提单背面条款上订有由船公司所在地法院管辖的规定,这一规定显然对托运人、收货人极为不利。《汉堡规则》第 21 条规定,原告可在下列法院中选择其一提起诉讼:① 被告的主要营业所所在地,无主要营业所时,则为其通常住所所在地;② 合同订立地,而合同是通过被告在该地的营业所、分支或代理机构订立;③ 装货港或卸货港;④ 海上运输合同规定的其他地点。

除此之外,海上货物运输合同当事人一方向另一方提出索赔之后,双方就诉讼地点达成的协议仍有效,协议中规定的法院对争议具有管辖权。

《汉堡规则》第 22 条规定,争议双方可达成书面仲裁协议,由索赔人决定在下列地点之一提起:① 被告的主要营业所所在地,如无主要营业所,则为通常住所所在地;② 合同订立地,而合同是通过被告在该地的营业所、分支或代理机构订立;③ 装货港或卸货港。此外,双方也可在仲裁协议中规定仲裁地点。仲裁员或仲裁庭应按该规则的规定来处理争议。

9. 规则的适用范围

该规则适用于两个不同国家之间的所有海上货物运输合同,并且海上货物运输合同中规定的装货港或卸货港位于其一缔约国之内,或备选的卸货港之一为实际卸港并位于某一缔约国内;或者,提单或作为海上货物运输合同证明的其他单证在某缔约国签发;或者提单或作为海上货物运输合同证明的其他单证规定,合同受该规则各项规定或者使其生效的任何国家立法的管辖。

同《海牙规则》一样,《汉堡规则》不适用于租船合同,但如提单根据租船合同签发,并调整出租人与承租人以外的提单持有人之间的关系,则适用该规则的规定。

10.1.3.3 其他补充

《汉堡规则》对《海牙规则》做了根本性的修改,扩大了承运人责任,具体规定有以下几个方面。

1. 进一步提高赔偿责任限额

《汉堡规则》第 6 条规定了承运人的赔偿责任限额,对于货物灭失损坏的限额为每件或每单位 835 特别提款权,或者以毛重每公斤 2.5 特别提款权,两者中以高者为准。对于延迟交货的赔偿责任,为该延迟交付货物应付运费的 2.5 倍,但不得超过合同规定应付运费的总额。对于货物灭失、损坏及延迟交付均有的情形,以每件或每单位 835 特别提款权或毛重每公斤 2.5 特别提款权为准。对于集装箱货物,赔偿原则等同于《维斯比规则》,只是数额采用了《汉堡规则》的上述数额,对于承运人及其受雇人或代理人丧失赔偿责任限制的,同《维斯比规则》。

《汉堡规则》大幅提高了承运人的责任限额,是与国际政治经济形势的发展变化相适应的。提高责任限额,是对《海牙—维斯比规则》过分维护承运人利益的一种纠正,是为了合理分担风险的需要。从长远看,也是促进航运发展,建立国际经济新秩序的需要,是有其公正合理之处的。

2. 管辖权和仲裁规定

《汉堡规则》规定了《海牙规则》以及《海牙—维斯比规则》所没有规定的管辖权和仲裁条款。对于管辖权,原告可以选择下列法院起诉:被告主营业所,无主营业所时,为通常住所;合同订立地,而合同是通过被告在该地的营业所、分支或代理机构订立;装货港或卸货港;或海上运输合同为此目的而指定的任何地点。如果船舶在缔约国港口被扣,原告亦可向该港口所在地法院起诉。但此种情形下,原告需将诉讼转移到前述有管辖权的法院之一进行,转移前,被告必须提供足够的担保。对于仲裁,索赔方可选择下列地点仲裁:被诉人有营业所或通常住所的一国某一地点;装货港、卸货港;合同订立地,且合同是通过被诉人在该地的营业所、分支、代理机构订立的;或仲裁条款协议中为此目的而指定的地点。

3. 货损索赔书面通知和诉讼时效

《汉堡规则》相对于《海牙规则》,延长了上述时间限制。关于书面货损索赔通知,《海牙规则》确定了收货前或当时,《汉堡规则》为收货后的次日;货损不明显,《海牙规则》为收货后 3 日内,《汉堡规则》则为货物交付后连续 15 日;对于延迟交付,《海牙规则》未规定,《汉堡规则》规定为货物交付之日后连续 60 日,否则,承运人不负赔偿责任。关于诉讼时效,《海牙规则》规定了货物交付或应交付之日起 1 年的时间,而《汉堡规则》规定了 2 年的诉讼时效,并规定负有赔偿责任的人向他人提起追偿之诉的时间为 90 日,自提起诉讼一方已处理其索赔案件或已接到向其本人送交的起诉传票之日起算。《汉堡规则》作为平衡船货双方利益的一项国际公约,应当说其制定是相对完备的,也是体现了公正合理的主旨。但作为既得利益者的海运大国却不愿采纳此公约,而是继续采用《海牙—维斯比规则》,以维护其已得利益,因而,海运大国加入此公约的几乎还没有。因此,《汉堡规则》的普及化还有很长的路要走,建立公正合理的航运新秩序新规则也有很长的路要走,甚至要采用迂回或过渡性做法,这也是可能的,但这也只是个时间问题。

10.1.4 《海商法》

《海商法》全称是《中华人民共和国海商法》,《海商法》制定背景根源于中国改革开放以来海洋经济的快速发展。海洋资源丰富,海上商务活动日益繁荣,涉及船舶运输、海上贸易、海洋资源开发等诸多领域。然而,这一快速增长也带来了新的问题和挑战,如海上交通事故频发、海商合同纠纷增多等。此外,国际上的海商法体系不断完善,为国际海商活动提供了稳定的法律保障。为适应海洋经济的发展需求,规范海商活动,保护当事人的合法权益,中国政府决定制定一部专门的海商法律,从而确立海商活动的基本规范和法律框架,促进中国海洋经济的健康发展,提高国际竞争力,加强与国际海商领域的交流与合作。因此,《海商法》的出台不仅是对海洋经济发展的迎合,也是对国际法律体系的融入和中国海商活动规范化的重要举措。

《海商法》是中国海商领域的一部重要法律,于 1992 年通过,旨在规范海上商务活动,保障海商权益,促进海上贸易的健康发展。其包含如下主要内容。

10.1.4.1 基本原则

《海商法》坚持市场经济原则,保护当事人的合法权益,倡导平等自由竞争。它确立了公平、公正、诚信、有效的原则,为海商活动提供了公平竞争的法律环境。

10.1.4.2 海商合同

该法规定了海商合同的签订、履行、变更和解除等基本规则。海商合同包括海上货物买卖合同、海上运输合同、海上保险合同等,为当事人的合法权益提供了明确的保障。

10.1.4.3 船舶登记

《海商法》规定了船舶登记、船舶抵押、船舶共有、船舶所有权转让等问题的相关规定,保障船舶的合法权益和安全运营。

10.1.4.4 货物运输

包括海上货物的装卸、运输责任、运费支付等相关规定,明确了海上货物运输中的权责关系,有利于维护海商活动的顺利进行。

10.1.4.5 海难救助

《海商法》明确了海难救助的原则和程序,包括救助义务、救助责任、救助报酬等规定,保障海上人员生命财产安全。

10.1.4.6　**海商诉讼**

《海商法》规定了海商纠纷的仲裁和诉讼程序,加强了司法保障,为当事人提供了更加便捷、高效的纠纷解决渠道。

10.1.4.7　**国际合作**

《海商法》强调了国际海商法的适用和国际合作的重要性,积极参与国际海商领域的交流与合作,促进了中国与其他国家在海商领域的互利共赢。

10.2　国际多式联运惯例

10.2.1　国际多式联运经营人与各相关方关系

10.2.1.1　多式联运经营人与各区段实际承运人的关系

国际集装箱多式联运牵涉众多的当事方,各当事方之间的法律关系十分复杂。例如,发货人与多式联运经营人、发货人与各区段实际承运人、多式联运经营人与各区段实际承运人、多式联运经营人与收货人、各区段实际承运人与收货人等。上述法律关系之中,《联合国国际货物多式联运公约》主要规定了发货人、收货人(以下简称为货方)与多式联运经营人之间的权利、义务责任关系,而对货方与各区段实际承运人之间的关系,仅有该公约第 20 条非合同赔偿责任、第 21 条赔偿责任限制权利的丧失的规定。对于多式联运经营人与各区段实际承运人之间的关系,该公约并无具体条文规定,留待各运输区段所单独适用的法律解决。因此,应明确国际多式联运经营人与各区段实际承运人之间的法律关系。

1. 多式联运经营人与实际承运人的责任关系

(1) 多式联运经营人对全程货物运输负责。这是多式联运经营人履行多式联运合同的义务,根据《汉堡规则》第 10 条第 1 款和中国《海商法》第 60 条规定,不论多式联运经营人是否将货物运输的全部或者部分交由各区段实际承运人履行,多式联运经营人都要对全程货物运输负责,除非多式联运合同中明确约定,货物在实际承运人掌管期间发生的灭失、损坏或者迟延交付,多式联运经营人不负赔偿责任。

(2) 各区段实际承运人仅对自己的运输区段负责,承担与多式联运经营人相同的法定责任。这一规定表明,实际承运人间不负连带责任,因为一般情况下,不会出现同一运输环节或运输区段由两个不同的实际承运人履行的情况。

(3) 多式联运经营人与各区段实际承运人对运输或部分运输均负有责任的,则在应负责任的范围内,承担连带责任(根据《汉堡规则》第 10 条第 4 款,中国《海商法》第 63 条)。此规定实际是多式联运经营人分别同各区段实际承运人在其各自履行的运输范围内承担连带责任。

（4）多式联运经营人与实际承运人之间可以相互追偿，这是连带责任带来的必然后果（根据《汉堡规则》第 10 条第 6 款，中国《海商法》第 65 条）。追偿的依据是多式联运经营人与实际承运人之间的分运合同约定。

《海牙规则》《汉堡规则》和中国《海商法》有关承运人权利、义务、（赔偿）责任和免责的规定，都是围绕承运人对货物灭失或损害（包括因迟延交付造成的经济损失）的赔偿责任所做出的规定，实际承运人的责任并非承运人权利、义务的全部。否则，承运人与实际承运人即无区别。与此相适应，无论从运输实务的角度还是从立法原则的角度，多式联运经营人与实际承运人的权利、义务关系，也不可能完全一致。

2. 多式联运经营人与实际承运人权利和义务的相同之处

（1）可以享受责任限制的权利。包括实际承运人应该享有与多式联运经营人相同的限制其赔偿责任的权利；实际承运人应该享有不高于多式联运经营人赔偿责任限额的权利，等等。

（2）可以享受免责的权利。在某些特殊情况下，如战争、罢工、天灾、货主的恶意行为、货物的自然损耗等而导致的货物灭失或损坏，实际承运人可以与多式联运经营人享有共同的免责权利。

（3）对危险货物的处置权。我国《海商法》第 68 条规定，托运人托运危险货物未通知或者通知有误的，承运人可以在任何时间、任何地点，根据情况需要将货物卸下、销毁或者使之不能为害……承运人知道危险货物的性质并已同意装运的，仍然可以在该项货物对于船舶、人员或者其他货物构成实际危险时，将货物卸下、销毁或者使之不能为害……《汉堡规则》第 13 条明确规定，承运人和实际承运人都有这种处置权。国际多式联运从运输工具和人员的安全考虑，对危险货物的这一处置权也必须赋予实际承运人。这种权利是多式联运经营人与实际承运人应该共同具有的一项法定权利。

（4）适航、管货义务以及合理速遣的义务。在国际集装箱多式联运下，多式联运经营人与实际承运人应该共同履行管货义务，使运输工具适航、适货，妥善地、谨慎地装载、搬移、积载、运输、保管、照料和卸载所运集装箱货物，同时，应该妥善安排和组织，对货物进行合理速遣。由于未尽到上述义务，造成货物灭失、损害或迟延交付，多式联运经营人与有关的实际承运人应该承担连带赔偿责任。

3. 多式联运经营人与实际承运人权利、义务的不同之处

（1）签订多式联运合同的权利。在国际多式联运方式下，多式联运经营人负责与货主签订多式联运合同，确定双方的权利和义务；而实际承运人并不参与合同的签订，不是合同的当事方。

（2）签发多式联运单据的权利。在国际多式联运方式下，多式联运经营人有权向发货人及其代理人签发多式联运单据作为合同的证明；而实际承运人履行实际的运输义务，其签单的对象是多式联运经营人，且该单据仅仅作为货物的交接收据，不具有多式联运单据固有的法律特征。

（3）向货主请求多式联运全程运费的权利。很显然，只有多式联运合同的当事方多

式联运经营人有权向货主请求支付全程运费及其他相关的合理费用,实际承运人只能向与其签订分运合同的多式联运经营人请求其应得的运费。

（4）对货物的留置权。由于只有多式联运经营人有权向货主请求支付全程运费以及其他相关的合理费用,因此由于上述费用未支付而由法律赋予多式联运经营人对货物的留置权无法由实际承运人共享。这是因为,在实际承运人与承运人之间的运输合同下,承运人是货方,但货物事实上并非归其所有,实际承运人不能就其对承运人的权利而对第三人的货物行使留置权。

（5）交货义务。《海商法》第 85 条规定:货物由实际承运人交付的,收货人依照本法第 81 条的规定向实际承运人提交的书面通知,与向承运人提交的书面通知具有同等效力;向承运人提交的书面通知,与向实际承运人提交的书面通知具有同等效力。由此可见,实际承运人交付货物的义务是存在的。但承运人与实际承运人的交货义务有所不同:第一,实际承运人对承运人的交付与承运人对收货人的交付是两个相对独立的合同关系下的交付;第二,实际承运人的交付是承运人交付的前提,没有实际承运人对承运人的交付,则承运人无法完成其对收货人的交付。

（6）承担责任的范围。多式联运经营人需对全程运输承担责任,而实际承运人仅在自己履行运输义务的区段内承担责任。

10.2.1.2　多式联运经营人与港站经营人的关系

尽管多式联运经营人与单式运输经营人的关系对于多式联运经营人完成其角色并对整个运输承担责任至关重要,然而,国际货物多式联运的进行离不开港站经营人的合作,因此,确定港站经营人的法律地位同样是重要的。1991 年,在维也纳通过的《联合国国际贸易运输港站经营人赔偿责任公约》是唯一确定港站经营人法律地位的国际规则。该公约是考虑到在国际运输中的货物既非主承运人接管,又非由货主接管,而是由国际贸易运输港站经营人接管时,因适用这类货物的法律制度的不确定性而造成的问题,想要为这类货物在由运输港站经营人接管,而又不受源自适用于各种运输模式的公约的运输法律管辖时所发生的灭失、损坏或交货迟延而制定的赔偿责任的统一规则,以期有利于货物的流动。

1. 港站经营人与承运人及多式联运经营人

一般而言,港站经营人和多式联运经营人之间法律地位的区别是比较明显的,多式联运经营人是与托运人或发货人订立多式联运合同,且对整个运输负责的本人,而港站经营人仅是与多式联运经营人或货物利益方订立关于诸如堆存、仓储、装货、积载、平舱、隔垫或绑扎等与运输有关的服务合同的当事人。但当多式联运经营人既负责完成或组织完成国际货物多式联运,又提供与国际货物运输有关的服务时,根据港站经营人赔偿责任公约第 15 条,本公约并不改变根据对本公约当事国有约束力的关于国际货物运输的国际公约或根据该国使有关国际货物运输的公约生效的任何法律产生的任何权利和义务的规定,多式联运经营人的法律地位不能依港站经营人公约予以确定。

2. 港站经营人与货运代理人的区别

港站经营人与货运代理人之间的区别一般体现为以下几个方面:

第一,港站经营人提供服务有一定的地域限制,其是在其控制下的某一区域内或在其有权出入或使用的某一区域内提供公约所规定的特定服务。货运代理人则在国内法允许的情况下不受地域限制地提供一切与其业务有关的事宜。

第二,港站经营人提供的服务直接针对货物,即负责接管国际运输的货物,以便提供关于货物的与运输有关的服务,而货运代理人所提供的服务涉及运输的各个方面。

第三,港站经营人提供的服务范围仅限于与运输有关的服务,诸如堆存、仓储、装货、卸货、积载、平舱、隔垫和绑扎等服务,货运代理人提供的服务从订舱、清关等基本的日常服务至复杂的一揽子服务,简而言之是一切与其业务有关的事宜。

第四,就关于货物的与运输有关的服务的提供方式而言,港站经营人既可提供(perform)又可实现提供(procure the performance),货运代理人也可以上述两种方式提供关于货物的与运输有关的服务,但具体情况要视其法律身份而定(纯粹代理人抑或无船承运人)。但关于港站经营人赔偿责任公约的对人效力,其仅适用于在其业务过程中,于其控制下的某一区域内或在其有权出入或使用的某一区域内,负责接管国际运输的货物,以便提供或实现提供关于这些货物的与运输有关的服务的港站经营人。在货运代理人提供了与公约所规定的港站经营人所提供的服务相同的服务时,如果货运代理人不符合公约所规定的港站经营人的定义,不应根据港站经营人赔偿责任公约来确定货运代理人的责任。

10.2.2　国际多式联运经营人责任制度

在国际多式联运的开展过程中,国际多式联运经营人首先要与发货人订立多式联运合同,然后根据这份合同承担货物全程运输的责任:使用两种或两种以上的运输方式将货物从一国境内的接受地点运至另一国境内指定交付货物的地点。运输全过程可能由他与各种受雇人(分支机构工作人员或代表等)、代理人和实际承运人等共同完成。为了完成全程运输任务,多式联运经营人要与受雇人、代理人和实际承运人订立各种雇用合同、委托(代理)合同和分运(分包)合同。在多式联运合同及这些合同中,多式联运经营人都是以本人身份出现并承担责任的。因此,多式联运中的法律关系比起单一方式运输来讲,要复杂得多,既有多式联运经营人与发货人之间的合同关系,又有多式联运经营人与其受雇人之间的雇用关系,与其代理人之间的委托代理关系,与分包承运人之间的分运合同关系等,还可能会有发货人、收货人与多式联运经营人的受雇人、代理人、分运人之间发生的侵权关系等。由于多头的法律关系交织在一起,而且协调各法律关系的国际或地区性法规对各方权利、义务、责任的规定又各不相同,因此,在多式联运中,多式联运经营人的法律地位及承担的责任要比单一方式运输经营人复杂、深远得多。多式联运下的法律结构的关键是多式联运经营人与发货人之间的多式联运合同关系,并把其他法律关系都附在这一合同关系上。多式联运是根据多式联运合同进行的,该合同的一方是多式联运经营人(包括其本人或其代表),他要负履行合同责任,作为承运人(全程运输的契约承运人),对运输的全过程负责。在运输的全过程中,不论是他自己完成全部工作,还是将部分或大部分工作通过委托合同和分运合同转交给代理人或分包人完成,多式联运经营人都要对全部工作负责。国际多式联运下的赔偿责任首先是多式联运合同决定的多式联运经营人与发货人(或收货人)之间的赔偿责任;其次是由雇用合同、代理合同和分包合同决定的多式联运经营人与受雇人、代理人和分运人等之间的赔偿责任;还有在确知责任人情况下发货人(收货人)与多式联运经营人的雇佣人、代理人、分运人之间的赔偿责任。在涉及保险的情况下,还存在投保人与保险人之间和保险人与实际责任人之间的赔偿关系等。

本节以国际多式联运经营人为核心,以多式联运经营人与发货人之间的多式联运合同为依据,以约束国际多式联运经营人责任的相关国际公约和强制性国内立法为准则,对国际多式联运经营人责任制度的各个方面展开详细的介绍和分析。国际多式联运经营人的责任是指国际多式联运经营人按照法律规定或运输合同的约定对货物的灭失、损坏或迟延交付所造成损失赔偿的责任。本章论述的国际多式联运经营人的责任制度由责任期间、责任基础、责任形式、责任限制、免责、非合同责任等几部分构成。

10.2.2.1　国际多式联运经营人的责任形式

多式联运中货物的全程运输,一般是由多式联运经营人及其代理人和各区段的实际承运人共同完成的。如果货物在运输过程中发生灭失、损害或延误,是由多式联运经营人负责,还是由实际承运人负责?在不同区段,以不同方式发生时,是依据同一标准进行赔偿,还是根据损害发生区段所适用的法律规定的标准(即不同标准)进行赔偿?这是确定多式联运经营人的责任形式要解决的问题。

1. 国际多式联运经营人责任形式的类型

在目前的国际集装箱多式联运中,经营人责任形式的类型主要有以下四种:

(1)责任分担制。也称分段责任制,是多式联运经营人对货主并不承担全程运输责任,仅对自己完成的区段货物运输负责,各区段的责任原则上按该区段适用的法律予以确定。由于这种责任形式与多式联运的基本特征相矛盾,因而,只要多式联运经营人签发全程多式联运单据,即使在多式联运单据中声称采取这种形式,也可能会被法院判定此种约定无效而要求多式联运经营人承担全程运输责任。

(2)网状责任制。这是指多式联运经营人尽管对全程运输负责,但对货运事故的赔偿原则仍按不同运输区段所适用的法律规定,当无法确定货运事故发生区段时,则按海运法规或双方约定原则加以赔偿。目前,几乎所有的多式联运单据均采取这种赔偿责任形式。因此,无论是货主还是多式联运经营人,都必须掌握现行国际公约或国内法律对每种运输方式下承托双方的权利、义务与责任所做的规定。

(3)统一责任制。这是指多式联运经营人对货主赔偿时不考虑各区段运输方式的种类及其所适用的法律,而是对全程运输按一个统一的原则并一律按一个约定的责任限额进行赔偿。由于现阶段各种运输方式采用不同的责任基础和责任限额,因而目前,多式联运经营人签发的提单均未能采取此种责任形式。不过前述所称的适用于单一运输方式法律的多式联运,如航空特快专递、机场—机场航空运输、港—港海上集装箱运输等,倒可以看作是采用了统一责任制。因为这种多式联运形式下,即使这种事故发生在陆运区段,多式联运经营人也应按空运或海运法规所规定的责任限额予以赔偿。

(4)经修订的统一责任制。这是介于统一责任制与网状责任制之间的责任制,也称混合责任制。它是在责任基础方面与统一责任制相同,而在赔偿限额方面与网状责任制相同。目前,《联合国国际货物多式联运公约》基本上采取这种责任形式。该公约规定:多式联运经营人对货损的处理,不管是否能确定造成货损的实际运输区段,都将适用于本公约的规定,但对于货损发生于某一特定区段,而该区段适用的国际公约或强制性国家法律规定的赔偿责任限额高于本公约规定的赔偿责任限额时,则应按照该区段适用的国际公约或强制性国家法律规定的赔偿责任限额予以赔偿。由于目前各个单一运输方式国际公约和国内法对承运人的责任基础和赔偿责任限额的规定并不统一,相互之间存在较大的差别,即使采用经修订的统一责任也将会对现有的运输法律体系产生一定的冲击,因此,这也是造成该公约至今尚未生效的主要原因。

2. 国际多式联运公约采用的责任形式

在国际多式联运公约起草过程中,分歧最大的问题之一就是选择网状责任制还是统一责任制。一些发展中国家主张采用统一责任制,而发达国家主张采用网状责任制。主张采用统一责任制者认为其采用了一种法律规定,既包括了多式联运经营人与货方之间的法律关系,也包括了多式联运经营人与实际承运人之间的法律关系。这一方面保证了货主的利益,简化货运事故的处理,也解决了整个运输过程中可能出现的隐藏损害(即货物发生损害,但又无法确定造成损害的区间和具体的责任人)的处理问题,是一种较为优越的责任制。主张采用网状责任制者认为统一责任制有其优越性,但并不完善,实际上是行不通的。这是由于各个国家及承运人早已接受不同的国际公约,这些公约对运输合同及承运人责任的规定差别很大,如果接受统一责任制的多式联运公约,则会面临不能同时履行对每一公约义务的情况(由于统一责任制规定的责任与单一运输方式公约规定的责任不同),这会给实际运作带来极大问题。再者,目前与集装箱运输相关的人(如保险人等)的赔偿责任都是建立在单一运输法规的责任规定之上的,改为统一标准会给这些行业带来混乱。他们认为网状责任制更为实用,可把多式联运经营人与实际承运人的赔偿责任结合起来,即在货物的损害可确定发生在哪一区段并归结于某一实际承运人时,多式联运经营人与该区段实际承运人的赔偿责任相同;而在不能归结于某一实际承运人时,多式联运经营人可按照双方约定的特殊责任予以承担(一般按海上运输区段所适用的法规处理)。

为使公约能顺利通过,分歧双方都做了让步,最后通过的国际多式联运公约采用了经修订的统一责任制,即多式联运经营人对全程运输负责,各区段的实际承运人仅对自己完成区段的运输负责。无论货损发生在哪一区段,多式联运经营人和实际承运人都按公约规定的统一责任限额承担责任,但如果货物的灭失、损坏发生于多式联运的某一特定区域,而对这一区段使用的一项国际公约或强制性国家法律规定的赔偿责任限额高于本公约规定的赔偿责任限额时,多式联运经营人对这种灭失、损坏的赔偿应按照适用的国际公约或强制性国际法律予以确定。这种经修订的统一责任制,前一半是统一责任制,而后一半是网状责任制。

多式联运的这种特殊规定,在多式联运中出现了两层赔偿关系,第一层首先是多式联运经营人与货方间的赔偿关系。由于各种运输方式至今分别采用不完全过失责任制(海运)、完全过失责任制(空运)和严格责任制(铁路、公路运输),且各公约规定的赔偿责任限额有很大差别(空运最高,铁路次之,海运最低),空运、铁路及公路运输公约规定限额均高于多式联运公约规定的统一限额,只有海运公约低于这一限额,以及考虑国际多式联运公约的强制性,在处理该层赔偿时,多式联运经营人不能放弃或降低规定的责任限额,也不能把自己承担的责任转嫁给货方。第二层赔偿关系是多式联运经营人与各区段实际承运人之间的赔偿责任。对这一责任,公约中并没做出任何规定,只能按目前各区段使用的法律处理。这种规定极易造成多式联运经营人把利益的损害或责任完全由多式联运经营人独自承担的局面。例如,多式联运中货物的灭失、损坏发生在海上运输区段,由于海上运输目前适用法规(《海牙规则》等)规定的赔偿限额低于多式联运公约中规定的统一限额,多式联运经营人按公约规定的限额赔偿货方后,却不能通过向海运区段承运人的追偿中得到足够的补偿。而且,如果事故是由于海上承运人驾船或管船过失造成时,根据适用的法律,海上承运人是免责的,不承担向多式联运经营人的赔偿责任,而公约规定多式联运经营人不能借以免除责任,同时又无法向海上承运人追偿。再者,如果是各种方式的实际承运人接受统一的责任限额,又是很困难的。因此,多式联运公约中规定的这种经修订的统一责任制在目前确实是难以实行的。公约中出现的这种责任制问题在近期内很难解决,只有当其他单一方式的运输公约、法律做出调整或出台新的规定后才能逐渐解决。这也是国际多式联运公约至今仍未生效的主要原因之一。

3. 国际多式联运经营人责任形式的应用

在传统的分段运输下,各种运输方式的国际公约对承运人的责任形式、责任基础和责任限制都有明确的规定,在货损事故处理中,承运人只要根据所在国家加入的国际公约规定的责任限额对自己应承担的责任进行赔偿就可以了。但在多式联运中,情况要复杂得多。目前,多式联运经营人的责任形式共有 4 种类型:责任分担制、网状责任制、统一责任制和经修订的统一责任制。其中,责任分担制由于其实质与多式联运的基本特征相抵触,因此,现今基本不被采用;而经修订的统一责任制实际上是网状责任制和统一责任制相融合的产物,因此,其特点也表现为网状责任制和统一责任制各自的特点。鉴于上述原因,这里仅对统一责任制和网状责任制这两种责任形式对货损事故的影响加以讨论。

在这两种责任形式下,确定多式联运经营人责任的原则和赔偿额都有很大区别。

在统一责任制下,多式联运经营人要对运输全程负责。各区段的实际承运人要对自己承担的区段负责,无论事故发生在哪一个区段,都按统一规定的限额进行赔偿。如在多式联运中采用统一责任制,一般规定的统一赔偿限额比航空、铁路和公路运输公约规定的要低,但比海运公约规定的要高,因此,各方式的实际承运人出于长期的习惯难以接受这一限额,特别是海运段的承运人更难以接受这一较高的标准。这就会造成在能确知货损事故发生区段和实际责任人的情况下,多式联运经营人按统一限额做出赔偿后,在向实际责任人追偿时得不到与已赔额相同的赔偿,特别是事故发生在海运区段,而事故原因又符合海运公约规定的免责规定时甚至得不到任何赔偿的局面,造成不应有的损失。

在网状责任制下，多式联运经营人对全程运输负责，各区段的实际承运人对自己承担的区段运输负责，在确知事故发生区段的情况下，多式联运经营人或实际承运人都按事故发生区段适用的国际公约或地区法律规定和限额进行赔偿。如果在多式联运中采用网状责任制，则在可以确定事故发生区段和实际责任人的情况下，多式联运经营人对货方的赔偿与实际承运人向多式联运经营人的赔偿都可按相同的责任基础和责任限额进行。由于目前的保险业也是以各种单一方式运输法规和地区性法规为基础的，因此即使在投保情况下，都可以有效地避免上述问题的发生。这也是目前在多式联运中大多采用网状责任制的原因。但采用这种责任形式会给货方索赔带来一定麻烦，与多式联运的初衷有所抵触。

10.2.2.2 国际多式联运经营人的责任期间

1. 责任期间的含义

责任期间是货物运输合同的一个特殊概念，在一般合同中没有责任期间的规定。货物运输合同中引入这个特殊概念，主要是为了适应各特定运输区段货物运输法的强制性，它不是合同期间，而是合同双方必须受特定区段货物运输法规定约束的期间，因此，称之为法律适用期间也许更准确。

因此，应该区分合同期间和责任期间这两个不同的概念。合同期间是整个货物运输合同存续的期间，它应该包括从合同签订到货物交付的全部时间，这期间承运人都应尽合同约定的义务以及合同虽然没有约定但法律规定承运人一般应尽的义务。而责任期间，如上所述，严格地讲应该称为法律适用期间，是指特定的法律适用于合同的特定期间，因为这期间内承运人应当承担法律规定的强制性义务（如海运承运人须承担适航、管货等强制性义务），如果货物发生灭失或损坏，不能通过合同约定减轻法定责任。例如，《海牙规则》规定的货物运输是指从货物装上船到货物卸下船为止的一段时间，这一期间就是《海牙规则》的适用期间，或者说是受《海牙规则》调整的合同的期间，但这期间并不是合同期间的全部，因为即使适用《海牙规则》的合同，也是从订立合同时开始，到货物交付时为止的，只不过在装前卸后这一段时间，在《海牙规则》适用的意义上不被规则看作是运输合同的组成部分，但从《民法典》的角度看，装前卸后当然还是在运输合同内。

2. 多式联运经营人的责任期间

对于海上承运人的责任期间，根据《海牙规则》的规定，承运人的责任期间是自货物装上船时起至卸下船时止这一段时间。即只有当货物的灭失或损坏在该期间产生，才适用《海牙规则》；而对于装船前和卸船后有关货损的责任，可由承运方、托运方双方自由订立合同约定。因此，对货物没有装上船或已从船上卸下后有关承运人的责任小于《海牙规则》的规定，也为法律所许可。但是，《海牙规则》中承运人的责任期间并不是绝对的，还要受各国港口习惯的约束。如英国虽然承认《海牙规则》，但在伦敦港口装卸货物，承运人的责任期间则延伸到仓库，类似的港口还有坦桑尼亚的达累斯萨拉姆港、叙利亚的拉塔基亚港等。

1978 年通过的《汉堡规则》将承运人的责任期间规定为：货物在装货港、运输途中和卸货港处于承运人掌控之下的期间。《汉堡规则》的这一规定，突破了《海牙规则》对承运人的最低责任期间，向装前卸后两个方向发展，在一定程度上延长了承运人的责任期间。

根据《汉堡规则》的规定，无论货物的灭失或损坏发生在哪一区域，只要是在承运人掌管期间发生的，收货人均可向承运人提出赔偿要求，即使是实际上的货物灭失或损坏并非属于承运人的责任。当然，这并不排除承运人向有关责任人行使追偿的权利。

至于其他运输方式下的国际货物运输公约，如《国际公路货物运输公约》《国际铁路货物运输公约》《国际航空货物运输公约》（《华沙公约》）等对承运人责任期间的规定，与《汉堡规则》的规定大体相同，即承运人的责任期间为从承运人接管货物时起至交付货物时止，差别主要在于接管和交付货物的方式与地点。由于在货物运输实务中，接管和交付货物的方式涉及实际责任期间的长短和风险的大小，因此各货运公司通常都在其章程、运输条件中予以明确。

本章小结

本章详细介绍了国际多式联运的法律与惯例，涵盖了多个重要的国际公约和国内法律。首先，本章回顾了《海牙规则》《维斯比规则》和《汉堡规则》的主要内容和历史背景，这些规则在国际海上货物运输的责任、赔偿限额、诉讼时效等方面做出了具体规定。接着，本章讨论了中国《海商法》的制定背景、基本原则及主要内容，强调了中国海商法在规范海商活动，保障当事人合法权益方面的重要作用。此外，本章还深入探讨了国际多式联运经营人与各区段实际承运人、港站经营人之间的关系，以及国际多式联运经营人的责任制度。在责任制度方面，本章详细分析了多式联运经营人的责任形式、责任期间和责任限制等核心内容，比较了统一责任制、网状责任制和经修订的统一责任制等不同责任形式的特点和适用范围。通过本章学习，读者可以全面了解国际多式联运的法律框架和惯例，为从事多式联运业务提供坚实的法律基础。

思考题

1. 《海牙规则》《维斯比规则》和《汉堡规则》在承运人责任方面有哪些主要差异？

2. 中国《海商法》的基本原则和主要内容是什么？

3. 国际多式联运经营人与各区段实际承运人之间的责任关系是怎样的？

4. 什么是网状责任制和统一责任制？它们在国际多式联运中有何应用？

5. 《汉堡规则》对延迟交付货物的责任有何具体规定？

6. 在国际多式联运中，如何确定多式联运经营人的责任期间？

7. 什么是经修订的统一责任制？它在国际多式联运中有何优势和局限性？

8. 多式联运经营人与港站经营人之间的法律关系有何不同？

9. 在多式联运中，如果货物在不同运输区段发生损失，赔偿责任应如何分担？

10. 如何理解多式联运经营人在不同责任形式下的法律责任和风险？

多式联运合同纠纷案深度解析

在全球化贸易日益频繁的今天,多式联运作为连接各国经济的重要纽带,因其高效、便捷的特点受到了广泛欢迎。然而,随之而来的合同纠纷也层出不穷,考验着法律制度的完善性和司法实践的智慧。本案例便是一起典型的多式联运合同纠纷,涉及保险公司、货运代理公司、物流公司以及货主等多方主体,展现了复杂而精细的法律关系。

一、案情回顾

本案的原告是中国某财产保险股份有限公司某分公司,被告则是上海某国际货物运输代理有限公司和上海某物流公司。事件的起因是山东某高压开关有限公司委托货代公司,将其生产的一批 420 千伏气体绝缘金属封闭开关从中国泰安运往印度收货人工厂。这批货物价值不菲,且对运输条件有着极高的要求。为了保障货物安全,开关公司特意为这批货物投保了运输保险,保险公司因此成为货物损失的潜在赔偿者。

货运代理公司接受委托后,与物流公司合作,制定了详细的运输方案。货物首先通过海路运至印度港口,然后再由物流公司负责印度境内的陆路运输。然而,当货物最终抵达目的地时,却发现部分货物出现了损坏。面对这一突如其来的损失,开关公司迅速向保险公司报案并申请理赔。保险公司经过调查核实后,向开关公司支付了保险赔偿款,并依法取得了代位求偿权,即代替开关公司向责任方追偿的权利。

二、争议焦点剖析

本案的争议焦点主要集中在两个方面:一是保险人的权利和义务如何确定;二是多式联运经营人的赔偿责任和诉讼时效如何认定。

关于保险人的权利和义务,法院认为,保险公司作为保险人,在支付了保险赔偿款后,依法取得了代位求偿权。这意味着保险公司有权以开关公司的名义向责任方追偿,以维护自身的合法权益。

关于多式联运经营人的赔偿责任和诉讼时效,本案涉及多式联运的复杂性。货运代理公司作为多式联运经营人,对全程运输负有管理责任。因此,当货物在运输过程中发生损坏时,货运代理公司应承担相应的赔偿责任。至于诉讼时效的认定,法院认为本案不适用《中华人民共和国海商法》中关于海上货物运输赔偿的时效规定,而应适用三年普通诉讼时效的规定。这是因为本案虽然涉及海运,但货损发生在印度陆路运输区段,且整个运输过程是多式联运,不能单一地按照海运的相关规定来处理。

三、法院判决及启示

经过一审和二审的审理,法院最终判决货运代理公司向保险公司赔偿货物损失822 100 元及利息。这一判决不仅维护了保险公司的合法权益,也彰显了法律对多式联运经营人责任的严格认定。

本案给我们带来了深刻的启示。首先,多式联运虽然提高了运输效率,但也带来了更为复杂的法律关系。因此,在签订多式联运合同时,各方应明确各自的权利、义务和责任边界,以避免未来可能出现的纠纷。其次,对于保险公司而言,应加强对承保货物的风险评估和管理,确保在发生损失时能够及时有效地进行理赔和追偿。最后,对于多式联运经营人来说,应提高服务质量和风险管理能力,确保货物在运输过程中的安全无损。

本案不仅是一起典型的多式联运合同纠纷案,更是一堂生动的法律实践课。它提醒我们在全球化贸易中,应更加重视法律的作用和价值,以法律为武器保障各方的合法权益。

【案例思考题】

1. 本案中保险公司取得代位求偿权的法律依据是什么? 其在实际操作中如何行使该权利?

2. 多式联运经营人在全程运输中的责任如何界定? 货运代理公司作为多式联运经营人,对本案货损应承担何种责任?

3. 法院为何判定本案诉讼时效适用三年普通时效规定,而非《海商法》中的特殊时效? 这对未来类似案件有何启示?

4. 保险公司在承保高价值货物时,应如何评估运输风险并制定相应的风险管理措施?

5. 本案判决对货运代理公司和物流公司在未来业务操作中有何警示作用?

参考文献

[1] 孙家庆,张赫,孙倩雯.集装箱多式联运[M].4 版.北京:中国人民大学出版社,2024.

[2] 段满珍.集装箱运输与多式联运[M].北京:清华大学出版社,北京交通大学出版社,2021.

[3] 朱晓宁.集装箱运输与多式联运[M].北京:北京交通大学出版社,2018.

[4] 孙家庆,靳志宏.国际物流[M].北京:科学出版社,2019.

[5] 杨淑丽.铁路集装箱运输与多式联运[M].北京:人民交通出版社,2019.

[6] 丁金学.综合运输通道发展理论与实践[M].北京:人民交通出版社,2018.

[7] 郭静妮.多式联运网络风险控制研究[M].西安:西南交通大学出版社,2022.

[8] 张新放.国际集装箱多式联运枢纽选址研究[M].大连:大连海事大学出版社,2021.

[9] 郭文超.中国铁路集装箱运输[M].北京:中国铁道出版社,2014.

[10] 孙明,王学锋,多式联运组织与管理[M].上海:上海交通大学出版社,2011.

[11] 严季.《危险货物道路运输规则》实用指南[M].北京:化学工业版社,2019.

[12] 汪利虹,冷凯君.冷链物流管理[M].北京:机械工业出版社,2019.

[13] 赵峻,韩伯领,郎茂祥,等.铁路集装箱运输创新实践[M].北京:中国铁道出版社,2019.

[14] 刘丽艳.集装箱运输与多式联运[M].北京:清华大学出版社,2017.

[15] 朱晓宁.集装箱运输与多式联运[M].北京:中国铁道出版社,2016.

[16] 王鸿鹏,胡昊,邓丽娟.集装箱运输与多式联运[M].北京:人民交通出版社,2015.

[17] 单靖,张乔楠.中欧班列:全球供应链变革的试验场[M].北京:中信出版社,2019.

[18] 武中凯,尹传忠.内陆型集装箱中心站中欧班列运输组织与优化[M].上海:上海交通大学出版社,2019.

[19] 国家铁路局.国际货约/国际货协运单指导手册(国际铁路货物联运协定附件第6 号)[M].北京:中国铁道出版社,2015.

[20] 《2015 版国际铁路货物联运操作实务》编写组.2015 版国际铁路货物联运操作实务[M].北京:中国铁道出版社,2016.

[21] 王德占.关于集装箱铁路国际联运发展的定位与思考[J].大陆桥视野,2013(8).

[22] 刘建军.集装箱运输的协调方法[J].集装箱化,2006(3).

[23] 范海清.1.5 t 小型集装箱在铁路货运市场的使用与发展前景分析[J].中国市场,2017(7).

[24] 杨欣.物联网背景下的港口集装箱多式联运应用[J].中国航务周刊,2024,(42):

46－48.

[25] 裴英梅,刘立辉.考虑运输网络风险的集装箱多式联运路径决策[J].工业工程,2023,26(02):141－147.

[26] 郭凯生.铁路集装箱多式联运增量瓶颈对策探讨[J].铁道货运,2024,42(08):15－20.

[27] 刘清,朱新建,周张颖,阳盈.长江干线集装箱多式联运路径优化模型研究[J].武汉理工大学学报(交通科学与工程版),2019,43(04):622－626.

[28] 李俊,温想,梁晓磊.不确定运价下长江集装箱多式联运路径优化[J].工业工程,2024,27(02):138－146.

[29] 艾子妍,张旭,武旭.中欧集装箱多式联运服务网络设计[J].铁道科学与工程学报,2024,21(06):2217－2228.

[30] 吴晓黎,寇淇,汪泳波.考虑货物时间价值的国际集装箱多式联运路径优化[J].公路交通科技,2023,40(09):239－247.

[31] 吕同舟,徐亦宁.互联互通,共同繁荣——2023集装箱多式联运亚洲展侧记[J].中国远洋海运,2023,(08):30－33.

[32] 段力伟,吴晓莉.集装箱多式联运空箱调运问题研究综述[J].铁道运输与经济,2024,46(10):82－97.

[33] 侯雨婕,梁承姬.基于地下物流系统的集装箱多式联运网络优化[J].计算机工程与应用,2024,60(02):314－325.

[34] 陈阳.论铁路集装箱多式联运的现状及发展探究[J].中国储运,2023,(03):126－127.

[35] 辜勇,杨泽昭.基于随机森林的集装箱多式联运货运量预测[J].武汉理工大学学报,2023,45(01):35－44.

[36] 张芳,徐展欧.甘肃兰州集装箱多式联运发展与对策研究[J].物流科技,2022,45(18):95－97＋101.

[37] 陈佳,唐俊丽.新工科背景下基于实践教学的集装箱多式联运课程改革与探索[J].物流工程与管理,2022,44(11):167－168＋150.

[38] 张倍,王军松.我国铁路集装箱多式联运装备发展方向探讨[J].铁道车辆,2022,60(05):5－8.

[39] 郑珂柯,许礼刚,贾扬蕾.疫情防控常态下集装箱多式联运服务质量评价研究[J].物流技术与应用,2022,27(08):152－157.

后　记

　　2025 年仲春,《多式联运组织与管理》在历经诸多艰辛与努力后,终于得以完稿。在此,我们满怀感慨,想要向大家分享这段难忘的编写历程。

　　本教材由宿迁学院孙庆峰教授、涂在友副教授、张停停讲师担任主编,石河子职业技术学院高慧教授、包头职业技术学院李巧桃教授、青岛农业大学海都学院韩鑫讲师担任副主编。在编写的近两年时间里,我们不敢有丝毫懈怠。为了使教材内容更加贴合实际,我们走访了全国 8 个物流枢纽城市,深入了解行业的真实需求和发展现状。与 62 位行业专家进行访谈,汲取他们的宝贵经验和专业见解。团队成员们多次线上线下会议,对每一个章节、每一个知识点、每一个案例都进行了反复讨论、精心打磨,力求呈现出最优质的内容。

　　我们深知,一本好的教材不仅要涵盖丰富的理论知识,更要紧密结合实践。因此,在编写过程中,我们既系统梳理了多式联运的基本理论,又结合京东物流等优秀企业的实际案例,使理论与实践有机融合。同时,我们还融入了国际规则要义以及国内最新政策解读,以适应时代发展的需求。

　　在此,特别感谢京东物流运输有限公司和江苏京东信息技术有限公司,从产教融合的视角出发,两家公司给予了我们全方位的支持与帮助。特别感谢南京大学出版社以及高校教材中心编辑武坦。在本书的立项、编撰到出版的整个过程中,武坦主任付出了大量的辛勤劳动。从最初的选题策划,到中间的内容审核,再到最后的出版发行,每一个环节都离不开武坦主任的悉心指导和全力支持。编辑严谨的工作态度和专业的出版素养,为本书的质量提供了坚实的保障。

　　如今,这本教材即将付梓出版,我们心中既充满期待,又有些许忐忑。期待它能够为物流管理、物流工程、交通运输等相关专业的学生及从业人员提供切实的帮助,为培养新时代物流人才贡献一份力量;忐忑的是,尽管我们付出了巨大的努力,但由于编者水平有限,书中或许仍存在一些不足之处。我们真诚地欢迎广大读者提出宝贵意见和建议,无论是对教材内容的完善,还是对案例选取的建议,都将对我们大有裨益。我们期待在再版时,能够对教材进行进一步的优化和提升。最后,再次感谢所有为这本教材的编写提供支持和帮助的人士。未来,我们也将继续努力,为推动多式联运领域的发展和教育事业的进步贡献更多的力量。

《多式联运组织与管理》编写组

2025 年 2 月